33.遯	34.大壯	35.晉	36.明夷	37.家人	38.睽	39.蹇	40.解
卦詞 4-256	卦詞 4-281	卦詞 4-304	卦詞 4-337	卦詞 5-25	卦詞 5-52	卦詞 5-88	卦詞 5-110
初六 4-258	初九 4-283	初六 4-310	初九 4-341	初九 5-29	初九 5-57	初六 5-94	初六 5-115
六二 4-260	九二 4-285	六二 4-314	六二 4-348	六二 5-31	九二 5-61	六二 5-96	九二 5-117
九三 4-263	九三 4-286	六三 4-318	九三 4-353	九三 5-35	六三 5-64	九三 5-99	六三 5-120
九四 4-267	九四 4-291	九四 4-320	六四 4-358	六四 5-42	九四 5-69	六四 5-101	九四 5-125
九五 4-270	六五 4-294	六五 4-324	六五 4-362	九五 5-44	六五 5-73	九五 5-102	六五 5-128
上九 4-271	上六 4-297	上九 4-327	上六 4-366	上九 5-46	上九 5-76	上六 5-104	上六 5-130

41.損	42.益	43.夬	44.姤	45.萃	46.升	47.困	48.井
卦詞 5-138	卦詞 5-172	卦詞 5-205	卦詞 5-240	卦詞 5-270	卦詞 5-302	卦詞 5-326	卦詞 5-365
初九 5-147	初九 5-177	初九 5-213	初六 5-243	初六 5-277	初六 5-307	初六 5-331	初六 5-373
九二 5-152	六二 5-180	九二 5-217	九二 5-249	六二 5-282	九二 5-309	九二 5-336	九二 5-376
六三 5-154	六三 5-185	九三 5-221	九三 5-252	六三 5-287	九三 5-312	六三 5-342	九三 5-381
六四 5-158	六四 5-192	九四 5-225	九四 5-256	九四 5-290	六四 5-313	九四 5-347	六四 5-384
六五 5-161	九五 5-194	九五 5-231	九五 5-259	九五 5-292	六五 5-316	九五 5-352	九五 5-386
上九 5-166	上九 5-198	上六 5-236	上九 5-263	上六 5-296	上六 5-318	上六 5-357	上六 5-388

49.革	50.鼎	51.震	52.艮	53.漸	54.歸妹	55.豊	56.旅
卦詞 6-24	卦詞 6-58	卦詞 6-97	卦詞 6-130	卦詞 6-162	卦詞 6-194	卦詞 6-227	卦詞 6-269
初九 6-31	初六 6-63	初九 6-105	初六 6-138	初六 6-167	初九 6-198	初九 6-234	初六 6-273
六二 6-34	九二 6-68	六二 6-107	六二 6-141	六二 6-171	九二 6-203	六二 6-239	六二 6-278
九三 6-36	九三 6-73	六三 6-112	九三 6-145	九三 6-175	六三 6-207	九三 6-247	九三 6-281
九四 6-41	九四 6-80	九四 6-115	六四 6-150	六四 6-180	九四 6-211	九四 6-253	九四 6-284
九五 6-45	六五 6-89	六五 6-117	六五 6-152	九五 6-183	六五 6-212	六五 6-256	六五 6-288
上六 6-47	上九 6-92	上六 6-122	上九 6-156	上九 6-187	上六 6-219	上六 6-258	上九 6-292

57.巽	58.兌	59.渙	60.節	61.中孚	62.小過	63.旣濟	64.未濟
卦詞 6-303	卦詞 6-337	卦詞 6-355	卦詞 6-385	卦詞 7-27	卦詞 7-61	卦詞 7-91	卦詞 7-127
初六 6-307	初九 6-340	初六 6-359	初九 6-392	初九 7-37	初六 7-68	初九 7-96	初六 7-135
九二 6-310	九二 6-342	九二 6-361	九二 6-396	九二 7-41	六二 7-71	六二 7-100	九二 7-137
九三 6-314	六三 6-344	六三 6-366	六三 6-398	六三 7-47	九三 7-74	九三 7-105	六三 7-138
六四 6-317	九四 6-345	六四 6-367	六四 6-400	六四 7-51	九四 7-76	六四 7-110	九四 7-141
九五 6-322	九五 6-348	九五 6-373	九五 6-403	九五 7-54	六五 7-81	九五 7-116	六五 7-145
上九 6-327	上六 6-350	上九 6-376	上六 6-405	上九 7-57	上六 7-85	上六 7-122	上九 7-149

譯註 周易四箋 8

Four Methods of Exposition on the Book of Change

옮긴이 방인(方仁)은 1980년에 서울대학교 인문대학 철학과를 졸업하였으며, 1983년에 한국학중앙연구원 부설 한국학대학원에서 「다산역학(茶山易學)사상에 대한 연구」로 석사학위를 취득하였다. 1995년에는 서울대학교 철학과에서 「태현(太賢)의 유식(唯識)철학연구」로 박사학위를 취득하였다. 다산역학과 관련해서는 「다산의 「역론(易論)」을 통해 본 卜筮의 모의실험적 기능」(『주역연구』 제4집, 한국주역학회, 1999) 등 7편의 논문을 발표하였으며, 중문(中文)으로는 「茶山易的辨證法」(『第五屆韓國傳統文化國際學術硏討會論文集』, 南京大, 2005) 등 2편, 영문(英文)으로는 "A Semiotic Approach to Understanding Tasan Chŏng Yakyong's Philosophy of Yijing"(*Review of Korean Studies*, Academy of Korean Studies, 2000) 등 3편의 논문을 발표하였다. 1989년 이래 경북대학교 인문대학 철학과 교수로 재직하고 있으며, 미국의 하버드대학 옌칭연구소와 캐나다의 브리티시 컬럼비아대학(UBC) 한국학연구소의 객원교수(Visiting Scholar)를 역임하였다.

옮긴이 장정욱(張正郁)은 1989년에 경북대학교 경상대학 회계학과를 졸업했으며, 동 대학원 철학과 박사 과정을 수료했다. 현재 대구와 인근의 대학에 출강하고 있으며, 도가(道家) 연구 동아리인 '삼현관(三玄觀)'의 모임을 이끌고 있다. 다산(茶山)의 『역학서언(易學緖言)』 중 「현산역간(玆山易柬)」(『다산학』 4호, 다산학술문화재단, 2003), 「사수고점박(沙隨古占駁)」(『다산학』 6호, 다산학술문화재단, 2005)을 번역하였고, 논문으로는 「노자(老子)의 현실인식과 사유와 실천」(경북대 석사논문, 1993), 「역상(易象)의 적용방식과 설정원리에 대한 분석 - 다산의 『周易四箋』을 중심으로」(대한철학회, 『철학연구』 75집, 2000), 「역사(易詞)에 나타나는 '유부(有孚)'의 의미 - 다산(茶山) 「역례비석(易例比釋)」의 '유부'례(有孚例)를 중심으로」(한국주역학회, 『주역연구』 제6집, 2001) 등이 있다.

역주譯註 **주역사전**周易四箋 **8**

1판 1쇄 발행 2007년 08월 20일
1판 2쇄 발행 2013년 04월 20일
1판 3쇄 발행 2021년 08월 20일

지은이 / 다산 정약용
옮긴이 / 방인·장정욱
펴낸이 / 박성모
펴낸곳 / 소명출판
등록 / 제13-522호
주소 / 137-878 서울시 서초구 서초중앙로6길 15(란빌딩 2층)
대표전화 / (02) 585-7840
팩시밀리 / (02) 585-7848
somyungbooks@daum.net / http://www.somyong.co.kr

값 24,000원

ISBN 978-89-5626-269-7 94810
ISBN 978-89-5626-261-1 (전8권)

역주 주역사전 8

譯註 周易四箋

다산 정약용 지음
방인 · 장정욱 옮김

소명출판

일러두기

1. 이 책은 茶山 丁若鏞의 『周易四箋』(戊辰本, 24卷, 1808)을 완역하고 주석을 단 것이다.
2. 번역의 底本으로 삼은 것은 활자본 『周易四箋』(新朝鮮社本, 『與猶堂全書』, 1937)과 필사본 奎章閣 所藏 『周易四箋』과 國立中央圖書館 所藏 『周易四箋』이다. 略號로는 新朝鮮社本은 '新朝本'으로, 奎章閣本은 '奎章本'으로, 國立中央圖書館 所藏本은 '國中本'으로 표기하였다.
3. 新朝本, 奎章本, 國中本을 對校하여 오자(誤字)를 바로잡고, 이를 [校閱]로 표시하였다.
4. 각 조목은 원문과 번역문으로 나누어 실었다. 한글표기를 원칙으로 하되, 필요하다고 판단된 경우, 한글과 漢字를 병기하였다.
5. 원문은 '○' 표시로 구분한 것 외에 문단 구분이 없으나, 原文이 지나치게 긴 경우에는 적절히 나누어 문단 구분을 하였으며, '○' 표시는 그대로 살렸다.
6. 원문의 細注 부분은 원래의 위치에서 작은 글씨로 써주고, ≪ ≫로 표시해 주었다.
7. 원문에는 없으나, 의미맥락상 필요한 말은 [ ] 안에 넣었다.
8. 譯註는 脚注로 처리하였다. 『周易四箋』에서 인용하고 있는 해당 원전을 찾아 출전을 밝히고, 필요한 경우 원문을 실었으며, 인용이나 출전이 잘못된 경우 해당 원전에 근거해 바로잡았다.
9. 脚註에서 제시된 『周易四箋』 및 『易學緒言』의 典據는 新朝鮮社本의 卷數 및 面數에 의거하였다.
10. 신조선사본의 면수는 양면으로 되어 있으므로, 가 · 나로 나누어 표기하였다.
11. 『周易四箋』은 『四箋』으로, 그리고 『易學緒言』은 『緒言』으로 略號를 사용하였다.
12. 8卦의 离와 64卦의 離를 구별하여 표기하였다. 즉, 8卦 중의 하나로 쓰일 때에는 离로, 64卦 중의 하나로 쓰일 때에는 離로 표기하였다.
13. 본 역주본에서는 卦爻의 변화를 표시하기 위하여 기본적으로 '한글과컴퓨터'사의 8卦 폰트를 조합하여 사용하였다. 그러나 각 卦爻 앞에 오는 괘 그림 및 기타 본문 내의 괘 그림에는 예문서원에서 만든 64卦의 폰트를 사용하였다.
14. 각 卷의 前面紙에는 卦爻辭索引을 배치하여, 각각의 卦辭와 爻詞가 기재되어 있는 卷數와 面數를 쉽게 찾아볼 수 있도록 하였다. 여기에는 64卦의 384爻辭, 64卦辭, 用九 · 用六 등 모두 450개의 占筮例가 제시되어 있다.
15. 각 卷의 後面紙에는 爻變表를 배치하여 爻變의 모든 例를 일목요연하게 참고할 수 있도록 하였다. 여기에는 64卦의 384爻와 用九 · 用六 등 모두 386개의 爻變例가 제시되어 있다.

역자 서문

다산(茶山) 정약용(丁若鏞) 선생의 저서 『주역사전(周易四箋)』에 대해서 역자(譯者)가 처음으로 관심을 갖게 된 것은 한국정신문화연구원(현재 한국학중앙연구원의 前身)의 한국학대학원에서 「다산역학사상에 대한 연구」(1983)라는 제목으로 석사논문을 쓰게 되면서부터이다. 그 이후(以後) 벌써 20년의 세월이 훨씬 지나서, 이제 그 역서(譯書)의 출간을 눈앞에 두게 되니, 벅찬 감회를 억누를 수가 없다. 솔직히 말하자면, 『주역사전』을 연구하겠다고 나섰을 때는 그 가치를 충분히 인식하고 출발했다기보다는 실학사상가로서 새로운 사상사적 전환의 틀을 마련한 다산 정약용의 경학 관련 저술 중에서 미개척 분야를 연구해 보겠다는 의욕이 더 강했던 것이 사실이었다. 하지만 이때는 『주역사전』이 번역도 되어 있지 않았을 뿐 아니라, 다산역학에 관련된 선행 연구도 거의 찾아볼 수 없었기 때문에 텍스트의 독해(讀解)는 결코 호락호락하지 않은 난제(難題)였다. 이런 상황에서 역자는 학부 시절에 『맹자(孟子)』를 배우면서 인연을 맺게 된고(故) 함재(涵齋) 김재홍(金在泓 : 1916~2006) 선생님께서 평소 다산 정약용 선생의 『주역사전』이 중국의 어떤 역학대가의 저술에도 뒤지지 않는 독창성과 탁월성을 지니고 있음을 역설하시던 것을 상기하고, 찾아뵙고 가르침을 청하게 되었다. 돌이켜 생각해보면, 선생의 가르침이 없었더라면, 당시 석사논문은 물론이고, 오늘날 『주역사전』의 번역도 감히 시도하지 못하였을 것이다. 이 기회를 빌어 지난 해 세상을 떠나신 함재(涵齋) 선생님께 마음속 깊이 감사 드린다. 역자(譯者)는 그 이후 연구 주제를 바꾸어 「신라 태현(太賢)의 유식사상(唯識思想)」이라는 제목으로 박사논문을 쓰게 되었지만, 다산역학에 관한 관심은 한 번도 마음속을 떠난 적이 없었다. 박사논문을 마친 이후로 역자(譯者)의 연구 관심은 오히려 다산역학으로 다시 옮겨오게 되었다. 다산역학은 역자가 경북대학교 철학과 대학원에서 강의를 개설한 이래, 가장 많이 설강한 과목이 되었으며, 아울러 몇 편의 관련 논문도 발표하기에 이르렀다. 그러다가 한국학술진흥재단의 2000년 동서양학술명저번역 사업에 참여하게 되어, 제자 장정욱(張正郁)과 더불어 『주역사전』의 번역에 착수하게 되었다. 지원 당시 역자가 학술진흥재단의 다른 사업에 지원하고 있는 관계로 부득이하게 장정욱이 연구책임자가 되었으나, 전체적인 총괄과 마무리는 역자가 담당하게 되었다. 번역 작업은 일단 2002년에 완료되었으나, 그 이후에도 오류를 수정하고, 내용을 보완하는 작업을 계속하였다. 2005년 8월부터 일 년 동안 캐나다 밴쿠버에 있는 브리티시 컬럼비아 대학(UBC)의 한국학연구소의 초청으로 연구년을 보내면서, 최종적인 교정작업에 몰두할 수 있었다. 역자가 번역 작업을 하면서 특히 어려움을 많이 느낀 부분은 주역의 괘사(卦辭)와 효사(爻辭)의 번역이다. 다산은 해석방법론에 있어서 자신의 독창적인 방법론을 활용하고 있기 때문에, 이전(以前)의 역학자들로부터 현저하게 차별되는 방식으로 괘사와 효사를 해석하고 있다. 다산의 독특한 괘효사(卦爻辭)의 해석을 충실히 살리기 위해, 역자는 일단 괘효사를 직역 위주로 번역하였으나, 그것만으로는 의미가 충분히 드러나지 않아,

숨은 뜻을 괄호 안에 넣어 보충함으로써 그 문맥을 살리려고 시도하였다. 그러나 그 과정에서 번역해 놓고도 문맥이 통하지 않는 부분에 이르러서는 절망감을 느낀 적이 한두 번이 아니다. 역자는 괘사와 효사의 만족할 만한 번역을 얻을 때까지 역문(譯文)을 몇 번이고 다시 고쳤으며, 다산의 관점을 충실히 반영하기 위하여 최대한 노력하였다. 아울러, 가능한 한 역주(譯註)를 상세히 달아서 독자들의 이해를 돕도록 하였다. 이미 『주역사전』의 번역본(『자세히 풀어쓴 주역사전』, 이영희 역, 민창사, 2004)이 나와 있음에도 불구하고, 본 역서(譯書)가 의의를 가질 수 있다면, 그것은 바로 이 주석(註釋) 때문일 것이다.

번역 텍스트로는 1937년에 신조선사(新朝鮮社)에 의해 간행된 활자본과 규장각(奎章閣) 소장(所藏) 필사본을 주로 사용하였고, 번역과 아울러 양본(兩本)에 대한 텍스트 대교(對校) 작업을 병행하였다. 번역이 끝나갈 무렵에 다산학술문화재단의 도움으로 국립중앙도서관에서 소장하고 있는 『주역사전』의 또 다른 필사본을 입수하게 되어 교정 작업과 더불어 텍스트 교열(校閱)에 참조하였다. 역자가 『주역사전』의 번역에 착수할 당시에는 텍스트 교열 작업까지 목표로 한 것은 아니었지만, 다산학술문화재단이 기념비적 사업의 일환으로 의욕적으로 추진하고 있는 『여유당전서』의 정본(定本) 사업에 참여하게 된 것을 계기로 철저한 자세로 임하게 되었다. 텍스트 간의 이동(異同)을 대조하여, 그 차이를 밝힐 뿐 아니라, 그 중에서 어떤 것을 모범적 텍스트로 정할 것인지에 관해서도 역자의 견해를 밝혔다. 세 개의 텍스트가 모두 일치된 경우라 하더라도, 만일 다산이 인용한 전거(典據)가 잘못된 것이 확실한 경우에는 과감하게 그 잘못을 시정(是正)하고자 하였다. 역주에서 신조선사본(新朝鮮社本)은 '新朝本'으로, 규장각본은 '奎章本'으로, 국립중앙도서관본은 '國中本'으로 표기하였다. 그리고 번역서의 편집 체제와 관련하여, 신조선사본(8卷) 체제를 따르지 않고, 『주역사전』의 무진본(24卷) 체제를 근간으로 하여 권수 등을 표기함으로써, 고본(古本)의 원형(原形)을 제시하고자 하였다. 다만 24권으로 분권(分卷)하게 되면, 각권(各卷)의 분량이 너무 작아지는 문제도 있고 하여 각권을 표시하기는 하되, 3권씩 묶어 총8책(冊)의 체제로 묶기로 하였다. 그렇지만 각주에서 『주역사전』 및 『역학서언(易學緖言)』의 전거(典據)를 제시할 경우에는 신조선사본의 권수 및 면수에 의거하기로 하였다. 그것은 일반적으로 전거(典據) 제시의 경우에 신조선사본의 권수 및 면수를 제시하는 것이 통례(通例)이고, 필사본의 경우에는 활자본과는 달리 면수를 분명하게 확정하기 어렵기 때문이다. 권수가 이중적으로 표기됨으로써 독자들에게 혼란을 야기할 소지는 있겠으나, 무진본 권수는 오직 책의 고본의 원형을 드러내기 위한 용도로 사용되었을 뿐이고, 실제로 각주에서 인용문의 출처를 밝히는 용도로는 신조선사본의 권수, 면수가 사용되었다는 점을 미리 염두에 둔다면, 큰 혼란은 없으리라고 본다.

그러면 이제 『주역사전』의 학술적 가치에 대해 말해보기로 하자. 다산은 신유(辛酉)년(1801) 강진에 유배된 이후, 자신에게 닥친 불운을 오히려 학문을 닦을 수 있는 절호의 기회로 삼아, 『주역』 연구에 착수하게 된다. 「윤외심(尹畏心)에게 보낸 편지[與尹畏心書]」에서 전하는 다산의 술회에 따른다면, "계해년(1803) 늦은 봄부터 눈으로 보는 것, 손으로 잡는 것, 입으로 읊조리는 것, 마음으로 생각하는 것, 붓으로 기록하는 것으로부터 밥을 먹고 변소에 가며, 손가락 놀리고 배 문지르는 것에 이르기까지 어느 하나도 주역 아닌 것이라고는 없었다."(『與猶堂全書』 第1集 『詩文集』 「與尹畏心書」, 제19권 19~20면) 이처럼 자나깨나 오로지 『주역』 연구에 몰두한 결과 나온 다산의 『주역』 주석서가 바로 『주역사전』이다. 다산이 『주역사전』의 완성을 위해 쏟은 정성은 그야말로 엄청난 것이었다. 『주역사전』이 세상에 최초로 모습을 드러낸 것은 1804년에 펴낸 갑자본(甲子本, 八卷)이었으나, 다산은 이에 만족하지 않고 고치고 또 고치어, 을축본(乙丑本) 8권(1805), 병인본(丙寅本) 8권(1806), 정묘본(丁卯本) 24권(1807), 무진본(戊辰本) 24권(1808)의 개정본을 차례로 내기에 이르렀다. 갑자본에서 무진본에 이르기까지 무려 모두 4번의 개고(改稿)를 거친 셈인데, 아마도 다산의 저술 중에서 이처럼 정성을 기울인 저술은 없을 것이다. 이렇게 해서 탄생된 『주역사전』을 다산은 자신의 다른 어떤 저술보다도 더 소중히 여겼다. 다산은 『주역사전』이 하늘의 도움이 없었다면 결코 나올 수 없었을 "天助之文字(하늘의 도움을 얻어 지어낸 文字)"였다고 회고하고 있다. 다산은 자신의 두 아들에게 주는 편지(「示二子家誡」)에서 다음과 같이 당부하고 있다. "『주역사전』은 그야말로 내가 하늘의 도움을 얻어 지어낸 문자(文字)이다. 결코 사람의 힘으로 통할 수 있거나, 사람의 지혜나 생각으로 도달할 수 있는 바가 아니다. 이 책에 마음을 가라앉혀 깊이 생각하여 그 속에 담긴 오묘(奧妙)한 이치를 모두 통할 수 있는 사람이 있다면, 그는 바로 나의 자손이나 친구가 되는 것이니, 그런 사람이 천년에 한 번 나오더라도 배 이상 정을 쏟아 애지중지할 것이다[周易四箋 是 吾得天助之文字 萬萬非人力可通 智慮所到 有能潛心此書 悉通奧妙者卽子孫朋友 千載一遇 愛之重之 當倍常情]."(『與猶堂全書』 第1集 『詩文集』 卷18, 5나) 다산은 자신의 저술에 대해 아는 사람은 적고, 비난하는 사람은 많다는 사실에 대해 개탄하며, 만일 천명(天命)이 허락하지 않는다면, 차라리 불에 태워버려도 좋겠다고 말하면서도, 만일 자신이 저술한 책 중에서 『주역사전』과 『상례사전(喪禮四箋)』만이라도 전승해간다면, 나머지 책들은 그냥 없애버려도 좋겠다고 말한다. 다산의 『주역사전』이 지니는 진정한 가치를 처음으로 발견하고, 이를 격려한 사람은 다산의 중형(仲兄)이었던 손암(巽菴) 정약전(丁若銓)이었다. 『주역사전』이 완성되었을 당시 흑산도(黑山島)에 유배되어 있던 손암(巽菴)은 이를 읽어보고, 복희 · 문왕 · 공자의 세 성인 마음속의 오묘한 이치가 이제야 찬연하게 밝혀졌다고 기뻐하였다. 손암은 말하기를 "처음에는 놀라고, 중간에는 기뻤고, 나중에는 나도 모르게 무릎이 굽어졌다. 저자(著者)인 내 동생을 어떤 사람이라고 해야 좋을지 모르겠다. 미용(美庸) 저 자신도 모를 것이다"라고 하였다. 손암은 특히 「계사전」 중에서 고점법(古占法)에 대한 부분을 특별히 독립시켜 주석(註釋)한 「시괘전(蓍卦傳)」

에 대해서 감탄을 금치 못하였다. 손암은 말하기를 "주역사해(周易四解)는 그 어느 것이 장관(壯觀)이 아니오리마는 시괘전(蓍卦傳)에 이르면, 더욱 절기(絶奇)한 문자(文字)인 것이다[周易四解 孰非壯觀, 而至蓍卦傳 尤是絶奇文字]"라고 하였다. 손암과 더불어 다산의 당대에 『주역사전』의 가치를 높이 평가한 인물로는 아암(兒庵) 혜장(惠藏, 1772~1811) 선사(禪師)가 있었다. 혜장 선사는 다산이 강진 유배시에 친하게 지냈던 불승(佛僧)으로서, 유학(儒學)에 대해서도 박식(博識)을 자랑하던 사람이었다. 혜장은 전통적 역학(易學)에 대해서도 해박하였으나, 다산의 『주역사전』을 접하고 나서는 산승(山僧)이 20년 동안 역학(易學)을 공부한 것이 모두 헛된 일에 지나지 않았다고 고백하고, 그 이후로 40세라는 아까운 나이로 세상을 떠날 때까지 한결같이 다산 역학의 열성적인 전수자가 되었다.

그렇다면 다산의 『주역사전』의 대략적인 내용에 대해서 살펴보기로 하자. 『주역사전』의 '四箋'이란 글자 그대로는 '네 가지 주석'이라는 뜻이지만, 보다 구체적으로는 『주역』 해석을 위한 ① 추이(推移), ② 효변(爻變), ③ 호체(互體), ④ 물상(物象)의 네 가지 방법론을 가리킨다. 먼저 추이(推移)란 전통적인 역학방법론인 괘변설(卦變說)을 가리키고, 호체(互體)란 상괘(上卦)와 하괘(下卦) 외에 중간에서 괘를 취하는 것을 가리키며, 물상(物象)이란 괘사를 해석할 때 철저하게 「설괘전(說卦傳)」에 설명된 괘의 상징에 의거하여 해석하는 것을 가리킨다. 이 중에서 효변을 제외한 나머지 세 방법론은 역학사를 통해 전승되어 내려온 것이기 때문에, 새로운 것이 아닌 것처럼 보일 수도 있으나, 구체적으로 그 내용을 살펴보면, 보다 정밀한 해석이 가능하도록 다산에 의해서 새롭게 조직된 것임을 알 수 있다. 다산역학의 방법론 중에서 가장 독창적인 요소라고 부를 수 있는 것은 단연코 효변의 방법론이다. 다산은 이 효변법(爻變法)을 개발함으로써 첩첩산중 가로막고 있던 해석학적 난제를 단숨에 해결하는데 성공할 수 있었다. 효(爻)란 획(畫)과 구분되는 개념으로서, 획(畫)이 단순히 그어진 선(線) 이외의 것을 가리키지 않는 정태적 개념이라고 한다면 이와는 달리 효(爻)는 음(陰)에서 양(陽)으로, 혹은 양(陽)에서 음(陰)으로 변화된 상태를 가리키는 동태적 개념이라고 할 수 있다. 이 효변 개념은 역해석자에게 코페르니쿠스적인 발상의 전환을 요구한다. 효변설(爻變說)을 따른다면, 음(陰)은 비록 음으로 표기되어 있다고 하더라도 사실은 노음(老陰)이기 때문에 이미 양으로 변동되고 있는 과정을 가리키며, 양(陽)은 비록 양으로 표기되어 있다고 하더라도 사실은 노양(老陽)이기 때문에 이미 음으로 변동되고 있는 과정을 가리킨다. 따라서, 효변설을 취하면, 대부분의 역학가들이 양(陽)으로 보고 있는 것을 반대로 음(陰)으로 보고, 대부분의 역학가들이 음(陰)으로 보고 있는 것을 오히려 양(陽)으로 보게 되는 것이다. 역학사상 효변을 통해 괘사를 해석한 역학자의 경우는 정말로 희귀하다. 주자(朱子)의 경우에도 점법(占法)에서는 효변설을 취하고 있으나, 괘사 해석에서는 전혀 효변을 취하고 있지 않다. 따라서, 효변설에 관한 한 다산은 거의 대부분의 역학자들이 취하고 있는 전통적 해석방식에 도전하고 있다고 보아도 과언이 아닐 것이다. 다산의 효변설이 역학사상 일대사건이 될 수 있는 것도 바로 이 효변설이 지니는 혁명적인 발상 때문이다. 그렇다면 다산은 어떻게 이 효변설에 착안하게 되었으며, 다른 대부분의 역학자들의 통설에 맞설 수 있는 용기와 확신을 지닐 수 있었을까? 그것은 바로 『춘추좌씨전』에 소개되어 있는 춘추관점(春秋官占)의 점서례(占筮例)를 통해서였다. 『춘추좌씨전』에는 건초구(乾初九)를 '乾之姤'라고 표기하고 있는 등의 예가 자주 등장하고 있는데, 여기서 '乾之姤'는 '乾의 姤'라고 읽으면 안 되고, '乾이 姤로 간다', 혹은 '乾이 姤로 변화한다'라고 읽어야 하는 것이다. 즉 이때 '之'는 문자 그대로 '갈 지(之)자'로 읽어야 하는 것이다. 이러한 용례는 『춘추좌씨전』에 17개, 『국어(國語)』에 3개가 나타나고 있다. 다산은 『춘추좌씨전』과 『국어』의 점서례(占筮例)에 대한 철저한 분석을 통해, 이것이 『춘추좌씨전』과 『국어』의 몇몇 사례에 국한되는 것이 아니라, 『주역』 64괘(卦) 384효(爻) 전체에 모두 적용되어야 하는 방법론임을 확신하게 된다. 역학의 정통적 계보가 단절되게 된 이유도 바로 이 효(爻)가 변동하는 법이 온전히 전수되지 못했던 데 있다. 효변을 취하지 않게 되면, 물상(物象)이 맞지 않게 되고, 물상이 맞지 않게 되자 「설괘전(說卦傳)」을 폐기하게 되니, 아예 『주역』을 올바로 해석하게 되는 길이 끊어져 버린 것이다. 그렇지만, 효변설을 취하고, 다시 변동된 물상을 「설괘전」에 대조해 본다면, 3백 84개의 효사(爻詞)가 글자마다 부합하고 글귀마다 계합(契合)하여 털끝만큼도 의심스럽거나 통하지 않는 것이 없게 된다는 것이다. 「윤외심(尹畏心)에게 보낸 편지[與尹畏心書]」에서 다산은 효변을 궁전(宮殿)의 천문만호(千門萬戶)를 모두 열 수 있는 열쇠에 비유하고 있다. 궁전 속에는 종묘의 아름다움과 백관의 풍부함이 모두 그 속에 있으나, 단지 자물쇠가 견고히 채워져 있어서, 그 문 앞에 누가 이르더라도 아무도 감히 내부를 엿볼 수 없는 상황이다. 그런데 여기에 하나의 만능열쇠가 있어, 그 열쇠만 손에 쥔다면, 궁전의 모든 문을 열 수 있으니, 그 열쇠로 외문(外門)을 열면 외문이 열리고, 중문(中門)을 열면 중문이 열리고, 고문(皐門)·고문(庫門)·응문(應門)·치문(雉門) 등이 차례로 열려, 결국에는 천문만호가 모두 활짝 열려 종묘의 아름다움과 백관의 풍부함을 모두 감상할 수 있게 되는 것과도 같다. 다산의 외손자인 방산(舫山) 윤정기(尹廷琦, 1814~1897)가 그의 저서 『역전익(易傳翼)』에서 이 효변을 주역 해석의 비밀문을 여는 "황금열쇠(金鑰匙)"라고 불렀던 것도 바로 이 때문이다. 요즈음의 말로 한다면 이른바 '마스터 키'(master key)와도 같은 것이 바로 효변이라 하겠다. 이처럼 일단 효변설을 취하게 되자, 다산은 『주역』의 해석학적 난제들을 파죽지세처럼 풀어 나갈 수 있었다. 뿐만 아니라, 다산은 효변설을 추이설(推移說) 등의 다른 방법론적 수단과 효과적으로 결합시킴으로써 마침내 만족할 만한 『주역』 전편의 해석에 성공하기에 이르렀다. 지금까지 역자(譯者)는 효변설을 중심으로 다산역학방법론의 의의를 설명하였으나, 보다 자세한 내용을 알기 위해서는 『주역사전』의 해제(解題)를 참조하기를 바란다.

이 번역본이 완성되기까지 도움을 주신 많은 분들께 이 자리를 빌어 감사를 드리고 싶다. 무엇보다도 동서양명저번역사업이라는 뜻깊은 사업을 통해, 『주역사전』의 학술적 가치를 세상에 널리 알릴 수 있는 기회를 부여해 준 한국학술진흥재단에 깊은 감사를 드리고 싶다. 아울러, 귀중한 자료인 『주역사전』의 국립중앙도서관 소장본을 구하여, 텍스트의 비교대조에 큰 도움을 주신 다산학술문화재단에 깊은 감사를 드린다. 그 다음으로 역자(譯者)는 경북대 철학과 대학원 수업을 통해 『주역사전』을 접하게 된 것을 계기로 이제는 다산역학에 관해서는 전문적인 학자의 수준으로 성장한 나의 제자 장정욱이 공역자(共譯者)로서 보여준 성실성과 각고(刻苦)의 노력에 대해 찬사를 보내고 싶다. 아울러 학업에 바쁜 와중에도 교정작업을 헌신적으로 도와준 경북대 철학과 대학원의 제자 김상현과 이정숙에게도 역시 고마움을 전하고 싶다. 그리고 이 역주본(譯註本)에서 64괘의 폰트(font)를 사용할 수 있도록 선뜻 허가해주신 예문서원 오정혜 사장님과 이를 주선해주신 계명대 홍원식 교수님께도 진심으로 감사의 말씀을 드리고 싶다. 책의 출판이 늦어지는데도 인내심을 갖고 기다려주신 소명출판의 박성모 사장님의 배려와 원문(原文)과 세주(細注)가 뒤엉켜서 어지럽던 원고를 전문적인 편집 작업을 통해 깔끔하게 정리해주신 편집진의 노고가 없었더라면, 이 책이 이렇게 세상에 나올 수 없었을 것이다. 그리고 마지막으로 이 번역이 시작해서 끝날 때까지 헌신적으로 뒷받침해주고, 성원을 아끼지 않은 나의 아내에게도 고마운 마음을 표하고 싶다.

『주역사전』 무진본(戊辰本) 발간
이백주년을 한 해 앞둔 2007년 7월에
경북대 연구실에서
방인 삼가 적음

譯註 周易四箋 1

譯註 周易四箋 2

周易四箋 戊辰本 卷之四

周易四箋 戊辰本 卷之五

周易四箋 戊辰本 卷之六

譯註 周易四箋 3

譯註 周易四箋 4

譯註 周易四箋 5

譯註 周易四箋 6

譯註 周易四箋 7

周易四箋 戊辰本 卷之十九

61. 풍택 중부(風澤 中孚)
62. 뇌산 소과(雷山 小過)
63. 수화 기제(水火 旣濟)
64. 화수 미제(火水 未濟)

周易四箋 戊辰本 卷之二十

춘추관점보주(春秋官占補註)

周易四箋 戊辰本 卷之二十一

대상전(大象傳)

周易四箋 戊辰本 卷之二十二

계사상전(繫辭上傳)

繫辭者 彖詞爻詞也 謂以繇詞繫于卦爻之下也 彖詞 文王之所繫也 《亦名卦詞 乾元亨利貞之類》 爻詞 周公之所繫也 《亦名象詞 初九潛龍勿用類》 孔子取二聖之詞 而發其淵奧 名之曰 彖傳 《彖曰 大哉乾元 類》 象傳 《象曰 潛龍勿用 陽在下也類》 各成二篇 爲十翼之四 《彖傳 象傳 各分上下篇》 此之謂 繫辭傳也 若此編 則通論一經之大體 《朱子云》 故史記引此 謂之易大傳 《漢儒 多稱易大傳》 其稱繫辭傳者 恐亦傳述有誤也

계사(繫辭)란 [원래] 단사(彖詞)[1]와 효사(爻詞)이며, 주사(繇詞)[2]를 괘(卦)와 효(爻)의 아래에 달아 놓은 것을 말한다. 단사(彖詞)는 문왕(文王)이 단

것이며 ≪또는 卦詞라고도 하며,[3] "乾, 元亨利貞" 등의 부류≫ 효사(爻詞)는 주공(周公)이 단 것이다. ≪또는 상사(象詞)라고 하며, "初九, 潛龍勿用" 등의 부류≫ 孔子가 이 두 聖人의 말을 취하여 그 오묘한 뜻을 풀이함에, 이름하여 「단전(彖傳)」과 ≪"彖曰, 大哉乾元" 등의 부류≫ 「상전(象傳)」이라 하였는데 ≪"象曰, 潛龍勿用, 陽在下也" 따위≫ 각각 두 편이 되어 십익(十翼) 중의 네 부분을 차지하니 ≪「彖傳」과 「象傳」은 각각 상·하편으로 나뉨≫ 이를 일러 [원래는] '계사전(繫辭傳)'이라 하는 것이다. 그런데 여기 이 「繫辭傳」이라는 편은 '경전(經典)의 근본적인 의미를 전반적으로 논한 것'으로 ≪이는 朱子의 말이다[4]≫ 따라서 『사기(史記)』에서는 이를 인용하면서 "역대전(易大傳)"[5]이라 하였는데 ≪漢代 儒學者들은 이 편을 흔히 「易大傳」이라고 부름≫ 이 편을 [오늘날 일반적으로] 「繫辭傳」이라 부르게 된 것은 아마도 전승되는 과정에 어떤 오해가 있었던 것 같다.

○今不敢全釋 只就十二辟推移之義 及六爻變動之法 凡有關於四大義理者 約略疏理 其中專論一卦之繇者 ≪鳴鶴在陰類≫ 前已論釋於各卦之下 又如揲蓍諸文 別爲表章 玆不疊論

○지금 [이 「계사전(繫辭傳)」] 전부를 해석하고자 하는 것은 아니며, 다만 십이벽괘(十二辟卦)의 추이(推移)의 뜻과 육효(六爻) 변동의 방식[과 연관되는 부분]만을 풀이하였는데, [『周易』의] 四大義理[6]와 관련되는 것은 개략적으로 그 이치를 해명하였다. 그리고 이 「繫辭傳」의 글 가운데 전적으로 한 卦의 점사(占詞)를 논한 것은 ≪예를 들면 "鳴鶴在陰" 등≫

---

1) "단사(彖詞)"란 이른바 '괘사(卦辭)'를 말한다.
2) "주사(繇詞)"란 점사(占詞), 즉 '점을 풀이한 글'이라는 뜻이다.
3) 일반적으로 '卦辭'·'爻辭'라 하는데, 茶山은 '卦詞'·'爻詞'로 표기한다.
4) 朱子 『本義』의 해당 부분에 나오는 말이다.
5) 『史記』 「太史公自序」에 이런 말이 나온다.
6) "四大義理"란 추이(推移), 물상(物象), 호체(互體), 효변(爻變)의 "역리사법(易理四法)"을 말함. 줄여서 '四義'라고도 함.

앞서 이미 각 해당 卦의 아래에서 풀이하였고, 설시(揲蓍)에 관한 글들은 따로 [편을 나누어] 밝혔으니,[7] 여기서는 중첩하여 논하지 않는다.[8]

〔原文〕[9] 天尊地卑 乾坤定矣 卑高以陳 貴賤位矣 動靜有常 剛柔斷矣

하늘은 높고 땅은 낮으니 [『周易』에서] 건(乾)과 곤(坤)의 지위가 [그렇게] 정해진다.[10] [세상이] 높고 낮게 되어 있으니 [卦位에서도] 귀하고 천한 자리가 있다. [萬物이] 움직이고 머묾에 일정한 이치가 있으니 [이에 따라 괘효(卦爻)의] 剛柔가 결정된다.[11]

黃帝堯舜 垂衣裳而天下治 無他 明其位而已 君君 臣臣 父父 子子 夫夫 婦婦 而天下平 無他 正其位而已 芸芸葱葱[12] 以升以

7) 바로 다음에 나오는 이른바 「시괘전(蓍卦傳)」을 두고 하는 말이다.

8) 단순히 중첩을 피하고자 여기서 생략한 부분, 즉 ① 구체적인 괘와 연관되는 부분(專論一卦之繇者)과 ② 「蓍卦傳」으로 따로 떼어낸 부분 이외에도, 이미 "今不敢全釋"이라 했거니와, 이른바 四大義理와 연관된 것만 개략적으로 해명한다(約略疏理)는 핑계(?)로 ③ 전혀 언급도 하지 않는 부분이 많이 있다. 이후 여기 번역문에서는 讀者의 편의를 위해 그 생략된 구절들의 원문을 모두 해당 부분에 삽입하고, 그 ①·②·③의 경우를 구분하여 밝혔다 ③의 경우 『易學緒言』 등 茶山의 다른 저술에서 언급되는 경우가 있지만, 거기까지는 일일이 밝히지 않는다. 한편 ③의 부분을 다산이 생략한 이유에 관하여 이을호(李乙浩)는 "「繫辭傳」의 占術的 神秘主義의 늪에서 빠져나오려고 [그렇게] 했다"고 주장한 바 있다(이을호, 『茶山의 易學』, 민음사, 1993, 21면 이후 참조).

9) [原文]은 「계사전(繫辭傳)」의 原文을 가리킨다. 다산의 註解에 대해서는 별도로 표시하지 않는다.

10) 여기 "乾坤"을 『周易』과 연관짓지 않고 일반적인 '천하(天下)'나 '우주(宇宙)'를 말하는 것으로 풀 수도 있겠다.

11) 이 구절은 보는 관점에 따라 여러 해석이 가능하다. "天尊地卑, 乾坤定矣"라는 구절에서 분명히 드러나거니와, 여기서는 모두 前句는 보다 일반적인 상황을 말한 것이고, 後句는 그것에 상응하는 『周易』의 요소나 성격을 지적한 것으로 보았다. 이런 해석은 바로 아래 茶山의 설명이나, 『周易』을 기본적으로 "상(象)"의 논리에 입각하여 보는 그의 관점과도 부합하는 것으로 사료된다.

12) [校閱] 新朝本에는 "총총(葱葱)"으로 되어 있으나 奎章本과 國中本에는 "총총(蔥蔥)"으로 되어 있다. "총(葱)"과 "총(蔥)"은 同字이다.

降 以往以來 進退出入 屈伸榮辱 無他 由其有貴賤之位也 孔子[13]之爲彖傳象傳 其吉凶悔吝 皆以位觀 曰位不當 位正當 當位疑 往得位之類 蓋以卑不可以侵尊 上不可以偪下 陰不可以干陽 男不可以從婦也 故大傳之首 先言位

"황제(黃帝)와 요순(堯舜)이 복식(服飾)을 제정하여 천하를 잘 다스림"[14]은 다름이 아니고 그 [신분적] 위계질서를 분명하게 밝힌 것일 따름이다. 임금은 임금답고, 신하는 신하다우며, 아비는 아비답고, 자식은 자식다우며, 지아비는 지아비다우며, 지어미는 지어미다움에 천하가 평안한 것은, 다름이 아니라 그들의 위계(位階)를 바로 잡은 것일 따름이다. 무수한 事物이 복잡다단하게 오르락내리락 왔다 갔다 하는데, 나아가고 물러남이 들락날락하고, 굽히고 펴며 영욕(榮辱)을 겪는 것은, 다름이 아니고 그것이 귀하거나 천한 자리를 가지는 데서 말미암은 것이다. [그러므로] 孔子가 「彖傳」과 「象傳」을 엮음에 그 길(吉)·흉(凶)·회(悔)·린(吝)을 모두 [卦爻의] 자리에 따라 살폈으니, 즉 "[괘획(卦畫)의] 자리가 부당(不當)하다",[15] "자리가 정당(正當)하다",[16] "해당하는 자리(當位)가 [두려워하여] 의심함이다",[17] '[위로] 가서 바른 자리를 얻었다'[18] 등등을 언급하였다. 대저 비천한 자가 존귀한 자를 능멸해서는 안 되며, 윗사람도 아랫사람을 함부로 핍박할 수는 없는 것이니,[19] 陰은 陽을 간섭할 수 없는 것이

13) [校閱] 新朝本에는 "孔子……"로 되어 있으나 奎章本과 國中本에는 "故孔子……"로 되어 있다.

14) 이는 이후 「繫辭下傳」에 나오는 말을 그대로 인용한 것이다.

15) 位不當: 履卦 六三, 否卦 六三 등에 언급됨.

16) 位正當: 履卦 九五, 否卦 九五, 兌卦 九五, 中孚卦 九五의 「小象傳」에 언급됨. 그냥 "位當"이라는 용례도 있음.

17) 當位疑: 賁卦 六四의 「小象傳」에 나오는 말이다. 한편 이를 "바른 자리(當位)이지만, 의심한다" 정도로 풀 수도 있겠다.

18) 往得位: 이는 "得位"의 사례를 두고 하는 말로 보인다. '왕득위(往得位)'라는 말은 『周易』 원문에 확인되지 않음. 혹 점괘(漸卦) 「彖傳」에 "'進'得位"라 했는데, 그 "進"을 誤記한 것일지도 모르겠다. 한편 "왕(往)"은 괘획(卦畫)으로 보면 그것이 '아래에서 위로 옮겨가는 것'이다.

며, 남자가 여자를 따를 수 없는 것이다. 그러므로 「大傳」의 첫머리에[20] 먼저 "位"에 대해 말한 것이다.

〔原文〕 方以類聚 物以羣分 吉凶生矣

[『周易』의 卦는] 方所에 따라 종류별로 모이고, [상징하는] 사물에 따라 무리가 나뉘는데,[21] [이런 취합(聚合)과 분산(分散)에 따라 괘획(卦畫)에] 吉·凶이 생겨나는 것이다.

方者 卦之德也 ≪方以知≫ 故東方之卦 南方之卦 西方之卦 正北方之卦 ≪說卦文≫ 必以方而異德也 物者 卦之象也 ≪卽所云 雜物撰[22]德≫ 故物生必蒙 物穉不可不養 物畜而有禮 物不可以終否 ≪序卦文≫ 必以物而著象也

여기서, "方"이라는 것은 [결국] 卦의 성격이다. ≪[卦의 성격은 그] 方所에 따라 파악된다.[23]≫ 그러므로 동쪽에 해당하는 卦, 남쪽에 해당하는 卦, 서쪽에 해당하는 卦, 북쪽에 해당하는 卦로 ≪以上은 「說卦傳」에 나오는 글[24]≫ 반드시 方位에 따라 그 성격을 달리하는 것이다. 여기 "物"이라는 것은 [결국] 卦에 나타나는 구체적인 象이다. ≪즉 이른바 "雜物撰德", 즉 "物象을 얽어 그 성격을 엮어낸다"는 것이다.[25]≫ 그러므로 "사물은 처음 생길

---

19) 얼핏 문맥으로 보면 "上不可以偪下"가 아니라 "下不可以偪上"이 되어야 할 도 같은데, 일반적인 도리를 천명한 것으로 보아 그대로 둔다.

20) 물론 여기 "大傳"은 "易大傳"을 略한 것으로 「繫辭傳」을 뜻한다.

21) "方以類聚, 物以羣分"을 "方所는 같은 종류별로 모으고, 사물은 같은 무리로 나뉜다" 정도로 풀 수도 있겠다.

22) [校閱] "雜物撰德"의 "撰"이 奎章本에는 "換"으로 되어 있는데, 誤記이다.

23) "方以知"는 이후 「繫辭傳」에 나오는 말이다. 한편, 이를 "그 方所가 주관한다(知)" 정도로 풀 수도 있겠다.

24) 「說卦傳」에 따르면 震은 東方, 离는 南方, 坎은 正北方에 해당하는 卦이다. 한편 兌의 경우 「說卦傳」에 그 방위(方位)가 명시적으로 언급되지는 않으나, 물론 西方에 해당한다.

25) "雜物撰德"도 이후 「繫辭下傳」에 나오는 말이다.

때에 반드시 몽매(蒙昧)하니, 사물이 어리면 북돋우어 기르지 않을 수 없다. 사물이 축적되면 禮儀를 갖추게 되며,[26] 사물은 끝까지 궁색하게 막힐 수 없는 법이다"라고 하였으니 ≪以上은 「序卦傳」의 글[27]≫ [『周易』의 괘(卦)는] 반드시 구체적인 사물에 따라 象을 나타내는 것이다.

類聚者 復 臨 泰 大壯 夬 ≪坤所變≫ 姤 遯 否 觀 剝 ≪乾所變≫ 中孚 小過 ≪坎離[28]之所變≫ 等 十二卦之謂也 陽與陽聚 不以陰而間[29]之 陰與陰聚 不以陽而間之 ≪如夬[30]五陽不以陰介之 觀四陰不以陽介之≫ 此之謂 類聚也 ≪中孚小過 爲中聚之卦≫

"類聚(종류별로 모인다)"라고 한 것은 [卦에서 보면] 復·臨·泰·大壯·夬卦, ≪坤卦에서 변한 것≫ 姤·遯·否·觀·剝卦, ≪乾卦에서 변한 것≫ 中孚·小過卦 ≪[각각] 離卦와 習坎卦가 변한 것[31]≫ 등 12辟卦를 말하는 것이다.[32]

---

26) 「序卦傳」의 원문은 "物畜然後有禮"로 되어 있음.

27) 이는 「序卦傳」에서 몽괘(蒙卦), 수괘(需卦), 리괘(履卦), 동인괘(同人卦)를 설명한 부분에 나오는 말이다.

28) [校閱] 新朝本과 奎章本과 國中本에 모두 "离"로 되어 있으나 이는 重卦를 가리키므로, "離"로 고친다.

29) [校閱] 新朝本에는 "閒"로 나오는데, 이 다음에는 "不以陽而'間'之"로 나오고, 또한 奎章本과 國中本에는 이 모두 "間"으로 나오므로, "間"으로 통일하였다.

30) [校閱] 新朝本과 奎章本과 國中本에 모두 "復五陽 ……"이라고 나온다. 그러나 復卦는 五陽卦가 아니므로 이 구절은 분명 잘못된 것이다. 이를 고치자면 여러 가지가 가능한데, 뒤의 "觀四陰, 不以陽介之"와 對句를 이룬다고 보아서 이상과 같이 고쳤다. 즉 坤所變과 乾所變에서 각각 하나씩 예를 들면서 그 陰과 陽을 바꾸어 말한 것이 분명하고, 또한 여러 글자를 고치는 것보다는 한 글자를 고치는 것이 간편하므로 "夬卦"로 고쳤다.

31) 이는 추이(推移)의 예외적인 특례(特例)라 할 것인데, 그 괘획(卦畫)의 이동(移動)을 도시(圖示)하면 아래와 같다.

2·5位의 陰이 각각 3·4位로 이동

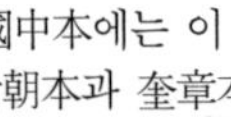

離 → 中孚

2·5位의 陽이 각각 3·4位로 이동

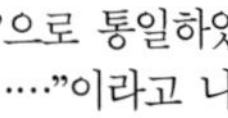

習坎 → 小過

32) 여기 12벽괘는 乾·坤卦를 제외한 것이다.

坤 復 臨 泰 大壯 夬　乾 姤 遯 否 觀 剝　中孚 小過

[이상의 卦들은] 양획(陽畫)과 양획이 모여 있어, 음획(陰畫)이 그 사이에 끼이지 못하고, 음획(陰畫)과 음획이 모여 있어 陽畫이 그 사이에 끼이지 못하니 ≪예컨대 夬卦의 5개의 陽에는 陰이 그 사이에 끼어 있지 않고, 觀卦의 4개 陰에는 陽이 끼어 있지 않다≫ 이것을 "類聚(종류별로 모임)"라고 하는 것이다. ≪中孚와 小過卦는 [같은 것들이] 가운데로 모인 卦가 된다.≫

羣分者 十二卦分其所聚 衍之爲五十卦之謂也 ≪除乾坤及十二卦則餘卦爲五十≫ 一升則一降 一往則一來 陰與陽而相錯 剛與柔而相濟 此之謂 羣分也 ≪詳見推移表≫ 以其分聚之故 而吉凶之情生焉

"군분(羣分 : 무리가 나뉘어짐)"이라고 한 것은, [이상의] 12辟卦에서 그 종류별로 모여 있던 것이 나뉘면서 50가지의 卦로 파생되어 가는 것을 말한다. ≪[『周易』의 64卦에서] 乾卦 · 坤卦와 12辟卦를 제외하면, 그 나머지 卦는 50개가 된다.≫ [推移法에서] 하나가 상승하면 곧 다른 하나는 하강하며, 하나가 가면 다른 하나가 와서, 陰과 陽이 서로 섞이고 剛과 柔가 서로 교섭하니, 이것을 일러 "군분(羣分)"이라고 하는 것이다. ≪자세한 것은 「추이표(推移表)」에 나온다.≫ 그런 '나뉨'과 '모임'에 따라서 길(吉) · 흉(凶)의 정황이 생겨나는 것이다.

〔原文〕 在天成象 在地成形 變化見矣

하늘에서는 [보다 추상적인] 현상이 일어나고, 땅에서 [보다 구체적인] 形體가 이루어지는데, [이런 모든 것에서] 변화가 드러난다.

天地水火 其質精者在上 其質粗者在下 精者成象 而及其變化 則雷風以生 ≪合二者 而生二物≫ 粗者成形 而及其變化 則山澤以成 ≪水削土爲山 土壅水爲澤≫ 以至 日月星辰之象 草木禽獸[33]之形 凡在天地之間者 莫不變敓 此 易之所以主乎變者也

[이 우주를 구성하는 기본 요소인] 천(天)·지(地)·수(水)·화(火)에서, 그 氣質이 맑고 순수한 것은 [즉 天·火는] 위로 가고, 그 기질이 거칠고 잡박(雜駁)한 것은 [즉 地·水는] 아래에 자리하는데, [위에 자리하는] 순수한 것이 "象을 이룸"에 그 변화에 미쳐서는 뇌(雷)·풍(風)이 생성되며 ≪天·火가 결합하여 雷·風이라는 것을 생성한다.[34]≫ [아래에 자리하는] 잡박한 것이 "形을 이룸"에 그 변화에 미쳐서는 山·澤이 이루어지는 것이다. ≪물이 땅[35]을 깎아 산이 되고, 땅이 물을 에워싸니 못이 된다.[36]≫ 심지어 일월성신(日月星辰)의 [천문(天文)] 현상이나 초목금수(草木禽獸)의 형체에 이르기까지, 모든 천지 사이의 존재는 변화하여 [그 기질이] 탈각(脫却)되지 않음이 없으니, 이것이 바로 『周易』이 변화를 위주로 하는 까닭이다.

〔**原文**〕是故 剛柔相摩 八卦相盪 鼓之以雷霆 潤之以風雨

이런 까닭에, [『周易』의 괘획(卦畫)에서도] 강한 것과 부드러운 것이 서로 부딪히고 섞임에, 八卦가 서로 동탕(動盪)하는데, [그 八卦 가운데서 보면] 천둥과 번개로 [만물을] 고무(鼓舞)하고, 비와 바람으로 윤택하게 한다.[37]

---

33) [校閱] "금수(禽獸)"의 "수(獸)"가 新朝本에는 "헌(獻)"으로 되어 있는데, 誤記이다.
34) 이를 八卦로 본다면 天(☰), 火(☲), 雷(☳), 風(☴)이 된다.
35) "지(地)"를 "토(土)"라 바꾸어 말하고 있다.
36) 이를 八卦로 본다면 地(☷), 水(☵), 山(☶), 澤(☱)이 된다.
37) 八卦에서 震·离가 각각 뇌(雷)·정(霆)에 해당하고, 풍(風)·우(雨)는 각각 巽·坎에 해당한다.

摩者 錯也 硏也 ≪與磨同≫ 盪者 推也 動也 以其分聚之故 一卦之內 而剛柔相錯 ≪如旣未濟 是 相錯之極≫ 六位之中 而八卦相推 ≪如屯一卦之內 震坎坤艮相盪 ○ 爻變 則又有离兌巽≫ 震离 鼓之以雷霆 ≪离爲電≫ 巽坎 潤之以風雨 ≪坎爲雨≫ 則天地鼓物之妙 具在易象矣

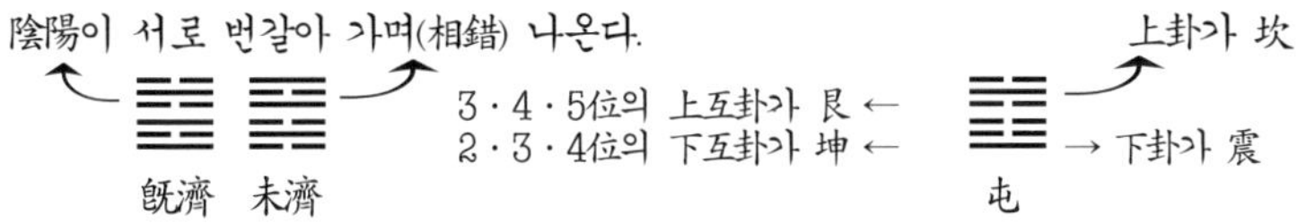

"마(摩)"는 뒤섞이는 것이고, '서로 부딪혀 갈리는 것'이다. ≪"마(摩)"는 '갈다'는 뜻의 "마(磨)"와 같은 말이다.≫ "탕(盪)"은 추이하는 것이고[38] 움직이는 것이다. 그 괘획(卦畫)이 나뉘고 합치고 하는 까닭에, 한 卦 내에서 강(剛)과 유(柔)가 서로 뒤섞이고 ≪예컨대 기제(旣濟)·미제괘(未濟卦)는 [剛柔가] 서로 뒤섞임의 극치≫ [重卦의 初位에서 6位까지] 여섯 자리 안에서 八卦가 서로 추이한다. ≪예컨대 준(屯)이라는 하나의 卦 안에 震, 坎, 坤, 艮이 서로 동탕(動盪)하고 있다. ○[이 준괘(屯卦)가] 효변(爻變)을 한다면, 여기에 더하여 또한 离, 兌, 巽도 나오게 된다.[39]≫

[그 八卦 가운데서] 震과 离는 "천둥과 번개로 [萬物을] 고무하고" ≪离는 번개가 된다.≫ 巽과 坎은 "바람과 비(雨)로 [만물을] 윤택하게 하니" ≪坎은 비가 된다≫ 곧 천지가 만물을 고무(鼓舞)시키는 오묘한 이치가 모두 『周易』의 象안에 갖추어져 있는 것이다.

〔原文〕 日月運行 一寒一暑

38) 이후 "剛柔相推"라는 구절을 풀면서, 茶山은 "推之爲言, 移也, 排也, 遷也"라고 하였다.

39) 준괘(屯卦)의 六三이 효변하는 경우에 下卦가 离가 되며, 六二나 六四가 효변하는 경우에는 兌가 생겨나며, 上六이 효변하는 경우 上卦가 巽으로 된다. 한편 일효변(一爻變)만 인정하는 茶山 특유의 爻變說에서는, 이 준괘(屯卦)의 효변에서 乾은 나올 수가 없다. 그리고 물론 初九나 九五가 효변하는 경우 坤이 나올 수도 있다.

해와 달이 운행함에 한 번은 춥고 한 번은 덥다.

日月者 陰陽也 坤陰一寒 則自復 而臨而泰 而大壯而夬 而爲乾 而春夏之序以成 ≪周以子月 爲春正≫ 乾陽一暑 則自姤 而遯而否 而觀而剝 而爲坤 而秋冬之氣以行 此之謂一寒一暑也

“日月”은 음양(陰陽)을 대표한다. 坤卦의 陰氣로 한 번 추워졌으면, 복괘(復卦)에서 임(臨)·태(泰)·대장(大壯)·쾌괘(夬卦)를 거쳐 乾卦로 되면서, [다시금] 봄·여름의 순서가 성립한다. ≪周나라는 음력(陰曆) 11월을 1월로 하였다.≫

	䷗	䷒	䷊	䷡	䷪	䷀	䷫	䷠	䷋	䷓	䷖	䷁
	復	臨	泰	大壯	夬	乾	姤	遯	否	觀	剝	坤
陰曆	11월	12월	1월	2월	3월	4월	5월	6월	7월	8월	9월	10월
周曆	1월	2월	3월	4월	5월	6월	7월	8월	9월	10월	11월	12월

乾卦의 陽氣로 한 번 더워졌으면, 姤卦에서 遯·否·觀·剝卦를 거쳐 坤卦로 되어, [다시금] 가을과 겨울의 차가운 기운이 운행한다. 이것을 “일한일서(一寒一暑)”라고 하는 것이다.[40]

〔原文〕 乾道成男 坤道成女

乾의 도리는 남성을 이루고, 坤의 도리는 여성을 이룬다.[41]

道 一而已 故得乾之一畫者 爲男卦 得坤之一畫者 爲女卦

---

40) 한편, 이상은 重卦에 입각하여 四時의 변천을 말하는 것으로, 八卦(즉 單卦)에서의 物象이나 卦德과는 무관한 것이다. 즉 「說卦傳」에 乾은 추움(寒)이 되고, 얼음(冰)이 된다고 했거니와, 八卦物象으로 보면 乾이 ‘한(寒)’이고 坤이 ‘온서(溫暑)’이다.

41) 여기 “男女”를 꼭 ‘인간의 남녀’로 볼 것은 아니니, ‘남성적인 것’, ‘여성적인 것’ 정도로 풀 수도 있겠다. 물론 구체적으로는 八卦에서의 長男·長女, 中男·中女, 少男·少女를 말한다.

≪卽所謂陽卦多陰 陰卦多陽≫ 至於 蓍卦亦然 三揲[42]而得一陽者 爲陽畫 三揲[43]而得一陰者 爲陰畫

"도(道)"란 '하나'일 따름이다. 그러므로 乾의 한 획(畫)을 얻은 경우는 남성을 상징하는 卦가 되고, 坤의 한 획을 얻은 경우는 여성을 상징하는 卦가 된다. ≪즉 이른바 "陽卦는 陰이 많고, 陰卦는 陽이 많다"는 것이다.[44]≫

[인륜(人倫)에 의거한 역상(易象) 분류]

乾 ☰	坤 ☷	震 ☳	巽 ☴	坎 ☵	离 ☲	艮 ☶	兑 ☱
父	母	長男	長女	中男	中女	少男	少女

나아가서 시괘법(蓍卦法)에서도 역시 이러하니,[45] 세 차례 설시(揲蓍)하여[46] 한 번 양수(陽數)를 얻은 경우는 양획(陽畫)으로 되고, 세 번 설시(揲蓍)하여 한 번 음수(陰數)를 얻은 경우는 陰畫이 된다.[47]

---

42) [校閱] "三揲"의 "揲"이 奎章本에는 "楪"으로 되어 있으나 誤記이다. "揲"은 '묶음을 지어 헤아린다'는 뜻이고, "楪"은 평상(平床) 또는 창문이라는 뜻이다.

43) [校閱] "三揲"의 "揲"이 奎章本에는 "楪"으로 되어 있으나 誤記이다.

44) "陽卦多陰, 陰卦多陽"은 이후 「繫辭下傳」에 나오는 말이다. 한편, 乾과 坤은 이런 논리의 예외에 속한다. 乾은 "多陰"이 아닌데 陽卦(男卦)이며, 坤은 "多陽"이 아닌데 陰卦(女卦)이다. 엄밀히 따져보아도 乾과 坤은 애조에 "多陽", "多陰"이라는 말과 맞지 않는다. "純陽", "純陰"인 것이다.

45) 여기서 갑자기 시괘법(蓍卦法)을 말한 것은, '그 어떤 道'가 "陽卦多陰, 陰卦多陽"의 논리에도 蓍卦法에도 한결같다는 것이 아니다. 즉 이상의 말은 道는 '한결같은 것'(즉 "일(一)")이니, 여기에도 동일하게 적용되고 저기에도 동일하게 적용됨을 보이고자 하는 것이 아니다. 굳이 '그 어떤 道'라고 한다면 '道는 유일한 것이고, 소수이다'라는 의미의 道이다. 따라서 여기 "일(一)"은 말 그대로 '하나'라는 뜻으로, 결국 '소수(少數)', '적은 것'이라는 의미가 된다. "道一"에 비겨서 '소수(少數)임'을 뜻하는 "得一畫", "得一陰", "得一陽"을 말한 것이다.

46) 즉 "삼변(三變)"을 말함이다.

47) 한편, 이상은 茶山의 독특한 시괘법(蓍卦法)을 염두에 두고 이해해야 될 말인데, 여기서 간략히 부연하면, 陽數는 시책(蓍策)에 새겨진 1·3·5·7·9를 말함인데, '한 번 양수를 얻음'은 陰數를 얻은 것이 더 많지만, 결국 2+2+3=7이 되어 少陽이 되는 것이다. 陰數도 역시 시책(蓍策)에 새겨져 있는 2·4·6·8·10을 말함인데, '한 번 음수

〔原文〕乾知太[48)]始 坤作成物 乾以易知 坤以簡能 ≪此以下 多不敢釋≫

乾은 태초의 시작(始作)을 주관하고, 坤은 만물의 완성(完成)을 이루어 내는데, 乾은 평이(平易)함으로써 [그런 시작을] 주관하고, 坤은 간결함으로써 [그런 완성을] 잘 이루는 것이다. ≪[茶山] 이 아래 많은 부분은 굳이 해석하지 않는다.[49)]≫

太始者 震也 故曰 帝出乎震 又曰 萬物出乎震 ≪說卦文≫ 成物者 艮也 故曰 成言乎艮 又曰 萬物終乎艮 ≪說卦文≫ 易者 震之德也 震行而健 ≪見說卦≫ 是其德 無所艱滯也 ≪易者 艱之反≫ 簡者 艮之德也 艮止而成 ≪見說卦≫ 是其德 無所煩雜也 ≪簡者 煩之反≫

"태시(太始 : 태초의 시작)"라는 것은 [八卦에서] 震이다. 그러므로 "上帝가 震方에서 나온다"라고 하며, 또한 "萬物이 震方에서 나온다"라고 하는 것이다. ≪「說卦傳」의 글이다.[50)]≫ "成物(만물의 완성)"은 [八卦에서] 艮이다. 그러므로 "艮에서 말씀을 이룬다"라고 하며, 또한 "만물은 艮에서 종말을 맞는다"고 하는 것이다. ≪「說卦傳」의 글[51)]≫ "易(音은 '이'로 읽음 : 평이

를 얻음'은 양수를 얻은 경우가 두 번이지만, 결국 3+3+2=8이 되어 少陰이 되는 것이다. 물론 세 번 모두 陽數이면 9로 老陽이 되고, 세 번 모두 陰數이면 6으로 老陰이 된다. 자세한 것은 이후 「시괘전(蓍卦傳)」을 참조할 것.

48) [校閱] "태시(太始)"가 대부분의 『周易』에 "대시(大始)"로 나온다. "대시(大始)"라고 하여도 뜻에는 별 차이가 없으며, "대시(大始)"로 적고 '태시'라 읽는다고 한 경우도 있으므로(陸德明, 『經典釋文』 해당 부분 참조), 誤字라 볼 것까지 없어 굳이 고치지 않는다.

49) 거듭 말하거니와, 여기서 생략하여 보이지 않는 구절은 ① 앞서 이미 해당 卦에서 설명한 것, ② 이후 「蓍卦傳」으로 옮겨 설명하는 것, ③ 완전히 생략해 버린 부분으로 나누어 볼 수 있는데, 따라서 ①·②의 경우는 실제로 생략된 것이 아니며, ③의 경우만 그러한 것이다. 아래에서 모두 그 원문은 싣고 각각의 경우를 밝혔다.

50) "帝出乎震", "萬物出乎震"은 「說卦傳」에 그대로 나오는 말이다.

51) "成言乎艮"은 「說卦傳」에 그대로 나오는 말이지만, "萬物終乎艮"이란 말은 그 원문이 아니고 茶山이 다소 변형하여 인용한 것이다. 「說卦傳」에 "艮 …… 萬物之所成終, 而成始也"라고 하였다.

함)"는 震의 성격이다. 震은 일을 수행함에 건실한 것이니, ≪「說卦傳」에 나온다.[52]≫ 그 성격상 곤란과 막힘이 없는 것이다 ≪여기 "이(易)"는 "간(艱)"의 반대이다.[53]≫ "간(簡 : 간결함)"이라는 것은 艮의 성격이다. 艮은 그쳐서 이루는 것이니 ≪「說卦傳」에 나온다[54]≫ 그 성격상 번잡하지 않은 것이다.[55] ≪"간(簡)"은 "번(煩)"의 반대이다.≫

以倫序也 則有父母然後 子女生焉 ≪卽上章所云≫ 以陰陽之往復也 則八卦之中 亦有四時再閏之象焉 震一陽始生 ≪如復卦≫ 進而爲兌 ≪如夬卦≫ 又進而爲乾 ≪如重卦之乾≫ 巽一陰始生 ≪如姤卦≫ 進而爲艮 ≪如剝卦≫ 又進而爲坤 ≪如重卦之坤≫ 每以一卦 當二月 ≪震卦 當子丑[56]二月≫ 則有十二月之配矣 坎离者 月日也 ≪說卦文≫ 月之朔虛 日之氣盈 可以爲閏 則又有再閏之象矣 ≪如小過中孚≫

[한편] 인륜(人倫)의 측면으로 보아도 부모가 있은 이후에 자식이 생겨나는 것이니 ≪즉 바로 위 구절에서 말한 바이다.[57]≫ 음양(陰陽)의 왕복(往復)이라는 측면에서도 八卦의 단계에 또한 이미 사시(四時)·재윤(再閏)의 象

52) "震行而健"이라는 말이 「說卦傳」에 명시적으로 나오는 것은 아니다. 「說卦傳」에 "震, 動也"라 하였으며, 또한 艮이 "止"가 되니 그 반대인 震은 "行"이 되는 것이다. 그리고 「說卦傳」에 "震, …… 其究爲'健'"이라 하였으니, 震을 "健"이라 하는 것이다.

53) 震은 시각적으로도 上部가 '陰'으로 앞이 훤히 트여 있는 형국이니, 「說卦傳」에 '평탄한 큰 길(大塗)'이 된다고 하였다.

54) "艮止而成"도 역시 「說卦傳」에 명시적으로 나오는 말은 아니다. 「說卦傳」에 "艮以止之", "艮, 止也", "艮 …… 萬物之所'成'終, 而'成'始也"라고 하였으니 이렇게 말하는 것이다.

55) '그친다(止)'는 의미에서 '번잡하지 않은 것'이고 그래서 "간(簡)"이 되는 것이다.

56) [校閱] "子丑"이 奎章本에는 "子午"로 되어 있다. 만일 "子午"라고 한다면, 한 卦에 1개월씩 배당하여 한바퀴 돌고 나서, 또 다시 한번 더 순환하는 것이 된다. 이 경우 震이 復卦에 해당하면서 동시에 姤卦에 해당하게 된다. 巽이 姤卦에 해당한다고 이미 말했거니와, 이런 해석은 역시 어색하다고 하겠다. 따라서 여기서는 新朝本과 國中本을 따르기로 한다.

57) "上章"이란 앞의 "乾道成男, 坤道成女"를 두고 하는 말이다. 즉 乾·坤이라는 父母가 있은 다음에 그 아들 딸들이 나온다는 것이다.

이 있는 것이다.[58]

☳	☱	☰	☴	☶	☷
震	兌	乾	巽	艮	坤
1·2月	3·4월	5·6월	7·8월	9·10월	11·12월
子·丑月	寅·卯	辰·巳	午·未	辛·酉	戌·亥

震에서 陽 하나가 처음 생기는데[59] ≪[重卦의] 復卦와 같다≫ 이것이 나아가 兌가 되고 ≪[重卦에서] 夬卦와 같다≫ 또 나아가 乾이 되며 ≪[重卦의] 乾卦와 같다≫ 巽에서 陰이 하나 비로소 생겨나고 ≪[重卦에서] 姤卦와 같다≫ 나아가 艮이 되고, ≪[重卦에서] 剝卦와 같다≫ 또 나아가 坤으로 되는데 ≪[重卦의] 坤卦와 같다≫ 그 한 개 卦가 두 달에 해당하니 ≪예컨대 震卦는 자(子)·축(丑) 두 달에 해당한다≫ [이상 여섯 괘가] 일 년 열두 달에 해당하는 것이다. 그리고 坎·离는 각각 달(月)과 해(日)이다. ≪「說卦傳」에 나오는 말≫ 월삭(月朔)이 아직 되지 않았는데 태양의 기운이 충만하면 윤달로 삼는 것이니,[60] 또한 [八卦에도, 5년에] 두 번 윤달을 두는 象이 있는 것이다.[61] ≪[坎·离는 각각 重卦에서] 小過·中孚卦에 해당한다.≫

然 陰陽往復之運 唯陽道是視 ≪十二辟之察消長亦然≫ 此 復剝之所以爲天機也 故震一陽之始生 而乾道已反矣 艮一陽之成終 而坤道已作矣 故繼而言之曰 乾以易知 ≪以震知≫ 坤以簡能 ≪以艮能≫ 此又羲文以來大義理 而孔子發之也

---

58) 八卦는 부모에 상응하고 중괘(重卦)는 자식에 상응하는데, 重卦에서 확연히 나타나는 사시재윤(四時再閏)의 象이 이미 八卦 단계에서도 나타나니, '자식 이전에 부모가 있는 것'과 의미상 통한다는 것이다.

59) 震의 앞 단계가 坤이니 이렇게 말하는 것이다.

60) 달(月)의 운행주기(運行週期)와 태양의 운행주기가 차이가 남에, 그것을 맞추고자 윤달(閏)을 설정하는 것을 두고 하는 말이다.

61) 원래는 「繫辭上傳」에 "五歲再閏"이라는 말이 나오는데, 여기 『周易四箋』에서는 이후 「蓍卦傳」에 나온다.

한편, 陰陽의 왕복운동은 다만 陽의 운행(道)을 중심으로 따지는 것이니 ≪十二辟卦에서 그 소장(消長)을 살핌도 역시 이러하다≫ 이것이 復·剝卦가 천체(天體) 운동의 중심[을 상징하는 것]으로 되는 까닭이다.[62] 그러므로 [팔괘에서도] 震에서 陽 하나가 처음 생성되면 乾의 道가 이미 되돌아온 것이며, 艮에서 陽 하나로 종결을 지음에 坤의 道가 이미 일어나는 것이다.

이런 까닭에 ["乾은 태초의 시작을 주관하고, 坤은 만물의 완성을 이룬다"라는 말을] 이어서 "乾은 평이함으로 [그것을] 주관한다"라고 하고 ≪이는 결국 震으로 주관한다는 뜻[63]≫ "坤은 간결함으로 [그것을] 잘 이룬다"라고 한 것이니 ≪이는 결국 '艮으로 잘 이룬다'는 것이다≫ 以上은 또한 복희(伏羲)와 文王 이래로 심오한 이치인데, 孔子가 그것을 분명하게 드러낸 것이다.[64]

≪易則易知, 簡則易從, 易知則有親, 易從則有功, 有親則可久, 有功則可大, 可久則賢人之德, 可大則賢人之業. 易簡, 而天下之理, 得矣, 天下之理得, 而成位乎其中矣.[65]≫

〔原文〕聖人 設卦觀象 繫辭焉 而明吉凶

62) 한편 復卦를 '天根'이라고 한다. 이와 상응하여 姤卦는 '월굴(月窟)'이라 함.

63) "乾以易知"의 "以易知"가 결국 "以震知"의 뜻이라는 말이다. 즉 '평이함(易)'이 震에 따른 말이라는 것이다. 아래 "坤以'簡'能"과 "以'艮'能"의 경우도 동일하다.

64) "심오한 이치(大義理)"란 '陰陽이 끝임 없이 순환하는데, 乾道와 坤道가 결국 이를 주재한다'는 것인데, "공자발지(孔子發之)"란 乾과 震, 坤과 艮을 연관지어 乾道와 坤道의 작용을 잘 드러내었다는 것이다. 즉 震으로 아직 乾이 아니어도 乾道가 이미 작용하며, 艮으로 아직 坤이 아니어도 坤道가 작용하고 있음을 괘상(卦象)에 의거하여 잘 설명하고 있다는 것이다.

65) 이는 茶山이 생략한 부분인데, 윗구절을 부연한 것으로 별다른 내용이 없다고 보아서 그렇게 한 것으로 사료된다. 한편 朱子의 分章에 따르면 以上이 「繫辭上傳」의 1章에 해당한다.

聖人이 卦를 배열하고 象을 살펴보고 [풀이하는] 글귀를 달아 길흉吉凶을 밝혔다.

聖人 謂文王周公也 設 陳也 陳列舊存之卦 ≪卦自庖羲時有之≫ 而默觀其物象之升降往來 乃繫之以繇詞也

여기 "성인(聖人)"은 문왕(文王)과 주공(周公)을 말하는 것이다.[66] "설(設)"은 늘어놓는다는 뜻인데, 이전부터 있던 卦를 배열하고 ≪卦는 포희씨(包羲氏) 때부터 있었음[67]≫ 그 物象이 승강왕래(升降往來)하는 양태를 음미하여 주사(繇詞)[68]를 달았던 것이다.

〔**原文**〕 剛柔相推 而生變化

강유(剛柔)가 서로 추이(推移)하니 변화가 생겨난다.

推之爲言 移也 排也 遷也 十二辟卦 ≪計中孚小過 不計乾坤≫ 或推其剛而升之 或推其柔而降之 ≪如泰之爲蠱≫ 或推其陰而往之 或推其陽而來之 ≪如否[69]之爲隨≫ 於焉之間 變化以生 屈伸榮辱吉凶存亡之幾 莫不昭著 苟使六十四卦 卦各自成 而無所推移 則

---

66) 여기 聖人을 이렇게 文王과 周公으로 한정하는 것은, 포희씨(包羲氏)나 공자(孔子)는 이 구절의 내용상 무관하기 때문이다.

67) 八卦만이 아니라 重卦가 포희씨 때부터 있었다는 것이다. 茶山은 八卦만 있어서는 아무 쓸모가 없다는 점에서 통설(通說)과는 다르게 포희씨 때부터 重卦가 있었다고 본다. 『易學緖言』「반고예문지론(班固藝文志論)」, "若無重卦, 則八卦無用. 今云宓戲作八卦, 數千年陳而不用, 至文王始畫重卦. 當時鉅儒之言, 亦多蒙昧如此."(『易學緖言』 卷1, 25나.)

68) 즉 괘사(卦詞)와 효사(爻詞)를 지었다는 것이다.

69) [校閱] 新朝本과 奎章本과 國中本에 모두 "泰"로 되어 있으나 "否"가 되어야 옳다. 수괘(隨卦)는 三陰卦로 비괘(否卦)가 母卦이며 泰卦에서는 推移되어 나올 수가 없다. 또한 泰卦가 母卦라면 여하한 경우라도 '陰往陽來'가 될 수 없다. 卦畫의 측면에서 "往"은 '위로 가는 것'이고, "來"는 '안으로 들어오는 것'이다.

木[70]强索莫 變化無以生矣

“추(推)”라는 말은 ‘옮겨가다’, ‘밀어내다’, ‘천변(遷變)하다’는 뜻이다.[71] 십이벽괘(十二辟卦)가 ≪이는 中孚·小過卦는 계산에 넣고, [重卦인] 乾·坤卦는 넣지 않고 말하는 것이다.[72]≫ 혹 그 강획(剛畫)을 옮겨서 올리거나, 그 유획(柔畫)을 옮겨서 내리고 ≪예컨대 태괘(泰卦)가 변해가서 고괘(蠱卦)로 되는 것≫ 혹은 그 음획(陰畫)을 밀어 나아가게 하고, 그 양획(陽畫)을 밀어 들어오게 하니 ≪예컨대 否卦가 변해서 隨卦로 되는 것[73]≫ 이러한 과정 중에 “변화”가 생겨나서 [事物의] 영고성쇠(榮枯盛衰)와 길흉존망(吉凶存亡)의 기미가 환히 드러나지 않음이 없는 것이다.

만일 64卦가 각기 그 자체로 성립하여 추이(推移)하는 바가 없다면, 단순하고 경직되어 변화가 생겨날 수가 없다.

〔原文〕 是故 吉凶者 失得[74]之象也 悔吝者 憂虞之象也

이런 까닭에 “吉”과 “凶”은[75] 잃고 얻음에 비긴 것(象)이요, “회(悔)”와

70) [校閱] “木”이 奎章本과 國中本에는 “本”으로 보이는데, 誤記이다.

71) 또한 앞서 “팔괘상탕(八卦相盪)”에서 “盪”이 “推”라고 하였다.

72) 물론 重卦 乾坤이 辟卦가 아니라는 말은 아니다. 이것까지 포함하면 ‘십사벽괘(十四辟卦)’이다.

73) 이상에서 먼저 “승(升)”과 “강(降)”을 말하고, 다음으로 “왕(往)”과 “래(來)”를 말하였는데, 결국 같은 말이다. 즉 升이 往이고, 降이 來이다. 강유(剛柔)와 음양(陰陽)의 경우도 동일하다. 즉 剛이 陽이고 柔가 陰이다.

74) [校閱] 新朝本과 奎章本과 國中本에 모두 “得失”로 나오는데 일종의 착간(錯簡)이다. 먼저 “吉·凶”이라 하였으니, 그에 대응시켜 말한다면 “得·失”이 맞겠으나, 『周易』 원문에 따라 “失得”으로 바꾸었다.

75) 여기 “吉凶”은 앞서 “聖人, 設卦觀象, 繫辭焉, 而明‘吉凶’”의 그것이라 할 것이다.

"린(吝)"은 근심하고 염려함에 비긴 것이다.

周易一部 是 聖人改過遷善之書也 故謂其占之善變者 曰悔 悔者 改過勿憚之名也 謂其占之不遽[76]變者 曰吝 ≪如惜財之情 又吝者 文過以口也≫ 吝者 改過不肯之名也 憂者 惕也 虞者 度也 憂虞者 吉凶未判 得失在慮也

『주역(周易)』이라는 책은 성인(聖人)이 잘못을 고쳐 바른 데로 나아가는 방편으로 엮은 글이다.[77] 그러므로 그 占이 잘 변한 경우[78]를 "회(悔)"라고 하니, "회(悔)"라는 것은 '잘못을 고치는데 주저하지 않는다'는 뜻의 명칭이다.[79] [반면에] 그 占이 쉽사리 변하지 않는 경우를 "린(吝)"이라고 하니 ≪예컨대 재물(財物)을 아까워하는 심정과 같은 것인데,[80] 또한 "吝"은 [文

---

76) [校閱] 新朝本에는 "불변자(不變者)"로 되어 있으나 奎章本과 國中本에는 "불거변자(不遽變者)"로 되어 있다. 즉, 後者에는 '거(遽)'字가 더 들어가 있다. 앞서 "善變"이라 했으니 여기서도 "不變"이라 하는 것이 글자 數로 보면 자연스럽다고 볼 수도 있겠다. 또한 그냥 "불변자(不變者)"라고 하는 경우도 그런 대로 새겨들으면 뜻이 통한다고 하겠다. 그러나 엄밀히 따지면 정확한 말이 아니다. "不變者"가 모두 "린(吝)"이 되는 것은 아니기 때문이다. 따라서 "不遽變者"라고 하는 것이 보다 명확하니, 여기서는 後者를 따른다.

77) "聖人改過遷善之書"라는 말은 이중적 의미를 가진다. 우선 보기에는 '다른 사람들을 개과천선(改過遷善)시키기 위해 聖人이 엮은 책'이라는 뜻으로 읽히지만, 다시 보면 '聖人 자신이 改過遷善하기 위해 엮은 책'이라는 의미가 된다. 물론 '聖人이 改過遷善한다'말은 분명 이상하다. 일종의 형용모순(形容矛盾)이라 할 것이다. 그러나 孔子 스스로가 그것도 인생의 末年에 易을 몇 년 더 공부하면 대과(大過)를 범하지는 않게 될 것이라고 한 말을 염두에 두고 볼 때, 이는 결코 이상한 말이 아니다. 따라서 이 구절을 또한 '聖人 자신이 改過遷善하는 방편으로 엮은 책'이라 풀 수가 있는 것이다. 엄밀하게 따지자면 茶山은 결국 이런 後者의 뜻으로 말한 것으로 보이지만, 이상 두 가지 뜻을 포괄하여 한 말이라 보아도 무방할 것이다.

78) 여기서는 占이 "선변(善變)"하는 경우를 말하고, 다음에는 "불거변(不遽變)"하는 경우를 말하는데, 이는 卦變(推移), 爻變을 적용해 봄에 卦象이 그러하다는 것이다. 한편, "善變"이란 말은 "不遽變"이라는 말과 대비해 볼 때 '쉽게 잘 변한다'는 뜻임이 분명하지만, 동시에 '좋게 변한다', '좋은 방향으로 변한다'는 뜻도 아우른다고 할 것이다.

79) 『論語』「학이(學而)」와 「자한(子罕)」에 "過則勿憚改"라는 말이 나온다.

80) 다시 말해 卦象이 "쉽사리 변하지 않는 것(不遽變)"은 마치 재물을 잔뜩 가지고 있으

+口로 되어 있는 글자 그대로] 입으로 잘못을 분식(粉飾)하는 것이다≫ "吝"이란 '잘못을 고치는 것을 기꺼워하지 않음'을 이르는 명칭이다. "우(憂)"라는 것은 '근심한다'는 것이며 "우(虞)"는 '헤아린다'는 뜻이니, "우우(憂虞)"라는 것은 吉凶이 아직 완전히 결정되지 않아서 그 일의 성패가 심사숙고하여 계획을 세우는데 달려 있다는 것이다.[81]

○洪範 曰貞曰悔 爲筮家之所用 此 自夏商已然 ≪禹箕子≫ 盖修德之法 善則固守而勿失 惡則速改而勿留 卦象本好 而屢遷猶好 則是 守善而勿失也 故曰 貞 ≪貞字 從卜文≫ 卦象本厲 而一變卽滅 則是改過[82]而勿憚也 故曰悔 ≪悔字 亦從卜≫ 卦象有疵 而屢變不滅 ≪卦變而象猶不變≫ 則是惜過而不棄也 故曰 吝

○『서경(書經)』「홍범(洪範)」에 "정(貞)"이니 "회(悔)"니 한 것은[83] 점치는 자들이 사용하는 개념으로, 이는 夏·商代부터 이미 그러하였던 것이다. ≪[周나라 이전, 夏나라] 우(禹) 임금 때나 [商나라의] 기자(箕子) 때나 모두 그러했던 것이다.[84]≫ 대개 덕성을 닦는 방법은 착한 것은 굳게 지켜 잃지 말

면서도 인색하게 구는 경우와 일맥상통한다는 것인데, 결국 『周易』의 "린(吝)"이라는 개념도, '吝'字의 통상적인 의미, 즉 '인색(吝嗇)하다', '아까워하다', '꺼리다'는 뜻과 통함을 지적한 말이다.

81) 이상 茶山의 설명에 따르면 "회(悔)"와 "린(吝)"은 확연히 구분되는 것이지만, 그렇다고 "우(憂)"와 "우(虞)"까지 그렇게 구분되는 것은 아닌 것으로 보인다. 즉 悔가 憂에 해당하고, 吝이 虞에 해당하는 것은 아닐 것이다. 한편 "려(慮)"는 '염려하다'는 뜻인데, 여기서는 문맥을 고려하여 '심사숙고하여 계획을 세움'이라 풀어 보았다.

82) [校閱] 奎章本과 國中本에는 "改過"로 되어 있으나 新朝本에는 "改遷"으로 되어 있다. 前者가 문맥상 뜻이 더 분명하므로, 여기서는 前者를 따른다.

83) 이른바 홍범구주(洪範九疇)의 일곱 번째인 계의(稽疑)에 나오는 말이다(「洪範」, "七, 稽疑. 擇建立卜筮人, 乃命卜筮; 曰雨, 曰霽, 曰蒙, 曰驛, 曰克, 曰貞, 曰悔"). 한편 茶山은 여기 貞·悔를 본괘(本卦)와 지괘(之卦)로 보지만, 內卦·外卦로 보는 경우도 있다.

84) 『尙書』「洪範」은 商나라 사람인 箕子의 말인데, 箕子는 자신이 말하는 이른바 "홍범구주(洪範九疇)"가 禹임금이 하늘로부터 받은 것이라 하였다. 그래서 茶山이 이렇게 말하고 있는 것이다.

며 나쁜 것은 빨리 고쳐 머물지 않는데 있는 것이니, 卦象이 본래 좋은데 여러 차례 변하는 과정을 거쳐도[85] 여전히 좋으면 곧 [덕을 닦는 것처럼] 착한 것을 지켜 잃지 않음이 됨에 "정(貞)"이라 하는 것이다.[86] ≪["貞"이란 글자는] '복(卜)'字에 의거하고 있다.[87]≫ 卦象이 본래는 위태하였지만 卦가 한 번 변함에 곧 그것이 소멸된다면, 이는 바로 잘못을 고침에 주저함이 없는 것이니 "회(悔)"라고 하는 것이다. ≪'悔'字도 [古文이 "毎"이니] 역시 '卜'字에 의거하고 있다.[88]≫ 卦象에 허물이 나타나는데 [卦가] 여러 차례 변하는 중에도 없어지지 않으면, ≪卦는 변하였지만 그 象은 여전히 변하지 않는 것≫ 이는 [修德하는 방식과 어긋나게] 잘못을 고치기를 꺼려하여 버리지 않는 것이니 "린(吝)"이라고 하는 것이다.[89]

〔原文〕 變化者 進退之象也 剛柔者 晝夜之象也 六爻之動 三極之道也

"변화"라는 것은 나아가고 물러남의 상징이요, "강유(剛柔)"라는 것은 낮과 밤의 상징이며,[90] 육효(六爻)의 변동은 삼극(三極)의 원리이다.

---

85) 『周易』의 卦는 일반적으로 벽괘(辟卦, 母卦)에서 연괘(衍卦)로 변하고, 또한 효변(爻變)을 하여 지괘(之卦)로 된다.

86) '변치 않음'이니 '지켜 잃지 않는 것'이고, 그래서 '곧다', '지조가 있다'는 뜻의 "정(貞)"이라는 명칭을 붙였다는 것이다. 한편 이것이 자의(字義)에 따른 풀이라면, "從卜文" 운운한 細注는 자형(字形)에 따른 풀이라 할 것이다. 아래 "회(悔)"의 경우도 동일하다.

87) '정(貞)'字는 '복(卜)'字 아래에 '패(貝)'字가 있는 모양이니, 이렇게 말하는 것이다. 한편 "卜文"을 "卜字"라 풀었는데, 엄밀한 의미에서 "文字"라고 할 때 "文"은 單字 또는 '기본자'이고, "字"는 파생된 글자 또는 복합자이다.

88) 부연하면, '卦象이 변함'은 "개과물탄(改過勿憚)", 즉 '뉘우친다'는 뜻이니 서가(筮家)들도 卦象이 변하는 경우를 "회(悔)"라 이름한다는 것인데, 또한 "悔"(毎)라는 字形을 보면 이미 '卜'에 의거하고 있으니 복서(卜筮)의 用語이기도 하다는 것이다.

89) 요컨대 卦象의 變化 有無에 도덕적 함의를 가진 貞·悔·吝이라는 명칭을 붙였다는 것인데, 이는 『周易』이 改過遷善의 書라는 것을 고증(考證)함이고, 동시에 이른바 周易의 의리(義理)가 상수(象數)와 무관한 것이 아님을 지적한 것이라 볼 수 있겠다.

90) 여기 "變化"와 "剛柔"는 앞서 "剛柔相推, 而生變化"의 그것이라 할 것이다.

變化 謂消長推移之屢遷也 剛柔 謂純陽純陰之相變也 進退 謂四時之序也 三極者 夏至爲日長之極 冬至爲日短之極 朝夕 爲晦明之極也 視彼三極 無不至極而必變矣 蓍卦之純陽純陰 可無[91]變乎 故曰 六爻之動 三極之道也

[여기서] "변화(變化)"란 [卦의] 소장(消長)과 추이(推移)의 거듭된 변천을 말하는 것이며, "강유(剛柔)"는 순양(純陽)과 순음(純陰)이 서로 변화함을 말하는 것이며,[92] "진퇴(進退)"는 [구체적으로는] 춘(春)·하(夏)·추(秋)·동(冬)의 사시(四時)의 차례를 말하는 것이다.

"삼극(三極)"은 하지(夏至)가 해(日)의 길이의 극한(極限)이 되고, 동지(冬至)가 해의 짧음의 극한이 되며, 아침·저녁이 밝고 어두움의 극한이 되는 것을 말함인데, 이런 세 가지 極限을 보면, 그 한계에 이르면 반드시 변하지 않음이 없는 것이다. 따라서 시괘(蓍卦)하여 얻은 純陽·純陰이 변하지 않을 수 있겠는가?[93] 그러므로 "六爻의 動은 三極의 道"라고 하는 것이다.[94]

○爻也者 交也 效也 揲蓍得爻之時 陰與陽 相交相效 ≪詳在蓍卦解≫ 此之謂爻也 則六爻之名 惟蓍卦有之 若夫庖羲畫卦之時 只有六位 安有六爻 漢儒以來 認位爲爻 混淆不明 大謬也

○"효(爻)"라는 것은 교차함이며, 본받음이다.[95] 시초(蓍草)를 헤아려

91) [校閱] 新朝本에는 "可以變乎"라고 나오는데, 뜻이 통하지 않는 것은 아니지만, 奎章本과 國中本의 "可無變乎"가 뜻이 더 잘 통하므로, 여기서는 後者를 따른다.

92) 蓍卦法과 연관하여 엄밀히 말하면 純陽(老陽)은 少陰으로, 純陰(老陰)은 少陽으로 변하는 것이다. 즉 純陽(老陽) → 少陰 → 純陰(老陰) → 少陽 → 純陽(老陽)으로 순환·변천하는 것이다.

93) 純陰은 陰이, 純陽은 陽이 極限에 이른 것이다.

94) 한편 여기 "삼극(三極)"을, 朱子를 위시하여 일반적으로 天·地·人의 삼재(三才)로 풀이한다는 것을 부연해둔다.

95) 이후 「繫辭下傳」에 "爻也者, '效'此者也"(茶山은 생략한 구절), "爻也者, '效'天下之動者也"라고 하였다.

爻를 얻을 때도 陰과 陽이 서로 교차하고 서로 본받으니 ≪이에 대한 자세한 설명은 [이후] 시괘(蓍卦)에 대한 해설에 [즉 「蓍卦傳」에] 나온다≫ 이것을 "효(爻)"라고 말하는 것인데, 이렇게 "육효(六爻)"라는 개념은 오직 시괘(蓍卦)함으로써 비로소 나오게 되는 것이다. 대저 포희씨(庖羲氏)가 획괘(畫卦)할 때는 "육위(六位)"만 있었지 어떻게 "육효(六爻)"가 있었겠는가?[96] 한유(漢儒) 이래로 "위(位)"를 "효(爻)"로 간주하여 [이 두 가지 상이한 개념이] 혼동되어 애매하게 되었으니 큰 오류이다.

≪是故, 君子, 所居而安者, 易之序也, 所樂而玩者, 爻之辭也.[97]≫

〔**原文**〕是故 君子 居則觀其象而玩其辭 動則觀其變而玩其占 是以 自天祐之 吉无不利

그러므로 君子는 평소에는 그 象을 살펴서 그 글귀를 음미하며, 활동할 때에는 그 변화를 살펴서 그 占을 음미한다. 이런 까닭으로 하늘이 그를 도움에 吉하여 이롭지 않음이 없다.[98]

平居則觀卦爻之象 而玩聖人之詞 有事則觀蓍策之變 而玩筮[99]人之占 唯命是順 受命如響 不敢以私意自恣 故受天之祐 無往不利也

일이 없는 평소에는 卦爻의 象을 살피고 [그에 대한] 聖人의 말씀을

---

96) 한편 茶山은 「한위유의론(漢魏遺義論)」『易學緖言』에서 "八卦重卦, 說卦之物象, 卦變爻變之法, 一時並興於庖犧之時"라 하였다(『易學緖言』 卷1, 30나). 따라서 위의 茶山의 말은, 포희씨 때에 효(爻)라는 개념이 없었다는 것은 아니고, 그가 획괘(畫卦)했을 때만을 놓고 보면 爻라는 개념이 아직 성립하지 않는다는 것이다.

97) 茶山이 생략한 구절인데, 내용상 아래와 중복되니 그렇게 한 것으로 보인다.

98) 이상 朱子의 分章에 따르면, 제2장에 해당한다.

99) [校閱] 新朝本에는 "筮人"으로 되어 있으나 奎章本과 國中本에는 "簭人"으로 되어 있다. 뜻에는 차이가 없다.

음미하며, 어떤 사안(事案)이 있으면 시책(蓍策)의 변화를 살피고 서인(筮人)의 占을 음미하는데, 오직 하늘의 명(命)만을 좇는데, 그 명을 받듦이 메아리가 울리는 것 같이 하고, 감히 사사로운 마음으로 자기가 내키는 대로하지 않는다. 그러므로 하늘의 도움을 받아서 [어떤 일을 수행하여] 나아감에 불리함이 없는 것이다.[100]

〔**原文**〕 彖者 言乎象者也 爻者 言乎變者也

"단사(彖詞)"[101]는 상(象)에 대해 말한 것이고, "효사(爻詞)"는 변화에 대해 말한 것이다.

象者 庖羲畫卦以來 每卦之本象也 ≪卦未變≫ 變者 筮人揲蓍之後 一爻之變象也 ≪乾之姤≫ 文王彖詞 以其本象 而爲之辭者也 周公爻詞 以其變象 而爲之辭者也

[위에서] "象"이라는 것은 포희(庖羲)가 획괘(畫卦)한 이후에 [성립하는] 각 卦의 本象이다. ≪卦가 아직 변하지 않은 상태의 象을 가리킨다.≫ ["言乎變"에서] "변화"라는 것은 서인(筮人)이 설시(揲蓍)한 이후에 [성립하는] 어떤 특정 효(爻)의 변상(變象)이다. ≪예컨대 乾卦가 姤卦로 변하는 상황의 象[102]≫ 文王이 지은 단사(彖詞)는 卦의 本象에 의거하여 엮은 글이며, 周公의 爻詞는 그 變象에 의거하여 엮은 글이다.

○王弼曰 彖者 統論一卦之體者也 象者 各辨一爻之義者也

---

100) "吉, 无不利"의 "无不利"를 "無'往'不利"라고 보다 구체적으로 말한 셈이다. "왕(往)"은 易詞에 자주 나오는 말로, 예컨대 屯卦 六四와 晉卦 六五에 "往吉, 无不利"라 하였다.

101) 彖詞 또는 彖辭는 한 괘의 첫머리에 나오는 괘사(卦辭)를 말한다.

102) "象者", "變者"라 하였는데, 결국 둘 다 象을 말한다는 것이다. 즉 각각 本象과 變象의 의미라는 것이다.

≪見略例≫ 此 大謬也 六爻之動 各得一卦 潛龍勿用者 乾之姤之象 非乾初畫之本德也 履霜堅氷[103]至者 坤之復之象 非坤初畫之本德也 故蔡墨之對魏獻子 其稱潛龍見龍之詞 直書云 乾之姤 乾之同人 而不僅曰 初九 九二 ≪左傳 昭二十九年≫ 其他 卜史之爲官占 並如蔡墨之例 ≪並見春秋官占法≫

○ 왕필(王弼)이 "단사(彖詞)는 한 卦의 대체(大體)를 총론한 것이고, 象詞는 [즉 爻詞는] 한 爻의 뜻을 각론(各論)한 것"이라고 하였는데 ≪[王弼의] 「주역약례(周易略例)」에 나옴[104]≫ 이는 아주 잘못된 설명이다. 여섯 효(爻)가 변동하면 각기 하나의 卦를 얻게 되는데, [예컨대 乾卦 初九의] "潛龍勿用", 즉 "잠복해 있는 용(龍)이니 쓰지 말라"라는 것은 乾卦가 구괘(姤卦)로 변해 가는 경우의 象이며 乾卦 초획(初畫)의 본래 성격이 아니다. [坤卦 初六의] "리상견빙지(履霜堅氷至)", 즉 "서리를 밟음에 [이후] 얼음이 단단하게 어는 사태가 이를 것이다"라는 것은 坤卦가 復卦로 변해 가는 경우의 象이며 坤卦 初畫의 본래 성격이 아니다. 그러므로 채묵(蔡墨)이 위(魏)나라 헌자(獻子)의 물음에 대하여, [乾卦의 初九와 九二에서] "잠룡(潛龍)"과 "현룡(見龍)"을 언급한 구절을 거론하면서, 있는 그대로 써서 "乾卦가 姤卦로 가는 경우", "乾卦가 同人卦로 가는 경우"라고 하였던 것이니, [그것들을] 오직 "初九", "九二"라고만 말했던 것은 아니다. ≪『左傳』 '昭公 29年'≫ 이외에도 복사(卜史)들이 官占[105]을 시행한 것이 모두 이상의 채묵(蔡墨)의 사례와 동일하다. ≪모두 [앞서] 춘추(春秋)시대 관점법(官占法)을 설명한 부분에 나왔다.[106]≫

---

103) [校閱] "堅氷"의 "氷"이 奎章本에는 "冰"으로 나온다. "冰"은 "氷"의 本字이다.

104) 이는 원문 그대로 인용한 것인데, 그 「略例下」篇에 나온다. 한편 여기서 王弼이 말한 "象"이 「象傳」을 뜻하는 것인지, 괘사(卦辭)를 뜻하는 것인지에 대해서는 논란이 있다.

105) "관점(官占)"이란 개인의 사사로운 日常事에 관한 점서(占筮)가 아니라, 국가의 大事나 君主에 관한 占을 말하는 것이다.

106) 이는 앞서 나온 「春秋官占補註」를 두고 하는 말이다. 한편 新朝本과 奎章本에 모두 "並見春秋官占'法'"이라 나오는데, 이런 측면에서 "並見春秋官占'注'"로 되어야 하지

至漢 京房之說易也 雖讖緯誕妄 曲成禎咎 而爻詞之主乎變 未嘗不知之 ≪並見諸卦下≫ 一自馬融 鄭玄 荀爽 虞翻以來 不知何故 遂遭泯昧 千年[107]長夜 無復三聖之舊義 不亦悲哉 爻不變則象不合 象不合則說卦從而廢 而易不可讀矣

漢代에 경방(京房)[108]이 『周易』을 해석한 것에 관해서 말해 본다면, 비록 참위설(讖緯說)에 미혹되어 길조(吉兆)와 흉조(凶兆)를 터무니없이 꾸며대기는 하였지만,[109] 효사(爻詞)가 [괘획(卦畫)의] 변화에 의거한 것임을 몰랐던 적은 없었다. ≪[이런 사실은] 모두 [그의] 해당 卦 아래[의 설명]에 나타난다.≫ 그런데 마융(馬融)·정현(鄭玄)·순상(荀爽)·우번(虞翻) 이래로, 무슨 까닭인지는 모르겠으나, 결국 이런 사실이 잊혀지고 무시되어[110] 천 년의 길고 어두운 밤이 됨에, 세 분 聖人의 본래 취지를 회복할 길이 없게 되었으니 또한 슬프지 아니한가? 효(爻)가 변하지 않으면 물상(物象)이 부합하지 않고, 物象이 부합하지 않으면 「說卦傳」도 따라서 폐기됨에 『周易』을 해독할 수가 없게 된 것이다.

漢晉說易之家 不下百數 而其最無狀者 王弼 至于後世 諸家盡廢 唯王學獨傳 ≪今十三經 用王注≫ 斯亦吾道之厄運 諸家 雖不

않을까 한다. 뜻은 통하니 굳이 고치지는 않는다.

107) [校閱] "千年"의 "年"이 奎章本에는 "秊"으로 되어 있는데, "秊"은 "年"의 本字이다.

108) 漢代 易學史에 경방(京房)이 두 사람 나오는데, 여기서는 맹희(孟喜), 焦延壽의 맥을 잇는 李君明을 말한다.

109) "곡성(曲成)"은 '억지로 성사시키다'는 부정적인 뜻과 아울러 '하나도 빠짐없이 일일이 정성껏 이룬다'는 긍정적인 뜻이 있는데, 위에서는 前者로 보았다. 後者로 보는 경우, "비록 참위설(讖緯說)에 미혹되었지만, 길조(吉兆)와 흉조(凶兆)를 빠짐없이 갖춤에 爻詞가 ……" 정도로 풀 수 있겠으나, 전후 의미상 어색하다. 한편 이 「繫辭傳」에 "'曲成'萬物, 而不流"라는 말이 나오는데(茶山이 생략한 구절), 이는 긍정적인 뜻으로 쓰인 것이다.

110) 마융(馬融), 정현(鄭玄), 순상(荀爽), 우번(虞翻)이 爻變法에 대해 無知했다는 말이다. 한편 마융(馬融)은 분명치 않으나, 정현(鄭玄), 순상(荀爽), 우번(虞翻)의 경우에도 推移法(卦變)은 파악하고 있었다.

知變 猶必觀象 以解經 雖不免認豕爲牛 ≪不知坤變坎≫ 喚馬爲羊 ≪不知兌變乾≫ 而易詞之主乎象 猶有可知 曁乎王學行于世 則象不可問矣 然而宗之 不亦謬哉

漢·晉代에 易學者가 수백 명이 넘는데, 그 중에서도 가장 형편없는 자가 왕필(王弼)이다. 그런데도 후세에 여러 학자들의 易說은 모두 폐기되고, 오직 王弼의 易學만이 독점적으로 전수되니 ≪현재 『十三經注疏』에서 『周易』은 王弼의 주석본을 사용하고 있음[111]≫ 이 또한 우리 儒學의 불행이다. [왕필을 제외한] 여러 학자들은 비록 爻變을 알지는 못했으나, 반드시 物象을 살펴서 『주역』의 경문을 해석하였으므로, 비록 돼지를 소(牛)로 보고 ≪[소를 뜻하는] 坤이 변하여 [돼지를 뜻하는] 坎으로 됨을 알지 못함≫ 말(馬)을 양(羊)으로 부르는 잘못을 면하지는 못하였으나 ≪[羊을 뜻하는] 兌가 변하여 [말을 뜻하는] 乾이 되었음을 알지 못함≫ 易詞가 象에 근거하고 있다는 사실만은 여전히 파악할 수가 있었는데, 왕필의 易學이 세상에 통용됨에 이르러서는, 아예 象에 대해서 따져 볼 수도 없게 되었던 것이다. 그런데도 그를 따르니 또한 잘못이 아니겠는가?

〔**原文**〕吉凶者 言乎其失得[112]也 悔吝者 言乎其小疵也 无咎者[113] 善補過也

길흉(吉凶)은 그 득실(得失)을 말하는 것이고, "회(悔)"니 "린(吝)"이니 하는 것은 작은 허물에 대해 말한 것이고, "무구(无咎)"라는 것은 허물을 잘 보완한 것이다.

111) 『十三經』의 編者는 알 수 없으나, 南宋 紹熙 년간(1190~1194)에 처음 合刊本이 나왔다고 한다.

112) [校閱] 新朝本과 國中本에는 "失得"으로 되어 있으나 奎章本에는 "得失"로 되어 있다. 『周易』의 原文에 "失得"으로 되어 있으므로, 여기서는 前者를 따른다.

113) [校閱] "无咎者"의 "者"가 新朝本과 國中本에는 빠져 있으나, 『周易』의 原文과 奎章本에는 "无咎者"로 되어 있다.

失得者 善惡之成 而禍福判也 小疵者 善惡之幾 而臧否未大定也 ≪悔雖善矣 其本則有過 故云小疵≫ 无咎者 本有咎 而今已改悔 兼能補續其罪過也 周易者 聖人所以改過也 故孔子曰 假我數年卒以學易 庶無大過矣

"실득(失得)"이란 선악이 이루어져서 그에 따른 화복(禍福)이 판가름된 것이다. "소자(小疵)"라는 것은 선악이 그 조짐만 보이고, 옳고 그름이 아직 완전히 확정되지 않은 것이다. ≪"회(悔)", 즉 '뉘우침'에 지금은 비록 善하지만 본래는 허물이 있었던 것이니, "작은 허물"이라고 말함.≫ "무구(无咎)"란 본래는 허물이 있었지만 지금은 이미 회개하고 아울러 그 죄과를 잘 보속(補贖)한 것이다. 『周易』이라는 것은 聖人이 잘못을 고치는 방도로 이용하신 것이니, 孔子께서 "내게 몇 년이 더 허락된다면, 마저 易을 공부하여, 큰 허물을 짓는 일은 없을진저"라고 말씀하신 것이다.[114)]

≪是故, 列貴賤者, 存乎位, 齊小大者, 存乎卦, 辯吉凶者, 存乎辭; 憂悔吝者, 存乎介, 震无咎者, 存乎悔. 是故, 卦有小大, 辭有險易. 辭也者, 各指其所之.[115)]

易, 與天地準, 故, 能彌綸天地之道. 仰以觀於天文, 俯以察於地理. 是故, 知幽明之故.[116)]≫

〔**原文**〕 原始反終 故知死生之說

처음을 밝히고 마지막을 돌이켜 보기 때문에, 나고 죽는 이치를 안다.

114) 이는 『史記』 「孔子世家」에 나오는 말이다. 『論語』 「述而」에는 "加我數年"이라고 나오며, 다른 문구도 다소 상이하다.

115) 以上 朱子의 分章으로 보면 제3章에 해당한다.

116) 以上은 내용이 다소 중복되니 茶山이 생략한 것으로 보인다.

原始者 萬物出於震也 ≪說卦云[117]≫ 反終者 萬物成於艮也 ≪說卦云≫ 以重卦 則復一陽之始生 爲原始也 剝一陽之成終 爲反終也 故曰 震爲反生 ≪說卦文≫ 艮爲死 ≪九家易≫

"原始"라는 것은 [卦象으로 보면] 만물이 震에서 생겨 나오는 것이며 ≪「說卦傳」에서 이렇게 말함≫ "反終"이라는 것은 만물이 艮에서 완성되는 것이다. ≪「說卦傳」에서 이렇게 말함[118]≫ 이를 重卦의 측면에서 보면, 復卦의 '陽' 하나가 처음 생겨나는 것이 "原始"가 되고, 剝卦의 '陽' 하나가 종말을 이루는 것이 "反終"이 되는 것이다. 그러므로 震은 "다시 생겨남"이 되는 것이며 ≪「說卦傳」의 글≫ 艮은 "죽음"이 되는 것이다. ≪荀九家의 易說에서 이렇게 말함≫

≪精氣爲物, 游魂爲變, 是故, 知鬼神之情狀.[119]≫

〔**原文**〕 與天地相似 故不違 知周乎萬物 而道濟天下 故不過旁[120]行而不流 樂天知命 故不憂 安土 敦乎仁 故能愛

[易은 그 도리가] 天地와 서로 부합하니 [易의 도리를 아는 자는 天地와] 어긋나지 않는다. [易의] 지혜는 만물을 포괄하고 도리는 천하를 구제하니 [그런 易의 도리를 아는 자는 만물과 천하를] 간과(看過)하지 않는다. [易의 도리는] 두루 통행되지만 [어느 한 곳으로] 휩쓸려 흐르지는 않으며, 하늘을 기꺼워하고 그 命을 아는 것이니 [易의 도리를 따르는 자는] 근심하지 않는다. [易의 도리를 따르는 자는] 大地에 편안히 자리

---

117) [校閱] 新朝本과 國中本에는 "說卦云"으로 되어 있으나 奎章本에는 "說卦文"으로 되어 있다. 뜻에는 차이가 없다.

118) 앞의 "萬物出於震"은 「說卦傳」에 그대로 나오는 말이지만, 여기 "萬物成於艮"이란 말은 그 원문이 아니다. 즉 「說卦傳」의 "艮 …… 萬物之所成終, 而成始也; 故曰, 成言乎艮"이라는 말을 茶山이 축약 인용한 셈이다.

119) 茶山이 생략한 구절이다.

120) [校閱] 奎章本에는 '旁'字가 本字로 나온다.

잡아 어짊을 돈독히 하니 [만물을] 사랑할 수 있다.121)

此 八卦之德 聖人取以爲則也 天地者 乾坤也 知周萬物者 坎也 道濟天下者 离也 旁行不流者 兌也 樂天知命者 巽也 安土者 艮也 敦乎仁者 震也

이상은 八卦의 德이니, 聖人이 그것을 취하여 강령으로 삼은 것이다. 여기 "天地"라는 것은 乾과 坤[의 卦德에 따른 말]이다. "지혜는 만물을 포괄한다"는 것은 坎[이 상징하는 '지혜'에 의거한 말]이며, "도리는 천하를 구제한다"는 것은 离[가 상징하는 '다스림'에 의거한 말]이다. "두루 통행되지만 휩쓸려 흐르지는 않는다"라는 말은 兌[의 '和', '澤'에서 나온 것]이며, "하늘을 기꺼워하고 그 명을 안다"는 것은 巽[의 '命'에 의거한 말]이다. "대지에 편안히 자리잡는다"는 것은 艮[의 '止'와 '土'에 의거한 말]이며, "어짊을 돈독히 한다"는 것은 震[의 仁에 따른 것]이다.

○坎 北方之水德也 於人爲知 ≪貞固幹事 是智也≫ 离者 聖人所以南面而出治也 ≪見說卦≫ 故易凡言治 皆以离也 道濟天下 非旣治乎 左傳曰 川壅爲澤 ≪不流也≫ 又 兌者 和也 和而不流 兌之德也 巽爲天命 易之例也 ≪乾天口向下≫ 艮者 止也 又爲城邑 安土之象也 ≪艮爲土≫ 震者 東方生物之卦 其德爲仁也

○坎은 北方의 水德에 해당하는데, 사람[이 갖추어야 할 四德]에 있어서는 "지혜"가 된다 ≪坎은 바르고 견실하게 일을 주간(主幹)하는 것이니 지혜로움이 된다.≫ 离는 '聖人이 남쪽을 향해 앉아, [즉 군왕의 지위에 올라] 다스림을 펴는 것'에 해당한다. ≪「說卦傳」에 나온다.122)≫ 그러므로 『周

121) "不違", "不過", "不憂", "能愛"의 주체를 '易 자체', 또는 '易의 원리'로 볼 수 있겠으나, 여기서는 '易의 원리를 따르는 사람', 또는 '그를 잘 아는 사람'으로 보았다.

易』에서 대개 '다스림'를 언급하는 함에 모두 [방위상 남쪽에 해당하는] 离에 따르는 것이다. "도리가 天下를 구제"하니 이미 잘 다스려진 것이 아니겠는가! 『左傳』에 "河川이 막혀 못(澤)이 된다"라고 하였으며[123] ≪못은 "不流", 즉 흐르지 않는 것임≫ 또한 兌는 조화로움이니,[124] 두루 조화하면서도 휩쓸려 흐르지 않는 것이 兌의 德이다. 巽은 天命이 되는데, 이는 『周易』의 일반적인 용례이다. ≪巽은 '乾의 하늘'이 그 입을 아래로 향하고 있는 것이[니 天命이 된]다.≫ 艮은 그쳐 머무는 것이 되고 또한 城邑이 되니, "大地에 안락하게 자리"한 象이 된다. ≪艮도 '土'가 된다.≫ 震은 東方에서 만물이 생성하는 것을 상징하는 卦이니, 그 德이 仁이 되는 것이다.

≪範圍天地之化, 而不過, 曲成萬物, 而不遺, 通乎晝夜之道, 而知, 故神无方, 而易无體.[125]≫

〔**原文**〕一陰一陽之謂[126]道 繼之者 善也 成之者 性也 仁者見之 謂之仁 知者見之 謂之知 百姓日用而不知 故君子之道 鮮矣 顯諸仁 藏諸用 鼓萬物 而不與聖人同憂 盛德大業 至矣哉 富有之謂大業 日新之謂盛德

한 번 陰으로 되었다가 한 번 陽으로 되었다가 하는 것을 道라고 한다. 그런 道를 이어가는 것이 善이고, 완성하는 것은 [인간의] 性이다.

---

122) 「說卦傳」에 "聖人南面, 而聽天下, 嚮明而治, 盖取諸此也"라고 하였다.

123) 川壅爲澤 : 『左傳』 「知莊子之語」(宣公 12年)에 나오는 말이다. 즉, "衆散爲弱, 川壅爲澤, 有律, 以如己也, 故曰, 律否臧"이라고 함.

124) 乾卦 「文言」에 "利者, 義之和也"라고 하였는데, 茶山은 "兌爲義, 又爲和悅"라고 하였다.

125) 茶山이 생략한 구절이다. 내용상 앞 구절과 다소 중복되는 부분도 있고, 李乙浩의 지적처럼 "占術的 神秘主義"의 경향이 농후하니 그렇게 한 것으로 보인다. 以上 朱子의 分章에 따르면 「繫辭上傳」의 第4章에 해당한다.

126) [校閱] 新朝本에는 "一陰一陽之爲道"라 나오는데, "爲"는 "謂"의 誤記이다.

어진 사람은 그것을 보고 인(仁)이라 이르고, 지혜로운 사람은 그것을 보고 지혜라고 말하는데, 백성들은 날마다 쓰면서도 그것이 무엇인지 알지 못한다. 그러므로 군자의 도(道)는 드물다. [易은 그] 仁을 분명히 드러내지만 [구체적인] 적용은 은밀히 감추는데, 만물을 고무하되 聖人과 같이 근심하지는 않으니, 盛德과 大業이 지극하도다! 넉넉하게 가지는 것을 "大業"이라 하고, 날로 새롭게 되는 것을 "盛德"이라 한다.

此言天道

이는 하늘의 道를 말한 것이다.127)

≪生生之謂易, 成象之謂乾, 效法之謂坤, 極數知來之謂占, 通變之謂事, 陰陽不測之謂神.[128]

夫易, 廣矣, 大矣! 以言乎遠, 則不禦, 以言乎邇, 則靜而正, 以言乎天地之間, 則備矣.[129]≫

〔原文〕 夫乾 其靜也專 其動也直 是以大生焉 夫坤 其靜也翕 其動也闢 是以廣生焉

대저 乾은 가만히 있을 때는 한결같고 움직일 때는 곧고 바르다. 그래서 크게 낳는다. 坤은 가만히 있을 때는 닫혀 있고 움직일 때는 열린다. 따라서 널리 낳는다.130)

---

127) 긴 原文에 비해, 그리고 그 有名度에 비해, "此言天道"라는 네 글자로 된 茶山의 注釋은 매우 함축적이고 극적인 표현이라 하겠다. 한편 여기 "天道"라는 말은 『易學緖言』「한강백현담고(韓康伯玄談考)」에서 "一陰一陽之上, 明有宰制之天; 而今遂以一陰一陽, 爲道體之本, 可乎?"라고 한 茶山의 말과 연관하여 보아야겠다(『易學緖言』 卷2, 27가).

128) 以上 朱子의 分章에 따르면 「繫辭上傳」의 5章이다.

129) 以上 모두 茶山이 생략한 구절이다.

130) 茶山이 생략한 바로 위의 구절에서 "夫易, 廣矣, 大矣!"라고 한 것과 연관해서 보아야 할 것이다.

乾者 氣也 坤者 土也 氣靜則純壹而不散 氣動則奮迅而不屈 所以爲大也 ≪陽曰 大≫ 土靜則膠嗡而[131]相合 土動則分劈而[132]兩開 所以爲廣也

乾은 氣이고,[133] 坤은 흙이다. 氣는 가만히 있으면 순일(純一)하여 흩어지지 않고, 氣가 활동하면 활기차게 움직이고 굽히지 않으니 "큼"이 되는 까닭이다. ≪'陽'을 "大"라고 말한다.≫ 흙은 가만히 있으면 뒤얽혀 서로 결합하며, 흙이 동요하면 나뉘고 갈라져 둘로 열리니 "넓음"이 되는 까닭이다.

〔**原文**〕 廣大 配天地 變通 配四時 陰陽之義 配日月 易簡之善 配至德

광대함은 天地에 비견되고, 변화하여 소통함은 봄·여름·가을·겨울의 四時에 짝하고, 陰陽의 원리는 해와 달에 짝하고, 그 쉽고 간단한 장점(長點)은 지극한 德에 부합한다.[134]

配天地者 乾坤二卦也 ≪八卦之乾坤≫ 配四時者 十二辟卦也 ≪重卦之乾坤≫ 配日月者 中孚 小過也 ≪說卦云 离爲日 坎爲月≫ 易簡者 震艮之德 ≪義見上≫ 謂復剝之卦 可配此德也 周易推移之法 全倅造化 故配之如是也

䷗ 復　䷖ 剝

131) [校閱] 新朝本과 國中本에는 "以"로 되어 있으나 奎章本에는 "而"로 되어 있다.

132) [校閱] 新朝本과 國中本에는 "以"로 되어 있으나 奎章本에는 "而"로 되어 있다.

133) 乾이 氣라는 것은 古文에 의거하여 하는 말이다. 앞서 乾卦를 설명한 冒頭에 자세히 나왔다.

134) 朱子의 分章에 따르면 이상은 「繫辭上傳」의 6章이다.

"天地에 짝하는 것"은 乾과 坤의 두 卦이다. ≪8卦의 乾과 坤이다.≫ "四時에 짝하는 것"은 12개의 辟卦이다. ≪重卦의 乾·坤이 해당된다.≫ "해와 달에 짝하는 것"은 中孚와 小過卦이다. ≪「說卦傳」에 离는 해, 坎은 달이 된다고 하였다.≫ "쉽고 간단함"은 각각 震과 艮의 德이니 ≪이 뜻은 앞서 나왔다≫ 復卦와 剝卦가 이런 덕성에 부합될 수 있음을 말하는 것이다. 『周易』의 推移法은 전적으로 천지의 조화에 상응하는 것이니, 그 짝지음이 이와 같다.

≪子曰, 易, 其至矣乎! 夫易, 聖人所以崇德而廣業也. 知崇禮卑, 崇效天, 卑地法. 天地設位, 而易行乎其中矣. 成性存存, 道義之門.[135)]≫

〔原文〕 聖人有以見天下之賾 而擬諸其形容 象其物宜 是故謂之象

聖人이 천하의 복잡하고 심오한 이치를 살펴서, 그 모양새를 비기고 그 사물의 마땅함을 그려내었으니, 이런 까닭에 그것을 "象"이라고 부른다.

坎离艮震 非耳目手足 擬諸其形容而已 乾坤兌巽 非馬牛羊鶏[136)] 擬諸其形容而已 此之謂象 象者 似也

坎·离·艮·震은 귀, 눈, 손, 발이 아니라, 그 모양에 비긴 것일 뿐이다. 乾·坤·兌·巽은 말, 소, 양, 닭이 아니라 그 모양에 비긴 것일 뿐이

135) 以上은 「繫辭上傳」의 7章이다. 이 중에 "天地設位, 而易行乎其中矣"는 이후 揲蓍의 일(事)이라 지적하였다.

136) [校閱] 新朝本과 國中本에는 "鶏"로 되어 있으나 奎章本에는 "雞"로 되어 있다. 뜻에는 차이가 없다.

다. 이것을 "象"이라고 하니 "象"이란 [그 모양새나 의미가] 유사한 것이다.137)

〔原文〕聖人 有以見天下之動 而觀其會通 以行其典禮 繫辭焉 以斷其吉凶 是故謂之爻

聖人이 천하의 움직임을 살피고 그 회통(會通)을 관찰하여 그 전례(典禮)를 행하였으며, 말을 붙여서 그 吉凶을 판단하도록 하였다. 이런 까닭에 그것을 "爻"라고 하는 것이다.

天下之動 謂卦爻物象之變動也 會通 謂此物彼物 相與相戾之情也 典禮 謂祭祀 婚姻 宴飮 戰伐之等也 將行典禮 須有占詞 於是 作爲爻詞 繫之六爻之下 俾得以斷其吉凶也 動者爲爻 若其不動者 不名爲爻 漢魏以來 認畫爲爻 名義乖舛 夢中說夢 嗟哉

[여기] "천하의 움직임"이란 [결국] 卦爻와 物象의 변동(變動)을 말하는 것이다. "會通"은 이것과 저것이 서로 교섭하고 충돌하는 정황을 말하는 것이다. "전례(典禮)"란 제사 · 혼인 · 연회 · 전쟁 등을 [모두 포괄하여] 말하는 것인데, 이런 典禮를 장차 행하고자 하면 마땅히 [그 일에 대한] 占詞가 있어야 되니, 이에 爻詞를 지어서 6개의 효(爻) 아래에 각각 붙여 그 일의 吉凶을 판단할 수 있도록 하였던 것이다. 변동하는 것이 효(爻)이니, 만약 변하지 않는 것이라면 효(爻)라고 이름하지 못한다. 한위(漢魏) 이래로 획(畫)을 효(爻)라고 오인(誤認)함에 그 개념과 뜻이 어긋나서 꿈속에서 꿈을 풀이하[는 격이]니, 한스럽도다!

---

137) 「繫辭下傳」에 "易者, 象也, 象也者, 像也"라고 하였다.

≪言天下之至賾, 而不可惡也. 言天下之至動, 而不可亂也. 擬之而後言, 議之而後動, 擬議, 以成其變化.[138]

"鳴鶴在陰, 其子和之. 我有好爵, 吾與爾靡之". 子曰, 君子, 居其室, 出其言, 善, 則千里之外, 應之, 況其邇者乎? 居其室, 出其言, 不善, 則千里之外, 違之, 況其邇者乎? 言, 出乎身, 加乎民; 行, 發乎邇, 見乎遠. 言行, 君子之樞機; 樞機之發, 榮辱之主也. 言行, 君子之所以動天地也, 可不愼乎?[139]

"同人, 先號咷, 而後笑". 子曰, 君子之道, 或出或處, 或默或語; 二人同心, 其利斷金. 同心之言, 其臭如蘭.[140]

"初六, 資用白茅, 无咎". 子曰, 苟錯諸地, 而可矣. 藉之用茅, 何咎之有? 愼之至也. 夫茅之爲物薄, 而用可重也. 愼斯術也, 以往, 其无所失矣.[141]

"勞謙, 君子, 有終, 吉". 子曰, 勞而不伐, 有功而不德, 厚之至也; 語'以其功, 下人者'也. 德言盛, 禮言恭, 謙也者, 致恭, 以存其位者也.[142]

"亢龍有悔". 子曰, 貴而无位, 高而无民; 賢人, 在下位, 而无輔. 是以, 動而有悔也.[143]

"不出戶庭, 无咎." 子曰, 亂之所生也, 則言語, 以爲階. 君不密, 則失臣; 臣不密, 則失身, 幾事不密, 則害成. 是以, 君子, 愼密而不出也.[144]

---

138) 以上은 茶山이 생략한 부분이다.
139) 以上은 앞서 中孚卦 九二를 설명하는 부분에 나왔다.
140) 以上은 同人卦 九五를 설명하는 부분에 나온다.
141) 以上은 大過卦 初六을 설명하는 부분에서 나왔다.
142) 以上은 謙卦 九三을 설명하는 부분에서 나왔다.
143) 以上은 乾卦 上九를 설명하는 부분에서 나온다.

子曰, 作易者, 其知盜乎! 易曰, "負且乘, 致寇至"; 負也者, 小人之事; 乘也者, 君子之器. 小人而乘君子之器, 盜思奪之矣. 上慢下暴, 盜思伐之矣. 慢藏誨盜, 冶容誨淫. 易曰, "負且乘, 致寇至", 盜之招也.[145)]

天一地二, 天三地四, 天五地六, 天七地八, 天九地十; 天數五, 地數五; 五位相得, 而各有合. 天數二十有五, 地數三十; 凡天地之數, 五十有五; 此, 所以成變化 而行鬼神也. 大衍之數五十, 其用四十有九. 分而爲二, 以象兩; 掛一, 以象三; 揲之以四, 以象四時; 歸奇於扐, 以象閏; 五歲再閏, 故, 再扐而後掛. 乾之策, 二百一十有六; 坤之策, 百四十有四. 凡三百有六十, 當期之日. 二篇之策, 萬有一千五百二十, 當萬物之數也. 是故, 四營而成易, 十有八變而成卦. 八卦而小成, 引而伸之, 觸類而長之, 天下之能事, 畢矣.[146)]

顯道, 神德行; 是故, 可與酬酌, 可與祐神矣. 子曰, 知變化之道者, 其知神之所爲乎![147)]

易有聖人之道, 四焉. 以言者, 尙其辭; 以動者, 尙其變; 以制器者, 尙其象; 以卜筮者, 尙其占.[148)]≫

〔**原文**〕是以 君子 將有爲也 將有行也 問焉而以言 其受命也 如嚮 ≪嚮響通≫

---

144) 以上은 節卦 初九를 설명하는 부분에서 나온다.

145) 以上은 解卦 六三을 설명하는 부분에 나온다. 한편 以上이 「繫辭上傳」의 8章이다.

146) 以上은 일부 순서를 달리하여 이후 「시괘전(蓍卦傳)」에서 언급된다. 위 글의 순서는 朱子의 『本義』에 따른 것이다.

147) 이는 茶山이 생략한 부분으로, 이상이 「繫辭上傳」의 9章이다.

148) 이는 茶山이 생략한 구절이다.

이런 까닭에 君子는 장차 어떤 일을 도모하고자 하거나 어떤 행동을 하고자 할 때, [그것에 대해] 점을 쳐서 [하늘에] 물어 보고 그 말씀대로 하는데, 군자는 [점괘에 나온] 하늘의 命을 받듦에 소리에 메아리가 울리 듯 [어김없이 이행]한다. ≪[茶山] '嚮(향)'字는 '響(향)'字와 통한다.≫

卜筮者 所以稟天命也 故將有爲將有行 而卜之筮之 後世之人 旣有爲旣有行 乃卜乃筮 是 探天機而試天意 大罪也 受命如響 無敢怠慢 猶有不受天之祐者乎

卜筮는 하늘의 명을 받기 위한 것이다. 그러므로 장차 어떤 일을 도모하고자 하거나 어떤 행위를 하고자 할 경우, [事前에] 그것에 대해 거북점을 치거나 시초점을 치는 것이다. 그런데 후세 사람들은 [이와는 달리] 이미 일을 벌려 놓고 나서 [혹은] 어떤 짓을 저질러 놓고 나서 卜筮를 하는데, 이는 천기(天機)를 엿보고 하늘의 뜻을 떠보는 것이니 크나큰 罪인 것이다. 하늘의 명을 받드는 것이 소리에 메아리가 울리 듯 하여, 감히 태만히 함이 없는데도 하늘의 도움을 받지 못하는 경우가 있겠는가?

≪无有遠近幽深, 遂知來物; 非天下之至精, 其孰能與於此![149] 參伍以變, 錯綜其數, 通其變, 遂成天地之文; 極其數, 遂成天下之象,[150] 非天下之至變, 其孰能與於此!

易, 无思也, 无爲也; 寂然不動, 感而遂通天下之故. 非天下之至神, 其孰能與於此! 夫易, 聖人之所以極深而硏幾也. 惟深也, 故, 能通天下之志; 惟幾也, 故, 能成天下之務; 惟神也, 故, 不疾

149) 以上은 茶山이 생략한 구절이다.

150) "參伍以變"에서 여기까지는 「시괘전(蓍卦傳)」에서 언급된다.

而速, 不行而至. 子曰, "易有聖人之道, 四焉"者, 此之謂也.[151)]

子曰, 夫易, 何爲者也? 夫易, 開物成務, 冒天下之道, 如斯而已者也. 是故, 聖人, 以通天下之志, 以定天下之業, 以斷天下之疑. 是故,[152)]≫

〔原文〕 蓍之德 圓而神 卦之德 方以知 六爻之義 易以貢

시초(蓍草)의 성격은 원융(圓融)하고 신비로우며, 卦의 성격은 방정(方正)함에 지혜로운 것이며, 여섯 효(爻)의 원리는 바뀜으로써 [드러내어 알려 주는데] 이바지한다.

七七四十九 蓍之圓也 八八六十四 卦之方也 分二揲[153)]四 扐奇掛[154)]一 而推轉不定者 蓍之圓也 三變成畫 六積成卦 而層纍不圮者 卦之方也 六爻者 卦之變易也 純陽純陰 則奇者爲陰 ≪老陽九≫ 偶者爲陽 ≪老陰六≫ 此 其義純乎變者也 故曰 易以貢

7 곱하기 7로 49가 됨이 시초(蓍草)의 "원융(圓融)함"이다. 8 곱하기 8로 64가 됨이 卦의 "방정(方正)함"이다. [시초(蓍草)를] 두 부분으로 나누어 4개씩 헤아리고, 그 나머지를 끼고 하나를 거는데, [이렇듯] 추이(推移)와 전환(轉換)으로 일정하지 않는 것이 시초(蓍草)의 "원융함"이다. 삼변(三變)으로 하나의 획(畫)을 이루고, 그것이 6개 쌓여서 하나의 卦를 이루는데, [이렇게] 중첩되고 얽혀 흩어지지 않는 것이[155)] 卦의 "방정함"

151) 茶山이 생략한 부분으로, 以上이 「繫辭上傳」의 10章이다.
152) 以上은 茶山이 생략한 부분이다.
153) [校閱] "揲"이 奎章本에는 "楪"으로 나오는데, 誤記이다.
154) [校閱] 新朝本과 奎章本과 國中本에 모두 "卦一"로 되어 있으나 "掛一"이 되어야 옳다.
155) "불비(不圮)"의 "비(圮)"는 '土'+'己'이며, '흙으로 쌓은 다리'를 뜻하는 "이(圯)"(土+已)와는 다른 글자이다.

이다. "여섯 효"라는 것은 한 卦가 바뀌는 것이다. [시괘법(蓍卦法)에서] 순양(純陽)이나 순음(純陰)인 경우에, 그 홀수는 [결국 변하여 반대로] '陰'이 되고, ≪[홀수란] 老陽인 九≫ 그 짝수는 [변하여 반대로] '陽'이 되니 ≪[짝수란] 老陰인 六≫ 이것은 그 여섯 효(爻)의 원리가 '바뀜(變易)'에 투철한 것이다. 그러므로 "바뀜으로써 이바지한다"라고 하는 것이다.

○貢者 獻也 爻者 效也 效亦獻也 ≪曲禮云 效馬效羊≫ 謂呈顯以告示之也

○"이바지한다(貢)"는 것은 '가져다 바친다'는 뜻이며, "爻"라는 것은 '본받다'는 뜻인 '효(效)'인데, '효(效)'는 또한 '가져다 바친다'는 뜻이니 ≪『禮記』「曲禮」에 "말(馬)을 바치거나(效) 양(羊)을 바치는……"이라고 하였다.[156)]≫ [결국 "이바지한다"는 것, 또는 "효(爻)"라는 것은] '가져다 바쳐서 분명히 드러냄으로써 알려주고 보임'을 말하는 것이다.

≪聖人, 以此洗心, 退藏於密, 吉凶, 與民同患; 神以知來, 知以藏往, 其孰能與於此哉? 古之聰明叡智, 神武而不殺者夫. 是以, 明於天之道, 而察於民之故, 是興神物, 以前民用, 聖人, 以此齋戒, 以神明其德夫. 是故, 闔戶, 謂之坤, 闢戶, 謂之乾. 一闔一闢, 謂之變, 往來不窮, 謂之通. 見乃, 謂之象, 形乃, 謂之器. 制而用之, 謂之法, 利用出入, 民咸用之, 謂之神.[157)]

是故, 易有太極, 是生兩儀; 兩儀生四象, 四象生八卦, 八卦定

---

156) 효마효양(效馬效羊): 『禮記』「曲禮上」에 나오는 말이다. 즉, "效馬效羊者, 右牽之, 效犬者, 左牽之(말이나 양을 바치는 자는 오른편 손으로 몰고, 개를 바치는 자는 왼손으로 몬다)"라고 함. 말이나 양을 바칠 때, 오른손으로 모는 것은 그것이 편리하기 때문이며, 개를 바치는 자가 왼손으로 모는 것은 오른손을 개가 무는 것을 방지하기 위해서라고 함(이상옥 역, 『禮記』 上, 명문당, 2003, 102~103면).

157) 이상은 茶山이 생략한 부분이다.

吉凶, 吉凶生大業. 是故, 法象, 莫大乎天地; 變通, 莫大乎四時; 縣象著明, 莫大乎日月.[158)]

崇高, 莫大乎富貴, 備物致用, 立成器, 以爲天下利, 莫大乎聖人, 探賾索隱, 鉤深致遠, 以定天下之吉凶, 成天下之亹亹者, 莫大乎蓍龜. 是故, 天生神物, 聖人則之, 天地變化, 聖人效之. 天垂象, 見吉凶, 聖人象之, 河出圖, 洛出書, 聖人則之.[159)]

易有四象, 所以示也. 繫辭焉, 所以告也.[160)] 定之以吉凶, 所以斷也.[161)]

易曰, "自天祐之, 吉无不利". 子曰, "祐"者, 助也. 天之所助者, 順也, 人之所助者, 信也. 履信, 思乎順, 又以尙賢也. 是以, "自天祐之, 吉无不利"也.[162)]

子曰, 書不盡言, 言不盡意. 然則, 聖人之意, 其不可見乎?, 子曰, 聖人, 立象, 以盡意, 設卦, 以盡情僞, 繫辭焉, 以盡其言, 變而通之, 以盡利, 鼓之舞之, 以盡神.[163)]≫

〔**原文**〕 乾坤 其易之縕耶 乾坤成列 而易立乎其中矣

乾과 坤, 이것은 易의 근본이로다! 乾과 坤이 배열됨에 易이 그 가운데 성립한다.

易者 陰陽也 ≪字從164)日從165)月≫ 揲蓍一變之所得 謂之易 ≪四營

158) 이 구절은 맨앞의 "是故"는 제외하고, 이후 「시괘전(蓍卦傳)」에 나온다.
159) 이상은 茶山이 생략한 부분이다.
160) 이 구절은 이후 「蓍卦傳」에 나온다.
161) 이상 「繫辭上傳」의 11章이다.
162) 이는 大有卦 上九를 설명한 부분에서 언급되었다.
163) 이상은 茶山이 생략한 부분이다.
164) [校閱] "從"이 奎章本에는 "从"로 되어 있는데, "從"과 "从"는 同字이다.

而成易≫ 乾坤成列者 謂分之爲二 以象兩 而陽筴陰筴 相對成列也 易立其中者 謂掛[166]一之筴 特立乎陽筴陰筴之間也 ≪並詳蓍卦解≫ 上文云 天地設位 而易行乎其中 ≪第七章≫ 皆謂揲蓍之事也

易은 陰陽인데 ≪"易"이라는 글자 자체가 [陽을 대표하는] '日'과 [陰을 대표하는] '月'字에 근거하고 있다.[167]≫ 설시(揲蓍)함에 '일변(一變)'하여 얻은 것을 "역(易)"이라고 말한다. ≪사영(四營)하여 역易을 이룬다.[168]≫ "乾과 坤이 배열된다"함은 시초를 두 묶음으로 나누어 天과 地를 상징함에, 양책(陽筴)과 음책(陰筴)이 서로 대응하여 배열되는 것을 말한다. "易이 그 가운데 성립한다"라는 것은 "괘일(掛一)"한 시책(蓍筴)이 양책(陽筴)과 음책(陰筴)의 사이에 홀로 우뚝 서서 자리하는 것을 말한다.[169] ≪모두 시괘법(蓍卦法)을 풀이한 부분에, [즉 이후 「시괘전(蓍卦傳)」에] 상세히 나온다.≫ 위의 글에서도 "하늘과 땅이 자리를 설정하면, 易이 그 가운데에 작동한다"라고 하였는데 ≪[「繫辭上傳」의] 第7章에 나오는 말[170]≫ 모두 설시(揲蓍)에 관한 일을 말하는 것이다.

○縕者 易之有乾坤 猶衣之有絮也

○[여기서 '솜'을 뜻하는] "온(縕)"이라는 말을 한 것은 易에 乾·坤이 있음이 마치 의복(衣服)에 솜이 들어 있는 것과 같기 때문이다.

---

165) [校閱] "從"이 奎章本에는 "从"로 되어 있는데, "從"과 "从"는 同字이다.

166) [校閱] 奎章本과 國中本의 "卦"는 "掛"의 誤記이다.

167) '易'字의 하부 '勿'을 '月'로 보는 것이다.

168) 이는 「繫辭傳」에 나오는 말로, 이 『周易四箋』에서는 이후 「시괘전(蓍卦傳)」에 나온다. "사영(四營)"은 ① "分二", ② "掛一", ③ "揲四", ④ "歸奇"의 단계를 말하는 것으로, 곧 "일변(一變)"이다.

169) 「繫辭傳」에 "'掛一'以象三"이라 하였는데(여기 『周易四箋』에서는 이후 「蓍卦傳」에 나온다), "괘일(掛一)"의 책(筴)은 사람(人)을, 양책(陽筴)은 하늘(天)을, 음책(陰筴)은 땅(地)을 상징한다.

170) 이는 茶山은 생략한 부분에 나오는 구절이다.

≪乾坤毁, 則无以見易, 易不可見, 則乾坤, 或幾乎息矣. 是故, 形而上者, 謂之道, 形而下者, 謂之器.[171]≫

〔原文〕 化而裁之 謂之變 推而行之 謂之通

바꾸어 재단하는 것을 "변화"라 하고, 옮겨서 가도록 하는 것을 "통합"이라고 한다.

上文云: 變通莫大乎四時 變通者 十二辟卦也 化否泰而裁之 爲咸恒損益 推臨觀而行之 爲屯蒙頤坎 ≪並見推移表≫ 此之謂 變通也

[「繫辭傳」의] 위의 글에서 "변화하고 통합은 四時보다 큰 것이 없다"라고 하였는데,[172] "변화"와 "통합"이라는 것은 [이런 측면에서] 12辟卦이다. [구체적인 예를 들면, 각각 3陰卦・3陽卦의 母卦인] 否卦와 泰卦를 바꾸어 재단하면 咸・恒・損・益卦가 되고, [2陽卦의 母卦인] 臨卦와 觀卦를 옮겨서 가도록 하면 屯・蒙・頤・坎卦가 되는데, ≪모두 「추이표(推移表)」에 나온다≫ 이것을 "변화"와 "통합"이라고 말하는 것이다.

≪擧而措之天下之民, 謂之事業. 是故, 夫象, 聖人, 有以見天下之賾, 而擬諸其形容, 象其物宜, 是故, 謂之象. 聖人, 有以見天下之動, 而觀其會通, 以行其典禮, 繫辭焉, 以斷其吉凶, 是故, 謂之爻.[173] 極天下之賾者, 存乎卦, 鼓天下之動者, 存乎辭. 化而裁之, 存乎變, 推而行之, 存乎通. 神而明之, 存乎其人, 默而成之, 不言而信, 存乎德行.[174]≫

171) 이상은 茶山이 생략한 부분이다.
172) 이는 여기 「繫辭傳」에서는 생략되었지만, 이후 「蓍卦傳」에 나오는 말이다.
173) 이 구절은 앞서 나온 것이 그대로 또 반복된 것이다.

계사하전(繫辭下傳)

王肅 李鼎祚本 皆分上下傳 盖自田何授易 已然矣 並上下彖傳 上下象傳 爲六翼 唯大象傳 ≪天行健之類≫ 及說卦 序卦 雜卦 各自一篇 合之爲十翼 ≪文言者 古之字書≫

왕숙(王肅)[175]이나 이정조(李鼎祚)의 주석본(注釋本)은 모두 이 「계사전(繫辭傳)」을 상·하로 나누고 있는데, 대개 전하(田何)가 易을 전수하였던 때부터 이미 그러했을 것이다. [이 「繫辭上傳」과 「繫辭下傳」이] 上·下의 「단전(彖傳)」, 上·下의 「상전(象傳)」과 아울러 여섯 가지 "익(翼)"이 되며, 「대상전(大象傳)」, ≪"하늘의 운행은 건실하다"는 따위[176]≫ 「설괘전(說卦傳)」, 「서괘전(序卦傳)」, 「잡괘전(雜卦傳)」은 각기 한 篇으로, 이들을 모두 합하면 "십익(十翼)"이 되는 것이다. ≪"「文言」"이라는 것은 古代의 字書이다.[177]≫

〔原文〕 八卦成列 象在其中矣 因而[178]重之 爻在其中矣

팔괘(八卦)가[179] [陰·陽策과] 배열을 이루니, "象"이 그 가운데 있고,

---

174) 이상, 12章으로 「繫辭上傳」이 마침.

175) 왕숙(王肅, 195~256) : 중국 三國時代의 魏나라의 학자. 字는 자옹(子雍). 아버지 왕랑(王朗)으로부터 금문학(今文學)을 배웠으나 가규(賈逵)·마융(馬融)의 고문학(古文學)을 계승하고, 鄭玄의 禮學에 반대하였는데, 그의 학설은 모두 위나라의 관학(官學)으로서 공인받았다. 경서주석에 있어 실용적 해석을 중시함으로써, 신비적인 경향의 鄭玄의 참위설(讖緯說)을 반박하였다. 저서로는 『聖證論』·『孔子家語』·『古文尙書孔宏國傳』 등이 있다.

176) 「大象傳」의 乾卦 항목에 나오는 말이다.

177) 「文言」은 十翼에 들어가지 않는다는 말이다.

178) [校閱] 奎章本과 新朝本과 國中本에 모두 "因以重之"로 되어 있으나 "因而重之"가 되어야 옳다. "以"는 "而"의 誤記이다. 아래 설명하는 부분에서는 "因而重之者"라고 하였다.

179) 茶山에 따르면 여기 "팔괘(八卦)"는 '여덟 개 卦' 모두를 말하는 것이 아니고, 9차례 揲蓍하여 얻게 되는 어느 하나를 말하는 것이다. 아래 再論한다.

이에 바탕하여 그 八卦를 중첩하니[180] 효(爻)가 그 가운데 있다.

此 亦論蓍卦之義也 八卦成列者 謂九揲而得三畫 以成一卦 或震或艮 ≪八卦而小成之八卦也≫ 與陰策陽策 共成三才之列也 ≪乾坤成列 而易立其中≫ 因而重之者 十有八揲 而得六畫 以成一卦 或屯或蒙 ≪卽重卦≫ 不是別爲一卦 只是連加六畫 故曰 因而重之也 六畫旣成 觀其畫之純雜 ≪三[181]揲皆奇 或三揲皆偶 曰純≫ 而一爻之變動者 可執 故曰 爻在其中矣 ≪當變之爻 在六畫之中≫

이 구절도 역시 시초(蓍草)를 헤아려 卦를 구하는 [구체적인] 방식을 논한 것이다. "八卦가 배열을 이룬다"는 것은 9차례 설시(揲蓍)하여 3개 획(畫)을 얻어 하나의 [八]卦를 이룸에, 그 震이나 艮이 ≪"八卦가 되어 작게 이룬다"라고 할 때의 "八卦"이다[182]≫ 陰策·陽策과 같이 [天·地·人의] 三才의 배열을 이룸을 말하는 것이다.[183] ≪乾·坤이 배열되면 易이 그 가운데 성립한다.[184]≫ "이에 바탕하여, 그 8卦를 중첩한다"함은 18차례 설시(揲蓍)하여 6개 획을 얻어 하나의 重卦를 이루는 것으로, 그 준괘(屯卦)나 몽괘(蒙卦) 등이 ≪즉 重卦≫ [기존의 삼획괘와는] 따로 한 卦가 되는 것이

180) 곧 重卦가 이루어졌다는 것이다.

181) [校閱] "三"이 新朝本에는 "二"로 되어 있으나 誤記이다.

182) 八卦 모두가 아니라 그 중 어느 하나임을 지적하고자 인용한 말이다. "八卦而小成"은 「繫辭上傳」에 나오는 말이데, 여기서는 이후 「시괘전(蓍卦傳)」에 나온다.

183) "陰策"과 "陽策", 그리고 하나의 특정한 "三畫卦"(八卦)가 "三才"의 列을 이룬다는 것이다. 다시 말해, 여기 "八卦"를 여덟 개 卦 모두로 보지 않고 그 중 어느 하나로 보니 "成列"이 될 수가 없다. 그래서 "陰策"·"陽策"과 더불어 "成列"한다는 것이다. 이 경우 물론 "三畫卦"(八卦)가 人道에 해당하는 것이다. 한편, 이런 茶山의 해석은 이 구절을 蓍卦法과 연관짓고자 한 데서 나온 것이기는 하겠는데, "陰策"과 "陽策"을 결부시킴은 지나친 감이 없지 않아 있다. 여기 "八卦"를 그 중의 어느 하나를 말하는 것으로 본다고 해도, 이를테면 三畫卦도 그 卦位가 아래에서부터 차례로 地·人·天을 뜻하니 "三才의 배열을 이룬다(成列)"라고 할 수 있는 것이다.

184) 앞서 上傳에 "乾坤成列, 而易立'乎'其中"이라는 말이 나왔다. 이는 의미상 통하고, 또한 같은 文例이니 인용한 것이겠다.

아니라, 여섯 개 획을 연이어 부가한 것이므로, "팔괘에 바탕하여 그것을 중첩한다"[185]고 말하는 것이다. 이렇게 6개 획이 이루어져서 그 획의 순(純)·잡(雜)을 살펴보면 ≪[한 획에서] 세 번 설시한 것이 모두 홀수이거나, 세 번 실시한 결과가 모두 짝수이면 "순(純)"이라고 한다.[186]≫ 한 효(爻)의 변동 여부를 정할 수 있다. 그러므로 "爻가 그 가운데 있다"라고 말한 것이다. ≪변효(變爻)에 해당하는 것이 그 여섯 개 획 안에 있는 것이다.[187]≫

○若以一畫 爲一爻 則內卦初畫之時 已得一爻 及其再畫之時 又得二爻 何待重卦之成而後 始謂之爻在其中乎 內卦旣成≪謂八卦成列≫ 則水火雷風 馬牛羊豕 耳目手足之象 雖著[188] 而何畫之當變 何畫之不當變 未及知之 故只云 象在其中 ≪庖羲畫卦之初 只有卦畫 未有爻矣 爻[189]者 筮人揲蓍之後 六畫旣立 察其數[190]之奇偶 而執定其變之名也≫

○만약에 하나의 획(畫)을 바로 효(爻)라고 본다면, 內卦의 첫 획을 얻을 때 이미 하나의 효(爻)를 얻은 것이 되며, 그 두 번째 획을 얻을 때 또한 두 번째 효(爻)를 얻은 것이 되니, 어찌 重卦가 성립한 이후까지 기다

185) 같은 "因而重之"라는 말이지만, 같은 말이 거듭되니 바꾸어 표현해 보았다.

186) 여섯 개 획이 모두 이루어지고 나서, 즉 18차례의 설시(揲蓍)를 완전히 하고 난 다음에야 그 純雜을 따져 볼 수 있는 것이 아니라, 실제로는 매번 하나의 획이 이루어질 때마다 (즉 "三揲") 이미 그 純雜을 알 수가 있다.

187) 이상은 茶山이 그 대강을 말한 것이라 읽기에 따라서는 다소 애매하게 느껴질 부분이 있을 것이다. 그래서 이후 「蓍卦傳」에 자세하거니와 미리 부연하면, 여섯 개 획을 다 얻고 나면 ① 변효(變爻)에 해당하는 것이 하나도 없는 경우, ② 하나의 변효(變爻)만 나오는 경우, ③ 2~6개까지 多數의 변효(變爻)가 나오는 경우가 있는데(또한 더 세부적으로는 ③과 연관하여 乾·坤卦의 用九·六이라는 特例도 있다), ③의 경우는 또 다른 절차를 거쳐 '하나의 변효(變爻)'를 확정하게 된다.

188) [校閱] 新朝本에는 "수시(雖蓍)"로 되어 있는데, "수시(雖蓍)"의 "시(蓍)"는 "저(著)"의 誤記이다.

189) [校閱] 新朝本에는 "卦者"라고 되어 있으나 奎章本과 國中本에는 爻者로 되어 있다. 後者가 옳다.

190) [校閱] 新朝本에는 "劃"으로 되어 있으나 奎章本과 國中本에는 "數"로 되어 있다.

렸다가 비로소 "爻가 그 가운데 있다"고 말하였겠는가?[191] [삼획괘(三畫卦)인] 內卦만 이루어지면 ≪"八卦가 배열을 이룬다"는 것을 말함≫ 비록 물·불·우레·바람, 말·소·양·돼지, 눈·귀·손·발의 象이 나타나기는 하지만, 어떤 획(畫)이 변하는 것에 해당될지, 어떤 획이 해당되지 않을지는 아직 알지 못한다.[192] 그러므로 ["八卦가 成列"하는 단계에서는] 단지 "象이 그 가운데 있다"라고만 한 것이다. ≪포희씨가 괘를 그릴 처음에는 단지 괘획(卦畫)만 있었고, 효(爻)라는 개념이 아직 없었다. 효라는 것은 서인(筮人)이 설시(揲蓍)한 이후 여섯 획이 성립함에, 그 [획의 각각의] 數가 짝수가 되는지 홀수가 되는지를 살펴서 그 [중에] 변하는 것을 확정한데 따른 이름인 것이다.≫

〔原文〕 剛柔相推 變在其中矣 繫辭焉而命之 動在其中矣

강획(剛畫)과 유획(柔畫)이 서로 밀쳐내며 변천함에 [세상의] 변화가 그 가운데 있고, [聖人이] 설명의 말을 붙여 [원리를] 알려 줌에 [세상의] 운동이 그 가운데 있다.

此 又論推移之義也 十二辟卦之推移 爲五十衍卦也 或推其剛而升之 或推其柔而降之 則周流變遷之跡 在其中矣 於是 繫之以詞 而指其往來 則移易運動之情 在其中矣

이 또한 추이(推移)의 뜻을 논한 것이다. 12辟卦가 추이하여 50연괘(衍卦)가 성립하는데, 어떤 경우에는 그 강획(剛畫)을 밀어 위로 올리고, 어떤 경우는 그 유획(柔畫)을 밀어 아래로 내리니, [天地와 四時의] 두루 변천해 가는 자취가 그 가운데 있게 되는 것이다. 이에 설명하는 글을 붙여서 그 [卦畫의] 왕래를 보다 분명하게 지목해 주니, [실제세계의] 역동적인

191) 획(畫)과 효(爻)를 구분하는 자신의 견해가 옳음을 여기서도 알 수 있다는 것.

192) 즉 內卦만 이루어진 상황에서는 어떤 획(畫)이 결국 효(爻)로 될지 알 수 없다는 것인데, 앞서 말했듯이 2~6개까지 多數의 변효(變爻)가 나오는 경우, 또 다른 절차를 거쳐 '하나의 변효(變爻)'를 확정해야 되기 때문이다.

운동의 의미가 그 [글] 가운데 있게 되는 것이다.[193]

○繫辭之文 彖詞 ≪文王作≫ 則專據十二辟推移之象 而雜物成文 十二辟之彖詞 又據陰陽消長之運 ≪如坤極消 而復一陽生≫ 及交易反對之義 ≪如臨觀倒 則八月有凶≫ 而取象立文 至於爻詞 ≪周公作≫ 則本之以十二辟推移之象 兼之以本爻所變之象 而雜物成文 此所謂 繫辭焉而命之也

○"계사(繫辭)"한 [즉 "설명을 달아 풀이한"] 글 중에 단사(彖詞)는[194] ≪文王이 지은 것≫ 전적으로 12辟卦가 추이하는 상황에 의거하여 여러 물상(物象)들을 섞어 글을 지었는데, [특히 그 중에서] 12辟卦의 단사(彖詞)는 또한 陰陽이 소멸하고 성장하는 운동과 ≪예컨대 坤卦에서 [陽氣가] 극도로 소멸되면, 復卦에서 '陽' 하나가 다시 회복되는 상황[195]≫ 교역(交易)·반대(反對)의 취지에 의거하여[196] ≪예컨대 임괘(臨卦)는 [8월에 해당하는] 관괘(觀卦)를 뒤집은 것이니, "8월에 흉한 일이 있을 것이다"라고 한 것과 같은 사례[197]≫ 象을 취

193) 茶山은 "變"을 "周流變遷之'跡'"으로, "動"을 "移易運動之'情'"으로 풀고 있는데, 이를 단순히 의미상으로는 동어반복일 뿐인 修辭的 표현이라고 볼 수도 있겠으나, 여기서는 그렇게 보지 않고 變－動, 跡－情을 보다 대비시켜 풀어 보고자 하였다.

194) 즉 괘사(卦辭, 또는 卦詞)를 말한다.

195) 十二辟卦를 제외한 彖詞(卦辭)는, 그것이 따로 지괘(之卦)가 없는 경우이므로(따라서 爻變과 무관한 내용이다), 그 母卦인 十二辟卦에서 推移하여 나오는 과정에 의거할 수밖에 없는 것이다. 그리고 十二辟卦의 경우는 그 자신이 다른 衍卦들의 母卦가 되고, 따로 자신의 母卦를 가지지 않으므로, 그들 상호간에 보이는 "陰陽消長"의 과정이나 차이에 의거하여 卦辭를 지을 수밖에 없는 것이다. 한편 여기 "十二辟卦"에는 乾·坤卦가 포함되고, 中孚·小過卦는 포함되지 않는다.

196) 여기 "反對"란 이른바 괘 전체를 180도 뒤집는 "反易"을 말한다. 한편, 이른바 三易 중에 여기서 交易과 反易(反對)만 언급하고 變易을 언급하지 않은 이유는, 확실치는 않으나 그런 사례가 드물기 때문이겠다. 바로 다음 細注에 나오는 臨卦의 "八月有凶"의 경우 變易 관계로 설명될 수 있으니, 분명 그런 사례가 없는 것은 아니다.

197) 이는 분명 臨卦 卦辭의 "八月有凶"을 反易의 사례로 제시한 것인데, 이전 臨卦를 설명하는 자리에서 茶山은 이를 反易(反對) 관계로 설명하는 것보다는, 오히려 변역(變易) 관계(즉 周曆의 8월에 해당하는 遯卦)로 설명하는 것이 옳다고 하였다. 굳이 이런 사례를 드는 이유를 모르겠다. 이전에 글을 나중에 미처 고치지 못한 부분일 수 있겠

해서 글을 지었다. 효사(爻詞)의 경우는 ≪周公이 지은 것≫ 12辟卦에서 [해당 卦가] 推移하여 나오는 과정에 나타나는 象에 근거하면서, 아울러 해당 爻가 변하면서 성립하는 [지괘(之卦)의] 象을 겸하여, 여러 物象들을 섞어 글을 지은 것이다.[198] 이것이 이른바 "설명의 말을 붙여 [그 원리를] 알려 준다"는 것이다.

朱子曰 卦變者 ≪十二辟推移之法≫ 亦是有卦之後 聖人 見得有此象 故發於彖詞 ≪朱子說止此≫ 此 孔子所謂 繫辭焉而命之者也 命之也者 謂卦畫本無情意 非能升降而往來也 文王周公 看此六十四卦之中 實實有十二辟卦 爲之宗主 而五十衍卦 皆來受變之象 於是乎 繫之詞而命之 則變動之法 卽在其中矣

朱子가 말하기를, "괘변(卦變)이라는 것은 ≪[茶山] 십이벽괘(十二辟卦)의 추이법(推移法)을 말한다≫ 또한 卦들이 만들어진 이후에 聖人이 [그 卦들 사이에] 이런 [괘변(卦變)의] 현상이 있는 것을 보시고 彖詞에다 밝히신 것이다"라고 하였는데 ≪朱子의 說은 여기까지이다.[199]≫ 이 말은 孔子가 이른바 "繫辭焉而命之", 즉 "설명의 말을 붙여 [원리를] 알려 준다"는 것이다.

여기서 "[聖人이] 그 원리를 알려 주었다(命之)"는 것은, 괘획(卦畫)이 본래 [자발적인] 의도나 감정이 없음에 [그 스스로] 오르내리거나 왔다

다. 아니면 앞서 三易 중에 變易을 언급하지 않았으니, 이렇게 變易과 反易에 모두 해당하는 사례를 제시하여 讀者들이 變易도 염두에 둘 것을 바랐는 것인지도 모르겠다.

198) 효사(爻詞)들은 '그 母卦(十二辟卦)에서 推移되어 나온 상황'과 '그 爻가 변하여 성립되는 象'에 의거하여 "계사(繫辭)"한 것이라는 말인데, 한편 같은 爻詞라도 卦主의 경우는 爻變을 적용하지 않으니, 後者를 전혀 고려하지 않은 경우가 있다.

199) 이 말은 『朱子語類』「易」「綱領下」의 '卦體卦變' 항목에 확인되는데(朱子의 원문에 "彖'辭'"라고 나오는 것 이외에는 차이가 없다), 卦變說을 정면으로 부정하는 程子의 견해에 대한 弟子 동수(董銖)의 질의에 答하는 중에 나온다. 한편, 朱子는 卦變法이 "괘가 만들어진 다음(有卦之後)"에야, 또는 文王("聖人") 때에야 비로소 나오는 것이라고 보지만, 茶山은 이와 견해를 달리한다. 아래서 再論된다.

갔다할 수 있는 것이 아니라는 말이다. 文王과 周公이 이 64卦 속에 진실로 12辟卦가 宗主가 되어 50衍卦가 모두 [十二辟卦에서] 변화되어 나오는 현상이 있음을 간취(看取)하시고, 이에 설명의 글을 붙여 그 원리를 알려 주니, [괘획의] 변동의 방식이 바로 그 가운데 있는 것이다.

○朱子曰 如卦變圖 ≪十二辟推移之法≫ 剛來柔進之類 亦是就卦已成後 用意推說 以見此卦[200]爲自彼卦而來耳 非眞先有彼卦而後 方有此卦也 古註 說賁卦 自泰卦而來 先儒非之 ≪卽伊川≫ 以爲乾坤合而爲泰 豈有泰[201]變爲賁之理 殊不知[202]伏羲畫卦 則六十四卦 一時俱了 雖乾坤 亦無能生諸卦之理 若如文王孔子之說 則縱橫曲直 反覆相生 無所不可

○朱子는 다음과 같이 말하였다. 「괘변도(卦變圖)」에서 ≪[茶山] 12辟卦의 推移法≫ 강획(剛畫)이 들어오고 유획(柔畫)이 나아가는 사례와 같은 것도, 역시 괘가 이미 이루어진 이후에 그것을 궁리하여 뜻을 미루어 설명하다 보니, '이 卦가 저 卦에서 나온 것'을 알게 된 것일 따름이지, 참으로 '먼저 그런 卦가 있은 다음에야 비로소 이런 卦가 있다'는 것이 아니다. 고주(古註)에 "비괘(賁卦)가 태괘(泰卦)에서 나왔다"고 하였는데, 先儒는 그것이 잘못이라고 하며 ≪[茶山] 즉 정이천(程伊川)이 이런 주장을 하였다.[203]≫ "乾과 坤이 결합하여 泰卦가 된 것인데, 어찌 그 泰卦가 [또 다

---

200) [校閱] 『周易傳義大全』과 『易學緒言』 「주자본의발미(朱子本義發微)」의 해당 부분에 보면 이 '卦'字가 없다. 원래는 없는 글자로 보이지만, 읽기에 순통하니 굳이 빼지 않는다.

201) [校閱] 『周易傳義大全』과 『易學緒言』 「주자본의발미(朱子本義發微)」의 해당 부분에 보면 '泰'字 다음에 '復'字가 더 있다. 뜻에는 차이가 없고, 차라리 없는 것이 원문을 읽기에 더 순통한 면도 있는 듯하니 굳이 덧붙이지 않는다. 다만 번역문에는 이런 뜻을 살려 넣었다.

202) [校閱] 『周易傳義大全』의 해당 부분에 보면 이 다음에 "若論"이라는 말이 더 들어가 있다. 『易學緒言』 「주자본의발미(朱子本義發微)」의 해당 부분에는 '若'字는 빠지고 '論'字만 들어가 있다. 여기서는 굳이 삽입하지 않고, 번역문에서만 그 뜻을 살렸다.

시] 변하여 賁卦로 되는 법이 있겠는가?"라고 하였는데, 이는 '복희가 괘를 그린 측면에서 [만약 따져] 본다면, 육십사괘가 일시에 모두 갖추어진 것이니, 비록 乾·坤이라고 해도 또한 여타 모든 괘들을 생성할 수 있는 근거가 없다'는 사실을 전혀 모른 것이다.[204] 만약 文王과 孔子의 설명만 같이 한다면[205] 이리저리 자유자재로 상호 반전(反轉)하고 전개되어, [易의 진면목을 드러냄에] 불가능한 바가 없을 것이다.[206]

○[207] 又曰 伊川 不取卦變之說 至柔來而文剛 剛自外來[208] 而爲主於內 諸處 皆牽强說了

○또 朱子가 말하기를, "이천(伊川) 선생은 괘변설(卦變說)을 채택하지 않아 [비괘(賁卦) 「단전(彖傳)」의] '柔가 들어와서 剛을 꾸민다'나 [무망괘(无妄卦) 「彖傳」의] '剛이 바깥에서 들어와서, 內卦의 중심이 되었다' 등의 부분에서 모두 억지 설명을 하였다"고 말하였다.[209]

---

203) "先儒"란 程伊川을 가리킨다는 뜻이다.

204) 이는 물론 "乾과 坤이 결합하여 泰卦가 된다"식의 程伊川의 견해에 대한 반박이지만, 동시에 卦變을 지지하는 자라도 '아무 괘가 아무 괘에서 나왔다'는 말을 액면 그대로 받아들이면 역시 잘못이라는 뜻을 함축하고 있는 것이겠다.

205) 즉, 卦變法을 따른다는 것이다.

206) 以上 모두 朱子의 말인데, 원래 출전은 未詳이나 『周易傳義大全』에 확인된다. 한편 이 卦變說과 연관하여 朱子와 茶山의 同異를 정리하면, ① 卦變의 의의를 인정한다는 점은 통하지만, 그 由來에 대해서 朱子는 伏羲가 畫卦한 이후 文王 때 起源한다고 보는 데 반하여, 茶山은 伏羲 때부터 있었다고 본다. 따라서 朱子는 卦變이 "作易의 本旨"는 아니고 "易中의 一義"라 보는 데 반하여 茶山은 "作易의 大義"라고 본다(『易學緒言』 「주자본의발미(朱子本義發微)」). ② 卦變이 획괘(畫卦)의 과정과는 무관하다고 보는 점, 즉 卦變說에서 '이 卦가 저 卦에서 나왔다'고 하는 말이 그 획괘(畫卦)의 순서가 그러함을 뜻하는 것은 아니라고 보는 점은 두 사람이 통하지만, 그 畫卦의 과정을 朱子는 이른바 太極, 兩儀, 四象, 八卦, 六十四卦로 전개된다고 보는 데 반해 茶山은 바로 八卦에서 交易을 통해 六十四卦로 전개된다고 보는 점이 다르다(물론, 두 사람 모두 '伏羲 때는 八卦만 있었다'는 說을 부정하고, 六十四卦가 그때 모두 동시에 나왔다고 보는 점은 같다).

207) [校閱] "○"의 표시가 新朝本과 國中本에는 있으나, 奎章本에는 없다.

208) [校閱] 新朝本에는 "剛則自外來"라고 되어 있으나 奎章本과 國中本에는 "剛自外來"로 되어 있다.

○案 卦變圖者 朱夫子晚年[210]所作也 ≪在本義旣成之後≫ 十二辟推移之法 昭如日星 唯中孚小過 未經採用耳 世猶昧昧 何哉

○[案] 「괘변도(卦變圖)」는 주희(朱熹) 선생이 만년(晩年)에 지은 것으로 ≪『周易本義』가 완성된 이후에 나온 것이다.[211]≫ 십이벽괘의 推移法이 명료하기가 해와 별과 같은데, 다만 中孚·小過卦를 미처 [辟卦로] 채용하지 못했을 따름이다. 그런데도 세상 사람들은 오히려 [卦變說에] 어두우니 어찌된 일인가?

〔原文〕 吉凶悔吝者 生乎動者也

길(吉)·흉(凶)·회(悔)·린(吝)은 [卦爻의] 움직임에서 생기는 것이다.

八卦 本無吉凶 十二辟卦 原始反終 而進退消長之機 以著也 五十衍卦 物以羣分 而升降往來之象 以顯也 吉凶悔吝 於是乎生焉 有善變而吉者 有不善變而凶者 有本有疵而變則淸者 是悔也 有本有疵而變不快者 是 吝也 苟使水雷之易而爲雷水 山澤之易而爲澤山焉而已 則是亦八卦而止矣 八卦 有吉凶乎

8卦에는 본래 吉凶이 없는데,[212] 12辟卦로 "처음을 밝히고 마지막을 돌이켜 봄"에 진퇴소장(進退消長)하는 계기가 드러나고, 50衍卦로 "사물에 따라 무리가 나뉨"에 승강왕래(升降往來)하는 상황이 드러나서, 길·

---

209) 이 말은 『朱子語類』「易」「綱領下」의 '卦體卦變' 항목에 나온다.

210) [校閱] "千年"의 "年"이 奎章本에는 "秊"으로 되어 있는데, "秊"은 "年"의 本字이다.

211) 茶山은 앞서 「推移表直說」에서 "『本義』所著推移之義, 或與「卦變圖」不合, 盖『本義』先成也"라고 하였다. 한편, 여기 "卦變圖"는 현행 『周易本義』 앞부분에 첨부되어 있는 도표를 말하는 것으로 보이는데, 『易學啓蒙』에도 거의 "爻變圖"라고 해야 할 「卦變圖」가 말미에 첨부되어 있기는 하다.

212) 「繫辭上傳」 11章에 "八卦定吉凶"이라 했는데(이는 茶山이 「蓍卦傳」으로 옮긴 구절이다), 茶山은 역시 이 "八卦"가 震과 坎이 준괘(屯卦)가 되고, 坎과 艮이 蒙卦가 되는 것이라고 하였다. 즉 八卦 자체로는 吉凶이 있을 수 없다고 보는 것이다.

흉・회(悔)・린(吝)이 여기서 생겨나는 것이다. [이상의 과정에서] 잘 변하여 吉한 경우가 있고, 잘 변하지 못하여 凶한 것이 있다. 본래는 다소 허물이 있었으나 변하여 깨끗하게 된 경우가 있으니 이것이 "회(悔)"이다. 본래 다소 허물이 있었는데 그 변화가 시원스럽지 못한 경우가 있으니 이것이 "린(吝)"이다. [한편, 이상과 같이 推移法을 고려하지 않고[213)]] 가령 水와 雷를 바꾸어서 雷와 水로 하고, 山과 澤을 바꾸어서 澤과 山으로 하는 식이라면, 이 또한 八卦에 한정되는 것인데, 八卦 자체에 吉凶이 있는가?

〔**原文**〕 剛柔者 立本者也 變通者 趣時者也

강획(剛畫)과 유획(柔畫)은 근본을 세운 것이요, [卦가] 변화하여 소통함은 [四時의] 때를 따른 것이다.

十二辟卦 陰陽相聚 此 立本者也 五十衍卦 變通無方 此 趣時者也 ≪變通 配四時≫

12辟卦는 陰陽이 서로 같은 것끼리 모여 있으니, 이것이 "근본을 세운 것"이다. 50衍卦는 "변화하고 소통함"에 일정한 方所가 없으니, 이것이 "[四時의] 때를 따른 것"이다. ≪"변화하고 소통함은 춘하추동의 四時에 짝한다."[214)]≫

○蓍卦 有一畫之純 ≪卽老陽老陰≫ 可變爲陰 而猶作陽畫 可變爲陽 而猶作陰畫者 亦所以立本也 本立而後變起

○시괘(蓍卦)하여 어떤 획(畫)이 '순(純)'일 경우에, ≪즉 老陽과 老陰≫ [老陽은] 변하여 '陰'이 되지만 여전히 '陽畫'으로 그리고 [老陰은] 변하여

---

213) 위의 "十二辟卦 …… 進退消長之機", "五十衍卦 …… 升降往來"는 모두 推移法을 말하는 것이다.

214) 이는 앞서 「繫辭上傳」의 원문에 나온 말이다.

'陽'이 되지만 오히려 '陰畫'으로 그리는데,215) 이 또한 근본을 확립하기 위한 것이다. 근본이 확립된 이후에 변화가 일어나는 것이다.

≪吉凶者, 貞勝者也. 天地之道, 貞觀者也. 日月之道, 貞明者也. 天下之動, 貞夫一者也. 夫乾確然, 示人易矣. 夫坤隤然, 示人簡矣. 爻也者, 效此者也. 象也者, 像此者也. 爻象, 動乎內. 吉凶, 見乎外. 功業, 見乎變. 聖人之情, 見乎辭. 天地之大德曰, 生; 聖人之大寶曰, 位. 何以守位, 曰仁; 何以聚人, 曰財. 理財正辭, 禁民爲非, 曰義.216)≫

〔原文〕古者 庖犧217)氏之王天下也 仰則觀象於天 俯則觀法於地 觀鳥獸之文 與地之宜 近取諸身 遠取諸物 於是 始作八卦 以通神明之德 以類萬物之情

옛날 포희씨(庖羲氏)가 천하를 다스릴 때, 우러러 하늘의 象을 살피고 아래로 땅의 법도를 살피며, 조수(鳥獸)의 문양(紋樣)과 풍토(風土)의 적합성을 살폈는데, 가깝게는 사람의 몸에서 취하고 멀리는 여러 사물에서 취하여, 이에 처음 8卦를 만들어 神明의 德을 통하게 하고 萬物의 실정을 비견(比肩)하였다.

伏羲畫卦之義 於此始發 前所論 皆蓍卦之義也 易之爲用 以制器者 尙其象 故先言八卦之始 盖以物象 用三畫之卦也 其實

---

215) 이는 통상적인으로, 또는 『周易』 원문에 그러한 것이지, 만일 卦를 얻고자 실제 설시(揲蓍)를 하는 경우에는 각기 다른 符號가 있다. 즉 少陽은 '一', 少陰은 '--', 老陽은 '□', 老陰은 '×'로 표시한다.

216) 이상 「繫辭下傳」의 1章이다.

217) [校閱] 新朝本과 奎章本에는 "犧"로 되어 있으나, 國中本에는 "羲"로 되어 있다.

伏羲當時 已作六十四卦

복희(伏羲)가 卦를 그린 뜻이 여기서부터 나오는데, 이 앞의 논의는 모두 시괘(蓍卦)에 대한 풀이였다. 易의 쓰임새에서 "그것으로 기물(器物)을 만들고자 하는 자는 그 象을 숭상한다."[218] 그러므로 먼저 [象의 기본 단위인] 8卦의 始原을 언급한 것이니, 대개 物象을 삼획괘(三畫卦)에 적용하거니와,[219] 사실상 복희(伏羲) 당시에 이미 64卦를 만든 것이다.[220]

〔原文〕作結繩 而爲網罟 以佃以漁 盖取諸離

노끈을 엮어 그물을 만들어 짐승을 사냥하고 물고기를 잡으니, 대개 (離卦)에서 취한 것이다.

朱子曰 兩目相承 ≪离爲目≫ 而物麗焉 ≪麗字 從兩丙 是亦离目也 兩目之下 鹿罹焉≫ 衆目成網 所謂 綱[221]擧而目張也 然且 互巽爲繩 ≪倒巽亦爲繩≫ 互兌爲食 ≪顚兌亦爲食≫ 網之象也 巽林宜佃 兌澤宜漁 以佃以漁也

朱子가 말하기를, "두 눈구멍이 서로 이어져 있으니 ≪[茶山] 离는 눈이 된다≫ 사물이 걸려드는 것이다"라고 하였다.[222] ≪[茶山] '麗(려)'字는 [윗부

---

218) 앞서 「繫辭上傳」에서 "易有聖人之道, 四焉. 以言者, 尙其辭, 以動者, 尙其變, 以制器者, 尙其象, 以卜筮者, 尙其占"라고 하였다. 茶山이 생략한 구절 중에 있다.

219) 이후에 모두 重卦를 가지고 이른바 "제기(制器)"의 과정을 설명하지만, 엄밀히 따지면 그 重卦를 구성하고 있는 三畫卦(八卦)에 의거한 것이다. 한편 예외적으로 '⚊', '⚋', '⚌', '⚏' 등으로 物象을 설정하는 경우도 있으니, 茶山은 "易例, 又有未滿三畫, 而取之爲象者; 凡⚊爲矢, ⚋爲膚, ⚏爲牀, ⚌爲履(又爲乘), 不能悉指"라고 하였다(『四箋』 卷8, 42가).

220) 이후 모두 重卦로 "제기(制器)" 과정을 설명한 것에서도 이를 추정해 볼 수가 있는 것이다.

221) [校閱] 奎章本에는 "강(綱)"이 "망(網)"으로 나오는데 誤記이다. "강(綱)"은 그물(網)에서 중심이 되는 굵은 줄이다.

222) 朱子의 『本義』의 해당 부분에 나오는 말이다.

분이] 2개의 '丙(병)'字에 의거하고 있는데, 이는 또한 离의 눈이니,[223] [결국 '麗'字는] 두 개의 눈구멍 아래에 사슴(鹿)이 걸려 있는 것이다.≫ 여러 개의 눈구멍이 그물을 이루니, 이른바 "그물의 벼리를 들어 올리면, 그물눈은 자연히 펼쳐진다"는 것이다.[224]

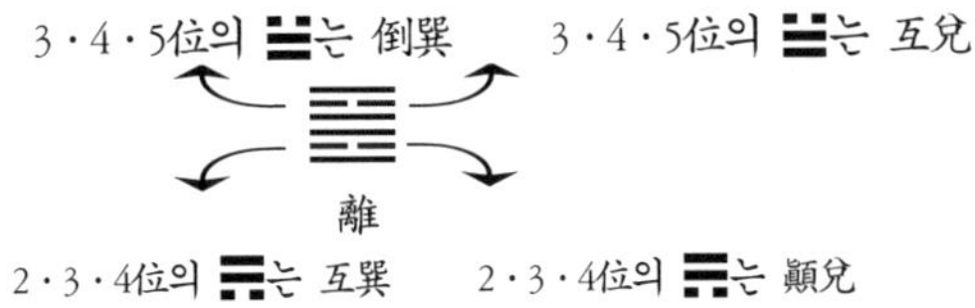

그리고 또한 2·3·4位의 互巽은 줄(繩)이 되고, ≪[3·4·5位의 ☱도] 도손(倒巽)이니 역시 줄이 된다≫ 3·4·5位의 互兌는 [잡아] 먹는 것이 되니 ≪[2·3·4位의 ☴도] 전태(顚兌)로 역시 먹는 것이 된다.≫ [결국 '줄로 잡아먹는다'는 뜻으로] 그물의 象이다. 2·3·4位의 巽의 숲은 사냥하기에 적절하고, 3·4·5位의 兌의 못(澤)은 고기잡기에 마땅하니 "짐승을 사냥하고 물고기를 잡는다"는 것이다.

〔原文〕包羲[225]氏沒 神農氏作 斲木爲耜 揉木爲耒 耒耨之利以教天下 盖取諸益

포희씨(庖犧氏)가 죽고 신농씨(神農氏)가 일어남에, 나무를 깎아 보습을 만들고 나무를 휘어 쟁기자루를 만들어 농사짓는[226] 이로움을 천하에 가르치니 대개 益卦에서 그 원리를 취한 것이다.

---

223) "丙"은 남쪽에 해당하고 五行에서 "火"에 해당하니 离와 같다. 그래서 결국 "离目"이 된다는 것이다. 離卦의 「彖傳」을 설명한 부분에 설명이 나온다.

224) "강거목장(綱擧目張)"은 결국 '사물의 핵심을 파악하면, 그 밖의 것은 이에 따라 해결된다', 또는 '일이나 글의 조리가 분명하다'는 의미가 된다. 『書經』「반경(盤庚)」에 "若網在綱, 有條而不紊"이라 하였다.

225) [校閱] 新朝本과 國中本에는 "包羲"로 되어 있으나 奎章本에는 "伏羲"로 되어 있다.

226) 여기 "뇌누(耒耨)"를 명사적으로 '쟁기와 괭이(耨)'로 볼 수도 있겠는데, 동사적으로 '쟁기로 김매다'는 뜻으로 보아서 위와 같이 풀었다.

耜者 耒耑之木刃也 耒者 耜柄之曲木也 《見字書》

"보습"은 쟁기자루의 끝에 달려 있는 나무로 된 날이다. "쟁기자루"라는 것은 보습에 이어져 손잡이가 되는 굽은 나무이다. 《字書에 나온다.[227]》

上巽下震 二木俱見 然且 下卦位离 《一二三》 离則爲戈兵 《說卦文》 震木用斲也 上卦位坎 《偶奇偶》 坎則爲撟揉 《說卦文》 巽木用揉也 《震剛木也 所以斤斲 巽柔木也 所以手揉 ○ 又巽爲撓》

[益卦는] 上卦가 巽이고 下卦가 震이니 두 종류의 나무가 모두 나타나는데, 또한 [震의 나무가 자리한] 下卦의 자리는 离이고 《[그 자리가] 1·2·3位로 [홀·짝·홀수이니] '☲'이다》 离는 곧 兵器가 되니 《「說卦傳」에 나오는 말이다》 震의 나무는 [兵器처럼 날카롭게] 깎이는 것이다. [巽의 나무가 자리하고 있는] 上卦의 자리는 坎인데 《[그 자리가 4·5·6位로] 짝·홀·짝수이니 '☵'이다》 坎은 곧 주물러서 굽히는 것이 되니 《「說卦傳」에 나오는 말이다.[228]》 巽의 나무는 휘어지는 것이다. 《震은 강한 나무이니 도끼로 깎아내고, 巽은 부드러운 나무이니 손으로 주물러 굽히는 것이다. ○ 또한 巽은 휘어짐이 된다.[229]》

---

227) "사(耜)"와 "뇌(耒)"를 각기 별개의 도구로 볼 수도 있지만, 茶山은 이를 결부시켜 쟁기의 '날(耜)'과 쟁기의 '자루(耒)'로 풀고 있다. 물론 전체적인 뜻에는 차이가 없겠다. 한편 "字書"란 『說文解字』나 『康熙字典』 등을 염두에 두고 하는 말이겠다. 그것들에 유사한 설명이 나온다.

228) 이후 「說卦傳」에는 "撟揉"가 아니라 "矯輮"라고 나오는데, 여기서는 결국 같은 뜻의 말이다. 『周易』 판본에 따라 "撟揉"라 나오는 경우도 있다. 한편 「說卦傳」의 "矯輮"에는 '굽은 것을 바로 잡는다'라는 뜻도 있으니, 이렇게 "撟揉"로 바꾸어 '주물러 구부린다'는 뜻을 분명히 한 것이라고도 볼 수 있겠다.

229) 上卦의 卦位인 坎을 따지지 않아도, 巽 자체에 '휘어짐(撓)'의 象이 있다는 것이다.

卦自否來 《四之一》 乾君巽命 《上本乾》 以告坤民 《口向下》 敎天下也 於是 艮手執耒 《三五互》 坤土仰起 《昔之下坤 今互坤》 則震稼蕃鮮 而巽利三倍矣

1이 4로 감 →

否 → 推移 → 益

益卦는 否卦에서 추이(推移)하여 나왔는데 《4가 1로 감[230]》 乾의 임금이 巽의 명령[231]을 내려 《본래 否卦에서 [上卦가 임금을 뜻하는] 乾이었다》 坤의 백성들에게 알리니 《巽은 입이 아래로 향하고 있다》 "천하를 가르침"이 된다. 이에 艮의 손으로 쟁기를 잡음에, 《益卦 3·4·5位의 互艮》 坤의 흙이 위로 솟아오르니 《以前[의 否卦]에서는 [1·2·3位의] 下卦가 坤이었는데, 지금은 [그것이 위로 올라가 益卦의 2·3·4位가] 互坤이다.[232]》 곧 震의 농사가 풍성하게 잘 되고,[233] 巽의 이익이 세 배나 되는 것이다.[234]

○學圃云 卦自否來 斲[235]之揉之 皆巽木也 《否互巽[236]》 然 剛自上墜 《四之一》 剖而落之 是 斲[237]木也 因其本剛 《上本乾》 巽

한편 「說卦傳」에서 茶山은 巽이 "승직(繩直)"이 됨을 설명하면서, "先'撓'而後伸直者, 繩也"라고 하였다.

230) 三陰卦이니 推移의 本法은 "一之四"이지만, 여기서는 '陽'을 중심으로 보아 이렇게 말한 것이겠다.

231) 否卦에서도 3·4·5位가 互巽이고, 推移함에 益卦의 上卦도 巽이다.

232) '흙이 앙기(仰起)했다'는 것은 '쟁기로 농토를 부드럽게 갈아엎으니, 그 표면이 결과적으로 위로 솟아올랐다'는 것이다.

233) 「說卦傳」에 "震 …… 其於'稼'也 …… 爲'蕃鮮'"이라고 함.

234) 「說卦傳」에 "巽 …… 爲近利市'三倍'"라고 함.

235) [校閱] 新朝本에는 "斲"이 俗字로 나오는데(좌상부의 형태가 다름), 『周易』의 원문에 맞추었다.

236) [校閱] 奎章本에는 여기까지만 나오고, 그 뒤에 나오는 구절이 모두 빠져 있다. 즉, "然, 剛自上墜 《四之一》 剖而落之, 是, 斲木也, 因其本剛 《上本乾》 巽以曲之 《變爲巽》 是, 揉木也"의 부분은 新朝本과 國中本에는 있으나, 奎章本에는 없다.

以曲之 ≪變爲巽≫ 是 揉木也

否→推移→益

○ 학포(學圃)[238]가 말하였다. "益卦는 否卦에서 추이(推移)하여 나왔으니, 깎거나 구부리는 것은 모두 巽의 나무이다. ≪否卦에 3·4·5位에 互巽이 있다.≫ 그런데 [推移하면서] '剛'이 위에서 아래로 떨어짐에 ≪4가 1로 감≫ [나무가] 갈라져 흩어지니 이것이 "나무를 깎음"이다. [巽의 나무가] 본래는 '陽'의 강함에 의지하고 있었는데 ≪[비괘(否卦)에서] 上卦가 본래 乾이었다.≫ [推移하면서 생긴] 巽으로 그것을 굽히니 ≪[乾이 변하여] 巽이 되었다≫ 이것이 '나무를 구부리는 것'이다."[239]

〔原文〕日中爲市 致天下之民 聚天下之貨 交易而退 各得其所 盖取諸[240]噬嗑 ≪此亦神農之事≫

한 낮에 저자를 열어, 천하의 백성들이 오게 하고 천하의 재화를 모아서, 서로 교역하고 돌아가 각각 그 소용되는 것을 얻게 하니, 대개 서합괘(噬嗑卦)에서 그 발상을 얻은 것이다. ≪이 역시 신농씨(神農氏) 때의 일이다.≫

卦自否來 ≪五之一≫ 离日中天 ≪上本乾≫ 震旅行地 ≪震爲行人 爲商旅≫ 日中爲市也 ≪下本坤≫ 坤民遠出 踰其城邑 ≪一之五≫ 致天

---

237) [校閱] 新朝本에는 여기 '斲'字가 앞서와 같은 俗字로 나온다. 역시 『周易』 원문에 맞추었다.

238) 茶山의 둘째 아들인 丁學游(1786~1855)로 兒名이 '학포'이다. 「農家月令歌」의 저자로 알려져 있다.

239) 앞서 茶山 자신은 震木과 巽木으로 나누어 보았는데, 그것을 巽木으로 일괄하여 볼 수도 있음을 학포(學圃)의 설명을 통해 제시한 것이다.

240) [校閱] "諸"가 新朝本에는 없으나, 奎章本과 國中本과 『周易』의 原文에는 있다.

下之民也 乾貨交輸 列其金玉 ≪五之一≫ 聚天下之貨也 ≪乾爲金爲玉≫ 柔往剛來 彼此交換 ≪升降之≫ 交易而退也 柔往得中 ≪一之五≫ 剛來得位 ≪初位剛≫ 各得其所也

서합괘(噬嗑卦)는 비괘(否卦)에서 추이(推移)하여 나왔는데, ≪5가 1로 감≫ [서합괘를 보면] 离의 해가 중천에 떠오르고 ≪上卦가 본래 否卦에서 乾으로 하늘≫ 震의 나그네가 길을 가고 있는 형국이니 ≪震은 행인이 되고 상려(商旅)가 된다.[241]≫ "한낮에 市場을 여는 것"이다. ≪下卦가 否卦에서 본래 [邑을 뜻하는] 坤이었다.[242]≫ 坤의 백성들이 멀리 나아가 그 성읍(城邑)의 경계를 넘어서니 ≪1位의 陰이 5로 갔다≫ "천하의 백성들을 오게 하는 것"이다. 乾의 재화가 교환되어 보내지는데 그 금(金)과 옥(玉)을 진열하니 ≪5가 1로 감≫ "천하의 재화를 모으는 것"이다. ≪乾은 金이 되고, 玉이 된다.[243]≫ 柔가 밖으로 가고 剛이 안으로 들어와서 서로 교환되니, ≪상승하고 하강하였다≫ "서로 교역하고 돌아가는 것"이다. 柔가 나아가서 가운데 자리를 얻고 ≪1이 5로 감≫ 剛이 들어와서 바른 자리를 얻으니 ≪서합괘의 初位가 '剛'이다≫ "각기 그 소용되는 것을 얻은 것"이다.

○ 學圃云 天下有地 爲否 故得稱天下 ≪又云 震之穀粟 离之龜貝皆市物≫

○ 학포(學圃)가 말하였다. "하늘[☰] 아래 땅[☷]이 있음에 비괘(否卦)가

241) 復卦 「大象傳」을 근거로 "行人"이 또한 "商旅"라고 하는 것이다.
242) 邑이 市이고, 市는 또한 '저자', '시장'이다.
243) 「說卦傳」에 나오는 말인데, 茶山은 "爲玉爲金者, 其體精剛也"라고 부연하였다.

되니, 그러므로 '천하'라는 말이 나오는 것이다." ≪또 학포(學圃)가 말하기를, "[서합괘에 나오는] 震의 곡식과 离의 거북이나 조개는 모두 시장에서 교역되는 물건이다"라고 하였다.≫

○ 翟玄云 市井交易 爲飮食之道 ≪案 此說 疎矣≫

○ 적현(翟玄)[244]이 말하였다. "시정(市井)에서 물건을 교역하는 것은 음식(飮食)의 도리와 연관된 것이다."[245] ≪[茶山] 내가 보기에 이런 설명은 공소(空疎)하다.[246]≫

○ 先儒 謂十二辟推移之法 始於文王 故唯周易有此法 然羲農堯舜之制器尙象 仍用推移之法 必其法 自古同然 故孔子之言 如是也

○ 선유(先儒)들은 십이벽괘(十二辟卦)의 推移法이 文王에서 시작되고, 따라서 오직 『周易』에만 이런 방식이 있다고 하는데, 복희(伏羲)·신농(神農)·요순(堯舜)이 기물(器物)의 제작에 象을 중시함에 역시 推移法을 적용하고 있으니, 이 추이법은 틀림없이 [아주] 옛 적부터 동일한 것이다.[247] 그러므로 여기 「繫辭傳」의 孔子 말씀이 이와 같은 것이다.

---

244) 적현(翟玄) : 정확한 생존년대가 미상인 인물로 『經典釋文』에 언급된 翟子玄과 동일인으로 보아서 魏晋시대의 인물로 추정하기도 한다. 혹 "翟元"이라고도 나오는데, 이는 諱字 문제로 그렇게 된 것 같다.

245) 「雜卦傳」에 "噬嗑, 食也"라고 하였으니 이렇게 말하는 것이다. 한편 현행 李鼎祚의 『周易集解』(北京市中國書店, 1990)나 李道平의 『周易集解纂疏』(潘雨廷 點校, 中華書局, 1994)를 보면 이 구절이 우번(虞翻)의 말로 나오는데, 淸代 孫星衍의 『周易集解』(上海書店, 1993)와 毛奇齡의 『仲氏易』에는 翟玄의 말이라 나온다. 따라서 굳이 고치지 않는다.

246) 한편, 翟玄(또는 虞翻)의 설명도 그 원문을 보면 여기 茶山의 설명 못지 않게 길고 자세하다. 따라서 "飮食之道" 운운한 말이 그 내용상 공허한 설명이라는 것이겠다.

247) 결국 推移法이 文王 이전에 伏羲氏 때부터 있었다는 것이다.

≪神農氏沒, 黃帝・堯舜氏作, 通其變, 使民不倦, 神而化之, 使民宜之. 易, 窮則變, 變則通, 通則久, 是以, "自天祐之, 吉无不利".[248)]≫

〔原文〕 黃帝堯舜 垂衣裳 而天下治 蓋取諸乾坤

황제(黃帝)와 요(堯)・순(舜)이 복식(服飾) 제도를 제정함에 천하가 잘 다스려지니, 대개 乾卦와 坤卦에서 취하였다.

天尊地卑 貴賤以章 而天下治矣 ≪見上傳首章≫ 乾包於外 爲萬物之帡幪 故其象爲衣 ≪荀九家≫ 坤飾于下 ≪左傳云≫ 有布帛之經緯 故其象爲裳 ≪荀九家≫

하늘은 높고 땅은 낮음에 귀천(貴賤)의 신분질서가 밝혀지니, "천하가 잘 다스려지는 것"이다. ≪앞서 上傳의 첫 章에서도 이런 내용이 나왔다.[249)]≫ 乾은 ['하늘'로] 밖에서 감싸고 있어 만물을 덮어 보호하는 장막이 되니, 그 象이 "[윗]옷"이 되는 것이다. ≪"[윗]옷"은 荀九家의 일상(逸象)이다.≫ 坤은 아래를 치장하는 것인데 ≪『左傳』에서 이렇게 말함[250)]≫ 포백(布帛)으로 씨줄과 날줄이 [얽혀] 있으니,[251)] 그 象은 "치마"가 되는 것이다. ≪"치마"도 荀九家의 일상(逸象)이다.[252)]≫

---

248) 이상 茶山이 생략한 구절인데, "自天祐之, 吉无不利"란 말은 大有卦 上九의 爻詞로 이미 上傳에서도 언급된 것이다.

249) 「繫辭上傳」에서 "天尊地卑, 乾坤定矣, 卑高以陳, 貴賤位矣"라고 말한 것을 가리킨다.

250) 자복혜백(子服惠伯)이 남괴(南蒯)의 占筮를 풀이하며 한 말을 가리키는 것이다. 『左傳』의 원문에는 "裳, 下之飾也"라고 나오는데(앞서 「春秋官占補註」의 "南蒯之筮"에 나왔다), "상(裳)"이 坤과 연관되어 언급되니 茶山이 이렇게 말하는 것이다. 坤卦 六五의 "黃'裳', 元吉"을 설명하는 부분에 이에 대한 보다 자세한 설명이 나온다. 한편, 大地가 하늘 아래에서 萬物을 생성시킴이 또한 "飾于下"라 할 것이다.

251) 「說卦傳」에 坤은 "포(布)"가 된다고 했고, 茶山의 今補에는 "백(帛)"이 된다고 했다. 한편 포백(布帛)의 씨줄(緯)과 날줄(經)은 지구(地球)의 緯度와 經度에 대응하는 것이기도 하다.

〔**原文**〕 刳木爲舟 剡木爲楫 舟楫之利 以濟不通 致遠 以利天下 蓋取諸渙

나무를 갈라 배를 만들고 나무를 깎아서 노를 만들어, 배와 노의 이기(利器)로[253] 물이 막혀 통행하지 못하던 곳을 건너고 멀리 있는 것을 불러들여[254] 천하를 이롭게 하니, 대개 渙卦에서 발상을 얻은 것이다.

刳 剖破也 剡 削殺也 卦自否來 ≪四之二≫ 否之時 巽木頗厚 ≪否互巽 而上三陽≫ 移之爲渙 則劈一剛 而落之 ≪四之二≫ 爰作震舟 ≪二四互≫ 浮之坎川 ≪下今坎≫ 刳木爲舟也 削一剛而薄之 ≪四之二≫ 留[255]爲巽楫 ≪在舟上≫ 操以艮手 ≪三五互≫ 剡木爲楫也 ≪分爲二片曰 刳 削而薄之曰 剡也≫

"고(刳)"는 쪼개어 가르는 것이고, "염(剡)"은 깎아내는 것이다. 환괘(渙卦)는 비괘(否卦)에서 나왔는데 ≪4가 2로 감≫ 否卦의 때에는 巽의 나무가 자못 두터웠다. ≪否卦는 3·4·5位가 互巽이고, 그 상부가 3개의 '陽'이므로 이렇게 말한 것이다.≫

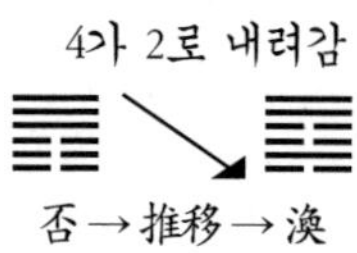

252) 茶山은 坤卦 六五의 "黃'裳', 元吉"을 설명하는 자리에서 "坤配乾衣, 其象裳也(荀九家)"라고 하였는데, 결국 '乾衣(上衣)'와 대응하니 坤이 '아래의 치마(裳)'가 된다는 것이다. 한편 이상에서 "의(衣)"와 "상(裳)"을 각각 上衣와 下衣로 구분하여 설명하고 있다.

253) "주즙지리(舟楫之利)"란 곧 水運의 이로움, 해상운송의 편리함을 뜻한다.

254) "치원(致遠)"을 '멀리까지 미친다'는 뜻으로 푸는 것이 순통하게 보이기는 하지만, 아래에서 茶山이 이를 두고 "致遠方之物"이라고 하고, 또한 "剛自外來(四之一)"로 설명하니, 이상과 같이 해석하였다. 한편 이 「繫辭傳」의 바로 다음 구절에서도 "服牛乘馬, 引重'致遠'"이라 하였는데, 이 "致遠"은 '멀리까지 도달한다'는 뜻으로 풀었음을 미리 밝혀둔다. 해당 부분에서 재론함.

255) [校閱] 여기 "留"字가 奎章本과 新朝本에 모두 "畱"로 나오는데, 通行字로 고쳤다.

이것이 추이하여 渙卦가 되면 '剛' 하나가 쪼개져 떨어져 나가는데 ≪4가 2로 감≫ 이에 [그 떨어져 나간 것으로] 震의 배(舟)를 만들어 ≪渙卦 2·3·4位의 互卦≫ 坎의 하천에 띄우니 ≪渙卦의 下卦가 지금 坎≫ "나무를 갈라 배를 만든다"는 것이다. '剛' 하나를 깎아내어 얇게 하여 ≪역시 4가 2로 간 것≫ 남겨진 것으로 巽의 노를 만들어 ≪震의 배의 위에 자리하고 있다.[256]≫ 艮의 손으로 조종하니 ≪渙卦의 3·4·5位가 互艮이다≫ [이것을 가리켜] "고목위주(刳木爲舟)", 즉 "나무를 깎아 노를 만든다"라고 한 것이다. ≪나뉘어 두 조각이 되는 것이 "고(刳)"이고, 깎아서 얇게 하는 것을 "염(剡)"이라 한다.≫

否之時 道路否塞 ≪與震道相反≫ 彼此不通 ≪天地否≫ 今舟楫旣行 ≪互震行≫ 坎道四通 ≪說卦 坎爲通≫ 濟不通也 剛自外來 ≪四之二≫ 金玉交輸 ≪乾爲金爲玉≫ 是 致遠也 ≪致遠方之物≫ 坤國中實 ≪否之坤今乃中剛≫ 利天下也

否 → 推移 → 渙

否卦인 때에는 도로가 꽉 막혀서 ≪震의 [큰] 길과 상반됨[257]≫ 서로간에 통행하지 못했는데 ≪[否卦는] 天地가 꽉 막힘이다.[258]≫ 지금 渙卦에서는 배가 이미 운행하고 ≪渙卦 2·3·4位의 互震이 운행함이다≫ 坎의 길이 사방으로 통하니 ≪「說卦傳」에 坎은 통함이 된다고 함[259]≫ "통행하지 못했던 곳을

256) 이상을 요약하면, '☰'에서 떨어져 나간 '剛' 하나가 '☳'을 이루어 배(舟)가 되고, 그래서 남겨진 '☴'이 노(楫)가 된다는 것이다.

257) 「說卦傳」에 震이 "大塗(큰 길)"가 된다 하였으니 "震道"라 하는 것이다. 그리고 비괘(否卦)에서 보면 2·3·4位가 '거꾸로 된 震(倒震)'이고, 게다가 그 위의 4·5位에 '剛'이 자리하여 꽉 막혀 있는 형국이니, "비색(否塞)하다", "震道와 상반된다"고 하는 것이다.

258) 이를 "天☰과 地☷가 否卦이다" 정도로 풀 수도 있겠으나, 이 경우 그 뜻이 잘 전달되지 않을 듯하여 위와 같이 해석하였다.

259) 이에 대해 茶山은 "上下無壅, 於道, 爲通也"라고 설명함.

건너는 것"이다. 剛이 바깥에서 [안으로] 들어옴에 ≪4가 2로 감≫ 금(金)과 옥(玉)을 교환하여 보내니 ≪乾은 金이 되고, 玉이 된다≫ "멀리 있는 것을 불러들임"이다. ≪먼 지방의 산물이 이르게 하는 것이다.≫ [이렇게 됨에] 坤의 나라가 안으로 충실하니 ≪否卦의 坤이 지금 [渙卦에서 坎으로 되어] 가운데가 '剛'이 되었다≫ "천하를 이롭게 함"인 것이다.

○學圃云 否之旣移 中成离刃 ≪二五夾≫ 此 其所以刳剡也

○학포(學圃)가 말하였다. "비괘(否卦)가 추이하게 되면 [渙卦에서] 가운데 离의 칼날이 이루어지니 ≪渙卦의 2·3·4·5位를 협착하여 보면 离이다≫ 이것이 가르고 깎은 것이다."

〔**原文**〕服牛乘馬 引重致遠 以利天下 盖取諸隨

소에 수레를 달아 끌게 하고 말을 길들여 타고, 무거운 물건을 끌어오고[260] 멀리 있는 곳까지 가서[261] 天下를 이롭게 하니, 대개 수괘(隨卦)에서 취한 것이다.

卦自否來 ≪上之一≫ 坤牛之後 ≪否下坤≫ 新駕震車 ≪震剛在牛後≫ 是 服牛也 ≪駕車[262]箱曰 服≫ 乾馬之上 ≪否上乾≫ 爰載坤民 ≪一之上≫ 是 乘馬也 ≪易例 凡柔乘剛 謂之乘≫

260) 여기 "인중(引重)"은 아래 茶山의 설명에 따르면 단순히 '무거운 것을 끄는 것', 또는 '끌고 가는 것'이 아니라, '무거운 것을 끌어오는 것'이다.

261) 앞서도 언급했거니와, 여기 "치원(致遠)"은 앞서 "刳木爲舟"의 "致遠(즉 '멀리 있는 것을 불러들인다'는 뜻)"과는 달리, '먼 데까지 이른다'라고 풀었다. 奎章本과 新朝本에 句文의 차이가 있기는 하지만, 新朝本에 따르면 茶山이 "致之, 至於最外 ≪一之上≫", "治遠方之'外'"라 하고 있기 때문이다.

262) [校閱] 新朝本에는 "駕牛"로 되어 있으나 奎章本과 國中本에는 "駕車"로 되어 있다. 여기서는 後者를 따른다.

6이 1로 내려감 →

否 → 推移 → 隨

[수괘(隨卦)는] 비괘(否卦)로부터 변화된 것인데 ≪6이 1로 감≫ 坤의 소의 뒤에 ≪否의 下卦가 [소를 상징하는] 坤≫ 새로이 震의 수레를 [멍에를 얹어] 메우니 ≪震의 '剛'이 소 뒤에 있다≫ 이것이 "소에 수레를 다는 것"이다. ≪[소나 말에] 멍에를 얹어 수레를 메우게 하는 것을 "복(服)"이라고 한다.≫ 乾의 말 위에 ≪否卦는 上卦가 [말을 상징하는] 乾이다≫ 바야흐로 坤의 백성을 실으니 ≪否卦의 1이 6으로 가는 것≫ 이것이 "말을 [길들여] 타는 것"이다. ≪易例에서 대개 柔가 剛 위에 올라타면 "승(乘)"이라 한다.≫

物莫重於乾金[263] 而引之 至於國內[264] ≪上之一[265]≫ 此 引重也 道莫遠於境外 ≪否上剛 最在坤國之外≫ 而致之 至於最外[266] ≪一之上[267]≫ 此 致遠也 ≪致遠方之外[268]≫

---

263) [校閱] 新朝本과 國中本에는 "乾金"으로 되어 있으나 奎章本에는 "坤土"로 되어 있다.

264) [校閱] 新朝本과 國中本에는 "至於國內"로 되어 있으나 奎章本에는 "至於上頭"로 되어 있다.

265) [校閱] 新朝本과 國中本에는 "上之一"로 되어 있으나 奎章本에는 "一之上"으로 되어 있다. 以上에서 奎章本에는 "物莫重於坤土 而引之 至於上頭 ≪一之上≫"이라 나오는데, 이는 원래의 三陰卦 推移에 따라 설명한 것으로, 新朝本과 國中本에서 '6이 1로 간다(上之一)'고 한 것과는 반대의 정황(情況)이다. 아마도 "인(引)"이 '끌어당긴다'는 뜻이고, 또한 '坤土를 옮긴다'는 것은 어색하므로 前者처럼 고친 듯하다. 바로 다음 구절도 이런 문제가 있어 재론(再論)된다.

266) [校閱] 新朝本과 國中本에는 "至於最外"로 되어 있으나 奎章本에는 "來於國內"로 되어 있다.

267) [校閱] 新朝本과 國中本에는 "一之上"으로 되어 있으나 奎章本에는 "上之一"로 되어 있다.

268) [校閱] 新朝本과 國中本에는 "致遠方之外"로 되어 있으나 奎章本에는 "致遠方之物"로 되어 있다. 앞에서 奎章本에서는 "來於國內, ≪上之一≫ 此, 致遠也 ≪致遠方之物≫"이라고 나오는데, 이 역시 前者와는 반대로 설명한 셈이다. 즉, 前者는 "치원

6이 1로 내려감 →

否 → 推移 → 隨
1이 6으로 올라감 →

사물 중에 乾의 쇠(金)보다 무거운 것이 없는데, 그것을 끌어다가 나라 안에 이르게 하니 ≪[否卦의] 6이 1로 감≫ 이것이 "무거운 것을 끌어오는 것"이다. 길은 국경 바깥보다 먼 것이 없는데, ≪否卦의 上位의 '剛'은 坤의 나라의 가장 바깥에 있다≫ 그곳에까지 도달하여 제일 바깥에 이르니 ≪否卦의 1이 6으로 감≫ 이것이 "멀리까지 도달함"이다. ≪먼 지방의 바깥까지 도달하는 것이다.[269]≫

然且 互艮爲拘 ≪說卦文≫ 不以拘於楅軛 則牛不可服也 ≪艮堅木爲軛≫ 互巽爲繩 ≪說卦文≫ 不以繩而羈絡 則馬[270]不可乘也 ≪巽爲繩 故曰引重≫ 坤民有得 ≪得一陽≫ 利天下也

또한 2·3·4位의 互艮은 구속하는 것이 되는데 ≪「說卦傳」의 글[271]≫ 뿔막이 막대와 멍에로 속박하지 않고서는 소에 수레를 달아 끌 수가 없다. ≪艮의 단단한 나무가[272] 멍에가 되는 것이다.≫ 3·4·5位의 互巽이 줄

(致遠)"을 '먼 곳까지 도달한다'는 뜻으로 말하였고, 後者는 '먼 곳에서 여기에 이른다'는 뜻으로 본 것이다.

269) 이상으로 위의 구절들을 新朝本에 의거하여 풀었는데, 奎章本도 나름대로 뜻이 통하지만, 그 奎章本의 내용을 수정·보완한 것이 新朝本이라 보고 그렇게 한 것이다. 한편 이런 수정을 鄭寅普 등이 新朝本, 즉 『與猶堂全書』를 꾸밀 때 가했다고 보는 것은 상식적으로 무리한 측면이 있으므로, 茶山 자신이나 그 當代에 수정을 한 것으로 보아야 할 것이다.

270) [校閱] "則馬不可乘也"의 "馬"가 奎章本과 國中本에는 있으나, 新朝本에는 없다. 즉, 新朝本에는 "則不可乘也"로 되어 있다.

271) 현행 「說卦傳」의 '艮卦☶' 항목에 "艮은 '狗'가 된다"고 하는데, 이는 이른바 '원취(遠取)' 항목에서도 나오는 말이니, '艮卦' 항목에서는 "拘"로 보는 것이 옳다고 한다. 또한 우번(虞翻)의 책에는 "拘"라 나온다고 한다.

272) 「說卦傳」에 艮이 "其於木也, 爲'堅'多節"이라고 하니, "堅木"이라 하는 것이다.

(繩)이 되는데 ≪「說卦傳」의 글≫ 줄로 재갈을 물리지 않고서는 말을 탈 수 없다. ≪[또한] 巽이 줄이 되니 "무거운 것을 끌어온다"라고 하는 것이다.≫ 坤의 백성들이 얻은 것이 있으니 ≪'陽' 하나를 얻음≫ "천하를 이롭게 함"인 것이다.

〔原文〕重門擊柝[273] 以待暴[274]客 盖取諸豫

문을 거듭 설치하고 딱따기를 두드려 난폭한 외부인을 대비하니, 대개 예괘(豫卦)에서 취하였다.

卦自剝來 ≪上之四≫ 剝之時 艮城之門 最在坤邑之外 ≪上一剛≫ 此 只是外門也 移之爲豫 則艮城之門 密邇坤邑 ≪今互艮≫ 此 重門也 ≪卽內門≫

6이 4로 감 →

剝 → 推移 → 豫

예괘(豫卦)는 박괘(剝卦)에서 추이하여 왔는데 ≪6이 4로 감≫ 剝卦인 때에는 艮의 성문(城門)이 坤의 邑의 가장 바깥에 자리하고 있으니 ≪6位의 '剛' 하나가 門≫ 이것은 다만 [하나의] 외문(外門)일 뿐이다. 推移하여 豫卦가 되면 艮의 성문이 坤의 읍에 보다 가까이 밀착하는데 ≪지금 豫卦에는 2·3·4位가 互艮이다.≫ 이것이 "문을 거듭 설치한 것"이다. ≪즉 내문(內門)에 해당한다.≫

震木爲斗 ≪易例也≫ 其德善鳴 ≪說卦文≫ 柝之象也 ≪卽刁斗≫ 爰

273) [校閱] "重門擊柝"의 "柝"이 奎章本에는 "析"으로 되어 있는데, 誤記이다.
274) [校閱] 奎章本에는 "暴"字가 異體字로 나온다.

以艮手 操其坤柄 ≪說卦 坤爲柄≫ 于以擊[275]之 艮門之上 ≪二四艮≫ 重門之柝也 川陸[276]旣通 ≪楊氏云≫ 坎盜將至 ≪三五互≫ 待暴客也 卦德爲豫 故豫備如此

震의 나무는 "두(斗)"가 되는데 ≪이는 『周易』의 일반적인 용례임[277]≫ 그 震의 성격이 또한 소리를 잘 내는 것이니 ≪「說卦傳」의 글[278]≫ "딱따기"의 象이다. ≪즉 야경(夜警)을 돌 때 사용하는 도구이다.[279]≫ 이에 艮의 손으로 그 坤의 자루(柄)를 잡고, ≪「說卦傳」에 坤은 손잡이가 된다고 했다≫ 이어 艮의 문(門) 위에서 두드리니[280] ≪豫卦의 2·3·4位가 艮≫ "중문(重門)"의 [즉 내문(內門)의] "딱따기"인 것이다.

䷖　　䷏

剝→6이 4로 감→豫

江과 내륙(內陸)이 이미 소통됨에 ≪양씨(楊氏)가 이렇게 말함[281]≫ 坎의 도

275) [校閱] 新朝本과 國中本에는 "于以擊之"로 되어 있으나 奎章本에는 "于以繫之"로 되어 있다. 즉, 奎章本에는 '매어 달아 놓는다'는 뜻의 '계(繫)'字로 나오는데, '큰 징(鉦)이나 바라(刁)를 성문 위의 누각에 매어 달아 놓는다'고 보면 나름대로 말은 되지만, 여기서는 보다 간명한 것을 취하여 前者를 따른다.

276) [校閱] 현행 『周易折中』 등에 보면 "楊氏曰, 川途旣通"이라 나오는데, 異本이 있을 수 있고, 또한 큰 뜻에는 차이가 없으니 굳이 바꾸지 않는다.

277) 이후 「說卦傳」의 茶山 今補에서 "震器納禾, 其象'斗'也"라고 하였다. "斗"는 곡물을 대는 '말'이나 자루가 달린 국자 형태의 그릇인 '구기'를 뜻한다.

278) 「說卦傳」의 '震卦' 항목에 "善鳴"이라는 말이 나온다.

279) 한편, "조두(刁斗)"는 징(鉦)의 일종으로 軍隊에서 낮에는 밥을 짓는데 사용하고, 밤에는 夜警을 돌 때 두드리는 것인데, 그 용량이 한 말(1斗) 정도가 되므로, 이런 이름을 얻은 것이다. 그런데 "조두(刁斗)"는 일반적으로 금속으로 만든 것이고, 여기 "탁(柝)"은 그 字形으로 보나, "震木" 운운한 茶山의 설명으로 보나, 분명 재질이 나무로 된 것이니 맥락이 닿지 않는 면이 있다. 그래서 "조두(刁斗)"를 특정 器物의 이름으로 보지 않고, 위와 같이 보다 일반적인 뜻으로 풀었다.

280) 이 구절을 "(…… 자루를 잡는데,) 어디에서(于以) 그것을 두드리는가 하면, 성문 위이니……" 정도로 풀 수도 있겠다. 즉 "于以"에는 '어디에서'라는 뜻과 '그래서', '이어서'라는 뜻(爰乃)이 있다.

281) 楊氏의 說은 『備旨本 周易』에 "楊氏曰 川途旣通 則暴客至矣"로 인용되어 있다(『

적(盜賊)이 장차 이를 것이니 ≪豫卦의 3·4·5位의 互卦가 坎≫ "난폭한 외부인을 대비하는 것"이다. 豫卦의 성격이 미리 준비하는 것이니, 예비함이 이와 같은 것이다.

○柝 刁斗也 本作欜 亦作榛

○"탁(柝)"이란 [즉 여기서 '딱따기'란] '야경(夜警) 돌 때 사용하는 도구(刁斗)'인데, 본래는 "欜"으로 쓰며, 또는 "榛"으로 쓴다.

○九家易云 互艮爲門 而自外視震 復成倒艮 此 重門也 ≪案 一艮兩用 其義非也≫ 鄭玄云 艮爲門 震日所出 亦爲門 ≪案 鄭之曲解多此類≫

○순구가(荀九家)의 易說에 [豫卦에] 2·3·4位의 互艮이 門이 되고, 밖에서 [豫卦의 上卦인] 震을 보면 또한 '거꾸로 된 艮'이 되니, 이것이 "문을 거듭 설치하는 것"이라고 하였다.[282] ≪[案] 결국 하나의 艮을 두 번 적용하는 것이니, 이런 풀이는 잘못된 것이다.[283]≫ 정현(鄭玄)은 艮이 문(門)이 되고, 震도 해(日)가 나오는 곳이니 역시 門이 [되어, "重門"의 象이] 된다고 하였다.[284] ≪[案] 정현의 곡해(曲解)가 대부분 이와 같은 식이다.[285]≫

備旨具解原本周易』, 二以會, 1982, 1081면). 備旨本에서 楊氏로 언급되는 사람은 모두 3人으로서, ① 宋代의 龜山 楊時, ② 宋代의 誠齋 楊萬里, ③ 南宋의 양문환(楊文煥, 字는 彬夫) 등이다. 이 중에서 위의 說을 말한 인물이 누구인지는 확실치 않다.

282) 李鼎祚의 『周易集解』의 해당 부분에 확인되는데, 원문을 그대로 인용한 것은 아니다.

283) 豫卦 자체의 互艮과 倒艮으로 보면 결국 門은 하나뿐인 것이니 이렇게 비판하는 것이다. "하나의 艮"이란 바로 豫卦 4位의 "剛"을 두고 하는 말이다. 한편 茶山은 "一句之內, 象不可兩用"이라 하였는데(『四箋』 卷6, 14가), 이런 원칙과 연관된 비판이라고 볼 수도 있겠다.

284) 鄭玄은 「繫辭傳」의 "중문격탁(重門擊柝)"에 대한 注에서 "豫, 坤下震上, 九四體震, 又互體有艮, 艮爲門 震日所出 亦爲門, 重門象"이라고 함(徐芹庭, 『兩漢十六家易注闡微』, 五洲出版社, 中華民國 64年, 471면).

285) 『易學緖言』 「정강성역주론(鄭康成易注論)」 '第十二 論訓詁卦象'의 해당 부분에서 언급된다.

〔**原文**〕 斷木爲杵 掘地爲臼 臼杵之利 萬民以濟 盖取諸小過

나무를 잘라 공이를 만들고 땅을 파서 절구를 만드는데,[286] 절구와 공이의 이로움으로 萬民이 구제되니, 대개 小過卦에서 취한 것이다.

卦以頤交 ≪凡君辟之卦 多取交易≫ 頤之時 震木在下 其枝甚長 ≪四陰皆木枝≫ 艮石在上 ≪頤上艮≫ 不入地中 ≪中互坤≫ 交而小過 則枝柯中斷 ≪頤卦折其中≫ 震木高擧 ≪今上震≫ 此 斷木而爲杵也 坤土中分 ≪上下各二陰≫ 艮石下墜 ≪今下艮≫ 此 掘地而爲臼也

頤 →推移→ 小過

소과괘(小過卦)는 이괘(頤卦)를 교역(交易)한 것인데 ≪대개 군벽괘(君辟卦)는 주로 交易의 방식을 취함≫ 頤卦인 때는 震의 나무가 아래에 있고 그 가지가 매우 장대하였으며 ≪4개의 '陰'이 모두 나뭇가지에 해당됨≫ 艮의 돌(石)[287]이 위에 있고 ≪頤卦의 上艮≫ 땅 속에 들어가 있지 않았다. ≪가운데 互坤이 있다.≫ [이런 頤卦가] 交易하여 小過卦가 되면, 그 가지와 줄기가 가운데 절단되고[288] ≪頤卦의 가운데가 절단됨≫ 震의 나무가 [공이로 절구에 무엇을 찧을 때처럼] 높이 들려지니 ≪지금 小過卦에서 上卦가 震≫ 이것이 "나무를 잘라 절구공이를 만드는 것"이다. 坤의 흙이 가운데가 나뉘고 ≪小過卦는 위아래가 각각 2개의 陰≫ 艮의 돌(石)이 아래로 떨어지니 ≪지금 小過괘의 下卦가 艮≫ 이것이 "땅을 파서 절구를 만드는 것"이다.[289]

---

286) 단순히 땅을 파서 절구통(즉 '확')을 만든다는 것은 아무리 古代의 일이라지만 분명 이상하다. 아래 茶山을 설명을 보면, 돌(石)로 보완하거나, 돌로 된 확을 땅에 묻는다는 식으로 말하고 있다.

287) 「說卦傳」에 "小石"이라 함.

288) 나무가지나 줄기가 절구공이로 다듬어지는 상황을 뜻한다.

於是 震之穀粟 顚倒上下 ≪下倒震≫ 於坎窞之中 ≪中大坎≫ 臼杵之利也 ≪互巽利≫ 頤之時 坤民空匱 ≪中四陰≫ 今坤中實 ≪中二剛≫ 彼此相濟 ≪中坎川≫ 萬民以濟也

頤　　小過

이에 震의 곡식이 위아래로 뒤집히며 ≪小過의 下卦가 [艮으로] '거꾸로 된 震'≫ 坎의 구덩이[290] 속에 있으니 ≪小過卦의 가운데 大坎이 있음≫ "절구와 공이의 이로움"인 것이다. ≪[小過卦 2·3·4位의] 互巽의 이로움이다.≫ 頤卦의 때에는 坤의 백성들이 곤궁하였는데 ≪가운데 네 개의 陰[291]≫ 지금은 그런 坤의 가운데가 그득하고, ≪小過卦 가운데 두 개의 '剛'≫ 피차 서로 도와서 구제하니 ≪가운데 坎의 하천이 있다[292]≫ "萬民이 구제되는 것"이다.

○朱子曰 下止上動 爲臼杵之象

○朱子가 말하기를 "[小過卦를 보면] 아래 [艮으로]는 고정되어 있고, 윗부분은 [震으로] 움직이니, 절구와 공이의 象이 된다"고 하였다.[293]

〔原文〕 弦木爲弧 剡木爲矢 弧矢之利 以威天下 蓋取諸睽

나무에 줄을 걸어[294] 활을 만들고, 나무를 날카롭게 깎아 화살을 만들어, 활과 화살이라는 이기(利器)로 천하를 위압하니, 대개 규괘(睽卦)에서

---

289) 앞서도 언급했거니와. 단순히 땅을 파서 절구통을 만든다는 것은 이상하니, 그 절구의 '확'은 단단한 돌(石)로 이루어짐을 卦象을 통해 밝히고 있는 것이다.

290) 「說卦傳」에 "坎, 陷也"라고 하였고, 「序卦傳」에는 "坎者, 窞也"라고 하였다.

291) 이는 백성을 상징하면도 동시에 그들이 곤궁함을 상징하는 것이다.

292) "제(濟)"가 원래 '물을 건넌다'는 뜻이니 이렇게 말하는 것이다.

293) 朱子의 『本義』에 해당 부분을 보면 "下止上動"이라고만 하였다.

294) "현목(弦木)"은 '나무를 휘어서'라는 뜻이 아니다. 활의 경우, 시위를 얹는 경우(즉 "弦木") 오히려 상대적으로 더 바르게(直) 되었다고 할 것이다. 아래에 再論한다.

취한 것이다.

卦自中孚來 《四之五》 中孚之時 巽木撓曲 《巽爲撓》 移之爲睽 《四之五》 坎爲撟揉 《說卦文》 又爲直心 《坎中直》 以成弓弧 《坎爲弓》 此 弦木而爲弧也 一剛旣削 《五之四》 巽木又薄 《今巽只一陽》 遂成离矢 《离爲矢》 此 剡木而爲矢也 《古用木矢 非但肅愼有楛矢》 中孚之時 旣有震兌 《下互震》 移之爲睽 又成离坎 《上互坎》 東西南北 乃天下也 离武兌肅 《火澤卦》 以服四方 威天下也

4가 5로 감 →

中孚 → 睽

규괘(睽卦)는 중부괘(中孚卦)에서 나왔는데 《4가 5로 감》 中孚卦의 때에는 巽의 나무로 휘어져 굽어 있었다. 《巽은 휘어짐이 된다.[295]》 이것이 추이하여 睽卦가 되면 《4가 5로 감》 [3・4・5位의] 坎이 주물러 바로 잡는 것이 되고 《「說卦傳」의 글[296]》 또한 '直心'이 되어 《坎은 가운데가 '陽'으로 곧다.[297]》 활을 이루니[298] 《坎은 활이 됨》 이것이 "나무에 줄을 걸어 활

295) 「說卦傳」에서 茶山은 巽이 "繩直"이 됨을 설명하면서, "先'撓'而後伸直者, 繩也"라고 하였다. 또한 巽은 바람이니 이미 '撓'와 통하는 것이다.

296) 앞서 "神農氏作 …… '揉'木爲耒" 운운한 부분에서도 언급했거니와, 현행 「說卦傳」에는 "撟揉"가 아니라 "矯輮"라고 나오며, 판본에 따라 "撟揉"라 나오기도 하는데, 이는 '굽은 것을 바로 잡는다'는 뜻과 아울러 얼핏 보기에 이와 반대되는 '휘어 굽히다'는 뜻을 동시에 가진다. 그러나 크게 보면 '굽은 것을 바로 잡는다'는 것 또한 그 휘어 있는 것을 반대로 '휘어 굽히는 것'이지 다른 것이 아니다. 이런 측면에서 "矯輮"(撟揉)는 두 가지 상반되는 뜻을 가지는 것이다. 한편 "교(矯)"는 활시위를 얹는데 사용하는 도구인 '도지개'를 뜻하기도 한다(본래 휘어 있는 활의 몸체를 다시 반대로 굽혀 시위를 거는데 사용하는 것이다). 그런데 여기서는 앞서 "巽木撓曲(巽爲撓)"이라 했으니, 이미 먼저 굽어 있는 것이다. 따라서 굽은 것을 반대로 굽히니 여기서는 "撟揉"를 '굽은 것을 바로 잡는다'라고 푼 것이다. 물론 활의 경우 그 '굽은 것을 바로 잡는다'고 해서, 말 그대로 완전히 곧게 되는 것은 아니다. 아래 재론한다.

을 만드는 것”이다. ‘剛’ 하나가 깎여 떨어져 나가면 ≪中孚卦의 5가 4로 감≫ 巽의 나무가 또한 얇아져서 ≪지금 巽에는 단지 ‘陽’ 하나만 있다.[299]≫ 마침내 离의 화살을 이루니[300] ≪离는 화살이 된다≫ 이것이 “나무를 날카롭게 깎아 화살을 만드는 것”이다. ≪古代에는 [일반적으로] 나무로 된 화살을 사용하였으니, 비단 숙신족(肅愼族)[301]들에게만 ‘호시(楛矢)’[302]라는 [나무로 된] 화살이 있었던 것은 아니다.[303]≫ 中孚卦의 때에는 이미 [동쪽과 서쪽을 상징하는]

---

297) 한편, 茶山은 乾과 坎이 모두 “直心”이라 하는데, “德”의 古字인 “悳”과 연관하여 설명하고 있다.

298) “直心”이란 시위(弦)를 얹음에 활의 몸체가 보다 곧게 되고 내적으로(心) 팽팽히 긴장되는 상태를 말하는 것이겠다. 또는 ‘시위(弦) 자체가 일직선으로 곧게 되는 것’을 두고 하는 말로 볼 수도 있겠다. 부연하면, 이른바 國弓, 또는 角弓을 보면 알지만, 시위를 얹지 않은 상태가 더 휘어 있고, 시위를 얹으면 오히려 그 보다는 상대적으로 더 곧은 상태가 된다. 그래서 後者를 張弓이라 하는 것이다. 요컨대 더 많이 휘어져 있는 것을 반대로 휘어 바로 잡는 셈이니, 여기서 “주물러 바로 잡는다(撟揉, 矯糅)”느니, “직심(直心)”이니 하는 것이다.

299) 睽卦 5·6位의 ‘==’을 일종의 巽으로 보고 하는 말이다.

300) 睽卦의 上离를 두고 하는 말이다.

301) 숙신(肅愼): 古代 中國의 북동 방면에 거주한 異民族인데, 고조선시대에 만주 북동 방면에서 수렵생활을 하였다. 숙신(肅愼)이라는 호칭은 『國語』·『史記』 등의 古典에서 볼 수 있고, 특히 『國語』의 숙신공시(肅愼貢矢)는 전설로도 유명하여 성천자(聖天子)의 출현과 그들의 입조공헌(入朝貢獻)을 결부시켜 설명하기도 한다. 숙신(肅愼)은 『史記』에서는 식신(息愼)·직신(稷愼) 등으로 기록되어 있다. 고구려 서천왕(西川王) 때 일부가 고구려에 복속되었으며, 398년(광개토대왕 8년)에 완전히 병합되었다. 뒤에 일어난 읍루·발갈 송속이 숙신의 후예로 추측되기도 한다. 한편, 唐나라 때는 先秦시대의 북동방면 거주 민족의 총칭으로 쓰였다.

302) 호시(楛矢): 숙신(肅愼)족이 사용했던 화살. 광대싸리로 만든 화살로서 길이가 1자 8치(54.54cm)이며, 살촉은 백두산에서 산출되는 흑요석(黑曜石)으로 만들었다고 한다.

303) 화살이라고 하면 우리가 통상 대나무 화살(竹矢)을 연상하니 이런 부연을 한 것이다. 참고로 대나무의 北方限界는 錦北正脈이라 하는데, 결국 한강 이북에는 대나무가 나지 않는다는 것이다. 따라서 대나무가 나지 않는 북방에서는 적당한 나무를 화살감으로 쓸 수밖에 없었던 것이다. “숙신(肅愼)”은 옛날 만주·연해주 지방에 살던 부족 또는 그 나라로, 여진·말갈의 前身으로 퉁구스族으로 추정된다. “호시(楛矢)”란 말 그대로 ‘楛나무로 만든 화살’인데, “호(楛)”는 우리말로 ‘광대싸리’라 한다. 백두산 꼭대기 응달에 자라는 것이 일품이라고 하는데, 조선의 태조 이성계는 竹矢보다 이 楛矢를 더 선호했다고 한다. 孔子가 ‘周나라 武王 때 肅愼氏가 楛矢와 石砮를 바쳤다’고 한 이후(『國語』「魯語下」), 중국 史書에는 ‘肅愼이 그들의 특산물인 호시(楛矢)를 바쳤다’는 말이 간혹 나오는데, 이는 그 當代가 ‘聖王이 나타나 멀리 오랑캐들까지 복속해 올 정

震과 兌가 있었는데 ≪2·3·4位의 下互卦가 震≫ 추이하여 睽卦가 되면 또한 [남과 북을 상징하는] 离와 坎이 생겨나니, ≪3·4·5位의 上互卦가 坎이다≫ 이런 동서남북이 곧 "천하"인 것이다. 离의 武力과 兌의 엄정함[304]으로 ≪火와 澤이 睽卦≫ 사방을 복속(服屬)시키니 "위엄으로 천하에 군림하는 것"이다.

○睽字從矢 義見本卦

○"규(睽)"라는 글자는 [古字를 보면] '시(矢)'字에 의거하고 있다. 이런 의미는 本卦에서 설명하였다.[305]

○[306] 學圃云 弦者 絃也 上本巽繩 故得以弦之

○學圃가 말하였다. "'현(弦)'은 '현(絃)'이다.[307] 上卦가 본래 中孚卦에서 巽의 줄(繩)이니, 그것으로 시위를 걸게 되는 것이다."[308]

〔**原文**〕上古 穴居而野處 後世 聖人 易之以宮室 上棟下宇 以待風雨 盖取諸大壯

아주 옛날에는 굴속에 거처하고 들판에서 살았는데, 이후에 聖人이 그것을 가옥으로 바꾸어, 용마루를 위로 올리고 지붕의 처마를 아래로 달아 내려[309] 비바람에 대비하니, 대개 大壯卦에서 취한 것이다.

도로 천하를 잘 다스렸던 시기'라는 뜻이다.

304) 이는 兌가 五行으로는 金에, 계절로는 가을에 해당하기 때문에 나온 말이다. 이른바 "兌金肅殺"인 것이다.

305) "癸"의 古字를 보면, 그 下部가 '矢'字로 되어 있기에 하는 말이다.

306) [校閱] "○"의 표시가 新朝本과 國中本에는 있으나, 奎章本에는 없다.

307) 이 구절을 '현(弦)은 줄이다', '현(弦)은 줄을 거는 것이다', '시위를 거는 것은 줄을 거는 것이다' 등으로 풀 수 있겠으나, 간명한 것을 취했다. 한편, 현재 中國의 簡字體에서도 "弦"과 "絃"을 前者로 통일하여 쓰고 있음을 지적해 둔다.

308) 이런 學圃의 말을 말미에 언급한 것은, 앞서 茶山 자신은 "현(弦)"을 巽繩과 연관지어 설명하지 않았기 때문이겠다.

卦以遯反 《凡君辟之卦 或取反易》 遯之時 或於艮山之穴 《彼下艮》 巽入以伏 《彼互巽》 或於艮邑之外 乾人露處 《上無苫》 此 穴居而野處也 反之爲大壯 《倒反之》 則震木上横 《上今震》 爰有苫茨 《震二陰爲草[310]》 是 上棟也 乾宇穹窿[311] 仰承横木 《上接震》 是 下宇也 《帡幪下覆 如屋宇》 雖雷鳴于天 《雷天卦》 風雨將至 又何憂焉

遯← 反易 →大壯

대장괘(大壯卦)는 둔괘(遯卦)를 반역(反易)한 것인데 《대개 군벽괘(君辟卦)는 간혹 그 反易 관계의 卦를 취한다》 遯卦의 때에는 艮의 山의 동굴에 《그 下卦가 艮이다》 巽으로 들어가 엎드리거나 《그 2·3·4位가 互巽이다》 혹은 艮의 邑의 밖에 乾의 사람들이 노숙(露宿)하니 《위에 이엉[312][과 같은 덮는 것]이 없다.》 이것이 "굴속에 거처하고 들판에서 사는 것"이다. [遯卦를] 反易하여 大壯卦가 되면 《거꾸로 뒤집는 것》 震의 나무가 위에 가로놓이고 《大壯괘의 上卦가 지금 震》 이에 이엉을 엮어 지붕을 이으니, 《震의 2개의 '陰'이 풀(草)이 된다》 이것이 "용마루를 위로 올리는 것"이다. [역시 大壯卦를 보면] 乾의 지붕과 처마가 휘어져 솟아올라 그 위에 가로놓인 나무[313]를 떠받치고 있으니 《위로 [용마루를 상징하는] 震에 접해 있음》 이것이 "지붕의 처마를 아래로 달아 내리는 것"이다. 《[乾은] 가리고 감싸

309) "우(宇)"는 지붕 전체를 뜻하기도 하고, 그 하단부인 '처마', '추녀'를 뜻하기도 하는데, 여기서는 지붕 전체를 낮게 했다는 뜻이 아니고, 그 처마를 낮게 하여 빗물이 잘 흘러내리게 했다는 것이다. 요컨대 "上棟下宇", 또는 "棟"·"宇"는 여러 가지 해석이 가능한데, 여기서는 아래 茶山의 설명에 입각하여 문맥에 따라 적절하게 풀었다.

310) [校閱] 奎章本에는 "草"가 "艸"로 나온다. 물론 뜻에는 변함이 없다.

311) [校閱] 新朝本과 國中本에는 "窿"으로 되어 있으나, 奎章本에는 "隆"으로 되어 있다. 뜻에는 큰 차이가 없다.

312) 지붕이나 담을 이기 위하여 풀이나 볏집 등을 엮어 놓은 것(蓋草)이다.

313) 이는 곧 '용마루'를 말하는 것이다.

아래를 덮어 줌이 가옥의 지붕이나 처마와 같다.[314]≫ [이렇게 설비가 되어 있으니] 비록 천둥이 하늘에서 울리고 ≪大壯은 천둥[☳]과 하늘[☰]로 된 卦이다≫ 비바람이 장차 들이친들 또한 무엇을 근심하겠는가!

○考工記曰 棟尊而宇卑 則吐水疾而霤遠 ≪謂落水[315]遠瀉≫ 棟檁也 ≪卽屋脊≫ 宇 檐[316]也 ≪卽屋霤≫

○『周禮』「考工記」에 "[용]마루대가 높고 지붕의 처마가 낮으면, 배수(排水)가 신속하고 낙수(落水)가 멀리 간다"고 하였으니[317] ≪처마 끝의 낙수물이 멀리 떨어져 흘러내린다는 말이다.≫ "동(棟)"은 건물 최상부에 가로놓인 도리이고 ≪즉 집의 등마루≫ "우(宇)"는 처마이다. ≪즉 집의 추녀이다.≫

〔原文〕古之葬者 厚衣之以薪 葬之中野 不封不樹 喪期无數 後世 聖人 易之以棺椁[318] 盖取諸大過

고대의 장례(葬禮)는 마른 풀로 두텁게 감싸서 벌판 가운데 매장하고, 봉분(封墳)도 하지 않고 나무도 심지 않았으며, 장례 기간도 일정하지 않았는데, 후세에 聖人이 이를 바꾸어 속널(棺)과 겉널(椁)을 사용하여 장례를 치르니, 대개 大過卦에서 취한 것이겠다.

---

314) 乾이 "宇"가 되는 까닭을 설명한 것이다. 즉 乾은 '하늘'로, 바깥에서 만물을 감싸 덮고 있는 것(幈幪)이니, 家屋의 지붕에 비견된다는 것이다.

315) [校閱] 新朝本과 國中本에는 "落水"로 되어 있으나 奎章本에는 "落木"으로 되어 있다. 後者의 "落木"은 誤記이다.

316) [校閱] 新朝本에는 "檐"으로 되어 있으나 奎章本과 國中本에는 "櫚"으로 되어 있다. 모두 '처마', '추녀'라는 뜻이다.

317) 『周禮』「考工記」의 '輪人'에 "'上'尊而宇卑 則吐水疾而霤遠"이라고 함("棟"이 "上"으로 나온다). 수레 덮개 상부의 지지대(上)가 가옥의 용마루(棟)에, 또는 수레의 덮개가 가옥의 지붕과 처마에 통하는 면이 있으므로 이렇게 말한 것이다. 그러나 「考工記」의 수인(輪人)은 수레(바퀴)에 연관된 직무를 맡은 사람이므로, 여기서 언급한 家屋과는 맞지 않는 측면이 있다.

318) [校閱] 통행되는 일반적인 『周易』 판본에는 "椁"이 "槨"으로 나오는데, 同字이다. 굳이 고치지 않는다.

卦自遯來 ≪二之上≫ 遯之時 乾人艮死 ≪天山象≫ 遂以大巽之草 ≪兼畫巽≫ 連作乾衣 置之艮邑之外 ≪邑之外爲野≫ 此 厚衣之以薪 ≪巽本二陽 而遯之大巽 四陽也 故曰 厚≫ 葬之中野也 乾人之上 不見坤土 ≪土成墳曰 封[319]≫ 亦無震木 ≪木識墓曰 樹≫ 四陽連疊 遂無限節 ≪大過 則上有一陰≫ 此 不封不樹 喪期无[320]數也

2가 6으로 감 →

遯→ 推移 →大過

大過卦는 遯卦에서 나왔는데 ≪2가 6으로 감≫ 遯卦인 때는 乾의 사람과 艮의 죽음이 있으니 ≪[사람과 죽음은] 각각 하늘[☰]과 산[☶]의 象이 있음≫ 결국 '큰 巽'의 풀을 ≪遯卦는 차례로 2획씩 묶어서 보면 [풀을 상징하는] 巽이다≫ 엮어서 乾의 옷을 만들어 그 죽은 자를 艮의 읍의 바깥에 안치하니, ≪읍의 바깥 지역이 "야(野)"이다≫ 이것이 "마른 풀로 두텁게 감싸서" ≪巽은 본래 두 개의 陽인데, 遯卦의 큰 巽은 네 개의 陽이다. 그러므로 "두텁다"고 하는 것이다≫ "벌판 가운데 매장하는 것"이다. [遯卦를 보면] 乾의 사람 위에 坤의 흙이 보이지 않고 ≪흙으로 봉분을 만든 것을 "봉(封)"이라 한다≫ 또한 震의 나무도 없으며 ≪수목으로 무덤임을 표시하는 것이 "수(樹)"이다≫ 그리고 4개의 '陽'이 연이어 겹쳐 있어 마침내 한계와 절도가 없으니 ≪大過卦의 경우는 곧 6位에 '陰' 하나가 [있어, 한계와 절도가] 있다≫ 이것이 "봉분도 하지 않고 나무도 심지 않았으며, 장례 기간도 일정하지 않았다"는 것이다.

移之大過 則內卦正巽之木 其德爲入 ≪巽爲入≫ 此 內棺也

---

319) [校閱] 奎章本과 國中本에는 "封"(봉)으로 되어 있었으나, 新朝本에는 "卦"(괘)로 되어 있다. 前者가 옳다.

320) [校閱] 新朝本과 奎章本과 國中本에 모두 "喪期'無'數也"라고 나오는데, 『周易』 원문의 경우 그 고체(古體)를 살리고자 '无'字로 통일하였는데, 여기서도 원문 인용이니 "无"로 바꾸었다.

外卦 倒巽之木 ≪雜卦云 大過顚也 故取倒巽≫ 其口不掩 ≪兌爲口≫ 此 外椁也 ≪椁之制 上無天蓋≫ 易以棺椁 非謂是乎 虞仲翔云 乾人入巽木

이것이 추이하여 대과괘(大過卦)로 되면, 內卦가 正巽의 나무인데[321] 그 성격이 들어가는 것이 되니 ≪巽은 '입(入)'이 된다≫ 이것이 "속널(內棺)"이다. 大過의 外卦는 '거꾸로 된 巽'의 [즉 '☴'의] 나무인데 ≪「雜卦傳」에 "大過는 전도(顚倒)한다"고 하였으니, 거꾸로 된 巽을 취한 것임≫ 그 입구가 가려져 있지 않으니 ≪兌는 입구가 된다≫ 이것이 "겉널(外椁)"이다. ≪겉널의 격식에는 위에 덮개가 없다.[322]≫ "[방식을] 바꾸어서 속널과 겉널을 사용하였다"[323]함은 바로 이를 말하는 것이 아니겠는가! 우중상(虞仲翔)도 '乾의 사람이 巽의 나무 속으로 들어갔다'는 식으로 [이를] 설명하였다.[324]

○禮記曰 有虞氏瓦棺 夏后氏堲周 殷人棺椁 卽葬而有椁 殷道也

○『禮記』「檀弓上」에 "유우씨(有虞氏) [즉 순임금의] 시대에는 와관(瓦棺)을 [즉 흙으로 구워 만든 속널을] 사용하였고, 하후씨(夏后氏) [즉 우임금] 시절에는 직주(堲周)를 [즉 이중의 瓦棺을] 사용하였고, 殷나라 사람

321) 여기서 "정손(正巽)"이라 한 것은 다음에 "도손(倒巽 : 거꾸로 된 巽)"을 언급하기 때문이다.

322) "천개(天蓋)"는 여기서 '관(棺)의 뚜껑'을 뜻하는데, 이외에 "닫집", 즉 임금의 龍床 위나, 佛像 위를 가리는 집 모양의 양산(陽傘)을 뜻하기도 한다.

323) "易'之'以棺椁"을 "易以棺椁"으로 말하고 있다.

324) 이런 내용이 李鼎祚의 『周易集解』의 해당 부분에 보이는데, 원문 그대로 인용한 것은 아니고 많이 축약하여 언급한 것이다.

들은 관곽(棺槨)을 [즉 속널과 겉널을] 사용하였다"라고 하였으니,[325] 장례를 치름에 "겉널(槨)"을 사용한 것은 은(殷)나라 법도이다.

〔原文〕上古 結繩而治 後世 聖人 易之以書契 百官以治 萬民以察 盖取諸夬

아주 옛날에는 줄을 묶는 방식을 이용하여 다스림을 폈거니와,[326] 후세에 聖人은 이를 문자로 적거나(書) 약속을 증명하는 조각을 나누는 것(契)으로 바꾸었는데,[327] 이로써 [상하의] 여러 관리들을 잘 통솔하고 만백성을 잘 보살폈다.[328] 아마도 이는 쾌괘(夬卦)에서 [그 착상을] 취했을 것이다.[329]

夬者 姤之反也 姤之時 下巽爲繩 ≪姤下巽≫ 進而爲遯 又進而爲否爲觀 每得一繩 ≪皆有巽≫ 以艮手而拘結之 ≪皆有艮≫ 此 結繩而治也

쾌괘(夬卦)는 구괘(姤卦)의 反易卦이다. 姤卦일 때 下卦의 巽이 줄이 되는데 ≪姤卦의 下卦는 巽≫ [이 姤卦가] 나아가서 遯卦가 되고 또 나아가서 否卦가 되고 觀卦가 됨에, 매번 줄 하나씩을 얻어서 ≪모두 巽이 있

325) 『禮記』「檀弓上」에 나오는 말이다.
326) 이른바 결승문자(結繩文字)를 말한다.
327) 이상에서는 "서계(書契)"를 아래 茶山의 설명에 입각하여 "書"와 "契"로 구분하여 보았는데, 나누지 않고 '書契文字', 또는 '그림새김문자'라는 식으로 하나로 볼 수도 있겠다.
328) 이 구절을 일반적으로 "백관이 그것으로 다스림을 펴고, 만백성은 그것으로 명민해졌다"는 식으로 번역하는데, 여기서는 취하지 않는다.
329) 以上「繫辭下傳」의 2章이다.

음[330])≫ 艮의 손으로 그 줄을 잡아매니 ≪모두 艮이 있음[331])≫ 이것이 "줄을 묶는 방식을 이용하여 다스림"이다.

自復以來 ≪一陽生≫ 書坤文於震竹 ≪坤爲文≫ 進而爲臨 又進而爲泰爲大壯 每得一兌 ≪皆有兌≫ 刻之震木 ≪兌爲金≫ 書契之象也 ≪契之半分 如兌決≫

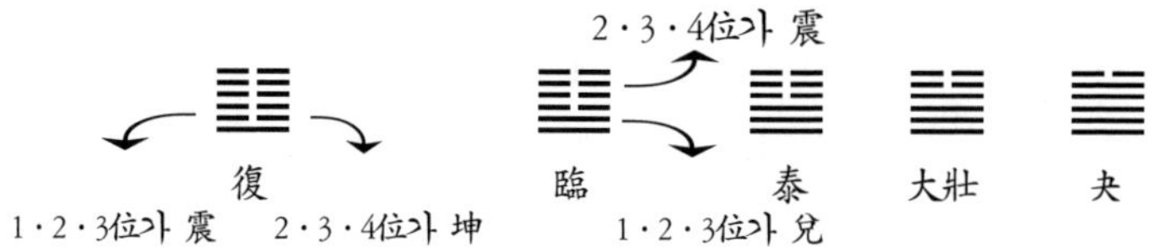

復卦 이후에 ≪'陽' 하나가 처음 생긴 것≫ 震의 대나무에[332]) 坤의 글을 적고[333]) ≪坤은 글을 상징함[334])≫ [한편으로] 나아가서 臨卦가 되고, 또 나아가서 泰卦가 되고 大壯卦가 되면서, 매번 兌를 하나씩 얻어 ≪모두 兌가 있음[335])≫ [이 兌로써] 震의 나무에 [약속 내용을] 새기니[336]) ≪兌는 쇠를 상징함[337])≫ 以上이 書契의 형상인 것이다. ≪"계(契)"가 반분(半分)되는 것은 兌의 쪼개짐에 상응한다.[338])≫

---

330) 遯卦의 下互卦가 巽, 否卦의 上互卦가 巽, 觀卦의 上卦가 巽이다.

331) 遯卦의 下卦가 艮, 否卦의 下互卦가 艮卦, 觀卦의 上互卦가 艮이다.

332) 「說卦傳」에 震은 "蒼筤'竹'"이 된다고 했다.

333) 復의 下卦가 震으로 대나무이고, 下互卦가 坤으로 글(文)이다. 臨卦는 下互卦가 震이고, 上互卦가 坤이다. 泰卦는 上互卦가 震이고, 그 上卦가 坤이다. 따라서 震竹에 坤文이 있으니 "적는다(書)"라고 하는 것이다.

334) 「說卦傳」에 "坤 …… 爲文"이라 함.

335) 臨의 下卦가 兌, 泰의 下互卦가 兌, 大壯의 上互卦가 兌, 또한 夬의 上卦가 兌이다.

336) 復의 下卦가 震이었는데, 臨卦로 되면서 2・3・4位의 下互卦가 震이 되며, 泰卦의 경우는 3・4・5位의 上互卦가 震이고, 大壯은 上卦가 震인데, 바로 앞서 언급한 兌와 연관하여 보면, 兌의 칼(金)이 나무 껍질을 파고 들어가 있는 형국이다.

337) 여기 "兌金"은 결국 나무판에 표시를 새기는 도구로서의 '칼'이나 '칼날'을 뜻한다.

338) 「說卦傳」에 兌는 "부결(附決)"이 된다고 하였다. 결국 兌를 '새기는 칼(金)'로, '쪼개짐(決)'으로 보는 것이다.

本以坤國 ≪夬之本爲坤≫ 衆陽齊進 此 百官以治也 ≪象君子在朝≫ 坤民丕變 此 萬民以察也

坤 → 復 → 臨 → 泰 → 大壯 → 夬

[夬卦는] 본래 坤의 나라에 기반한 것인데 ≪夬卦의 근본은 坤[339]≫ [坤卦에서 夬卦로 되면서, 君子를 상징하는] 여러 '陽'이 가지런히 앞으로 나아감에, 이것이 "[聖人이 아래의] 여러 관리들을 통솔한 것"이다. ≪君子가 조정에 있는 것을 상징한다.[340]≫ 坤의 백성들이 [夬卦로 되면서] 크게 변하였느니, 이것이 "만백성을 잘 보살핀 것"이다.

○契者 券契也 刻木爲一二三四之畫 而中分其半 予者 執左 取者 執右 以爲合約之信 見周禮疏 ≪契之象 如兌≫

○"계(契)"라는 것은 권계(券契),[341] 즉 계약을 증명하는 조각(어음)이다. 나무판에 [물건의 수량이나 약속내용을 뜻하는] 서너 개의 획(劃)을 새기고 반(半)으로 가운데를 나누어, 주는 자는 왼쪽을 가지고,[342] 받는 자는 오른쪽 조각을 가져서, 약속을 했다는 신표(信標)로 삼는 것이다.[343] 이런

339) 앞서 "本以坤國"의 "坤"은 八卦의 坤을 말하고, 여기 "夬之本爲坤"의 "坤"은 重卦를 말한다. 純陰인 坤卦에서 '陽'이 하나씩 생겨 5位에까지 이른 것이 夬卦이다.

340) 夬卦 卦辭에 "揚于王庭"이라고 하였다. 한편, 茶山은 이 卦辭를 兌妾과 연관지으니 여기 君子와 거리가 있기는 하지만, 그러나 "百官"이라 했으니 상하의 모든 관리와 後宮들까지 포함하는 것이기도 하다.

341) 권계(券契): 어음, 券은 어음쪽, 혹은 어음을 쪼갠 한 쪽을 뜻한다.

342) 집좌(執左): 老子『道德經』第79章에 "是以聖人執左契, 不責於人, 有德司契, 無德司徹(聖人은 빚 문서를 지니고 있을 뿐, 빚 독촉을 하지 않는다. 德이 있으면, 빚은 저절로 갚아지며, 德이 없으면 빚은 억지로 받아낸다)"라고 함. 어음은 右契와 左契를 합쳐서 그 증표(證票)로 삼는다.

343) 鄭玄은 注에서 "以書書木邊言其事, 刻於木謂之書契"라고 함(徐芹庭,『兩漢十六家易注闡微』, 五洲出版社, 中華民國 64年, 472면).

내용은 『周禮』의 疏에 나온다.[344] ≪"계(契)"의 [斷面의] 모양이 兌와 같다.[345]≫

〔原文〕 是故 易者 象也 象也者 像也

이런 까닭에 易이란 것은 象이라 할 것이며, 象이라는 것은 본뜬 것이다.

觀聖人制器尙象之法 則知[346]易之爲道 不外乎像象也 ≪因其似而取爲象≫

聖人들이 器物을 제작할 때 象을 중시한 [이상의] 규범적 방법을 볼 때,『周易』이 원리로 삼는 바가 형상을 본뜨는 것에서 벗어나지 않음을 알겠다. ≪그 유사성에 따라 취하여 象으로 삼은 것이다.≫

〔原文〕 彖者 材也 爻也者 效天下之動者也 是故 吉凶生 而悔吝著也

彖詞는 [卦의] 바탕이 되는 재질[을 말한 것]이다. 爻라는 것은 천하의 변천을 본받아 드러낸 것이다. 이런 까닭에 길흉이 생겨나고 悔吝이 분명하게 나타나는 것이다.[347]

---

344) 『周禮』「지관사도(地官司徒)」(第2)의 「질인(質人)」편에 "質人, …… 掌稽市之書契, 同其度量(質人은 …… 시장의 書契를 조사하게 하고, [길이와 용량을 재는] 도량형(度量衡)의 용기(用器)들을 동일하게 한다)"라고 하였는데, 그 중에서 "書契"를 설명하는 注疏를 가리키는 것으로 보인다. "周禮疏"가 정확히 누구의 注疏를 가리키는 지는 확실치 않다.

345) "계(契)"란 나무판에 칼로 새긴 것이니, 그 단면(斷面)이 '凹'와 같은 모양이라, 결국 '☱'와 같다는 것으로 보인다.

346) [校閱] 新朝本에는 "如"로 되어 있으나 奎章本과 國中本에는 "知"로 되어 있다. 新朝本의 "如"는 "知"의 誤記이다.

347) 이상, 「繫辭下傳」의 3章이다.

象如美材 而六爻之變 則猶化而裁之 爲棟梁[348]椳臬也 爻主乎變 象天下之物皆動也 吉凶悔吝 生於變動 如其無變 吉凶悔吝 無由生矣

象詞[에서 풀이한 卦]는 예컨대 좋은 재목(材木)과 같으며, 六爻의 변화는 곧 그 재목을 "변화시키고 마름질하여"[349] 건물의 동량(棟梁)과 대문의 지도리를[350] 만드는 것과 같다. 효(爻)는 변화를 위주로 하여 천하의 사물이 두루 변동하는 정황을 모사(模寫)한 것이다. 길흉회린(吉凶悔吝)은 그런 변동에서 생겨나니 만약에 爻가 변하지 않는다면 길흉회린이 말미암아 생겨날 데가 없다.

〔原文〕 陽卦多陰 陰卦多陽 其故何也 陽卦奇 陰卦偶

陽卦는 음획(陰畫)이 많고 陰卦는 양획(陽畫)이 많은데, 그 까닭이 무엇인가? 陽卦는 홀수가 되[어야 하]고, 陰卦는 짝수가 되[어야 하]기 때문이다.[351]

朱子曰 震坎艮 皆二陰 ≪爲陽卦≫ 巽离兌 皆二陽 ≪爲陰卦≫

朱子가 말하였다. "震・坎・艮은 모두 陰이 두 개이고 ≪陽卦가 됨≫ 巽・离・兌는 모두 陽이 두 개다."[352] ≪陰卦가 된다.≫

---

348) [校閱] 新朝本에는 "棟樑"으로 되어 있으나 奎章本과 國中本에는 "棟梁"으로 되어 있다. 뜻에는 차이가 없다.

349) "化而裁之"는 앞서 「繫辭上傳」에 나온 말이다.

350) 한편, 여기 "외얼(椳臬)"을 椳와 臬로 나누어 볼 수도 있겠는데, 이 경우 前者는 門의 회전축이 되는 "지도리"를 뜻하며, 後者는 '문지방' 또는 문이 닫히는 가운데 지점에 말뚝처럼 박아 문이 안으로 넘어 들어오지 않도록 하는 것이다. 위에서는 간명하게 門의 지도리 전체를 말하는 것으로 보아 풀었다.

351) 三畫卦에서 陽卦는 두 조각으로 되어 있는 陰畫이 2개(즉 조각으로 보면 4개)이고 1개의 陽畫이니 "홀수"이고(즉 4+1=5), 陰卦는 陰畫이 1개이고(즉 조각으로는 2개) 2개의 陽畫이니 "짝수"이다(2+2=4.)

352) 『周易本義』의 해당 부분에 "震・坎・艮, 爲陽卦, 皆一陽二陰; 巽・離・兌, 爲陰卦, 皆一陰二陽"이라고 하였는데, 이를 茶山이 "離"를 "离"로 바꾸는 등 많이 축약하여 인

○蓍卦之法 一陽二陰 爲陽畫 ≪少陽七≫ 一陰二陽 爲陰畫 ≪少陰八≫ 亦此義也

○시괘법(蓍卦法)에서 한 번은 陽數가 나오고 두 번은 陰數가 나오면 [오히려] 양획(陽畫)이 되고 ≪[3+2+2로] 少陽인 '七'이 된다≫ 한 번 陰數에 두 번 陽數면 음획(陰畫)이 되니 ≪[2+3+3으로] 少陰인 '八'이 됨≫ 역시 이런 취지이다.

〔**原文**〕其德行 何也 陽一君而二民 君子之道也 陰二君而一民 小人之道也.

陽卦와 陰卦의 德行은 어떠한가? 陽卦는 군주 한 분에 백성이 둘이니 君子의 道이다. 陰卦는 군주가 둘에 백성은 하나이니 小人의 道이다.[353)]

陽畫爲君 陰畫爲民 ≪乾爲君 而坤爲民≫ 震坎艮 一陽而二陰也 巽离兌 二陽而一陰也

陽畫은 군주가 되고 陰畫은 백성이 되는데 ≪乾은 군주가 되고, 坤은 백성이 됨≫ [陽卦인] 震・坎・艮은 1陽・2陰이며, 陰卦인 巽・离・兌는 2陽・1陰이다.

○八口同室 爰有一君 嚴父是也 五人同舟 爰有一君 梢工是也 六軍同征 其元帥 唯一也 萬民同邑 其令長 唯一也 家之將亂 婦人爲政 國之將亡 孽幸干紀 令出多門 民志不定 此 君子小人之道 所以判然而不同也

○여덟 식구[354)]가 한 집안에 同居하더라도 거기에 곧 君主에 해당하

용한 것으로 보인다.

353) 以上, 「繫辭下傳」의 4章이다.

354) "八口"란 조부모 부모 4명의 자식, 또는 부모와 6명의 자식을 말함이겠는데, 어쨌거

는 사람이 한 사람 있게 마련이니, 엄부(嚴父)가 바로 그이다. 다섯 사람이 같이 배를 타고 가더라도 거기에 곧 君主에 해당하는 사람이 한 사람 있게 마련이니, 뱃사공[355]이 그이다. 六軍[356]이 같이 정벌하러 나가도 그 원수(元帥)는 오직 한 사람이며, 만민이 같이 읍(邑)에 거주하여도 그 고을의 수령은 오직 한 사람인 것이다. 집안이 장차 어지러워지려면 아녀자가 나서서 좌지우지하고, 나라가 망하려면 임금에게 아첨만 일삼는 자가 기강(紀綱)을 범하는 것이니, 명령이 여러 곳에서 나오면 백성의 뜻도 일정하지 않게 된다. 이것이 君子와 小人의 道가 판연히 다른 까닭이다.[357]

≪易曰, "憧憧往來, 朋從爾思". 子曰, 天下何思何慮! 天下同歸而殊道, 一致而百慮, 天下何思何慮! 日往則月來, 月往則日來, 日月相推, 而明生焉. 寒往則暑來, 暑往則寒來, 寒暑相推, 而歲成焉. 往者屈也, 來者信也; 屈信相感, 而利生焉. 尺蠖之屈, 以求信也; 龍蛇之蟄, 以存身也. 精義入神, 以致用也, 利用安身, 以崇德也. 過此以往, 未之或知也; 窮神之化, 德之盛也.[358]

易曰, "困于石, 據于蒺藜. 入于其宮, 不見其妻, 凶". 子曰, 非所困而困焉, 名必辱, 非所據而據焉, 身必危. 旣辱且危, 死期將至, 妻其可得見邪?[359]

나 "八卦"에 견주어 "八口"라 한 것이겠다.

355) 초공(梢工) : 뱃사공.

356) 六軍 : ① 周代의 伍·兩·卒·旅·師·軍. ② 天子의 군대. 즉 周代의 1軍은 12,500명인데, 天子는 그런 군대를 여섯 거느림(즉 75,000명).

357) 한편, 이상의 말은 주도하는 자가 "한 사람(一人)"이 되어야 한다는 데 초점이 있는 것이 아니다. 그렇다면 여자라도 한 사람이 주도하면 되지 않는가? 따라서 결국 그 家父長的 倫理에 맞게 행동해야 함을 강조한 말이다. 男尊女卑의 관념을 리더십은 집중되는 것이 보다 유리하다는 일반론에 교묘히 부회한 것이다.

358) 以上은 咸卦 九四를 설명하는 부분에 나온다. 즉 茶山이 해당 부분을 찾아 옮긴 것이다. 이 아래 구절들도 그래서 생략된 것이다.

359) 以上은 困卦 六三을 설명하는 부분에 나온다.

易曰, “公用射隼, 于高墉之上, 獲之, 無不利”. 子曰, “隼”者, 禽也; 弓矢者, 器也; 射之者, 人也. 君子, 藏器於身, 待時而動, 何不利之有? 動而不括, 是以, 出而有獲, 語成器而動者也.[360)]

子曰, 小人, 不恥不仁, 不畏不義; 不見利不勸, 不威不懲. 小懲而大誡, 此小人之福也. 易曰, “屨校滅趾, 无咎”, 此之謂也. 善不積, 不足以成名; 惡不積, 不足以滅身. 小人, 以小善, 爲無益, 而弗爲也, 以小惡, 爲无傷, 而弗去也. 故, 惡積而不可掩, 罪大而不可解. 易曰, “何校滅耳, 凶”.[361)]

子曰, 危者, 安其位者也, 亡者, 保其存者也; 亂者, 有其治者也. 是故, 君子,安而不忘危, 存而不忘亡, 治而不忘亂. 是以, 身安, 而國家可保也. 易曰, “其亡, 其亡, 繫于包桑”.[362)]

子曰, 德薄而位尊, 知小而謀大, 力小而任重, 鮮不及矣. 易曰, “鼎折足, 覆公餗, 其形渥, 凶”, 言不勝其任也.[363)]

子曰, 知幾, 其神乎! 君子, 上交不諂, 下交不瀆, 其知幾乎! 幾者, 動之微, 吉之先見者也. 君子, 見幾而作, 不俟終日. 易曰, “介于石, 不終日. 貞吉”. 介如石焉, 寧用終日, 斷可識矣. 君子, 知微知彰, 知柔知剛, 萬夫之望.[364)]

子曰, 顔氏之子, 其殆庶幾乎! 有不善, 未嘗不知, 知之, 未嘗復行也. 易曰, “不遠復, 无祇悔, 元吉”.[365)]

---

360) 以上은 解卦 上六을 설명하는 부분에 나온다.
361) 以上은 噬嗑卦의 初九와 上九를 설명하는 부분에 나온다.
362) 以上은 否卦 九五를 설명하는 부분에 나온다.
363) 以上은 鼎卦 九四를 설명하는 부분에 나온다.
364) 以上은 豫卦 六二를 설명하는 부분에 나오는데, 중간에 “斷可識矣”라는 말은 거기서도 빠져 있다.
365) 以上은 復卦 初九를 설명하는 부분에 나온다.

天地絪緼, 萬物化醇; 男女構精, 萬物化生. 易曰, "三人行, 則損一人. 一人行, 則得其友", 言致一也.[366)]

子曰, 君子, 安其身而後動, 易其心而後語, 定其交而後求. 君子, 修此三者, 故全也. 危以動, 則民不與也, 懼以語, 則民不應也; 无交而求, 則民不與也. 莫之與, 則傷之者至矣. 易曰, "莫益之, 或擊之, 立心勿恒, 凶".[367)]

子曰, 乾坤, 其易之門邪! 乾, 陽物也; 坤, 陰物也. 陰陽合德, 而剛柔有體, 以體天地之撰, 以通神明之德. 其稱名也, 雜而不越, 於稽其類, 其衰世之意邪! 夫易, 彰往而察來, 而微顯闡幽; 開而當名, 辨物正言, 斷辭則備矣.[368)]≫

〔**原文**〕其稱名也 小 其取類也 大 其旨遠 其辭文 其言曲而中 其事肆而隱 因貳以濟民行 以明失得之報

『周易』에 구체적인 사물의 이름을 지칭한 것을 보면 다소 자질구레하나, 그 유사성을 취[하여 비유]한 것은 아주 대단하니, 그 뜻은 고원하고 그 글은 다채롭다. 그 일러주는 말은 우회적이지만 사리에 맞고,[369)] 그 사례는 [일견 구체적으로] 두루 나열되어 있지만 은미하[게 표현되어 있]다. 이것의 도움으로 백성들의 행실을 계도하고, 득실의 因果를 밝히는 것이다.[370)]

微禽細草[371)] 稱物雖小 因類比況 取象至大 易之道也 貳者 佐

---

366) 以上은 損卦 六三을 설명하는 부분에 나온다.
367) 以上은 益卦 上九를 설명하는 부분에 나온다. 以上이 「繫辭下傳」의 5章이다.
368) 以上은 茶山이 완전히 생략한 구절이다.
369) 이 "曲而中"을 '곡진하면서 합당하며' 정도로 풀 수도 있겠다.
370) 以上은 「繫辭下傳」의 6章이다.
371) [校閱] "草"가 奎章本에는 "艸"로 되어 있다.

也 副也 聖人 以卜筮之法 佐其敎化 導民以正也 善則得福 否則失之 明其報應 以牖[372]民也

미미한 짐승들이나 보잘것없는 초목 등 구체적으로 거론되는 사물은 비록 자질구레하지만, 상호 유사성에 근거해서 상황을 비유함에 상징으로 취한 것이 지극히 원대한 것이 易의 원리이다. 여기서 "이(貳)"라는 것은 '보좌' 혹은 '보충'이라는 뜻이다. 聖人은 卜筮라는 방법으로 자신의 敎化를 보완하여 백성들을 바르게 인도하는 것이다. 선하면 복을 얻고 악하면 복을 잃는 것이니, 그 인과응보를 밝혀 백성들을 깨우쳤던 것이다.

≪易之興也, 其於中古乎! 作易者, 其有憂患乎! 是故,[373] 履, 德之基也. 謙, 德之柄也. 復, 德之本也. 恒, 德之固也. 損, 德之修也. 益, 德之裕也. 困, 德之辨也. 井, 德之地也. 巽, 德之制也. 履, 和而至. 謙, 尊而光. 復, 小而辨於物. 恒, 雜而不厭. 損, 先難而后易. 益, 長裕而不設. 困, 窮而通. 井, 居其所而遷. 巽, 稱而隱. 履以和行, 謙以制禮, 復以自知, 恒以一德, 損以遠害, 益以興利, 困以寡怨, 井以辨義, 巽以行權.[374]≫

〔**原文**〕易之爲書也 不可遠 爲道也 屢遷 變動不居 周流六虛 上下无常 剛柔相易 不可爲典要 唯變所適

『易』이 글로 표현한 것은 멀리 할 수 없는 것이니,[375] 그 원리로 삼은

---

372) [校閱] 奎章本에는 "牗"으로 나오는데, 異體字라기보다는 誤字로 의심된다.

373) 여기까지 茶山이 생략한 구절이다. 한편, 아래 「繫辭傳」에 "易之興也, 其當殷之末世·周之盛德邪! 當文王與紂之事邪? 是故, 其辭危"라는 말이 나오는데, 이 역시 茶山이 생략하였다.

374) "履, 德之基也" 이후부터 여기까지는 각각 나누고 합하여 해당 卦를 설명하는 부분에서 언급하였다. 즉 이상은 茶山이 생략한 구절이 아니다. 여기까지 「繫辭下傳」의 7章이다.

375) 한편, "易之爲書也, 不可遠"을 '易道가 『周易』이라는 書冊으로 드디어 꾸며짐에 어

것은 '거듭 변천함'이다.[376] 변동하고 일정하게 머물지 않아 두루 [天地四方의] 六虛[377]에 유전(流轉)하며, 위아래로 오르내림에 일정함이 없이 剛畫과 柔畫이 서로 바뀌니, 일률적으로 요약된 전범(典範)을 만들 수 없으며, 오직 '변화'에 따르는 것이다.

乾道變化 爲姤 爲坤 爲復 爲乾 《卽十二辟卦》 旣又遷之 以爲衍卦 《屯 蒙等》 又一遷動 爻變爲卦 《如乾之姤等》 又於變卦之中 泝其推移 《如屯之比 又自復剝來》 以觀物象 此之謂 變動不居上下无常也 屢遷不已 陰陽奇偶 互換交翻 此 剛柔相易也 卦不推移 爻不變動者 非易也 死法也

乾 → 姤 → 觀 → ……→坤 → 復 → ……→乾

乾의 道가 변화하여 姤卦로 坤卦로 되고, 復卦로 되어 [다시] 乾卦가 되는데 《즉 십이벽괘》 이렇게 되고 나서 또 [그 12벽괘가] 변천하여 衍卦가 되며, 《屯卦나 蒙卦 등》 여기서 또 다시 변동함에 爻가 변하여 [다른] 괘로 되며, 《예컨대 乾卦가 姤卦로 가는 것 등》 또 이어서 [그렇게 爻가 변하여 성립한] '변괘(變卦)'에서 그 推移의 과정을 소급하여 《예컨대 屯卦가 比卦로 가는데, 또한 [그 比卦가] 復卦와 剝卦에서 추이하여 나오는 과정[을 소급하는 것][378]》 物象을 살피니, 이를 일러 "변동하고 일정하게 머

렵다고 멀리만 할 수 없게 되었다'는 식으로 읽으면 어떨지 모르겠다.

376) 여기 "누천(屢遷)"이란 일회적이 아니라 영구적이며, 일방적이 아니라 쌍방적이고, 직선적이 아니라 나선적이며, 단순반복이 아니라 역동적인 변천이라는 뜻이겠다.

377) 卦로 본다면 그 "六位"에 상응하는 말이겠다.

378) 이를 圖示하면 아래와 같다.

屯 →初爻變→ 比　　　復→推移(一之五)→比←推移(上之五)←剝

물지 않고, 위아래로 오르내림에 일정함이 없다"고 말하는 것이다. "거듭 변천하여 그치지 않음"에 陰畫과 陽畫이 그리고 奇數와 偶數가 상호 교체되며 번복되니, 이것이 "剛畫과 柔畫이 서로 바뀌는 것"이다. 卦가 推移하지 않고 爻가 변동하지 않는 것은 [말 그대로 '바뀜'을 뜻하는] 易이 아니며, [오히려 그 易을] 죽이는 방법이다.

≪其出入, 以度, 外內, 使知懼. 又明於憂患與故, 無有師保, 如臨父母. 初率其辭而揆其方, 旣有典常; 苟非其人, 道不虛行.[379)]
易之爲書也, 原始要終, 以爲質也.[380)]≫

〔**原文**〕 六爻相雜 唯其時物也 其初難知 其上易知 本末也

여섯 爻가 서로 복잡하게 뒤얽혀 있는 것은 오직 [그것이 나타내는] 상황과 事物[이 그러하기] 때문이다.[381)] [이렇게 연관되어 있으니] 그 初爻[詞]는 알기 어렵지만 그 上爻[詞]는 알기 쉬우니,[382)] '뿌리'와 '가지'의 관계이기 때문이다.[383)]

---

379) 이상, 「繫辭下傳」의 8章이다.

380) 이상 모두 茶山이 생략해 버린 구절이다. 「繫辭上傳」에 "原始反終"이라는 말이 나왔다.

381) 아래 茶山의 설명에서도 "六爻之變, 雖各成一卦"라 하였거니와, 실제 현행 爻詞를 보면 "각기 다른 괘가 되어(各成一卦)", 한 卦의 여섯 爻詞 중에 다른 것과 전혀 "相雜"하지 않는 것이 많이 있으며, 오히려 여섯 爻詞가 모두 相雜하는 경우는 극히 일부이다. 그러나 기본적으로 또는 원리적으로 六爻는 "相雜"하는 것, 또는 "相雜"할 수 있는 것이니, 여기 「繫辭傳」의 구절은 그런 일반론에 입각하여 말하는 것이다.

382) 예컨대 乾卦 初九에서 "잠룡물용(潛龍勿用)"의 정황을 잘 요해했다면, 그 上九에서 "항룡유회(亢龍有悔)"라는 국면을 쉽게 이해할 수 있겠다. 한편, 六爻가 相雜하는 측면을 고려하지 않고 작성된 爻詞의 경우에는 애초에 서로 무관하니 "其初難知, 其上易知"라 할 것이 없다.

383) 나무의 뿌리는 땅속에 있어 그 전모를 보기 힘들며, 가지는 아무리 무성해도 일단 한눈에 들어오는 것이다.

六爻之變 雖各成一卦 位有卑高 事有始終 故聖人之撰爻詞 初爻上爻 有擬有成 假如 初爻爲趾爲尾 必其上爻爲首爲頂 又如 初爻爲潛爲近 至於上爻爲冥爲遠 ≪見諸卦≫ 學者 始觀初爻 其義難通 及至[384] 上爻 曉然易知 初爻爲本 上爻爲末也

6개의 爻가 변화하여 비록 각각 다른 하나의 卦를 이루지만, [그 爻의] 자리에는 높고 낮음이 있고, 事案에는 시작과 끝이 있[게 마련이]다.[385] 그래서 聖人이 爻詞를 엮을 때, 初爻와 上爻가 "事案의 제시(擬)"와 "완결(成)"이 되도록 하는 것이다.[386] 가령 예컨대 初爻가 '발(趾)'이나 '꼬리'가 되면, 그 上爻는 반드시 '머리'나 '정수리'가 된다.[387] 또 예컨대 初爻

---

384) [校閱] 新朝本과 國中本에는 "及至"로 되어 있으나 奎章本에는 "及知"로 되어 있다. "及知"라고 해도 의미가 통하지 않는 것은 아니지만, "及至"로 하는 것이 뜻이 자연스럽게 통한다. 여기서는 前者를 따른다.

385) 「繫辭傳」 원문의 "時物"을 茶山은 "位"와 "事"로 풀이하고 있는 셈이다. 즉 時-位와 物-事로 연관지은 것이다.

386) 물론 "初爻"에서 "有擬"이고, "上爻"에서 "有成"이다. 즉 初爻詞에서는 事案을 제기하고 그 上爻詞에서는 그것을 완결짓는다는 것이다. 여기 "擬"와 "成"은 바로 다음 茶山이 생략한 구절에 "初辭'擬'之, 卒'成'之終"이라 한 말에서 따온 것이겠는데, "의(擬)"는 '입안하다', '기초하다', '계획하다'는 뜻이다.

387) 대표적인 사례로 旣濟卦와 未濟卦에 보면 그 初位와 6位의 爻詞에 "尾"-"首"가 대응하고 있다. 그리고 噬嗑卦에 初九의 "趾"와 上九의 "耳"가 대응하고 있는데, 귀(耳)는 결국 머리(首)에 붙어 있는 것이니 이런 사례에 해당한다. 한편 여기 "初爻"와 "上爻"는 이후 「繫辭傳」에 나오는 "中爻"라는 말과 연관지어 볼 때 분명 제1位의 初爻와 제6位의 上爻라 할 것이다. 그런데 여기 茶山의 설명을 따르자면 이렇게만 보아서는 곤란한 점이 다소 있다. 1位의 初爻에 "趾"가 나와도 6位의 上爻에 "首"나 그에 상응하는 것이 나오지 않고 오히려 다른 곳에 나오는 경우가 다소 있다(예컨대 夬卦나 艮卦의 경우). 그런데도 茶山은 여기서 "반드시(必)"라고 하는 것이다. 따라서 그 "반드시"라는 말을 다소 에누리해서 듣거나, 아니면 여기 "初爻"와 "上爻"를 初位와 6位의 그것만을 말하는 것이 아니라, 일반적으로 '처음에 나오는 爻'(즉 꼭 1位가 아니더라도 먼저 나오는 爻)와 '위에 나오는 爻'(즉 꼭 6位가 아니더라도 그 다음에 나오는 爻)를 말하는 것으로 볼 수 있다(前者의 해석은 後者를 포함하지 않지만, 이 後者는 前者를 포함한다). 현행 爻詞를 보아도 初位의 初爻와 6位의 上爻가 "相雜"하는 경우만 있는 것이 아니라, 그 가운데 있는 다른 爻들이 "相雜"하여 "其初難知, 其上易知"가 되는 경우가 있다. 다음에 "上爻爲冥"의 경우도 前者의 뜻으로만 보면 뜻이 순통하지 않은 말이 된다(아래 再論함). 지나친 천착일지 모르지만 일단 지적하여 둔다.

가 '침잠하는 것'이나 '가까운 것'이 되면, 그 上爻에서는 '하늘[로 상승하는 것]'이나[388] '멀리 있는 것'이 된다. ≪이런 사례들은 여러 卦에 나온다.[389]≫ 『周易』을 공부하는 자가 먼저 그 初爻를 보면 그 뜻을 이해하기 어렵지만, 그 上爻까지 보게 되면 환히 쉽게 알게 되니, 初爻는 "뿌리"가 되고 그 上爻는 "가지"가 되기 때문이다.

≪初辭擬之, 卒成之終.[390]≫

〔原文〕 若夫雜物撰德 辨是與非 則非其中爻 不備

대저 여러 사물을 연관지어 그 성질을 기술하고 시비를 판가름하는 일과 같은 것은 곧 그 가운데 爻들[의 변동]이 아니면 구비하지 못한다.

中爻者 二三四五之變也 至於中爻 則正體互體 卦象交錯 又或兩互成卦 物情屢遷 ≪泰之兩互爲歸妹 否之兩互爲漸≫ 諸變悉起 八

---

388) 한편, 여기 '명(冥)'字는 乾卦의 "'潛'龍"과 "'亢'龍"을 염두에 두고 보면, 처음 보기에는 "항(亢)"의 誤字로 여길 수 있다. 그러나 "潛"이라 했을 때 누구나 乾卦를 떠올릴 수 있다는 점에서 다시 "亢"이라고 하면 그 의미가 반감된다고 볼 수 있으니, 앞서 "潛"이라 한 데서 乾卦는 이미 지목된 것으로 치고, 茶山은 또 다른 사례를 지목한다는 의미로, 또는 그것을 독자들이 확인해 보기를 바라는 마음으로, 다소 상응관계를 무시하고 '冥'字를 끼워 넣었다고 볼 수 있다. 豫卦 上六에 "'冥'豫"라 했는데 이는 그 六二의 "介于石"과 대응한다 하겠다(돌에 끼여 있으니 결국 "潛"이다). 또 升卦 上六에 "冥升"이라 했는데 이는 그 初六의 "允升", 九三의 "升虛邑"에 비해 더욱 상승한 것이라 볼 수 있다. 이상의 근거에서, 또한 앞서 언급했듯이 여기 "初"와 "上"을 1位와 6位의 그것으로만 보지 않으면, "冥"이라 해도 뜻이 통하지 않는 바가 아니니, 굳이 '亢'字로 고치지는 않았다.

389) 이런 대표적인 사례들은 앞서 이미 지적한 셈이다. 한편 茶山이 趾尾－首頂, 潛近－冥遠이라 했는데, 『周易』 원문에 바로 이런 말들이 명시적으로 나온다기보다는, 물론 그런 사례도 있지만, 그 의미에 상응하는 말들이 나온다는 것이다. 이런 점을 염두에 두고 보면, 또한 "初爻"와 "上爻"를 初位와 6位의 그것으로만 보지 않으면, 이상에서 지적한 것 이외에도 많은 사례를 爻詞에서 확인할 수 있을 것이다.

390) 이는 茶山이 생략한 구절인데, 바로 위에서 이미 여기 "擬"와 "成"의 뜻까지 설명한 셈이니 그렇게 한 것이겠다.

卦相盪 故易之妙用 非中爻不備也

여기서 “가운데 爻들”이라는 것은 [결국] 2·3·4·5位의 爻가 변하는 것이다.[391] 이런 가운데 爻들에 이르면 正體로도 되고 互體로도 되어 卦象이 교차되며, 또한 어떤 경우는 두 互卦를 취하여 [새로운] 卦를 만들기도 하니, 物象의 양상이 거듭 변화함에 ≪예컨대 泰卦의 두 互卦는 歸妹卦가 되고, 否卦의 두 互卦는 漸卦가 된다≫ 여러 변화가 모두 발생하여 八卦가 서로 동탕(動盪)한다. 그러므로 易의 오묘한 운용은 “가운데 효(爻)가 아니면 구비하지 못하는 것”이다.

朱子曰 先儒解此 多以爲互體 又曰 互體說 漢儒多用之 亦不可廢 ≪胡炳文 洪邁 吳澄 並解之爲互體≫

朱子가 말하기를, “先儒들은 이 구절을 해석함에, 대부분 互體[를 언급한 것으]로 간주하였다”라고 했으며, 또한 “互體說은 漢代 학자들이 많이 사용하였으니, …… 또한 폐기할 수 없다”라고 하였다.[392] ≪[茶山] 호병문(胡炳文),[393] 홍매(洪邁),[394] 오징(吳澄[395])도 모두 이 구절을 互體를 설명한 것

391) 물론 茶山의 관점에서는 그 각각이 변하는 것을 말함이지, 동시에 모두 변하는 것을 두고 말하는 것이 아니다. 한편 “中爻”는 일반적으로 2·3·4·5位의 爻를 말하기도 하며, 2·5位의 爻만을 말하기도 하는데, 여기서는 물론 前者이다. 그런데 王弼의 경우 여기 “中爻”를 後者로 보기도 한다.

392) 以上 모두 『朱子語類』「易」「繫辭下」에 확인된다.

393) 호병문(胡炳文, 1250~1333) : 字는 중호(仲虎), 號는 운봉(雲峯). 元代의 程朱學者로서, 주희(朱熹)의 학문을 깊이 탐구했으며, 저서로는 『易本義通釋』·『書集解』·『春秋集解』·『禮書纂述』·『四書通』·『大學指掌圖』·『五經會義』·『爾雅韻語』 등이 있다.

394) 홍매(洪邁) : 宋代人, 生沒 未詳, 洪容齋. 朱子보다 앞 시대 사람으로 생각된다(金碩鎭 譯, 『周易傳義大全譯解』 下, 대유학당, 1996, 1517면).

395) 오징(吳澄, 1249~1333) : 元代의 學者로서, 字는 幼淸이다. 臨川 吳氏로 불린다. 吳

으로 해석하였다.≫

○案 九家諸易 皆論互體 王弼獨起而廢之 蓋以當時 鐘會著無互卦論 以譏漢儒 而王弼儱侗 遂遽信從耳 苟非朱子重闡斯文 互體之說 幾乎熄矣 雖然 此節乃指[396]中四爻之變動 非專論[397]互體也

○[案] 荀九家 등의 여러 易說에서 모두 互體를 논하였거늘, 왕필(王弼)이 불쑥 나서서 그를 폐기하니, 이는 대개 당시에 종회(鐘會)[398]가 『無互體論』[399]을 저술하여 [지리번잡함에 빠진] 漢儒들을 비판하니, 왕필(王弼)이 앞뒤를 가리지 못하고 황급히 추종한 것일 따름이다. 만일 朱子가 거듭 이 대목을 밝히지 않았으면 互體說은 거의 잊혀져 사라졌을 것이다.[400] 한편 그렇기는 하지만 「계사전(繫辭傳)」의 이 구절은 곧 '가운데

澄은 南宋의 과거에 합격하였으나, 南宋이 멸망한 뒤에는 원나라의 벼슬에 올라 國子監에서 일했다. 吳澄은 『易經』·『書經』·『禮記』·『春秋』·『詩經』 등의 경서를 깊이 연구하여 그 주석이나 각 경서의 해제를 작성하기도 했다. 또한 老子 주석서를 집필하기까지 했다. 吳澄은 처음에는 정이와 朱熹의 학문을 따랐지만, 나중에는 육구연의 학문까지도 겸했다. 주희와 육구연의 가르침을 절충시키려는 오징의 태도를 원대 유학의 특색으로 간주하기도 한다. 茶山은 『易學緒言』 「오초려찬언론(吳草廬纂言論)」에서 吳澄의 易學에 관해 다음과 같이 평가하고 있다. "저서로는 『역찬언(易纂言)』이 있는데, 본래 소씨역(邵氏易)의 범위를 벗어나지는 못하였으나, 간혹 그의 논이 고대역리에 합치되는 바가 있으므로 이를 채록해놓았다고 하였다(著易纂言, 雖其本領, 不出邵氏之範圍, 而間有名論, 合於古法 玆用采錄)."(『易學緒言』 卷3, 7나~8가)

396) [校閱] 新朝本과 國中本의 "指"가 奎章本에는 "是"로 되어 있다. "是"라고 해도 뜻은 통하지만, 여기서는 前者를 따른다.

397) [校閱] 新朝本에는 "非專論互體也"로 되어 있으나 奎章本과 國中本에는 '專'字가 없이 "非論互體也"라고 되어 있다. 이 경우 완전히 부정하는 것이 되어 뜻이 달라지는데, 어쩌면 이 말이 더 的確한 것인지도 모르겠다.

398) 종회(鍾會, 225~264): 中國의 三國時代 魏나라의 玄學者로서, 『三國志』 「魏書」에 그 傳記가 실려 있다. 일찍이 혜강(嵇康)을 모함하여 세상사람들로부터 비난을 받았다. 저서로는 『老子注』·『周易無互體論』(3卷) 등이 있었으나, 모두 亡失되고 현재는 남아있지 않다. 『道藏』 속에 『老子注』의 일부가 실려 있다(金勝東, 『易思想辭典』, 부산대 출판부, 1998, 997면).

399) 종회(鍾會)의 저서인 『周易無互體論』(3卷)을 가리킨다.

4개 爻의 변동'에 관하여 지적한 것으로 전적으로 호체(互體)를 논한 것은 아니다.

○或曰 中爻 卽兩互作卦之謂 ≪如泰之六四 爲歸妹之九四[401]≫

泰 → 兩互作卦 → 歸妹

○혹자는 여기 "중효(中爻)라는 말이 곧 兩互作卦를 말한다"고 하였다. ≪예컨대 泰卦 六四는 歸妹卦 九四가 된다.[402]≫

≪噫! 亦要存亡吉凶, 則居可知矣.[403]≫

〔原文〕知者 觀其彖辭 則思過半矣

지혜로운 자는 그 彖詞를 살펴보면, [卦의 의미를] 반은 넘게 사량(思量)할 것이다.

彖 所以立本也 本立而後 變有所因也 故六爻之變 皆自本象而變 不知本象 何以察變 故彖詞之義旣通 則爻詞之說其變者亦迎刃而解矣

"단(彖)"이란 근본을 세우기 위한 것인데, 근본을 세운 이후에야 변화

---

400) 이 구절을 "苟非朱子重闡, 斯文互體之說"로 보아서, 여기 "斯文"을 '儒學'이라 풀 수도 있겠는데, 이상에서는 "斯文"을 앞으로 붙여 보통명사로 풀었다.

401) [校閱] 或者의 발언이 新朝本과 國中本에는 있으나, 奎章本에는 없다. 즉, "或曰 中爻 卽兩互作卦之謂 ≪如泰之六四 爲歸妹之九四≫"의 부분이 奎章本에는 전부 빠져 있다.

402) 실제 泰卦 六四를 茶山도 兩互作卦法을 구사하여 설명하고 있다.

403) 이는 茶山이 생략한 구절이다.

가 근거할 데가 있는 것이다. 그러므로 여섯 爻의 변화는 모두 本象에서 의거하여 변화하는 것이니, 그 本象을 모르고서야 어찌 그 변화를 파악할 수 있겠는가? 그러므로 彖詞의 의미를 파악하고 나면 爻詞에서 말한 그 변화도 역시 '칼에 닿자 베어지듯' 쉽게 이해될 것이다.

〔**原文**〕 二與四 同功而異位 其善不同 二多譽 四多懼 近也 柔之爲道 不利遠者 其要无咎 其用柔中也

제2位와 제4位는 [같은 '柔陰의 자리'로] 功能은 같으나 지위가 달라서 그 '좋음'이 같지 않다. 제2位는 영예로운 경우가 많으나, 제4位는 근심이 많은 것은 '가까움' 때문이다. 柔의 도리는 고원(高遠)한 것이 이롭지 않으니, 그 2位가 요컨대 허물이 없는 것은[404] 柔로서 가운데 자리하기 때문이다.

近者 卑位也 遠者 尊位也 二四同柔 而其位不同 ≪二民位 四大臣位≫ 二之多譽 以其卑近也

여기서 "가깝다"는 것은 낮은 자리이며, "고원하다"는 것은 높은 자리이다. 제2位와 제4位는 [그 數로 보면] 같이 '柔'[의 자리]이지만 그 지위가 같지 않으니 ≪제2位는 백성에 해당하는 자리이고, 제4位는 大臣의 자리이다≫ 제2位가 "영예로움이 많은 것"은 [자신의 도리를 좇아] 그것이 낮고 가깝기 때문이다.[405]

〔**原文**〕 三與五 同功而異位 三多凶 五多功 貴賤之等也 其柔危 其剛勝耶

---

404) "无咎하다"는 것은 "二多譽"를 두고 하는 말이다.

405) 일반적으로 5位를 기준으로 그 近·遠을 따져 설명하는데, 지금 茶山은 그렇게 말하는 것이 아니다.

제3位와 제5位는 [같은 '剛陽의 자리'로] 功能이 같기는 하지만 地位가 다르니, 제3位는 흉한 것이 많고 제5位는 功德이 보다 많은 것은 貴賤의 등급(等級)[이 다르기] 때문이다. [제3位에서] 그 '柔'는 위태하며 '剛'은 그보다는 나을 것이다.[406]

剛之爲道 利於遠者 《利居尊》 五之多功 以其貴也 以柔居三 《陰居陽》 其危益甚 《易例 謂之厲》 以剛居三 猶勝於彼也

[柔와는 반대로] 剛의 도리는 '고원한 것'이 이로우니[407] 《즉 존귀한 자리에 위치함이 이롭다》 제5位가 공덕이 많은 것은 그것이 존귀한 자리이기 때문이다. 柔로서 제3位에 자리하면 《'陰'이 '陽의 자리'에 위치한 것》 그 위태함이 매우 심하며 《易例에서는 이것을 "厲"라고 한다.[408]》 '剛'으로 제3位에 자리하면 오히려 그것보다는 나은 것이다.

〔**原文**〕 易之爲書也 廣大悉備 有天道焉 有人道焉 有地道焉 兼三才而兩之 故六

『周易』이라는 책은 광범위하게 모든 것을 갖추었으니, 하늘의 도리가 있고 사람의 도리가 있고 땅의 도리가 있는데, 이런 삼재(三才)를 겸비하여 그것을 두 획(畫)씩 배당하니, [한 卦가] 여섯 획이 되는 것이다.

以重卦 則三之兩成也 以三才 則兩之三疊也 《三才各二畫》

["여섯 획"은] 重卦의 측면에서 보면 세 획(畫)이 거듭하여 이루어진 것이며,[409] 삼재(三才)의 측면에서는 두 획이 세 차례 중첩된 것이다 《三

406) 以上은 「繫辭下傳」의 9章이다.
407) 바로 앞서 「繫辭傳」 원문에서 "柔之爲道, 不利遠者"라고 하였으니, 茶山이 이를 반대로 바꾸어 말하고 있는 것이다.
408) "厲"가 되는 경우는 ① 柔乘剛, ② 陰居陽位, ③ 陰升陽降, ④ 一剛孤高 등이다.
409) 이를 "重卦의 측면에서 보면 三才를 두 번하여 이룬 것이다" 정도로 풀 수도 있겠다. 즉 "三之"를 '三畫'으로 보지 않고 '三才'로 보는 것이다. 그러나 "六"에 대해 보다 일

才는 각기 두 획씩 차지한다.≫

≪六者, 非他也, 三才之道也.[410]≫

〔**原文**〕道有變動 故曰 爻 爻有等 故曰 物

道에 변동이 있으니 효(爻)를 말하고, 爻에는 차등(差等)이 있으니 物事를 말하는 것이다.[411]

不變非爻

변하지 않으면 "효(爻)"가 아닌 것이다.

≪物相雜, 故曰文; 文不當, 故吉凶生焉.[412]

易之興也, 其當殷之末世, 周之盛德邪! 當文王與紂之事邪! 是故, 其辭危. 危者使平, 易者使傾. 其道甚大, 百物不廢, 懼以終始, 其要无咎, 此之謂易之道也.[413]

夫乾, 天下之至健也, 德行, 恒易, 以知險. 夫坤, 天下之至順也; 德行, 恒簡, 以知阻. 能說諸心, 能研諸侯之慮, 定天下之吉凶, 成天下之亹亹者. 是故, 變化云爲, 吉事有祥; 象事知器, 占

반적인 측면을 먼저 말하고(즉 "以重卦"), 이어서 "三才"라는 특정한 측면을 말한 것으로 보아서 위와 같이 풀었다.

410) 이는 茶山이 생략한 구절이다.

411) 朱子에 따르면 古代에는 占卦와 연관하여 "物"이라는 특정 술어(術語)가 있었다고 하며(『朱子語類』 해당 부분 참조), 또한 이를 문맥 그대로 보면 "道에 변동이 있으니 효(爻)라 말하고, 爻에는 차등이 있으니 물(物)이라 말한다"라고 해석하는 것이 바르기는 하겠는데, 결국 그 뜻에는 차이가 없다고 보고 위와 같이 보다 순통하게 풀이하였다.

412) 以上은 「繫辭下傳」의 10章이다.

413) 以上이 「繫辭下傳」의 11章인데, 중복되는 내용이니 茶山이 생략해 버린 것으로 보인다.

事知來. 天地設位, 聖人成能; 人謀鬼謀, 百姓與能.[414]》

〔原文〕 八卦以象告 爻象以情言 剛柔雜居 而吉凶可見矣

八卦는 物象으로 알려주고, 爻詞와 彖詞는 정황에 입각하여 말한 것이다. 강획(剛畫)과 유획(柔畫)이 뒤섞여 자리하니 吉凶이 드러날 수 있는 것이다.

象者 說卦之物象也 情者 變動之所生也

여기 "象"이라고 한 것은 「說卦傳」에 나오는 物象을 가리키는 말이며, "情"이라고 한 것은 변동이 생긴 것을 가리킨 것이다.

朱子曰 王弼 以爲義苟應健 何必乾乃爲馬 爻苟合順 何必坤乃爲牛 《見略[415]例》 觀其意 直以易之取象 無所自來 但如詩之比興 孟子之譬喩[416]而已 如此 則是說卦之作 爲無與於易 而近取諸身 遠取諸物 亦賸語矣[417]

朱子가 다음과 같이 말했다. "왕필(王弼)은 '그 뜻이 진실로 굳건함에 상응한다면 어찌 반드시 乾만이 말(馬)이 되겠으며, 爻가 참으로 유순함에 부합한다면 하필 坤만이 곧 소가 되겠는가'라고 하였지만 《[왕필(王弼)의] 「周易略例」에 나오는 말》 이런 발언의 뜻을 잘 따져보면, 곧 『周易』에서 象을 취함이 유래한 바가 없게 되고, 단지 예컨대 『詩經』에서 쓰이는 '비(比)'·'흥(興)'의

414) 以上은 茶山이 생략한 구절이다.

415) [校閱] "略"이 奎章本과 國中本에는 "畧"으로 나온다. "畧"은 "略"과 同字이다.

416) [校閱] 新朝本과 國中本에는 "譬喩"로 되어 있으나 奎章本에는 "譬諭"로 되어 있다. "譬諭"로 해도 뜻은 통하지만, "譬喩"가 더 적합하다. 여기서는 前者를 따른다.

417) [校閱] 以上 원래 出典은 미상이나 동일한 내용이 『傳義大全』「易說綱領」에 확인되는데, 茶山이 다소 생략하고 변형하여 인용한 것으로 보인다. 예컨대 冒頭의 "王弼以爲"와 끝 부분의 "賸語"가 『傳義大全』에는 각각 "王弼曰"과 "剩語"로 나오거니와, 이처럼 모두 뜻에는 차이가 없는 것이니 일일이 지적하거나 고치지 않는다.

體나 『孟子』에 나오는 비유와 같은 것이 될 따름이다. 만약에 그러하다면 「說卦傳」을 지은 것이 『周易』에 무관한 것으로 되며, [「계사전(繫辭傳)」의] "가까이는 몸에서 취하고, 멀리는 사물에서 취한다"라는 말도 또한 쓸데없는 군소리가 될 것이다."

○案 朱子之說 嚴矣 大抵 十辟不推 則物象不合 六爻不變 則物象不合 互體不用 則物象不合 而九家之易 六爻不變 故諸法雖備 而物象不合 於是 王輔嗣 韓康伯 不以物象 而全用老莊之旨 諸法悉廢 而說卦 亦不收矣

○[案] 朱子의 말씀이 엄정하다. 대저 십벽괘(十辟卦)가 추이하지 않으면 物象이 부합하지 않고, [爻變을 적용하지 않아] 六爻가 변하지 않는다면 物象이 부합하지 않으며, 互體를 활용하지 않아도 物象이 부합하지 않거니와, [漢代의] 순구가(荀九家)의 易說에서는 六爻가 변하지 않으니 비록 나머지 여러 방법을 갖추고는 있으나[418] 物象이 부합하지 못한 것이다. 이에 왕보사(王輔嗣)나 한강백(韓康伯)이 [「說卦傳」의] 物象에 따르지 않고 老莊의 玄義를 전적으로 채용함에, 『周易』을 해석하는 여러 방법들이 모두 폐기되어 「說卦傳」[의 物象]도 또한 적용되지 않게 된 것이다.

〔原文〕 變動以利言 吉凶以情遷 是故 愛惡相攻 而吉凶生 遠近相取 而悔吝生 情僞相感 而利害生

변동은 이로움에 따라 말한 것이고, 吉凶은 정황에 따라 변천한다. 이런 까닭에 친애함과 혐오함이 서로 충돌하여 吉·凶이 생겨나고, 소원하고 친근한 것이 서로 관계를 맺어 悔·吝이 생겨나며, 참됨과 거짓이 서로 영향을 주고받아 이로움과 해로움이 생겨나는 것이다.

---

418) 즉 卦變(推移)이나 互體法은 알았다는 것이다.

十辟不推 則吉凶無所生 六爻不變 則悔吝無所生矣 何以云易

십벽괘(十辟卦)가[419] 추이하지 않으면 吉·凶이라는 것이 생겨날 데가 없고, 六爻가 변화하지 않으면 悔·吝이 생겨날 바가 없으니, 무엇을 가지고 "易"이라 하겠는가?

≪凡易之情, 近而不相得, 則凶, 或害之, 悔且吝. 將叛者, 其辭慙, 中心疑者, 其辭枝. 吉人之辭, 寡, 躁人之辭, 多, 誣善之人, 其辭, 游, 失其守者, 其辭, 屈.[420]≫

---

419) 十二辟卦에서 乾坤을 제외한 것이다.
420) 以上은 茶山이 생략한 구절이다.

周易四箋 戊辰本 卷之二十三

시괘전(蓍卦傳, 《本繫辭上傳文》1))

易 所以筮也 然 其所爲布筴求卦之法 未有傳者 唯繫辭上傳有一二策說 其義者 猶可以領其大體 故 朱子曰 揲蓍之法 周禮領於太卜 其法 必甚詳密 今不可見 獨賴大傳 有此數句 可以略見彷彿 而今推之 亦無不可通 《又云 繫辭言蓍法 大抵只是解其大略 今不可見 但如分而爲二 是 本文 以象兩 是 孔子解文也》 今取大傳 蓍卦之文 別爲表章 略加疏釋 顧自兩漢以來 緯書大興 謬義公行 承訛習誤 迄至于今 若其有乖於周公孔子之義者 不敢不辨

---

1) [校閱] 《本繫辭上傳文》이라는 말이 新朝本과 國中本에는 있으나, 奎章本에는 없다. “본래 「繫辭上傳」에 나오는 글이다”라는 뜻이다.

『周易』은 점치는 데 쓰기 위한 것이다. 그런데도 점대(策)[2]를 펼쳐 卦를 구하는 法이 전하지 않는다. 다만 「繫辭上傳」에 한두 가지 점대의 운용에 대한 설명이 있어, 그 뜻으로도 전반적인 내용을 파악할 수는 있다. 그러므로 朱子도 이르기를, "설시(揲蓍)의 法은 『周禮』에 보면 태복(太卜)이 관장하였는데, 그 방식이 치밀하였음이 분명하지만 현재는 알 수가 없다. 다만 「大傳」(「繫辭傳」)에 이러한 몇 구절이 나오는 것에 근거하여, 그 대체적인 방식을 소략(疏略)하게나마 짐작할 수는 있는데, 그래서 지금 여기서 그것을 유추하여 설정하거니와, 또한 통하지 못할 것은 없겠다"[3]라고 하였다. ≪또 朱子가 이르기를, "「繫辭傳」에서 시괘법(蓍卦法)을 언급한 것은 대개 그 대략을 해설한 것일 뿐이며, [따로 글이 있을 것 같은데] 현재는 볼 수가 없다. 그런데 '分而爲二', 즉 '나누어 둘로 한다'라고 한 것은 [시법(蓍法)의] 본문이고, 또 '以象兩', 즉 '하늘과 땅을 상징한다'이라고 한 것은 孔子가 그것을 해석한 글이다"라고 하였다.[4]≫ 지금 여기서 「大傳」의 [즉 「繫辭傳」의] 卦를 얻는 방식에

---

2) 책(策) : 점을 칠 때, 사용하는 댓가지 또는 시초(蓍草)를 가리킨다. 『戰國策』 「秦策一」의 "數策占兆, 以示利害(策을 세어 점을 쳐서 이로울지 해로울지를 살펴보다)"라는 句에 대한 주석에서 요굉(姚宏)은 "策, 蓍也"라고 하였다. (吳江原 譯註, 『儀禮』 卷1, 청계, 2000, 110~111면).

3) 『傳義大全』 「筮儀」에 "朱子曰, 揲蓍之法, 『周禮』, 領於太卜'之官'; 其法'度', 必甚詳密, 今'者'不可見; 獨賴「大傳」, 有此數句, 可以略見彷彿, 而今推之, 亦無不可通"이라는 말이 확인된다. 한편 이상의 朱子의 발언을 인용한 것은 蓍卦法을 재구성한 茶山 자신의 작업의 타당성 내지는 필요성을 입증하자는 것이겠으며, 또한 이런 작업이 前例가 없는 것이 아님을 보이고자 하는 것이다. 그러나 이후에 밝혀지는 바와 같이 茶山이 재구성한 蓍卦法은 朱子의 그것과는 판연히 다르다.

4) 『朱子語類』 卷75 「易」 「上繫下」에 나오는 부분인데, 茶山이 내용을 축약하여 인용한 것이다. 원문은 다음과 같다. 원문에서 ' '의 부분은 다산이 인용한 부분이며, 나머지는 생략된 부분이다. "'繫辭言蓍法, 大抵只是解其大略', 想別有文字, '今不可見. 但如' "天數五, 地數五", 此是舊文; "五位相得而各有合", 是孔子解文. "天數二十有五, 地數三十, 凡天地之數五十有五." 此是舊文; "此所以成變化而行鬼神", 此是孔子解文. "'分而爲二"是本文; "以象兩"是解'. "掛一". "揲之以四", "歸奇於扐", 皆是本文; "以象三", "以象四時", "以象閏"之類, 皆解文也. "乾之策二百一十有六, 坤之策百四十有四", 孔子則斷之以"當期之日"; "二篇之策萬有一千五百二十", 孔子則斷之以"當萬物之數" 於此可見."(宋 黎靖德 著, 王星賢 點校, 『朱子語類』 第5冊, 中華書局, 1986, 1916면)

대한 글을 가려내어 따로 하나의 편(篇)을 만들고 간략하게나마 해설을 붙인다. 돌이켜 보건대 兩漢 이래로 위서(緯書)들이 크게 통용됨에, 그릇된 해석이 공공연히 유포되어 잘못을 전승하고 오류를 되풀이하여 현재에까지 이르고 있으니, 만약에 [일반적으로 수용되는 學說이라고 해도] 周公과 孔子의 뜻에 어긋나는 것이 있다면 감히 따져 보지 않을 수 없는 것이다.[5)]

〔原文〕 大衍之數 五十 其用 四十有九

①[6)] 대연(大衍)의 數는 50이지만 그 쓰는 것은 49이다.

大衍者 衍卦之謂也 六十四卦之中 十二辟卦 配之於四時 中孚小過 配之於再閏 餘五十卦 周人 謂之 大衍 盖謂 此 五十卦者 皆受變於十四卦 而衍之爲卦也 《法詳推移表》 故曰 大衍 非五十卦之外 別有所謂 大衍者 存焉也

['두루 펼쳐낸다'는 뜻의] "대연(大衍)"이라는 말은 [결국] 연괘(衍卦)를 말하는 것이다.[7)] 64개의 괘 가운데 12개의 벽괘(辟卦)는 [春·夏·秋·冬의] 四時에 해당되고, 中孚卦와 小過卦는 두 번의 윤달에 해당하는데, 그 나머지 50개의 卦를 周나라 사람들이 "大衍"이라 부른 것이니, 대개 '이 50개의 卦가 모두 14개의 [辟]卦로부터 변화되어 나온 것으로, 그 14

---

5) 茶山이 제시한 시괘법(蓍卦法)은 일반적으로 통용되는 蓍卦法, 또는 朱子가 재구성한 蓍卦 방식과는 판이하다. 다산은 朱子 등에 의해 주장된 통설의 잘못을 바로잡고, 시괘법(蓍卦法)의 원형을 복원하고자 시도한 것이다. 그러나 朱子의 견해와 정약용의 견해는 어느 것이든 몇 가지 소략(疏略)한 자료에 근거해서 재구성한 것이라는 한계를 지니고 있다고 하겠다.

6) 이후 「시괘전(蓍卦傳)」 원문의 번역 앞에는 그 순서를 나타내는 이런 번호를 첨가하여 讀者들의 이해를 돕고자 한다.

7) 물론 이는 '50개의 시책(蓍策)'을 말한다. 그 원류 또는 근거가 '50개의 衍卦'라는 것이다.

개의 卦를 펼쳐 확장하여 卦로 만들었다'는 점을 말하는 것이다. ≪그 확장되는 방식은 「추이표(推移表)」에 상세히 나와 있다.≫ 그러므로 "大衍"이라고 한 것이지, 이런 50개의 卦 이외에 따로 이른바 "大衍"이라는 것이 있는 것은 아니다.

自漢以來 大衍之說 張皇煩惑 千頭萬緖 及至 關朗易傳 ≪僞書也≫ 乃云 天數 兆於一 生於二 成於三 衍於五 成於六 偶於十 ≪見第三篇 大衍義≫ 而天一生水 地二生火之說 遂爲不刋之典 其後 遂以河圖洛書之數 勒合之於大衍 則衍卦五十之跡 千載不復明矣

漢代 이래로 "大衍"에 관한 이론들이 장황하고 번잡하여 천 갈래 만 갈래인데, 『관랑역전(關朗易傳)』[8]에 이르러 ≪이는 僞書≫ "天數는 1에 조짐이 나타나고, 2에서 생기며, 3에서 이루어지고, 5에서 부연되며, 6에서 이루어지고, 10에서 무리를 이룬다"[9]라고 함에 ≪그 책 제3편 「대연의(大衍義)」에 나온다≫ "하늘은 1로 물을 생성하고, 땅은 2로 불을 낳는다"는 등의 說이[10] 마침내 바꿀 수 없는 전범(典範)으로 간주되었다. 이후에는 결국 하도(河圖)와 낙서(洛書)의 數를 가지고 억지로 "大衍"에 끼워 맞추니 [大衍을 의미하는] 衍卦 50개의 자취가 천 년 동안 다시 해명되지 못하였다.

8) 『관랑역전(關朗易傳)』: 『關氏易傳』(1卷)이라고도 한다. 관랑(關朗) 또는 관자명(關子明)은 魏晉南北朝시대의 인물인데, 그 易傳은 後代의 완일(阮逸)이 僞作했다고 함. 마국한(馬國翰)의 『옥함산방집일서(玉函山房輯佚書)』에 실려 있다.

9) 그 전모를 알지 못해 이것이 바른 해석인지는 자신이 없는데, 다만 인용된 구절만 보아도 "天數"라고 하면서 짝수와 홀수(天數)가 뒤섞여 있고, "成"이 거듭 언급되는 등 條理가 없다. 한편 여기서는 관랑(關朗)의 說이 부정적으로 인용된 것이라면, 아래 이 대목 마지막 부분의 細注에서는(즉 "分而爲二"의 바로 앞 줄) "關朗易傳, 亦云天數兆於一"이라 하며 긍정적 또는 수용적 맥락에서 인용하고 있다. 따라서 관랑(關朗)의 이런 說은 茶山의 관점에서 보면 근본적으로는 잘못된 것이지만 부분적으로는 옳은 점도 있는 것이라 볼 수 있겠다.

10) 이는 鄭玄의 논리이며, 『漢書』「五行志」에 나오는 말이며, 朱子가 채택한 說이다.

○其用 四十有九者 蓍之德 圓而神 七七 四十九 圓而不方 無以半分 無以四破 無以六解 無以八劈 無以十析 亦無以三分五破 故 特以是爲蓍筴之用數也 然 其體數 則五十也 五十之中任抽其一 除之 爲起數之本 ≪自二三 至於千萬 其本 乃[11]起於一≫ 則五十之策 未嘗不全用也

○"其用, 四十有九(그 쓰는 것이 49)"라 함은 [「繫辭傳」에서] "蓍之德圓而神(蓍策의 德이 圓融하고 神妙하다)"라고 말한 것에 연관된 것으로, 7에 7을 곱하여 생긴 숫자 49는 원융(圓融)하여 [7 이외로는 다른 숫자로] 나뉘지 않으니, 반으로 나눌 수도 없고, 4로 쪼갤 수도 없고, 6으로 풀 수도 없고, 8로 자를 수도 없고, 10으로 가를 수도 없으며, 또한 3등분할 수도 없고 5등분할 수도 없다.[12] 따라서 이런 측면에서 특별히 이 49라는 숫자로써 시책(蓍筴)을 운용하는 數(用數)로 삼은 것이다. 그러나 그 바탕 수(體數)는 [여전히] 50이다. 50개 가운데 임의로 그 하나를 뽑아 제외하여, 數가 계기(繼起)하는 근원으로 삼은 것이니[13] ≪2나 3에서부터 千이나 萬에 이르기까지, 그 근원은 바로 "1"에서 시작되는 것이다.≫ 결국은 50개의 시책(蓍策)이 전부 사용되지 않는 것이 아니다.

○或曰 除其一而不用者 是 太極之象乎

○[或問][14] 그 하나를 제외하고 사용하지 않는 것은 太極의 상징이 아닌가?

---

11) [校閱] 奎章本에서는 "乃"로 되어 있으나, 新朝本과 國中本에서는 "皆"로 되어 있다.

12) 말이 장황하지만 결국 "49"가 2, 3, 4, 5, 6, 8, 10으로 나누어지지 않음을 말하는 것이다. 물론 9로도 나뉘지 않으며, 단지 7로만 나누어진다.

13) 그 하나를 "起數之本"으로 간주한다는 것과, "太極"으로 간주한다는 견해는(朱子도 이에 속함) 완전히 다른 것이다.

14) 이후 "或曰"이라 하며 질의응답하는 내용이 자주 나오는데, 모두 "或問", "茶山答"이라 간명하게 문답체로 풀었다.

曰 太極者 天地水火之胚胎也 天地水火 於是乎 包含無漏矣 今 五十策而除其一 僅得五十分之一 烏足以當太極哉 是以爲起數之本耳 筮 主於數 ≪關朗易傳 亦云 天數兆於一≫

[茶山 答] "太極"이란 天・地・水・火를 품고 있는 근원이다. 따라서 天・地・水・火가 이에 모두 포함되어 빠짐이 없는 것이다. 그런데 지금 여기서 50개의 策에서 그 한 개를 가려내어 다만 50분의 1만을 얻었을 뿐이데, 어찌 그것이 [天・地・水・火까지도 다 포괄하는 그 어떤 전체인] "太極"에 해당할 수 있겠는가? 그러므로 [뽑아서 제외해 둔] 그 하나는 "數가 계기(繼起)하는 기초"로 삼은 것일 따름이니, 占筮는 數를 중심으로 하는 것이다. ≪앞서 인용한 『關朗易傳』[15]에서도 [근본적으로는 잘못된 說이기는 하지만] 역시 "天數는 1에서 조짐이 나타난다"고 하였다.≫

〔原文〕 分而爲二 以象兩

② [그 49개의 시초(蓍草)를] 나누어 두 부분으로 하여, [각각] 하늘과 땅을 상징한다.

朱子曰 兩 謂天地也 ≪本義云≫ 四十有九 信手中分 各置一手 以象兩 ≪啓蒙云≫ 四十九策 信手中分 則其一 必成奇數 其一 必成偶數 ≪假如 一手得十九 則其一手 必得三十≫ 奇者 天數也 偶者 地數也 胡玉齋 ≪名方平≫ 謂左手象天 右手象地 非矣 豈左手必得奇數 而右手必得偶數乎 其說 非矣

朱子도 "兩은 하늘과 땅을 말하는 것이다"라고 하였고 ≪『주역본의(周易本義)』에서 말했다.[16]≫ "[시초(蓍草)는 모두 49개인데] 그 49개를 손이 가는 대로 가운데를 나누어 각각 한 손에 두는데, 이것은 [天・地의] '兩'

15) 關朗 : 北魏의 關朗(子明).

16) 朱子 原著, 白殷基 譯註, 『譯註 周易本義』, 여강출판사, 1999, 573면.

을 상징하는 것이다"라고 하였다. ≪『역학계몽(易學啓蒙)』에서 말하였다.[17]≫ 이렇게 49개의 시책(蓍策)을 손이 가는 대로 그 가운데를 나누면, 한 쪽은 반드시 홀수가 되고, 그 다른 한 쪽은 반드시 짝수가 된다. ≪가령 한 손에 19개가 되면, 그 다른 손에는 반드시 30개가 된다.≫ 홀수는 天數이며, 짝수는 地數이다. 그런데 한편 [宋·元代 사람인] 호옥재(胡玉齋)[18]가 이르기를, "왼손은 하늘을 상징하고, 오른손은 땅을 상징한다"고 했는데,[19] 이는 틀린 말이다.[20] 어찌 왼손에 반드시 홀수를 얻고, 오른손에 반드시 짝수를 얻을 수 있겠는가? 이런 설명은 잘못이다.

〔原文〕 掛一 以象三

③[둘로 나누었을 때 짝수인 시책(蓍策)에서] 하나를 [뽑아 독대(韇帶) 사이에] 걸어서 [天·地·人의] 三才를 상징한다.

掛者[21] 掛之於韇帶之間也 ≪韇者 五十策所藏之櫝≫ 象兩之策 旣

---

17)『易學啓蒙』의 原文에는 "蓍凡四十有九, 信手中分, 各置一手, 以象兩儀"로 되어 있다. 즉, 원문에는 "以象兩"이 아니라, "…… 以象兩'儀'"로 되어 있다. 다산의 견지에서는 "兩儀"가 천지의 상징이므로, 原文처럼, "以象兩儀"로 인용할 경우에는 "天地의 상징(兩儀)을 상징(象)한다"는 뜻이 될 것이므로, 뜻이 잘 통하지 않게 된다. 따라서 茶山이 '儀'字를 빼버리고 인용한 것으로 생각된다(朱熹 著, 김상섭 譯, 『易學啓蒙』, 예문서원, 1994, 166~167면).

18) 호옥재(胡玉齋): 宋·元代의 경학가, 이름은 胡方平이며, 字는 師魯이며, 玉齋는 그의 號이다. 『역학계몽통석(易學啓蒙通釋)』(2卷)의 저자이다.

19) 左手象天, 右手象地: 胡玉齋의 『易學啓蒙通釋』에 나오는 句이다. 즉, "左手象天, 右手象地, 此象兩也"라고 함(胡方平, 『역학계몽통석(易學啓蒙通釋)』(『中國古代易學叢書』 第15卷), 中國書店出版社, 1992, 686면).

20) 左手象天, 右手象地: 한편, 현행 『傳義大全』「繫辭傳」의 "分而爲二, 以象兩"에 대한 注에는 특별히 胡氏의 말이라는 언급이 없이 "朱子曰"에 연속되는 부분에서 이와 같은 구절이 나온다(『備旨具解原本周易』, 1037면). 따라서 실제로는 朱子의 말로 간주해도 될 것 같다. 이후, 다산은 이 구절과 이어진 다른 부분을 朱子의 말이라 인용하고 있다(『四箋』 卷8, 16나).

21) [校閱] 新朝本에는 "推者"라 나오는데 誤字이다. 奎章本과 國中本에는 "掛者"라 나온다.

分 《分置筮席之左右》 就其陰策 《得偶數之策》之中 任抽其一 《信手取》 掛之於韇帶之間也 《帶 所以繫韇》

여기서 "건다(掛)"는 것은 [가려낸 한 개의] 시책(蓍筴)을 독(韇)과 그 끈(帶)의 사이에 걸쳐두는 것이다.[22] 《"독(韇)"[23]이라는 것은 50개의 시책(蓍策)을 담아두는 통이다.》 천지를 상징하는 시책(蓍策)을 나눈 다음에 《서석(筮席)의 좌우에 나누어 놓는다》 그 중에 음책(陰策, 즉 짝수를 얻은 蓍策)에서[24] 임의로 하나를 뽑아내어 《손이 가는 대로 취한다》 그것을 독(韇)과 그 끈 사이에 걸쳐두는 것이다.[25] 《여기 "끈"라는 것은 [그 뚜껑으로 인해 상하로 분리되어 있는] 독(韇)을 묶는 것이다》

謂之掛者 卦由此成故 其文從卦 《字從手 從卦》 與揲扐 二字 逈然不同 五十策之中 此爲結卦之實 《如華之結實》 策之不入於掛一者 非所以成卦也 然 此番之掛 仍是權掛 《姑掛之》 非正掛也 《說見下》

이를 "괘(掛)"라고 말하는 것은 하나의 卦가 이것에서 말미암아 이루어지기 때문인데, 그러므로 "掛"라는 글자가 '卦'字에 근거하는 것이며 《그 글자가 '手'와 [즉 '扌'와] '卦'에 의거함》 [이후 나오는] "설(揲)"이나 "륵(扐)"이라는 글자와는 완전히 다른 것이다. 50개의 시책(蓍策) 가운데 이것이 실질적으로 卦를 결속하는 것이다.[26] 《예컨대 꽃이 열매를 맺는 것과

---

22) "韇帶之間"을 위에서는 '韇과 그 帶 사이'로 보았으나, '韇을 묶는 끈(帶)들의 사이'로 볼 수도 있겠는데, 기실 어느 것이라 해도 거리의 차이는 없을 것이다.

23) 독(韇) : 시초를 넣어두는 통을 가리킨다. 또는 활과 화살을 넣어두는 器物을 뜻하기도 한다.

24) 이때 어느 쪽을 확인하는지 언급이 없는데, 아무 것이나 무방하겠지만, 일반적인 사례에 따라 왼쪽 것을 헤아려 보면 어느 쪽이 짝수인지 즉 陰策인지를 알 수 있을 것이다.

25) 한편, 앞서 "起數之本"으로 제외하여 두었던 '하나'는 어떻게 처리한다고 명시적으로 언급되지 않았는데, 여기 "掛一"하는 것을 "독대(韇帶)" 사이에 둔다고 했으니, 분명 이와는 구분되게 놓아두어야 할 것이다. 혹 "韇"에 다시 넣어 놓는 것인지도 모르겠다.

26) "結卦之實"을 '卦를 結束하는 실질', '卦라는 열매를 맺는 것' 등으로 풀 수 있겠는

같다.≫ 시책(蓍策)에서 이 "괘일(掛一)"에 들어가지 않는 것은 卦를 이루는 요소가 아니다. 한편 이번에 "걸어 두는 것"은 여전히 권괘(權掛)이고 ≪잠시 과정 중에 걸어두는 것≫ 정괘(正掛)는 아닌 것이다. ≪이 설명은 아래에 나온다.≫

○朱子曰 三 三才也 ≪天地人也 本義云≫ 陽策以象天 ≪奇數者≫ 陰策以象地 ≪偶數者≫ 掛一之策 以象人 ≪掛之於天策地策之間≫ 其必一策者 筮之所主者 一人也 ≪雖兆民之事 所主者 君一人≫

○朱子도 ["象三"의] "三"은 三才라고 하였거니와 ≪곧 天·地·人인데, 『주역본의(周易本義)』에서 이렇게 말함≫ 양책(陽策)은 하늘을 상징하고 ≪홀수인 것≫ 음책(陰策)은 땅을 상징하며 ≪짝수인 것≫ 여기 "괘일(掛一)"의 책(策)은 사람을 상징하는데 ≪天策과 地策 사이에 걸어 두는 것≫ 그것이 반드시 한 개의 책(策)으로 사람을 상징하는 것은 占筮를 주관하는 자가 바로 한 사람이기 때문이다. ≪비록 만백성의 사업이라도 주관하는 자는 군주 한 사람이다.[27]≫

○朱子謂 掛右手之一策 亦取一於陰策之意也 ≪今 不問左右手 唯陰策是取≫ 其必取之於陰策之中者 聖人之道 抑陰而扶陽 欲使天地之間 陽常爲主 而陰來聽命故 兩儀之策 旣立 卽令陰策 又變爲奇數 ≪取一策≫ 兩奇旣立 ≪謂取一之後≫ 合成一偶 ≪兩奇 則一偶≫ 則天地陰陽之數 實未嘗有所偏勝也

○朱子가 "오른손의 한 策을 [뽑아, 왼손의 새끼손가락 사이에] 걸어

데, 위에서는 그 뜻에 따라 보다 말이 순통하도록 풀었다.

27) 三才 중에 天·地를 상징하는 것은 여러 개의 策들인 데 반해, 人策은 하나뿐인 것을 해명하고 있다. 茶山에 따르면 이는 점을 주관하는 자가 한 사람이라 측면에서, 아울러 군주는 한 사람뿐이라는 측면에서 설명된다는 것이다.

둔다”고 한 것도 역시 ‘陰策에서 하나를 취한다’는 뜻[에서는 같은 것]이다.[28] ≪여기서는 왼손 오른손을 불문하고 오직 음책(陰策)에서 취한다.≫ 사람을 상징하는 시책(蓍策)을 반드시 음책(陰策)에서 취하는 이유는 聖人의 道가 음(陰)을 억누르고, 양(陽)은 북돋우어,[29] 천지 사이에 陽이 항상 주체가 되고 陰은 와서 그 명령을 듣도록 하고자 하기 때문이다. 그러므로 천지를 상징하는 시책(蓍策)이 성립되면 또한 그 음책(陰策)을 홀수로 바꾸는 것이며 ≪음책(陰策)에서 한 개의 책(策)을 뽑아냄≫ 이렇게 두 묶음의 홀수가 성립하여도 ≪음책(陰策)에서 하나를 뽑아 낸 이후를 말함≫ 이를 합하면 하나의 짝수를 이루니 ≪두 개의 홀수를 합하면 곧 하나의 짝수가 됨≫ 천지음양(天地陰陽)의 數에는 실제로 한 쪽으로 치우치는 바가 없다.

○掛一之法 若不依此 則歸奇於扐 一節 不可通 ≪義見下≫ 何者 所分陰策之數 若爲二十四 ≪四六也≫ 或爲二十 ≪四五也≫ 或爲十六 ≪四四也≫ 或爲十二 ≪四三也[30]≫ 則揲之以四 ≪法見下≫ 無復零奇之可落也 何以再扐哉

○“하나를 걸어 두는(掛一)” 방식이 만약 이와 같은 절차에 의거하지 않는다면, [이후 나오는] “나머지를 손가락에 끼운다(歸奇於扐)”라는 구절은 이해될 수가 없다. ≪이 구절의 자세한 설명은 아래에 나온다.≫ 왜냐하면 나누어야 할 음책(陰策)의 數가 만약에 24개가 되거나 ≪4×6=24[31]≫ 혹은 20개가 되거나 ≪4×5=20≫ 혹은 16개가 되거나 ≪4×4=16≫ 혹은 12개가 되었

28) 물론 그 ‘걸어 두는 곳’도 다르고 ‘오른손’이라 명시한 것도 다르지만, 그러나 陰策에서 하나를 빼는 취지는 朱子와 같다는 점을 지적하고 있는 것이다.

29) 陰策에서 하나를 뽑아 내는 것은 결국 陰을 하나 덜어내는 것, 즉 억누르는 것이다.

30) [校閱] 新朝本과 奎章本과 國中本에 모두 “三四也”라고 나오는데, 뜻이 통하지 않는 것은 아니지만, 앞의 사례와 같이 여기서도 “四三也”로 되어야 의미가 통하므로, 그렇게 고친다.

31) “四六也”라는 것은 실제 ‘4개씩 여섯 묶음’이라는 말인데, 이상과 같이 곱하기로 간명하게 표현하였다. 아래도 같다.

다고 할 때 ≪4×3=12≫ 그것을 4개씩 묶어 헤아려 나간다면 ≪이 방식은 아래에 나온다≫ 다시 나머지(零)나 홀수(奇)가[32] 떨어질 수 없으니 [이렇게 남는 것이 없는데] 어떻게 그것을 "거듭 손가락 사이에 끼울" 수가 있겠는가?[33]

○士冠禮云 筮人執筴 抽上韇 兼執之 ≪鄭玄云 韇 藏筴之器也 今藏弓矢者 謂之韇丸也≫ 少牢禮云 史左執筮 右抽上韇 兼與筮執之 ≪筮者 蓍策也[34]≫ 旣受命 史抽下[35]韇 左執筮 ≪句≫ 右兼執韇[36] ≪句≫ 以擊筮 ≪鄭玄云 擊之以動其神≫ 旣述命 乃釋韇 立筮 ≪士坐筮[37]≫ 旣占 史韇筮 ≪兼執卦≫ 賈公彦曰 韇 有二 其一 從下向上 承之 其一 從上向下 韜之也 ≪又云 韇 用皮≫ 旣有二韇 則二韇相合之後必有聯結之帶也[38]

○『儀禮』「사관례(士冠禮)」에서 말하였다. "서인(筮人)[39]은 시책(蓍筴)을

32) "영기(零奇)"는 결국 '나머지인 홀수' 또는 '홀수인 나머지'라는 뜻인데(이후 茶山의 설명이 나온다), 여기서는 보다 강조하는 뜻에서 둘을 나누어 풀었다. 한편 茶山의 방식으로 하지 않는다면, 陰策에서 2가 '나머지(零)'로 될 수는 있는데(예컨대 10이나 18 등의 경우), 이는 '홀수(奇)'가 아닌 것이다.

33) 朱子나 일반적인 경우에 '나머지'가 없으면 마지막 4개를 손가락 사이에 끼우는데, 그 4개를 나머지(零)나 홀수(奇)라 할 수는 없는 것이다. 한편 "륵(扐)", 즉 '손가락 사이에 끼우는 절차'는 두 번 있게 되는데, 여기서 "再扐"이라 명기한 것은, 그 陽策의 "揲之以四"에서는 '홀수인 나머지'가 나와서 그 '처음의 扐'은 가능하기 때문이다. "無'復'零奇之可落"의 "復"이라는 말도 "再扐"을 염두에 두었기에 하는 말이다.

34) [校閱] 奎章本에는 "蓍'筴'"으로 나오는데, 뜻은 다름이 없다.

35) [校閱] 奎章本과 新朝本과 國中本에 모두 "史抽'上'韇"이라 나오는데, 통행본『儀禮』「少牢饋食禮」에는 모두 "下"라고 나온다. 문맥으로도 "下"가 바르니 정정하였다.

36) [校閱] 新朝本에는 "右兼執'筮'"라 나오는데, 奎章本과 國中本의 "韇"이 옳다. '筮'나 '筴'은 같은 것이니, 문맥상으로도 '筴을 잡아 筮를 친다'는 것은 말이 되지 않는다.

37) [校閱] 奎章本과 國中本에는 '坐'字가 異體字로 나온다. 즉 좌상부의 '人'이 '口'로 되어 있다.

38) [校閱] 奎章本에는 "聯'絡'"이라 나온다. 뜻에는 다름이 없다.

39) 서인(筮人): 점치는 일을 담당하는 사람. 鄭玄은 注에서 "筮人, 有司, 主三易者"라고 하였다.

들어, 이를 시통(蓍筒, 韇)에 넣었다가, 다시 위의 뚜껑(上韇[40])을 열고, 한 손에는 뚜껑을 쥐고, 다른 한 손에는 [아직 시책(蓍筴)이 들어 있는] 시통(蓍筒)의 아래쪽을 받쳐든다."[41] ≪鄭玄, 여기 "독(韇)"은 시책을 담아 두는 器物인데, 지금도 활과 화살(弓矢)을 담아 두는 器物을 "독환(韇丸)"이라고 한다.[42]≫ 『의례(儀禮)』「소뢰례(少牢禮)」에는 "[家臣 중에] 史가 왼손으로 점대[가 담긴 韇]을 드는데, 오른손으로 위의 뚜껑(上韇)을 뽑아 열고 점대[가 아직 담겨 있는 下韇]과 맞잡아 든다. ≪[茶山] 여기서 "점대"라는 것은 시책(蓍筴)이다.≫ [주인에게] 점을 치라는 명을 받으면, 史는 下韇을 마저 뽑아 내고 왼손으로 점대를 잡는데 ≪여기서 斷句해야 됨≫ 오른손으로 [上下의] 독(韇)을 같이 쥐고 그것으로 점대를 두드린다 ≪鄭玄이 말하였다. "점대를 쳐서 그 神을 격동시켜 부르는 것이다."≫ [점치는 자가] 주인의 명을 되풀이하여 말하고 나서[43] 독(韇)은 놓아두고, 서서 占筮를 한다. ≪士의 경우는 앉아서 占筮를 한다.[44]≫ 이렇게 占筮를 한 다음에 史는 점대를 독(韇)에 넣는다. ≪茶山 : [이 때 史는 점쳐서 나온] 卦[를 기록한 판]도 같이 집어든다[45]"라고 하였다.[46]≫ 가

40) 상독(上韇) : 시초통의 윗부분, 즉 시초통의 뚜껑을 말한다. 반대로 "하독(下韇)"이라고 할 때는 뚜껑 아래의 시초를 담아두는 부분을 의미한다(吳江原 譯註, 『儀禮』 卷1, 청계, 2000, 111면).

41) 筮人執筴, 抽上韇, 兼執之 : 『儀禮』「士冠禮」에 나오는 句이다. 사관례(士冠禮)란 사士가 돌아가신 아버지의 신위가 모셔져 있는 사당문 앞에서 관(冠)을 쓰는 禮를 말하는데, 冠禮를 언제 올려야 길일吉日이 될 지를 점친 것이다. "兼執之"란 한 손에는 시초통의 뚜껑을 쥐고, 다른 한 손에는 시초통을 든다는 뜻이다(吳江原 譯註, 『儀禮』 卷1, 청계, 2000, 103~111면).

42) "韇丸"은 "韥丸"으로도 쓰며, '동개', 즉 弓矢를 넣어 두는 '집'을 말하는데, 일반적으로 가죽으로 만들며, 그렇게 하여 등에는 걸머지는 데 사용하기도 한다.

43) 어떤 연유로 점을 치게 되었는지 主人이 일정한 격식에 따라 먼저 말을 하는데, 이런 "命筮辭"를 직접 점치는 자가 다시 되풀이한다는 것이다.

44) 卿大夫의 시책(蓍策)은 '長五尺'이라서 일어서서 하는 것이 편리하고, 士의 경우는 '長三尺'이라 앉아서 한다고 함. 한편 長五尺의 경우에 실제로 그런 시초(蓍草)는 나지 않는다는 점, 또한 그렇다면 독(韇)은 그보다 더 커서 한 사람이 거의 다룰 수 없다는 점에서 허구라는 주장도 있다.

45) 여기 "兼執'卦'"의 "卦"는 말 그대로 '卦'가 아니라, 그것을 '기록한 판'이다. 실제로 卦를 집어들 수는 없는 것이다.

46) 以上 「少牢禮」의 글은 茶山이 많이 생략하고 변형시켜 인용한 것이다. 오히려 번잡

공언(賈公彦)[47]이 말하기를 "독(韇)은 [위아래] 두 부분으로 되어 있는데, 그 하나는 아래에서 위로 받치고, 다른 하나는 위에서 아래로 그것을 덮는다"라고 하였는데 ≪또한 "독(韇)은 가죽을 재료로 한다"고 하였다.[48]≫ 이처럼 2개의 독(韇)이 [나누어져] 있으니, 그 2개의 독(韇)이 서로 합쳐진 이후에 그것을 결합하여 묶을 '끈(帶)'이 반드시 있어야 하는 것이다.

○或曰 掛者 掛之於左手也 今謂之 掛於韇間 可乎

○[或問] "걸어 둔다"는 것은 왼손에 [끼어] 걸어 두는 것인데, 지금 "독(韇)[의 끈] 사이에 걸어둔다"고 하니 맞는 말인가?

曰 掛一 所以象人也 人在天地之間 若掛之於左手 則不在乎天策地策之間矣 其象人乎

[茶山 答] "하나를 걸어두는 것"은 [天地人의 三才에서] 사람을 상징하는 것이다. 사람이란 하늘과 땅 사이에 존재하는 것인데, 만약 왼손에 걸어 둔다면 [그 사람의 상징이, 하늘과 땅을 상징하는] 천책(天策)과 지책(地策)의 사이에 있지 않는 것이니, 그것이 사람을 상징하는 것이라 하겠는가?

〔**原文**〕 揲之以四 以象四時 ≪揲音舌≫

④[두 묶음으로 나뉘어 있는 48개의 시책을[49]] 4개씩 헤아려 [春·

하기만 할 것이니 그것을 일일이 지적하지는 않는다.

47) 가공언(賈公彦) : 唐나라 고종(高宗) 연간(650~665)에 태학박사(太學博士)·홍문관학사를 지냈고, 예학(禮學)에 정통하여 공영달(孔穎達) 등과 함께 『禮記正義』의 편찬에도 참여하였다. 그가 가려낸 『周禮疏』(50권)와 『儀禮疏』(50권)는 『十三經注疏』에 들어가며, 그 중에서도 『周禮疏』는 주자(朱子)가 "오경소(五經疏) 중 가장 좋은 것"이라고 평가하였다. 이밖에 『禮記疏』(80권)·『孝經疏』(5권)·『論語疏』(15권) 등의 저술이 있다.

48) 以上의 가공언(賈公彦)의 인용문은 『儀禮注疏』에 나온다.

49) 茶山의 경우, 이 48개가 반드시 홀수인 두 묶음으로 나뉘어지게 되어 있다.

夏·秋·冬의] 사계절을 상징한다. ≪[茶山] "揲"의 발음은 '설'이다.≫

揲 閱持也 ≪一作揲≫ 朱子曰 揲 數之也 謂 先置右手之策于一處 而以右手 四四而數左手之策 又置左手之策于一處 而以左手 四四而數右手之策也 ≪出大全≫ 今 擬左策右策 皆在筮席之上 ≪古筮必有席≫ 其揲之也 左策右策 皆以右手數之 不必紛紛然交易也

여기 "설(揲)"이란 어떤 개수(個數)로 묶어서 헤아려 나가는 것이다.[50] ≪"揲"은 "揲"로 적기도 한다.≫ 朱子는 "설(揲)이란 헤아리는 것으로, 먼저 오른손에 있는 시책(蓍策)을 한 곳에 놓아두고 나서, 오른손으로 4개씩 4개씩 왼손의 시책을 헤아리며, 또한 왼손에 있던 시책을 한 곳에 놓아두고 나서 왼손으로 4개씩 4개씩 오른손의 시책을 헤아리는 것을 말한다"라고 하였다.[51] ≪『周易傳義大全』에 나온다.[52]≫ 그런데 지금 [나의 방식에서는] 왼손의 시책이든 오른손의 시책이든 모두 서석(筮席)의 위에 놓여 있다는 점을 고려해 본다면 ≪옛 筮法에는 반드시 [시책을 놓는] '깔개'가 있었다≫ 그것들을 4개씩 헤아림에 있어 왼손의 시책이든 오른손의 시책이든 모두 [왼손으로 잡고] 오른손으로 헤아리면 되지 번거롭게 손을 바꿀 필

---

50) 이 말은 『說文解字』에 확인된다. 부연하면 개수가 많거나 나열되어 있는 것을 빨리 그리고 정확히 헤아리기 위해 흔히 2개씩, 또는 5개씩, 또는 10개씩 묶어서 헤아리는데, 이렇게 헤아리는 것을 "설(揲)"이라고 하는 것이며, 물론 蓍卦法에서는 4개씩 묶어 헤아린다.

51) 이는 '나머지를 왼손가락에 끼우는 것(扐)'이나, 내려놓았던 右策을 다시 집어 드는 것 등 여러 중간과정을 생략하고 하는 말이라서, 얼핏 보기에 잘 이해가 되지 않을 수 있다. 그 일련의 과정 중에 손을 바꾸어 가며 "揲四"한다는 측면만 말하다 보니 이렇게 된 것이다. 그래서 보다 讀者의 이해를 돕고자 "오른손에 있'는'", "왼손에 있'던'"이라고 풀어 보았다. 여기서 달리 더 첨언하면 오히려 복잡해질 것이니, 관심 있는 讀者들은 따로 朱子의 揲蓍法을 살펴보기 바란다.

52) 이른바 『周易傳義大全』은 理學大全 3부(즉 五經大全, 四書大全, 性理大全) 중에 五經大全의 일부로 明代의 胡廣 등 42인이 편찬한 것이다.

요는 없겠다.[53)]

○四時者 十二辟卦也 ≪自子月 復卦 以至亥月 坤卦≫ 大凡 陰陽旣判 而天地水火之氣 分行於四時 ≪天地水火 四氣也 以配四時≫ 故 易之爲道 以十二辟卦 分配四時 而揲蓍之法 又象四時 其必四四而數之者 象歲序之變遷 必以四時也 今年一四時 明年一四時 蓍策之四四閱數 有是象也

○"四時"란 12辟卦를 가리킨다. ≪자월(子月)에 해당하는 復卦에서 해월(亥月)에 해당하는 坤卦까지[54)]≫ 대저 陰陽이 나뉘면 天·地·水·火의 기운이 춘하추동 四時에 나뉘어 운행한다. ≪天·地·水·火는 四氣로 四時에 해당된다.≫ 그러므로 易이 기본 원리로 삼는 것은 12辟卦를 四時에 분배하는 것이며, 시책을 헤아리는 방법도 또한 四時를 본뜬 것이니, 여기서 반드시 넷씩 넷씩 시책(蓍策)을 헤아려 나가는 것은 한 해의 변화하는 차례가 반드시 [春·夏·秋·冬의] 四時에 따르는 것을 상징하는 것이다. 올해도 하나의 四時이고, 내년도 하나의 四時이니, 시책(蓍策)을 4개씩 4개씩 묶어서 헤아려 나가는 것에는 이러한 상징이 있다.

---

53) 朱子의 경우는 이 前 단계에서 시책(蓍策)을 양손에 모두 들고 있다가, 오른손의 것만을 내려놓고, 거기서 바로 하나를 집어 "掛一"을 하니(즉 왼손의 시책들은 계속 쥐고 있는 것이다) 이 "揲四"의 단계에서도 손을 바꾸어 가며 헤아리는 것이 일견 자연스러운 면이 있다. 그러나 茶山의 경우는 "掛一"의 前단계에서 홀수인 것을 확인하면서, 또는 "掛一"의 단계에서 "象三"을 이루기 위해, 이미 左·右策을 모두 筮席 위에 내려놓게 된다. (물론 "掛一"하는 방식도 두 사람이 다르다.) 그래서 여기 "揲四"의 단계에서 굳이 번거롭게 손을 바꾸어 가며 헤아릴 것까지 없는 셈이다.

54) 十二辟卦와 再閏之卦를 四時에 배당하면 아래와 같다.

月	1	2	3	4	5	6	7	8	9	10	11	12	閏月
卦	泰 ䷊	大壯 ䷡	夬 ䷪	乾 ䷀	姤 ䷫	遯 ䷠	否 ䷋	觀 ䷓	剝 ䷖	坤 ䷁	復 ䷗	臨 ䷒	中孚 ䷼
	寅	卯	辰	巳	午	未	申	酉	戌	亥	子	丑	小過 ䷽

盖唯天地之間 日月星辰之行 山川草木鳥獸之類 以至吾人之生養動止 莫不隨四時而變遷 故 一部易全體大用 唯在乎十二辟卦之變動往來 而揲蓍之法 必又象之也

대저 天地 사이에 일월성신(日月星辰)의 운행과 산천초목(山川草木)이나 날짐승 들짐승의 부류에서부터 우리 인간들이 나고 자라고 활동하고 쉬는 데에 이르기까지, 이 四時에 따라 변천하지 않는 것이 없다. 그러므로 『周易』이라는 한 권의 책에 전체적인 체계와 원대한 활용은 오직 12辟卦의 변화운동에 있을 따름이니, 시책을 헤아리는 방법도 또한 반드시 이것을 형상화하는 것이다.

○既揲之後 去其零策 仍照舊整理 分而爲二 以象兩 安置于左右原處

○이렇게 4개씩 헤아린 이후에, 그 '나머지 시책(零策)'들을 제외하고는, [남은 것들을] 다시 이전의 방법에 따라 정리하는데, 즉 "나누어 두 묶음으로 함에, 하늘과 땅을 상징"하도록 하여, 좌우의 원래 자리에 잘 놓아두는 것이다.55)

〔**原文**〕 歸奇於扐 以象閏

⑤손가락 사이에 [4개씩 헤아리고] 남은 것을 되돌려 끼워서 윤달을 상징한다.

奇者 陽數也 ≪不偶曰 奇也≫ 又 零數曰 奇也 前掛一之時 取一於陰策之中 而掛之 ≪說見前≫ 於是乎 揲之以四 則左策所零之

---

55) "扐"하게 되는 나머지 시책(零策)을 제외한 '餘他 蓍策'을 어떻게 갈무리하는지 말한 것이다. 그리고 "分而爲二, 以象兩"이라 했다고 해서 그 餘他 蓍策들을 합쳤다가 다시 좌우로 나누는 것은 아니고, 각각 차례대로 원래의 자리에 놓으면 되는 것이다.

數 非一則 必三也 ≪不滿四 謂之零數≫ 右策所零之數 亦非一則 必三也 ≪左三則右一 右三則左一≫ 旣是零數 又是陽數 此之謂 奇也 ≪兼二義≫

[여기서] "기(奇)"라는 것은 [홀수인] 陽數인데[56] ≪짝수가 아닌 것을 "기(奇)"라고 한다≫ 또한 '나머지 수'를 "奇"라고 한다. 앞서 "하나를 걸어 두는" 단계에서 음책(陰策) 가운데서 하나를 뽑아서 [독대(韇帶) 사이에] 걸어 두었는데 ≪이에 대한 설명은 앞서 나왔다≫ 이제 "4개씩 묶어 헤아림"에 곧 좌책(左策)의 나머지 수는 1이 아니면 반드시 3이 되며 ≪4가 되지 못하므로 '나머지 수'라고 하는 것이다≫ 우책(右策)의 나머지 수도 역시 1이 아니면 곧 3이 된다. ≪[전체적으로] 왼쪽의 나머지가 3이면 오른쪽은 1이며, 오른쪽이 3이면 왼쪽은 나머지가 1이다.≫ 이렇게 '나머지 수'이면서 또한 [1과 3으로] 陽數이니, 이것을 "기(奇)"라고 말하는 것이다. ≪[여기 "기(奇)"라는 말은, '나머지'와 '홀수'라는] 두 가지 의미를 겸하고 있는 것이다.≫

○朱子曰 扐 勒於左手中 三指之兩間也 ≪本義云≫ 勒者 止住之意 謂 此 零餘之策 今姑止住 於手指之間也 盖以揲四之事 雖畢 今當整理 其陰策陽策 以嚴象兩之本法 ≪分置于左右原處≫ 故 今姑扐住 於[57]指間也

○朱子는 "륵(扐)이란 왼손 셋째 손가락의 양쪽 사이에[58] 끼우는 것(勒)"이라고 하였는데 ≪『주역본의(周易本義)』에서 말했다≫ 여기서 "끼운다(勒)"는 것은 '머물러 있게 한다'는 뜻이니, [이 말은 결국] '이런 나머지 시책(蓍策)들을 지금 손가락 사이에 잠시 머물러 있게 함'을 말한다.[59] 요

56) 물론 여기 "陽數"는 수학에서 말하는 그것이 아니고, 1·3·5·7·9의 "홀수"를 말하는 것이다. 따라서 易法에서 "陰數"는 2·4·6·8·10의 짝수를 말한다.

57) [校閱] 新朝本과 國中本에는 "於"로 되어 있으나, 奎章本에는 "于"(우)로 되어 있다.

58) 즉 '둘째 손가락(食指)과 셋째 손가락(中指) 사이'와 '셋째 손가락과 넷째 손가락 사이'를 말한다.

컨대 4개씩 묶어 헤아리는 일이 완료된다고 해도, 바로 그 음책(陰策)과 양책(陽策)을 정리하여 "天地를 상징"하는 본래의 법식을 엄격히 따르니 ≪좌우의 원래 자리에 나누어 놓는다≫ 지금 잠시 손가락 사이에 끼여 있는 셈이다.

○閏者 中孚小過 二卦之謂也 十二辟卦[60] 分配於十二月 則不可無閏月 中孚者 大离也 ≪兼畫之离卦≫ 离者[61] 日也 ≪說卦云≫ 小過者 大坎也 ≪兼畫之坎卦≫ 坎者 月也 ≪說卦云≫ 日月之有畸贏 而閏月以成 此二卦 所以配之於閏月也 故 揲蓍之後 又取其四時之餘 ≪揲以四≫ 零奇之數 而歸之扐中 以象二卦之象也

○"윤달"이란 64卦 중의 中孚와 小過 두 卦를 말한다. 12辟卦는 열두 달에 배당되니 윤달이 따로 없을 수 없다. 中孚卦는 큰 离이고 ≪겸획하면 离卦[☲]의 형상≫ 离[☲]는 태양이다. ≪「說卦傳」에서 말함.≫ 小過卦는 큰 坎이고 ≪겸획하면 坎卦[☵]의 형상≫ 坎[☵]은 달이다. ≪「說卦傳」에서 말함.≫ 해와 달[의 운행주기]에는 [그 차이로 인해] 나머지가 있고, 윤달은 이 때문에 성립하니, 이 두 卦가 윤달에 배정되는 까닭이다. 그러므로 시책을 헤아린 이후에 또한 그런 四時의 나머지 ≪4개씩 묶어서 헤아린 것[의 나머지]를 가리킴≫ 즉 '홀수인 나머지 수'를 취하고, 그것을 손가락 사이에 끼워 [해와 달에 해당하는] 中孚와 小過의 [윤달이라는] 象을 모방하는 것이다.

○求卦之法如是者 謂吾之所求獲者 卽六十四卦之中一卦也 故 五十衍卦之象 必先摸擬之 以爲策 ≪五十策≫ 旣而曰 是 五十

59) "止"와 "姑"는 뜻이 통하니 이렇게 말하는 것이기도 하겠다.

60) [校閱] 新朝本에는 "十二辟'封'"이라 나오는데 誤字이다. 奎章本과 國中本에는 "卦"字로 나온다.

61) [校閱] 奎章本과 新朝本과 國中本에 모두 "'離'者"로 나오는데, 八卦의 '☲'를 말하는 것이니 "离"로 고친다.

卦者 何從生乎 是 唯十二辟之所衍也 於是乎 復爲揲四之法 以象之 ≪十二辟卦 卽四時≫ 旣而曰 有四時 豈可無閏月乎 ≪堯典云 以閏月 定四時≫ 於是乎 復爲歸奇之法 以象之 ≪象中孚小過≫ 卽此三法之中 六十四卦之象 悉悉俱存矣 神明 於此 始可以執其象 而指其一也 其義雖微 其文至著 不宜枉生端緖 以亂古人之成制也

○卦를 구하는 방법이 이와 같은 것은 우리가 지금 얻고자 하는 것이 바로 64卦 중에 하나임을 말하는 것이다. 그러므로 50衍卦의 象을 무엇보다 우선 모방하여 蓍策으로 삼은 것이며 ≪즉 50개의 시책(蓍策)≫ 이어서 '이 50개의 卦는 어디에서 나왔는가'라고 생각해 보니, 이는 오직 12개의 辟卦가 펼쳐 낸 것이라, 이에 다시 4개씩 헤아리는 방법으로 그 12벽괘를 본뜬 것이다. ≪12辟卦는 곧 四時이다.≫ 또 이어서 '四時가 있을진대, 어찌 윤달이 없을 수 있겠는가'라고 하며 ≪『尙書』「堯典」에 "윤달로 일 년 四時를 [완전하게] 확정한다"라고 하였다≫ 다시 '나머지를 손가락에 되돌려 끼는 法'을 만들어 윤달을 상징한 것이다. ≪즉 中孚와 小過를 상징한다.≫ 따라서 이상의 3가지 방법 가운데는 64卦의 상징이 모두 다 들어 있는 것이다. 천지신명이 이에 비로소 그런 상징들을 가지고 그 [卦들 중의] 하나를 지목할 수가 있는 것이다. 그 뜻은 비록 은미(隱微)하지만 그 글은 [이처럼] 매우 분명하니,[62] 부질없이 엉뚱한 단서를 잡아내어 古人이 이루어 놓은 규정을 어지럽힘은 옳지 않을 것이다.

○後來歸奇之法 毋論或四或二 凡四揲之時 最末之揲 ≪左右策 皆然≫ 謂之奇數 而歸之扐中 ≪凡再扐≫ 偶數 豈可曰 奇數乎 ≪二四 皆不奇≫ 二 猶可矣 ≪猶可云 零奇≫ 四則 於揲四之法 本非零數 ≪亦滿四≫ 豈可曰 零奇乎 掛一之時 取一於陰策之中 可謂 灼

62) 「繫辭傳」의 이 구절들이 비록 그 뜻은 은미하지만, 말은 분명하다는 것이다.

然無疑矣

○ 후대에 "나머지를 [손가락 사이에] 돌려 끼우는" 방식이,[63] 4개이건 2개이건 막론하고, 4개씩 헤아려 나갈 때 제일 마지막에 헤아리게 되는 것을 ≪좌우 시책에 모두 이런 식이다≫ '나머지 수'라고 하며, 그것을 손가락 사이에 끼우는데 ≪모두 두 차례 끼운다≫ 짝수인 것을 어찌 홀수라 할 수 있는가? ≪2와 4는 모두 홀수가 아니다≫ 2개는 가령 그렇다 치더라도 ≪가령 [단순하게 본다면] '나머지'라고 말할 수는 있겠다.[64]≫ 4개의 경우는 네 개씩 헤아리는 방식에 있어 본래 '나머지 수'가 아니니 ≪또한 [나머지가 없이] 4에 가득 찬 것이다.[65]≫ 어찌 '나머지'라고 할 수 있겠는가? [이상의 측면에서도] 하나를 [독대(韇帶) 사이에] 걸어 둘 때, 음책(陰策) 중에서 그 하나를 취함이 너무도 명백하여 의심의 여지가 없다고 할 것이다.

〔原文〕 五歲再閏故 再扐而後 掛

⑥ 5년에 두 번 윤달이 있으므로, 두 번 손가락 사이에 끼운 다음에 [그 중에서 하나를 뽑아내어, 독대(韇帶) 사이에] 걸어 둔다.

自今年冬至 距後五年冬至 其間 每可爲六十二月 故 五歲 必置再閏 ≪此 大略≫ 易 自乾坤以下 亦六十二卦 每以一卦 當一月 則其間不可無再閏也 故 中孚小過 以應再閏也

금년 동지(冬至)에서 5년 뒤의 동지(冬至)까지 그 사이는 언제나 62개월이 된다고 할 수 있다. 그러므로 5년에 반드시 두 번의 윤달을 두게 된

---

63) 여기 "後來歸奇之法"은 현재 통용되는 일반적인 방식, 즉 朱子의 방식을 말한다.

64) "기(奇)"에는 '나머지(零)'라는 뜻과 아울러 홀수(奇數)라는 뜻이 있는데, 이를 모두 고려하지 않고 단순히 '나머지'라는 뜻만 취해 본다면, 일단 그렇게 말할 수 있다는 것이다. 다시 말하지만 "奇"는, 앞서 茶山의 설명 따르면, 단순한 '나머지'가 아니라 "홀수인 나머지"라는 뜻이다.

65) 나눗셈으로 말하자면 하나의 '몫'이지 '나머지'가 아니라는 것이다.

다. ≪물론 이는 그 대략을 말한 것이다.[66]≫ 『周易』도 역시 乾·坤卦 이하가 62개의 卦이며, 각각 하나의 卦는 한 달에 해당하니, 그 사이에 두 번의 윤달이 없을 수 없다. 그러므로 中孚와 小過卦가 이 두 번의 윤달에 상응하는 것이다.

○再扐者 先揲左策 訖 取其奇 而扐之 ≪或一或三者≫ 次揲右策 訖 取其奇而扐之 ≪或三或一者≫ 再扐旣訖 取已揲過之兩筴[67] ≪左右策≫ 整頓安置于席上 ≪分左右≫ 次取所扐之策 四枚 ≪一與三 合之得四≫ 任抽其一 ≪信手取≫ 以爲掛一之用 ≪棄其三≫

○"두 번 손가락 사이에 끼운다"는 것은 먼저 좌책(左策)을 4개씩 헤아린 다음에 그 나머지를 취하여 손가락 사이에 끼우고 ≪한 개 또는 세 개이다.≫ 이어서 우책(右策)을 4개씩 헤아린 다음에 그 나머지를 취하여 손가락 사이에 끼우는 것이다. ≪세 개 또는 한 개이다.≫ 이렇게 두 번 손가락 사이에 끼우는 절차가 끝나면, 이미 4개씩 헤아린 양쪽의 시책(蓍筴)을 취하여 ≪左右의 시책(蓍策)[68]≫ 가지런히 정돈하여 서석(筮席) 위에 잘 놓아둔다. ≪좌우로 나누어 놓는다.≫ 다음으로 손가락 사이에 끼여 있는 4枚의 시책(蓍策)을 취하여 ≪1개와 3개이니 합하면 4개가 된다≫ 임의로 그 하나를 뽑아 ≪손이 가는 대로 취한다≫ [이후 독대(韇帶) 사이에] '하나를 걸어 두는' 용도로 삼아 둔다.[69] ≪남은 3枚는 제쳐둔다.≫

於是 取前所掛之一筴 ≪揲四之前所掛者≫ 與今所抽之一筴 ≪再扐

---

66) 5년은 60개월이고(5×12) 여기에 두 번의 윤달을 더하여 62개월이 되는 것이다.

67) [校閱] "取'已'揲過之兩筴"의 "이(已)"가 新朝本에는 "기(已)"로 보이는데, 그렇다면 誤字이다.

68) 손가락에 낀 '나머지'를 제외한 餘他의 시책(蓍策)을 말하는 것이다. 한편, "策"과 "筴"이 혼용되고 있는데, 물론 뜻은 다름이 없다.

69) "再扐而後'掛'"라 했는데, 여기서 뽑혀 나온 1枚의 시책(蓍策)으로 바로 "걸어 두는 것(掛)"이 아니다. 따라서 일단 "掛一의 용도로 삼아 둔다"는 것이다.

後所抽≫ 合同摩轉 ≪令不容私意≫ 擢其一而掛之 ≪亦於韇帶間≫ 此之謂 再扐而後掛也 此之謂 正掛也 ≪前所掛者 權掛也≫ 於是乎 稽其數之幾何 而書之於版上 ≪卦人 取筮人所掛之策 考其數而書之≫ 如是者三 始成一畫 ≪此之謂 三變≫ 凡 一奇二偶 爲陽 ≪立陽畫≫ 一偶二奇爲陰 ≪立陰畫≫

이어서 앞서 [독대(韇帶) 사이에] 걸어 두었던 시책 하나와 ≪4개씩 헤아리기 전에 [기수(起數)의 근본으로] 걸어 두었던 것≫ 방금 뽑아둔 시책 하나를 ≪즉 두 번 손가락 사이에 끼운 이후에 뽑아 둔 것≫ 합쳐서 같이 돌리면서 섞고 나서 ≪사사로운 마음이 개입되지 않도록 한다≫ 그 중에 하나를 뽑아서 내건다. ≪역시 독대(韇帶) 사이에 걸어 둔다.≫ 이상의 절차를 "두 번 손가락 사이에 끼운 다음에 걸어 둔다"고 하는 것이며, 이것을 '正掛'라 하는 것이다. ≪앞에서 독대(韇帶) 사이에 걸었던 것은 '권괘(權掛)'이다.[70]≫ 이에 그 ['正掛'된] 시책에 새겨진 숫자가 몇인지를 살펴서[71] 서판(書板) 위에 적는다. ≪卦人이 筮人이 걸어 둔 시책을 취하여, 그 숫자를 살펴 기록하는 것이다.[72]≫ 이와 같은 과정을 세 차례 반복하여야 비로소 하나의 획(畫)이 이루어지는데 ≪이것을 이른바 '삼변(三變)'이라고 한다.≫ 한 번은 홀수가 나오고 두 번이 짝수인 경우는 陽이 되고 ≪'陽畫 —'으로 나타냄≫ 한 번은 짝수이고 두 번은 홀수인 경우는 陰이 된다. ≪'陰畫 --'으로 나타낸다.[73]≫

70) "정괘(正掛)"란 '확정적인 掛', '완전한 掛'라는 뜻이겠고, "권괘(權掛)"는 '임시적인 掛', '방편적인 掛'라는 뜻이겠다.

71) 물론 여기서 蓍策 자체의 개수는 하나인데, 茶山에 따르면 그 蓍策 하나 하나에는 특정의 숫자가 새겨져 있다고 본다. 따라 그 숫자를 확인하는 것이다. 이후 자세한 설명이 나온다.

72) "主三易者"가 "筮人"이며, "卦人"(卦者)은 "主畫地識爻者"이다. 자세한 것은 『易學緖言』「복서통의(卜筮通義)」를 참조 바람.

73) 보다 정확히 말하면 2+3+3은 8로 少陰이 되고, 3+2+2는 7로 少陽이 된다. 당연히 모두 홀수인 경우는 3+3+3으로 老陽 九이며, 모두 짝수인 경우는 2+2+2로 老陰 六이다. 물론 이 네 가지를 구체적으로 書板에 그릴 때는 앞서 언급했듯이 각기 다른 부호가 있다.

○再筮 三筮 並與初筮 同 ≪亦除其一 分爲二 揲以四 歸其奇 掛其一≫

○재차(再次) 점대로써 점치는 것(再筮)이나 삼차로 점대로써 점치는 것(三筮)도 모두 이상의 처음 점대로써 점치는 방식(初筮)과 동일하다.74) ≪역시 그 하나를 제외하고, 둘로 나누어, 4개씩 헤아리고, 그 나머지를 손가락 사이에 되돌려 끼고, 그 하나를 내건다.≫

○求卦之法 如是者 謂太一旣判 ≪分爲二≫ 天地成列 ≪以象兩≫ 人處其中 ≪掛一以象三≫ 而四時遷變 ≪揲以四≫ 日月運行 ≪中孚小過 以成閏≫ 萬物於此 升降往來 ≪自十二辟 爲衍卦≫ 進退消長 ≪自復至乾 又自姤至坤≫ 而一切喜怒哀樂 成敗得失 死生禍福之情之機 莫不由是而生焉 故聖人者 立其象於求卦之時 使神明依其象而指之 此 其微旨妙義 誠不可移易其一毫也

○卦를 구하는 방식이 이와 같은 것은 다음과 같은 의미이다. 최초의 혼돈 상태가 나누어짐에 ≪분리되어 [하늘과 땅] 둘로 된다.≫ 하늘과 땅이 생겨나 [위 아래로] 늘어서고 ≪"兩"을 상징하는 것≫ 인간이 그 가운데 존재하며 ≪"하나를 걸어 두는 것"은 天地人 三才를 상징한다.≫ 春・夏・秋・冬의 四時가 변천하며 ≪4개씩 묶어 헤아리는 것≫ 日月이 운행한다. ≪中孚와 小過卦로 윤달을 이룬다.≫ 만물이 이에 승강왕래(升降往來)하고 ≪12辟卦에서 [50개의] 연괘(衍卦)로 변화되는 것≫ 진퇴소장(進退消長)하는데 ≪復卦에서 乾卦로, 또 姤卦에서 坤卦로 되는 것≫ 모든 희로애락(喜怒哀樂), 성패득실(成敗得失), 생사화복(生死禍福)의 정황에 기미가 이것에서 말미암아 생겨나지 않음이 없다[는 것을 말하는 것이다.] 그러므로 聖人이 卦를 구할 때에 그

74) 여기 "初筮", "재서(再筮)", "삼서(三筮)"란, 蒙卦 卦辭에서 "初筮告, 再三瀆"이라 한 것이나, 比卦 卦辭에서 "原筮"라 한 것과는 무관한 것이다. 다만 한 卦를 얻는 과정에서 그 절차를 대강 나누어 말한 것으로 보인다. 굳이 따지자면 여기 "三筮"는 한 획(畫)을 얻게 되는 "三變"에 해당한다고 하겠다.

와 같은 상징들을 설정하여, 천지신명이 그런 상징에 의거하여 그 정황의 기미를 지시해 주십사 하였던 것이니, 이런 구괘법(求卦法)은 聖人의 은미(隱微)한 취지와 신묘한 뜻으로서 진정 터럭만큼이라도 바꿀 수 없는 것이다.

○或曰 後來之法 通計掛扐之策 以定奇偶 而今只取掛一之策 而稽其奇偶 可乎

○[或問] 後代로 전해져 오늘날까지 통용되는 방식은, '걸어 둔' 시책과[75] '손가락 사이에 끼워 둔' 시책(蓍策)을 통틀어 계산하여 그 기수(奇數) 우수(偶數)를 판정한다. 그런데 지금은 단지 "걸어 둔 하나"의 시책만을 취하여 그 기(奇)·우(偶)를 살핀다고 하니, 이것이 옳은가?

曰 掛也者 卦也 ≪字從卦≫ 所以成卦者 掛也 揲與扐 非所以成卦也 何得通計

[茶山 答] "괘(掛)"라는 것은 결국 '괘(卦)'이다. ≪["掛"라는 글자 자체가] '卦'에 근거해 있다.≫ 卦를 성립시키는 所以가 되는 것은 "괘(掛)"이며, [4개씩 헤아리는] "설(揲)"과 [손가락 사이에 끼우는] "륵(扐)"은 卦를 이루는 所以가 아니다. [이렇게 그 중요도가 다른 것을] 어찌 같이 통틀어 계산할 수 있겠는가?

○又曰 後來之法 一變 只有一掛 故 經文 再扐而後掛 釋之爲第二變之掛[76] 今云 權掛 正掛 可乎

○[或問] 전래의 방법에 따르면, '1變'의 과정에 다만 한 번 걸어 두

---

75) 물론 "後來之法"에서는 걸어 두는 곳도 "韇帶"가 아니며, 왼손의 새끼손가락 사이에 끼우는 것을 "掛"라 하는데, 결국 "掛"나 "扐"이나 모두 왼손에 그렇게 하는 것이다.

76) [校閱] 奎章本에는 "釋之爲第二變之'卦'"라고 나오는데, 이는 "掛"의 誤字이다.

는 절차가 있을 뿐이다. 그러므로 경문(經文)에 "두 번 손가락에 끼운 이후에 걸어 둔다"[의 "걸어 둔다"]라는 말을 제2變에서 걸어 두는 것으로 해석하는데, 지금 [선생은] "권괘(權掛)"니 "정괘(正掛)"니 운운하니, 옳은 것인가?

曰 經文所記 只是一變之事 再扐 是一變之內再扐也 不了一變 而徑論二變 烏可乎哉 故 經文 先言 掛一 《以象三》 終云 再扐而後掛 詳玩文義 明是前掛者 爲權掛 而再扐之後掛者 爲正掛也

[茶山 答] 여기 경문(經文)에 기록된 것은 단지 1變의 과정이다. 그래서 ['두 번 손가락 끼워둔다'는] "재륵(再扐)"도 1變 내에서의 재륵(再扐)인 것이다. 그 1變이 아직 완료되지 않았는데 건너뛰어 제2變을 논하[였다]는 것을 어찌 옳다고 하겠는가?[77] 그러므로 經文에서 먼저 "하나를 걸어 둔다"라고 말하고 《三才를 상징하는 것》 끝으로 "두 번 손가락에 끼운 이후에 걸어 둔다"라고 말하였던 것이니, 글의 의미와 맥락을 자세히 음미해 보면, 분명 먼저 걸어 둔 것은 '권괘(權掛)'이고, 두 번 손가락에 끼운 이후에 걸어 두는 것은 '정괘(正掛)'인 것이다.

○又曰 後來之法 一揲之後 卽取第一揲所餘之策 《或四十四策 或四十策》 復行四營之法 《程逈云[78]》 今 於再揲三揲之時 亦全用四十九策 可乎

○[或問] 전래의 방식은 '일설(一揲)'한 후에,[79] [즉 처음 한 차례 4개

---

77) 이는 물론 茶山의 관점에서 그렇다는 것이고, 전래의 방식으로 보면 나름대로는 "再扐"에서 1變이 완료되는 셈이다.

78) [校閱] "程'逈'"의 '逈'字가 奎章本에는 그 우상단에 삐침(丿)이 없는 형태로 나오는데(즉 '冂') 그 本字이다. 本字로 하는 것이 옳겠으나 여기서는 通行字를 따른다. 한편 新朝本에는 "迴"로 보이는데, 그렇다면 誤字이다.

씩 헤아린 뒤에] 곧 그 제일설(第一揲)의 나머지 시책들을 가지고 ≪44개나 40개 시책이 된다.≫ 다시 사영(四營)의 방법을 수행하는데[80] ≪정형(程逈[81])이 이렇게 말했다≫ 지금 재설(再揲), 삼설(三揲)할 때에도[82] 여전히 49개의 시책을 모두 사용한다고 하니, 이것이 옳은가?[83]

曰 孔子之言 曰 其用四十有九 孔子之所不言 何得刱法乎 全用四十有九然後 歸奇掛一 方合經文矣

[茶山 答] 孔子의 말씀에 "그 사용하는 것은 49개이다"라고 하였거니와, 孔子도 말씀하시지 않은 것을 어찌 법식이라고 만들어낼 수 있단 말인가? [시종일관] 49개를 전부 사용해야만 "나머지를 돌려 손가락에 끼는 것"이나 "하나를 걸어 두는 것"이 비로소 經文과 부합하게 된다.

○又曰 再扐之策 四枚也 ≪三與一≫ 與前所掛之一策 ≪合成五≫ 合成[84]摩轉 而擢取其一 有何不可 而必於四枚之中 擢取其一 又執二枚之策 ≪前所掛一策 後所抽又一策≫ 而擢一以掛乎

○[或問] [선생의 견해에 따르면] 두 차례 손가락 사이에 끼는 시책이 도합 4매인데 ≪3개와 1개≫ 이것을 앞서 걸어 두었던 한 개 시책과 ≪합하면 5개가 된다≫ 합하고 비벼 섞어 그 중에서 하나를 뽑아내는 방식은 어떤 불가한 점이 있기에, 반드시 [손가락 사이에 끼웠던] 4매 가운데서 하나를 뽑아 내고, 다시 2매의 시책을 집어들어 ≪앞서 [독대(韇帶) 사이에] 걸

79) "일설(一揲)"은 "일변(一變)"에 해당한다.

80) "사영(四營)"은 곧 "一變"에 해당한다. 여기서는 '第一揲의 나머지 蓍策들을 가지고, 다시 四營을 한다'고 하니, 결국 "제2변"을 수행하는 것이다.

81) 정형(程逈)은 南宋人으로 號가 沙隨이다.『易學緖言』에「사수고점박(沙隨古占駁)」이라는 편이 있다.

82) 즉, 제2變, 제3變을 말한다.

83) 전래의 방식에서는 3變(3揲) 이후에, 즉 1畫이 이루어진 다음에 다시 49개를 사용한다.

84) [校閱] 新朝本에는 "同"으로, 奎章本에는 "成"으로, 國中本에는 "用"으로 되어 있다.

어 두었던 한 개 시책과 이후 [손가락에 끼웠던 4枚에서] 뽑아낸 또 하나의 시책≫ 그 중에서 하나를 뽑아서 걸어 두는 것인가?[85)]

曰 前所掛一策 是於四時之中 抽其一者也 ≪在揲四之先≫ 後所抽一策 是於再閏之中 抽其一者也 ≪後四枚 屬閏≫ 合四時再閏之策 ≪十二辟卦 及中孚小過≫ 而又擢其一 所以摠握六十四卦之精 而又拔其英也 此 其微旨玅[86)]義 眞所謂 絶滲漏 而無病敗 安能移易哉 若全取五枚 ≪前掛之一 及扐策之四≫ 而合同摩轉 則是四時之精一枚 而再閏之精 四枚也 不亦閏月之策 太麤太重乎

[茶山 答] 앞서 [독대(韇帶) 사이에] 걸어 둔 한 개의 시책은 四時[를 상징하는 것] 가운데서 그 하나를 뽑아낸 것이며 ≪네 개씩 헤아리기 바로 前단계[87)]≫ 뒤에 뽑아낸 한 개의 시책은 재윤(再閏)[을 상징하는 것] 가운데서 그 하나를 뽑아낸 것이다. ≪뒤의 4매는 윤달에 속하는 것이다.≫ [이렇게] "四時"와 "再閏"의 시책을 합하여 ≪즉 12辟卦와 中孚·小過卦[88)]≫ 다시 그 중에서 하나를 뽑는 것은 64卦의 정수(精髓)를 완전히 포괄하여 또한 그 정화(精華)를 빼내기 위한 것이다. 이는 그 은미(隱微)하고도 오묘한 뜻으로, 실로 이른바 '물샐 틈도 없이 하여, 전혀 병패(病敗)가 없다'는 것

---

85) 이상의 質疑는 일단 茶山의 관점이나 논리를 인정하고 나서, '당신의 관점에 따르더라도, 다른 방식이 가능한데, 꼭 그렇게만 해야될 이유가 무언인가'라고 반문하는 것이겠다.

86) [校閱] 新朝本에는 "少"로 되어 있는데, 誤記이다. 國中本에는 "妙"로 되어 있고, 奎章本에는 "玅"로 되어 있다. "妙"와 "玅"는 同字이다.

87) 한편, '掛一의 蓍策이 四時의 蓍策에서 나왔다'는 식의 말에 다소 의문이 있을 수 있다. 즉, "掛一"의 蓍策은 天地를 상징하는 두 묶음 중에서, 그 陰策(짝수인 蓍策 묶음)에서 뽑아낸 것이다. (물론 이는 天·地·人에서 人을 상징하는 것이다.) 따라서 "四時"가 아니라 그 前단계인 "天地" 중에서 뽑아낸 것이 아닌가? 細注에서도 "在揲四之先"이라고 했으니, 이는 곧 '四時 이전'이라는 말이 아닌가? 이상의 의문이 드는 것도 사실이지만, 여기서는 그와 다른 측면에서 四時와 윤달을 대비하여 말한 것이라고 보면 이해하지 못할 바는 아니다.

88) 四時와 再閏, 또는 十二辟卦 와 中孚·小過卦.

이니,[89] 어찌 달리 바꿀 수 있으리오? 만약에 [질문자의 말처럼] 5매를 모두 취하여 ≪앞서 걸어 둔 시책 1매와 손가락 사이에 낀 시책 4매≫ 같이 합해 비벼 섞는다면, 四時의 정수(精髓)는 한 매(枚)가 되고 再閏의 정수(精髓)는 4매(枚)가 되니, 이럴진대 또한 윤달의 시책이 지나치게 굵고 중복되는 것이 아니겠는가![90]

〔**原文**〕 天一 地二 天三 地四 天五 地六 天七 地八 天九 地十

⑦ 하늘의 數는 1이고 땅의 數는 2이며, 하늘의 數는 3이고 땅의 數는 4이며, 하늘의 數는 5이고 땅의 數는 6이며, 하늘의 數는 7이고 땅의 數는 8이며, 하늘의 數 9이고 땅의 數는 10이다.

此章 舊本 在十章之首 ≪在其知神之所爲乎之下≫ 宋本 在大衍章之上 ≪連下章 在大衍節之上≫ 項平菴云[91] ≪名 安世≫ 天一至地十[92] 班固律曆志 及衛元嵩 元包 運蓍篇 皆在天數五之上 ≪本姚大老說≫ 今按 天數五 一節 本在大衍章之下 文理宜然 而天數五之上 宜戴此節 故 今次錄 如右

月	1	2	3	4	5	6	7	8	9	10	11	12	閏月
卦	泰 ䷊	大壯 ䷡	夬 ䷪	乾 ䷀	姤 ䷫	遯 ䷠	否 ䷋	觀 ䷓	剝 ䷖	坤 ䷁	復 ䷗	臨 ䷒	中孚 ䷼
	寅	卯	辰	巳	午	未	申	酉	戌	亥	子	丑	小過 ䷽

89) "所謂"라고 하는 것으로 보아, "絶滲漏, 而無病敗"는 典據가 있는 말로 보이지만, 出典을 확인할 수 없다.

90) 이상 모두 4가지 질의와 응답이 나왔다.

91) [校閱] 奎章本에는 "項平菴" 앞에 "○"이 있으나, 여기서는 新朝本과 國中本을 따른다. 그리고 "菴"이 奎章本에는 "庵"으로 나오는데 같은 字이다. 통상 "庵"으로 더 많이 나오지만, 여기서는 後者를 따른다.

92) [校閱] 奎章本에는 "天一至地十"에서 '至'字가 빠져 있다.

이 章은 구본(舊本)에서는 10章의 첫머리에 나오는 것이다.[93] ≪"其知神之所爲乎", 즉 "그는 神의 所爲를 알진저!"[로 시작되는 舊本 9章이 모두 끝나고, 그] 다음에 나온다.≫ 宋本에서는 [그 9章에 해당하는] "大衍"章의 앞머리에 나온다. ≪[여기 「蓍卦傳」의] 다음 章과 이어져 "大衍"節의 앞에 나온다.[94]≫ 항평암(項平菴, 이름은 安世[95])은 말하기를, "天一에서 地十까지의 구절이 반고(班固)의 『漢書』 「율력지(律曆志)」와 위원숭(衛元嵩)[96]의 『원포(元包)』[97] 「운시(運蓍)」篇에 모두 '天數五'의 윗부분에 있다"고 하였다. ≪[茶山] 이는 본래 요대노(姚大老)의 말이다.[98]≫ 지금 살펴봄에, "天數五" 운운한 구절이 본래는 "大衍"章 다음에 있었던 것이니, 文理가 의당 그러하며,[99] 그리고 "天數五" 운운한 구절 위에는 의당 이 "天一地二"의 구절을 올려놓아야 하는 것이니,[100] 그래서 지금 수록 순서를 아래와 같이 한 것이다.

---

93) 여기 "舊本"은 宋代 이전의 판본을 두고 하는 말인데, 唐代 孔穎達의 『周易正義』를 대표적인 것으로 들 수 있겠다. 그리고 여기 "章"은 물론 「繫辭傳」의 章을 말하는 것이다.

94) 여기 "下章"의 "章"은 『周易四箋』 「蓍卦傳」의 章을 말한다. 즉 "下章"이란 다음에 "天數五" 운운한 구절을 말한다. 그리고 "大衍'章'", "大衍'節'"이라 하였는데, 前者는 그 구절이 나오는 전체 章을 말하는 것이고, 後者는 그 章에서 해당 구절만을 말하는 것이다. 그리고 "連下章"이라 했는데, '下章의 다음에 이어져 있다'는 뜻이 아니고, "下章" 즉 "天數五" 운운한 구절이 여기 "天一地二" 운운한 구절에 이어져 大衍節 앞에 나온다는 말이다.

95) 項平菴(?~1208)은 南宋人으로, 字가 平甫인데, 저서에 『주역완사(周易玩辭)』가 있다. 사망한 연도로 보아 朱子(1130~1200)와 거의 동년배로 사료된다.

96) 위원숭(衛元嵩, ?~579) : 북주(北周)의 승려. 혜능에 앞서 재가 수행 중심의 불교를 강력히 제기하였다. 나중에 환속승이 되어 무제의 폐불정책을 도왔다.

97) 『원포(元包)』 : 위원숭(衛元嵩)의 저술로서, 『元包經』(10卷)이라고도 한다. 『元包』는 太陰, 太陽, 少陰, 少陽, 仲陰, 仲陽, 孟陰, 孟陽, 運蓍, 說原 등으로 구성되어 있으며, 坤卦를 제일 앞에 배치하고 있는데, 이는 歸藏易을 祖述한 것이라 한다. 또 本書의 文義를 풀이한 「運蓍」와 「說源」의 二篇을 첨부하였으며, 그 책의 체제는 양웅(揚雄)의 『太玄經』과도 유사하다.

98) "요대노(姚大老)"는 어떤 인물인지 未詳이다.

99) 결국 이 부분은 宋本이 잘못되었다는 것이며, 그래서 이른바 "舊本"을 따른다는 것이다.

100) 결국 이 부분은 舊本을 따르지 않고, 宋本과 앞서 인용한 項安世의 說을 따른다는 것이다. 요컨대 앞서는 舊本을 따르고 여기서는 宋本을 따르니, 결국 茶山 나름의 第

此 蓍體所著之數也 龜不徒用 必以荊焦 灼之 ≪焦所以然火≫ 又以契刀 刻之 ≪鑿龜而鍥之≫ 以辨其沈陽山陵 ≪見左傳≫ 等 一百二十之兆 ≪見周禮≫ 蓍策 亦何得以天成之質 而用之乎 故 月令 有 釁筴之文 周官 有相簭之法 斯可驗也

이상 "天一地二" 운운한 것은 시책(蓍策)의 몸체에 [새겨져] 적혀 있는 숫자이다.[101] [점을 치는] 귀갑(龜甲)도 있는 그대로 사용하는 것이 아니라, 반드시 형초(荊焦)로 그것을 지지고[102] ≪"초(焦)"는 불을 붙이는 것이다≫ 또한 계도(契刀)로[103] 그것을 깎아서 ≪귀갑(龜甲)을 파고 깎는다.≫ 그 "침양(沈陽)", "산릉(山陵)" ≪『左傳』에 나온다.[104]≫ 등의 120가지의 조(兆)를 변별하였으니 ≪『周禮』에 나온다.[105]≫ 시책(蓍策)도 또한 어찌 자연상태 그대로 사용하였겠는가? 그러므로 『禮記』「월령(月令)」에도 "시책(蓍策)에 희생(犧牲)의 피를 바른다"는 글이 있고,[106] 『周官』에도 [해가 바뀌면 시

三의 순서로 된 것이다.

101) 蓍策의 몸체에 '一'에서 '十'까지 숫자가 적혀 있다는 것이다.

102) "형초(荊焦)"란 '荊나무 가지로 된 홰'라는 뜻인데, 부연하면 荊나무 가지에 불이 붙어 막 타오르는 상태가 아니라, 그것을 지나 불꽃이 사그러들면서 일종의 숯처럼 발갛게 단 상태에서 龜甲을 지지는 것이다. "荊"은 가시나무의 일종이다.

103) "계도(契刀)"는 漢나라 왕망(王莽) 시대의 화폐로서 칼 모양이며, 길이가 두 치 정도라고 한다. 그러나 여기서는 화폐와는 아무런 관련이 없으므로, '새기고 끊는 칼'을 가리키는 것으로 보면 될 것 같다.

104) "침양(沈陽)"과 "산릉(山陵)"은 거북점의 징조의 명칭이다. "침양(沈陽)"은 '哀公 9年'條에 보이는데, '陽氣인 불(火)이 물에 잠긴다'는 뜻이라 한다(남기현 역, 『春秋左傳』 下, 자유문고, 2003, 434면). "산릉(山陵)"이란 말은 '襄公 10年'條에 보이는데, 『左傳』에서는 "산릉(山陵)"이라는 점의 징조가 나오면, 전사(戰士)가 싸우러 나가면, 그 장수를 잃는다는 징조로 해석하고 있다(남기현 역, 『春秋左傳』 中, 자유문고, 2003, 242면).

105) 『周禮』「春官」「大卜」에 "其經兆之體, 皆百有二十" 운운하는 구절이 나온다.

106) 『禮記』「月令」에 "是月也, 命太史, 釁龜筴, 占兆審卦吉凶"이라 하였다. (여기 "是月"은 '10월'이다.) 한편, "흔책(釁筴)"의 "흔(釁)"은 일종의 제사 의식으로, 어떤 중요한 器物에 희생(犧牲)의 피를 발라 잡귀나 다른 삿된 것이 범접하지 못하도록(이른바 부정타지 않도록) 하는 것이다. 이렇게 피를 바를 때, 그 피가 잘 묻도록 또는 오래 묻어 있도록 먼저 얕은 홈을 파거나 가볍게 흠집을 내게 되는데(그래서 "釁"에는 '틈', '흠', '결점'이라는 뜻이 있다), 이런 점에서 茶山이 시책(蓍策)에 숫자를 새겨 두었을 것이라 유추하는 것이다. 즉 숫자를 새기느라 판 바로 그 자리에 피를 바른다는 것이다.

책(蓍策)을 새 것으로 바꾸는] "상서(相簭)"의 법이 있으니,[107] 이런 것들이 [시책(蓍策) 자체에 숫자를 새겨 놓았다는] 증거가 될 수 있겠다.

每蓍一筴 各刻以天地之數 ≪衅筴者 塗血於刻處≫ 刻一之筴 五枚也 刻二之筴 五枚也 三四五六七八九十 各具五枚 此之謂 大衍之策 五十也 苟無衅刻之數 而用其天質 則揲之以四 歸奇於扐 不出乎一二三四之外 五六以上 將安用之 而經文 若是哉 歸奇之數 猶有出入矣 至於掛一之策 每掛必一 ≪止一策≫ 未掛之前 其一已定 旣掛之後 其一尙然 三掛之後 其一爲三 此 何待布筴揲蓍而後得之哉 此所謂 沒字碑也

[따라서] 하나 하나의 시책에 각각 天地의 數를 새겨 놓았는데 ≪흔책(衅筴)이란 칼로 [숫자를] 새긴 부분에 피를 바르는 것이다.≫ '一'을 새긴 시책이 5매이고, '二'를 새겨둔 시책이 5매이며, 三・四・五・六・七・八・九・十도 각각 5매로, 이것이 '大衍의 시책 50개'를 말하는 것이다. 만일에 '새겨서 피를 바른 숫자'가 없이 시초(蓍草)를 그대로 사용한다면, "4개씩 헤아리고, 그 나머지를 손가락 사이에 돌려 끼우는 것"이 一・二・三・四를 벗어나지 않는데, 그 五・六 이상의 數는 어디에 쓰고자 經文이 이와 같다는 것인가? 4개씩 헤아려 그 나머지를 손가락에 끼우는 숫자에도 맞지 않는 점이 있거니와, 심지어 "하나를 걸어 두는데" 사용하는 시책에 있어서도, 매번 '거는 것'이 반드시 '一'이니 ≪단지 한 개의 시책일 뿐이다≫ 걸어 두기 전에도 그 '一'이라는 數는 이미 정해져 있고 걸어

107) 『周官』은 『周禮』의 異稱이다. 그 「春官」 「簭人」에 "上春相簭"라는 말이 나온다. 한편, 새 봄이 되면 시책(蓍策)을 교환한다는 뜻인 "상서(相簭)"가 그것에 숫자를 새겨 두었다는 근거가 되는 이유는 분명치 않다. 다만 이 역시 "흔책(衅筴)"과 연관된 것이 아닌가 사료된다. 즉 피를 발라 액맴을 한 것이니, 해가 바뀌면 그 기운이 다 했다고 보아 교환하여(즉 "상서(相簭)") 다시 "흔책(衅筴)"을 하게 되겠는데, 따라서 "상서(相簭)"하는 것은 "흔책(衅筴)"한 것이기 때문이고, 또한 "흔책(衅筴)"을 하기 위한 것이다. 그리고 그 "흔책(衅筴)"은 앞서 언급했듯이 숫자를 새겨 두었다는 방증(傍證)이 되는 것이다.

놓은 다음에도 그 '一'은 여전히 그러하여, 3차례 걸어 놓은 이후에는 그 '一'이 [단순히] '三'으로 된다. 이런 것이 어찌 시책을 펼쳐서 헤아린 이후에 얻은 것이겠는가? 이렇게 한다는 것은 이른바 [겉보기에 그럴 듯해 보이나 아무 실속도 없는] "글자 없는 비석"과 같은 것이다.

夫掛也者 卦也 結卦之實 必此掛一 《字從卦》 神化妙用 都在掛一 精英骨子 只此掛一 《字從卦》 乃其掛一之數 確然前定 則分二 揲四 皆汗漫矣 此 其蓍策之體 必有劈刻之跡 亦已章章明矣 故再扐掛一之下 卽承以天一地二之節 而繼言其義

대저 "괘(掛)"라는 것은 곧 '卦'이다. 卦를 이루는 핵심적인 요소는 모름지기 이 "하나를 걸어 두는 것"데 있는 것이니 《글자 자체도 '卦'에 의거하고 있다》 그 신묘한 변화와 운용이 모두 "하나를 걸어 두는 것"에 달려 있다. 핵심 골자가 단지 이 "하나를 걸어 두는 것"인데 《글자도 '卦'에 의거하고 있다》 그 "하나를 걸어 두는 것"의 數가 사전에 명백히 정해져 있다면, "둘로 나누는 것"이나 "네 개씩 묶어 헤아리는 것"은 모두 공허한 짓일 뿐이다. 이에 그 시책(蓍策)의 몸체에 반드시 숫자를 새기고 피를 바른 표시가 있음이 또한 이미 구절 구절마다 분명하다. 그러므로 "나머지를 두 차례 손가락에 끼우고, 하나를 뽑아서 걸어 둔다"는 구절 다음에 바로 이 "天一地二"라는 구절을 연결하여, 그 [하나를 걸어 두는] 뜻을 이어 말한 것이다.

盖以掛一之策 旣出 始可以稽其刻 而察其數也 故於是乎 明言之 曰 一三五七九 是 天數也 可作陽數用 二四六八十 是 地數也 可作陰數用 是 其掛一之策 一枚之內 明有此十數可得[108]

108) [校閱] 新朝本에는 "可'謂'之理"로 나오는데, 나름대로 말이 되며, 크게 보면 奎章本 또는 國中本과 더불어 뜻에서도 차이가 없지만, "可得"이 보다 순통한 듯하여 여기서

之理也 如無所刻 何以爲五六 何以爲七八九十乎 眞大夢矣

대저 걸어 두는 하나의 시책(蓍策)이 나온 다음에야 비로소 그 새겨진 것을 살펴서 해당 숫자를 분명히 알 수 있다. 그러므로 여기에서 명백하게 말하고 있거니와, 一·三·五·七·九는 天數라고 하였으니 [일률적으로] 陽數로 삼아 적용할 수 있으며, 二·四·六·八·十은 地數라고 하였으니, [일률적으로] 陰數로 삼아 적용할 수 있는 것이다.[109] 따라서 걸어 두는 시책 1매(枚) 자체에 분명 이런 10가지 숫자[에서 하나]를 얻을 수 있는 소이가 있는 것이다. 만일 새겨 둔 숫자가 없다면, 어떻게 五·六이 되겠으며 七·八·九·十이 되겠는가? 진실로 [속히 깨어나야 할] 기나긴 꿈일지라!

〔**原文**〕天數五 地數五 五位相得 而各有合 天數 二十有五 地數 三十 凡天地之數 五十有五 此 所以成變化 而行鬼神也

⑧天數가 다섯 가지이고 地數가 다섯 가지인데, [天數와 地數의] 다섯 자리가 [1−6, 2−7, 5−10 등으로] 서로 호응하며, 각기 [다섯 자리라는 측면에서] 합치된다.[110] 天數는 [그 합계가] 25이고 地數는 30이니, 모든 天地의 數는 [합계가] 55이다. 이런 天地의 數는 변화를 이루고 귀신(鬼神)[이 그 뜻]을 운용하는 수단인 것이다.[111]

此章 古本 直承大衍章之下 《宋本[112] 冠之於大衍之上》 蓋以掛一

는 後者를 따른다.

109) 여기서 "陽數"나 "陰數"로 삼아 적용한다는 것은, 곧 蓍卦法에서 다섯 가지 天數를 "3"으로, 다섯 가지 地數를 "2"로 나타냄을 말한다. 물론 陰數와 陽數는 짝수와 홀수 일반을 뜻하는 말이지만, 각각 2와 3이 그것을 대표하는 것이다.

110) 아래 茶山의 설명에 의거하여 미리 내용을 삽입하여 풀었다.

111) '鬼神을 운행하는 것'과 '鬼神이 그 뜻을 운용하는 것'은 분명 그 주체가 다르다. 그러나 아래 茶山의 설명에 따라 後者의 뜻을 살리고자 위와 같이 풀었다.

112) [校閱] 新朝本에는 "宗本"이라 나오는데 誤字이다. 奎章本과 國中本에는 "宋本"이라 나온다.

之策旣出 始可以稽其數 ≪卽上節≫ 其數旣書 ≪書于版≫ 再揲三揲 凡三書其數 ≪書于版≫ 其數旣積 ≪三之合≫ 合計之 而得其總數 ≪假如 初得一 再得四 三得七 則都數 爲十二≫ 故於此 立合計之率 而令人按行也

이 章은 [宋代 이전의] 古本에서는 "大衍"章의 아래에 바로 이어져 나온다. ≪宋本은 "大衍" 운운한 구절의 위에 올려놓았다.[113]≫ 대저 걸어 두는 하나의 시책이 나와야 비로소 그 [새겨진] 숫자를 살필 수가 있는데 ≪즉 윗구절에서 언급된 숫자들≫ 그렇게 나온 숫자를 기록하고 나서 ≪서판(筮版)에 쓴다≫ [역시 49개의 시초(蓍草)로] 두 번째로 설시(揲蓍)하고 세 번째로 설시(揲蓍)하여 모두 세 차례 그 숫자를 기록하게 된다. ≪역시 서판(筮版)에 기록한다.≫ 이렇게 그 숫자들이 축적되면 ≪세 차례의 것을 모은 것≫ 그것을 합계하여 그 총수를 얻게 된다. ≪가령 그 처음 얻은 것이 1, 두 번째가 4, 세 번째가 7이라면, 모두 합한 수는 12가 된다.≫ 그러므로 여기서 ['합계가 天數는 25, 地數는 30이니, 天地의 數는 모두 55'라고] 합산하는 표준(率)[114]을 제시하여, 사람들이 그렇게 따르도록 한 것이다.

○ 五位相得者 謂一與六相得 二與七相得也 而各有合者 謂陽位旣五 陰位亦五 故各有所合也

○"[天數와 地數의] 다섯 자리가 서로 호응한다"는 것은 天數 1과 地數 6이 서로 호응하며, 地數 2와 天數 7이 서로 호응함을 말하는 것이다.[115] "각기 합치된다"는 것은 陽의 자리가 5개인데 陰의 자리도 역시

113) 앞서 "天一地二"의 구절을 설명하면서도 이런 순서에 대해 언급하였다. 그것을 환기시키는 말 내지는 그와 연관지어 보라는 말이겠다.

114) 여기 "率"은 '律'이고, 따라 '法'의 뜻이다. 이후 "合計之'法'", "合同算計之'法'"이라는 말이 나온다.

115) 한편, 朱子의 경우는 앞서 原文에 나오듯이 '1－2', '3－4', '9－10'으로 대응한다고 본다.

5개가 됨을 말하는 것이니, 그러므로 '각기 합치하는 바가 있는 것'이다.[116]

○凡天地之數 五十有五者 非有微妙隱奧之理 只是示合計之法者也 謂 一畫旣成 通計三變之時 其參錯陰陽之數 而合同算計之法 一如天數五地數五之合之爲五十有五也

○"모든 天地의 數는 [그 합이] 55가 된다"는 것은 어떤 은미하고 오묘한 이치가 담겨 있는 말이 아니고, 단지 합산하는 방식[117]을 보여주는 것일 따름이다. 하나의 획(畫)이 이루어짐에 있어 그 세 차례 "변(變)"의 결과를 합산할 때, 그 뒤섞여 있는[118] 陰陽의 숫자들을 같이 합쳐서 계산하는 방식이 일례로 '天數 다섯 가지와 地數 다섯 가지를 합하면 55가 되는 것'과 같다는 말이다.[119]

○成變化者 謂三變之數 並得奇數 或並得偶數 則其畫卽變

116) 茶山은 "各有合"을 단순히 '天數와 之數가 각각 다섯 자리이니, 그 다섯 자리라는 측면이 서로 합치된다'는 뜻으로 풀고 있다. 요컨대 위의 구절에 대해, '1－6', '2－7', '5－10' 등에 모두 차이가 5로 된다는 등 기존에 여러 설명이 있지만, 茶山은 그런 설명을 피하고자 하는 것이겠다.

117) 앞서 "合計之'率'"이라는 말이 나왔다.

118) 여기 "참착(參錯)"은 이후 "'參'伍以變, '錯'綜其數"를 염두에 둔 말이라 할 것이다.

119) 앞서 茶山이 예를 든 것처럼, 가령 그 처음 얻은 것이 1, 두 번째가 4, 세 번째가 7이라면, 이는 天地의 數를 더함에 55가 되는 방식으로 계산하여, 도합 12가 되는 것이다. 한편 이렇게 합계하는 것이 蓍卦 절차에 있어 어떤 구체적인 역할을 하는 것은 아닌 것으로 보인다. 즉 1·3·5·7·9의 天數는 陽數를 대표하는 '3'으로, 2·4·6·8·10의 地數는 陰數를 대표하는 '2'로 계산됨에 그 합계가 실제로는 6·7·8·9 중에 어느 하나로 되기 때문이다. 따라서 일단 茶山의 말은, 筮板에 그 숫자들을 기록한다는 점에서 이런 합계 절차도 있다는 뜻이겠는데, 다른 한편 아래에서 "凡十八變之間, 所得天地之數 ≪一二至九十≫ 又當合而計之, 以定日月遲速, 或測人物之多少"라고 하였으니(『四箋』 卷8, 24가) 이런 합계가 나중에 점을 풀이하는 데는 일정 정도의 역할을 하는 것으로 보인다. 그리고 이런 합계를 언급함은 동시에 蓍策의 몸체에 10가지 숫자 중에 어느 하나가 새겨져 있다는 傍證이 되는 것이기도 하겠다.

≪詳見下≫ 或奇偶參錯 則其畫不變 陰陽變動之法 起於天地五數之內也

○"成變化", 즉 "변화를 이룬다"라고 한 것은 '三變'으로 나온 숫자들이 모두 홀수를 얻거나 모두 짝수를 얻으면 그 획(畫)이 곧 변하며 ≪상세한 설명은 아래에 나온다≫ 또는 홀수와 짝수가 뒤섞여 있으면 그 획은 변하지 않는데, 이런 陰陽의 변동 방식이 天地의 다섯 가지 숫자[120] 안에서 起源하는 것을 말한다.

○行鬼神者 謂蓍策屢揲 象數屢移 則鬼神 得以操其權 ≪操蓍策多少之權≫ 而竟指其所宜得之卦 所宜得之爻也 謂使鬼神 得行其志也 漢儒 誤解此文 謂可以奪造化 而役鬼神 於是 納甲飛伏之說作 而讖緯邪誕 九宮風角之術 莫不藉口於聖經 可勝歎哉

○"行鬼神", 즉 "귀신[이 그 뜻]을 운용한다"라고 한 것은 시책(蓍策)을 누차 [4개씩] 헤아려 '象'과 '數'가 거듭 변천하면, 귀신이 그 권능을 부려서 ≪시책(蓍策)의 多少에 대한 權能을 부림≫ 마침내 '마땅히 얻게 되는 卦'와 '마땅히 얻게 되는 爻'를 지시하는 것을 말하는데, 즉 귀신으로 하여금 그 뜻을 수행할 수 있도록 함을 말한다.

漢儒들은 이 구절을 오해하여 天地의 造化를 결정하고 귀신을 마음대로 부릴 수 있다는 식으로 말하였는데,[121] 이에 "납갑(納甲)"이니 "비복(飛伏)"이니 하는 說이 나오게 되고,[122] "참위(讖緯)"로 허무맹랑하게 되었으며,[123] "구궁(九宮)"[124]이니 "풍각(風角)"[125]이니 하는 雜術이 이 聖人

---

120) 물론 天地가 각각 5가지로, 모두 10가지이다.

121) "奪造化, 而役鬼神"이라 했는데, "奪造化"는 原文의 "成變化"에, "役鬼神"은 原文의 "行鬼神"에 상응하는 것이다.

122) "납갑(納甲)"은 말 그대로는 '甲에 배당한다'는 뜻이고, "비복(飛伏)"은 '나타나 있는 것(飛)'과 '배후에 숨어 있는 것(伏)'이라는 뜻인데, 漢代 象數易의 대표적 이론들이라 하겠다.

123) "참(讖)"은 '圖讖', '讖語' 따위를 말하고, "위(緯)"는 '緯書'를 말한다.

의 經典을 [즉 『周易』을] 빙자하지 않음이 없게 되었으니, 어찌 그 개탄스러움을 이루 다 할 수 있으리요!

自漢以來 疏釋此經者 不出於水火生成之說 而却與大衍之數混之爲一 夫大衍之數 明明是五十也 天地之數 明明是五十有五也 彼乃蓍策之體數 ≪策五十≫ 此 乃蓍策之用數 ≪刻於蓍策 以爲用≫ 經文赫然 昭如日星

漢代 이래로 이 經文을[126] 해석하는 자들이 '水가 생성된다'느니 '火가 생성된다'느니 하는 說에서 헤어나지 못하여, 결국에 [이 "天地의 數"를] "大衍의 數"와 혼동하여 같은 것으로 보았다. 대저 "大衍의 數"는 명백히 "50"이고, "天地의 數"는 명백히 "55"이다. 前者는 곧 시책(蓍策)의 '바탕 수(體數)'이고 ≪시책이 50개≫ 後者는 곧 시책(蓍策)의 '운용하는 數(用數)'이다. ≪시책 자체에 새겨 둔 數로 실제 운용하는 것이다.[127]≫ 經文이 이처럼 분명하여 명확하기가 해나 별과 같다.

乃鄭康成者[128] 首倡拗戾之論 以五十有五天地之數 勒合之於單五十大衍之數 旣又指此天地之數 曰 此 大衍數也 其言曰 五行氣幷 故減五 ≪鄭玄云≫ 此 鄭故爲喑啞之言 以自欺而欺人也 ≪或云 生數止五 成數止十 故只用[129]五十≫ 指鹿爲馬 以愚黔首 而人莫

124) "구궁(九宮)"은 八卦, 즉 八宮에 가운데 '中宮'을 더한 것인데, 이른바 『易緯』「乾鑿度」에 나오는 說이다.

125) "풍각(風角)"은 '四方四隅'(角)의 '바람(風)'을 보아 길흉을 점치는 법을 말한다.

126) "此經"을 "이 『周易』이라는 經典" 정도로 풀 수도 있겠으나, 보다 엄밀하게 보아 위와 같이 풀었다. 다른 곳에서도 茶山은 '經典의 특정 구절'을 "此經"이라 표현하고 있다.

127) 앞서 "大衍의 數" 자체에서는 50개의 시책(蓍筴)이 '바탕 수(體數)'이고, 그 49는 '운용하는 數(用數)'라고 하였다.

128) [校閱] 奎章本에는 "乃鄭康成'者'"의 '者'字가 빠져 있다.

129) [校閱] 新朝本에는 "故只'角'五十"으로 나오는데 誤字이다. 奎章本과 國中本에는 "用"으로 나온다.

之悟 不亦異哉

그런데도 정강성(鄭康成)[130]이라는 인물이 처음으로 이치에 닿지 않는 說을 주창하며, 55인 '天地의 數'를 억지로 단지 50일 뿐인 '大衍의 數'에 끼워 맞추었는데, 이미 이것이 天地의 數라고 지목해 놓고는, [다른 한편으로] 이것이 大衍의 數라고 하였다. 그가 말하기를 "[水·火·木·金·土의] 五行의 기운은 [1-6, 7-2이라는 식으로 天地의 數를] 두 개씩 아우르니 5를 뺀다"고 하였다. ≪鄭玄이 이렇게 말했다.≫ 이런 說은 鄭氏가 공연히 되지도 않는 말을 하여, 자신을 속이고 남도 속인 것이다. ≪혹자는 [大衍의 數에 대해] 生數는 五에서, 成數는 十에서 極에 달해 끝나므로, [5×10으로] 다만 50을 적용하는 것이라 하기도 하였다.[131]≫ 사슴을 가리켜 말이라고 하며,[132] 모르는 사람들(黔首)을[133] 우롱하는데, 사람들이 그것을

---

130) 정강성(鄭康成): 漢나라 때 역학자, 字는 玄이고, 名은 康成이다. 『易學緖言』에 「정강성역주론(鄭康成易注論)」이 있다.

131) "或云"이라고 茶山이 얼버무리고 있지만, 이는 실제로는 朱子의 說이다. 『朱子語類』「易」「上繫下」에 보면 "五是生水之極, 十是成數之極, 以五乘十, 亦是五十, 此一說也"라는 말이 나온다.

132) 지록위마(指鹿爲馬): 『史記』「秦始皇本紀」에 나온다. 진시황제(秦始皇帝)가 죽자, 측근 환관인 조고(趙高)가 거짓 조서(詔書)를 꾸며 태자 부소(扶蘇)를 죽이고 어린 호해(胡亥)를 세워 2세 황제로 삼았다. 조고는 어리석은 호해를 교묘히 조종하여 승상 이사(李斯)를 비롯하여, 그밖에 많은 구신(舊臣)들을 죽이고 스스로 승상이 되어 조정의 실권을 장악했다. 조고(趙高)는 重臣들 가운데 자기를 반대하는 사람을 가려내기 위해 사슴을 말이라고 하면서, 2세 황제인 호해(胡亥)에게 바쳤다. 호해(胡亥)가 사슴을 가지고 말이라고 하다니(指鹿爲馬)라고 하면서, 신하들에게 그것이 어떻게 보이느냐고 물었다. 조고(趙高)는 그것이 말이 아니라 사슴이라고 인정한 사람들을 기억해 두었다가 나중에 죄를 씌워 죽여 버렸다. 그런 일이 있은 후, 궁중에는 조고(趙高)의 말에 반대하는 사람이 하나도 없었다고 한다.

133) 검수(黔首): 백성을 뜻하는 말이다. 검려(黔黎)·여민(黎民)·여서(黎庶)·여수(黎首)·여원(黎元)이라고도 한다. 검(黔)과 여(黎)는 검은 색을 뜻한다. 옛날 중국에서는 일반 서민은 보통 관(冠)을 쓰지 않고 검은 맨머리를 드러내고 다닌 데서 연유하여 생긴 말이다. 『史記』「始皇本紀」에는 "새로이 백성을 검수(黔首)라고 일컫는다(更名民曰"黔首")"라고 한 대목이 있고, 『書經』「堯典」의 주(註)에는 "여(黎)는 검은 빛인데, 백성의 머리가 모두 검은 빛이므로 여민(黎民)이라 한다(黎, 黑也, 民首皆黑, 故曰黎民)"이라고 한 대목이 있다.

깨닫지 못하니 또한 괴이하지 않은가?

一揲一變 ≪陰陽參錯 謂之變≫ 凡三變 而一畫立 ≪陰多 則爲陽畫 陽多 則爲陰畫≫ 三變一畫 凡六畫 而一卦成 ≪十有八變 而成卦≫ 而此六畫 皆以陰陽 參錯而成 ≪假如 初揲得一 再揲得四 又揲得六 而爲奇畫者 是參錯而成也≫ 則其卦不變 ≪無之卦≫

4개씩 한 차례 헤아려 '1變'을 함에 ≪陰陽이 뒤섞이니 '변(變)'이라 하는 것이다≫ 모두 '3變'을 하면 한 개 획(畫)이 성립하고 ≪[3變한 결과] 陰數가 많으면 [반대로] 양획(陽畫)이 되고, 陽이 많으면 陰畫이 된다≫ '3變'하여 한 개 획이 성립함에 모두 6획으로 한 개의 卦가 성립한다. ≪즉 '18變'하여 하나의 重卦가 성립한다.≫ 그런데 이 6개 획이 모두 陰陽이 뒤섞여 성립된 것이라면 ≪가령 처음 蓍策을 헤아려 1을 얻고, 두 번째로 헤아려 4를 얻고, 또 헤아려 6을 얻어서, [결국 3・2・2로 7이 되어] 양획(陽畫)이 된 경우는 [陰과 陽이] 뒤섞여 이루어진 것이다.≫ 그 卦는 변하지 않는다. ≪'지괘(之卦)'가 없는 것이다.≫

若其六畫之內 或有純畫 ≪純陰而[134]純陽≫ 則其卦卽變 ≪假如 屯之初九 其在三揲[135]之時 俱得奇數 則屯卦卽變 爲屯之比≫

만약 그 6개 획 안에 순획(純畫)이 하나 있다면 ≪純陰이나 純陽≫ 그 卦는 바로 [그 爻에 따라] 변한다. ≪가령 준괘(屯卦) 初九로 3차례 시책(蓍策)을 헤아렸을 때 모두 홀수를 얻었다면, 屯卦가 곧 변하여 '屯卦가 比卦로 변하는 것'이 된다.≫

一畫純者 本畫卽變 ≪屯初九純陽 則初九變≫ 不用再勞 便可韇筴[136] 而占之 ≪不復用≫ 其或二三畫皆純 或四五畫皆純者 再將

---

134) 新朝本과 國中本에는 "或"으로 되어 있으나, 奎章本에는 "而"로 되어 있다.

135) [校閱] 新朝本에는 "三'楪'"로 보이는데(즉 왼쪽이 '扌'가 아니라 '木') 그렇다면 誤字이다.

求變之策 《詳下章[137]》 以求一爻之變 《一卦只變其一爻》 此 萬一千五百二十策之所以設也

䷂ ䷇

屯 → 比

이렇게 하나의 획이 "순(純)"인 경우는 그 해당 획이 곧 변하여 《예컨대 屯卦 初九가 '純'陽이면 그 初九가 ['陰--'으로] 변한다》 [하나의 변효(變爻)를 구하기 위해] 다시 수고할 필요가 없이 바로 '독책(犢筴)'만으로도, [즉 '지금까지 사용한 50개의 시책(蓍策)'만으로도] 점을 칠 수가 있는 것이다. 《다시 [만수(萬數)의 竹策을] 운용하지 않는다》 만약에 [한 卦에서] 두 세 개의 획이 순획(純畫)이거나 혹은 네 다섯 개의 획이 순획인 경우에는, 다시 '변효를 구하는 죽책(竹策)'[138]으로 《자세한 것은 다음 장에 설명된다》 한 개의 變爻를 구하게 되니 《한 卦에서 단지 그 한 개의 爻만 변하게 된다》 이것이 바로 1만 1천 5백 20개의 죽책(竹策)을 만들어 둔 까닭이다.

純陽之謂之九 何也 蓍策之數 參天 《凡天數 皆謂之三》 兩地 《凡地數 皆謂之二》 以爲法 《見說卦》 三揲之所掛一者 皆得刻奇之策 則是得天數者 三也 天數皆三 《參天故》 三三非九乎 《純則三》 純陰之謂之六 何也 三揲之所掛一者 皆得刻偶之策 則是得地數者 三也 地數皆二 《兩地故》 二三非六乎 《純則三》

순양(純陽)을 "九"라고 하는 것은 무엇 때문인가? 시책(蓍策)의 數가 "삼

136) [校閱] 奎章本에는 "便可'讀'筴", 新朝本과 國中本에는 "便可'犢'筴"이라 나오는데, 같은 말이지만 앞서 前者로 나왔기에, 여기서도 통일을 기하고자 前者의 例를 따른다.

137) [校閱] 奎章本에는 "詳見下"라고 나온다. 물론 뜻은 다름이 없다.

138) 여기 "求變之策"이란 앞의 "독책(犢筴)"과 대비되는 것으로, 이후 "萬數之策"이라 하는 것이다.

천(參天 : 대저 [1 · 3 · 5 · 7 · 9의] 天數는 모두 "三"이라고 함)"과 "양지(兩地 :대저 [2 · 4 · 6 · 8 · 10의] 地數는 모두 "二"라고 함)"를 기준으로 하기 때문이다. ≪이 설명은 「說卦傳」을 해석한 부분에 나온다.≫ 세 차례 시책을 헤아려 [그 때마다] '하나를 걸어 둔 것'이 [세 번] 모두 홀수를 새긴 시책을 얻었다면, 이는 天數를 얻은 것이 세 번인데, 天數는 모두 "三"이니 ≪"삼천(參天)"이기 때문이다≫ 3 곱하기 3은 "九"가 아니겠는가! ≪같은 것이 곧 3개이다.≫ 순음(純陰)을 "六"이라 하는 것은 무슨 까닭인가? 세 차례 시책을 헤아려 [그 때마다] '하나를 걸어 둔 것'이 [세 번] 모두 짝수를 새긴 시책을 얻었다면, 이는 地數를 얻은 것이 3번인데, 地數는 모두 "二"이니 ≪"양지(兩地)"이기 때문이다≫ 2 곱하기 3은 "六"이 아니겠는가! ≪같은 것이 곧 3개이다.≫

○雜陽者 少陽也 少陽之謂之七 何也 三揲之所掛一者 再得地數之策 ≪刻偶者≫ 一得天數之策 ≪刻奇者≫ 參天兩地 其數非七乎 ≪二二三≫ 雜陰者 少陰也 少陰之謂之八 何也 三揲之所掛一者 再得天數之策 ≪一三五七九≫ 一得地數之策 ≪二四六八十≫ 參天兩地 其數非八乎 ≪三三二≫

○陽이 섞인 것이 '소양(少陽)'인데, 少陽을 "七"이라 하는 것은 어떤 이유에서인가? 세 차례 시책을 헤아려 [그때마다] '하나를 걸어 둔 것'이 두 번은 地數인 시책을 얻고 ≪짝수를 새긴 것≫ 한 번은 天數인 시책을 얻는다면 ≪홀수를 새긴 것≫ "삼천양지(參天兩地)"이니 그 數가 "七"이 아니겠는가! ≪2+2+3은 7이다.≫ 陰이 섞인 것이 '소음(少陰)'인데, 少陰을 "八"이라고 함은 어떤 연유에서인가? 세 차례 시책을 헤아려 [그때마다] '하나를 걸어 둔 것'이 두 번은 天數인 시책을 얻고 ≪1 · 3 · 4 · 5 · 7 · 9 중의 어느 것을 얻음≫ 한 번은 地數인 시책을 얻는다면 ≪2 · 4 · 6 · 8 · 10 중에 어느 것≫ "參天兩地"이니 그 數가 "八"이 아니겠는가! ≪3+3+2는 8이다.≫

○天數之必以參 而地數之必以兩 何也 卦之一畫 可作三段看 試論 陰畫-- 其左右二片 各占一段 ≪占三分之二≫ 其中央一段 虛而不用 豈非只得其二段者乎 陽畫 則全得其三段矣 假令 黃金三斤 ≪一段當一斤[139]≫ 則陽畫 全得三斤 陰[140]畫 只得二斤 其數之參天而兩地 不亦宜乎

○[각기 다섯 가지씩 있지만] 天數는 반드시 '3(參)'으로 나타내고, 地數는 반드시 '2(兩)'로 나타내는 것은 무슨 까닭인가? 卦의 한 획은 세 개의 단락으로 [나누어] 볼 수가 있는데, 구체적으로 따져보면, '음획--'은 그 좌우 2개의 조각이 각기 한 개의 '단(段)'을 차지하고 있고 ≪즉 3분의 2를 차지하고 있다.≫ 그 가운데 한 段은 비워져 쓰이지 않으니, 어찌 [3개의 단락 중에] 그 2개 段만 얻은 것이 아니겠는가! '양획—'의 경우는 곧 그 3개 단(段)을 모두 얻은 것이다. 가령 황금 세 근(斤)을 예로 들면 ≪즉 '한 段'이 '한 斤'에 해당한다고 보면≫ '양획—'은 세 근을 모두 얻은 것이고, '음획--'은 단지 두 근만 얻은 것이니, 그 數가 각각 "삼천(參天)", "양지(兩地)"로 되는 것이 또한 마땅하지 않겠는가!

〔**原文**〕乾之策 二百一十有六 坤之策 百四十有四 凡三百有六十 當期之日

⑨乾卦의 죽책(竹策)은 2백 16개이고, 坤卦의 죽책(竹策)은 1백 44개이니, 모두 3백 60개로 1년의 날 수에 해당한다.

此 六畫旣成之後 或數畫皆純 則用以求一爻之變者也 ≪詳

---

139) [校閱] 奎章本에는 "'三'段當一斤"으로 나온다. 誤字이다. 新朝本과 國中本에는 "一"로 나온다.

140) [校閱] 奎章本과 國中本에는 "陰"으로 되어 있으나, 新朝本에는 "地"로 되어 있다. 前者를 따른다.

下方≫

이상은 6개 획이 이미 이루어진 이후에 만약 여러 개 획이 모두 순획(純畫)이면, [그 중에서] 하나의 효변(爻變)을 구하게 된다. ≪자세한 설명은 아래에 나온다.≫

○老陽之數 九 ≪卽純陽≫ 而易數之率 ≪律≫ 用四 ≪揲之以四[141] 又 四營成易≫ 九乘以四 則四九 三十六 ≪每一陽爻 得三十六策≫ 乾卦六爻 ≪六老陽≫ 凡得策 二百一十有六 ≪九之積≫ 荀爽云 三六 ≪三十者 凡六≫ 百八十 ≪綱數也≫ 又 六六 ≪六者 六≫ 三十六 ≪目數也≫ 合之 則二百十六也

○老陽의 수는 "九"인데 ≪즉 純陽≫ 易數의 비율은 ≪여기 "率"은 '률(律)'이다≫ '4'를 적용함에 ≪4개씩 헤아리며, 또 '4營'하여 易을 [즉 '1變'을] 이룬다≫ '9 곱하기 4', 즉 4 곱하기 9는 36이 되니 ≪한 개 陽爻는 36개의 죽책(竹策)에 해당≫ 乾卦의 여섯 爻는 ≪여섯 개의 老陽≫ 해당 竹策의 개수(個數)가 모두 [36×6으로] 2백 16개가 된다. ≪결국 9의 곱이다.[142]≫ 순상(荀爽)도 말하기를, "[36×6에서] '3 곱하기 6이 18이니 ≪즉 30이 모두 6개≫ 180이 되고 ≪강수(綱數), 즉 큰 자리 수만 계산한 것≫ 또한 [나머지] 6 곱하기 6이 ≪6이 6개≫ 36이니 ≪목수(目數), 즉 작은 자리 수만 계산한 것[143]≫ 이것을 합하면 216이다"라고 하였다.

○老陰之數 六 ≪卽純陰≫ 而易數之率 ≪律≫ 用四 ≪象天地水火≫

141) [校閱] 新朝本에는 "'楪'之以四"로 보이는데, 그렇다면 "揲"의 誤字이다.

142) 竹策의 갯수 216은 36×6에서 나온 것이지만, 동시에 (9×4)×6으로 결국 9×24이기도 하다는 것이다.

143) "강수(綱數)", "목수(目數)"의 정확한 말뜻은 未詳인데, 일단 문맥에 맞추어 위와 같이 풀었다. 생물학의 분류 단위인 "種·屬·科·目·綱·門·界"의 "목(目)", "강(綱)"과 유사한 의미인 것으로 사료된다.

六乘以四 則四六二十四 ≪每一陰爻 得二十四策≫ 坤卦六爻 ≪六老陰≫ 凡得策 一百四十有四 ≪六之積≫ 荀爽云 二六 ≪二十者 凡六≫ 百二十 ≪綱數也≫ 又 四六 ≪四者 六≫ 二十四 ≪目數也≫ 合之 則百四十四也

○老陰의 수는 "六"인데 ≪즉 純陰≫ 易數의 비율은 ≪여기 "率"은 '률(律)'이다≫ '4'를 적용함에 ≪이는 ["揲四", "四營" 이외에도] 天·地·水·火에 따른 것이다≫ '6 곱하기 4', 즉 4 곱하기 6은 24가 되니 ≪한 개 陰爻는 24개의 竹策에 해당≫ 坤卦의 여섯 爻는 ≪여섯 개의 老陰≫ 해당 竹策의 개수(個數)가 모두 [24×6으로] 144개가 된다. ≪老陰數인 6의 곱이다.≫ 순상(荀爽)도 말하기를 "[24×6에서] '2 곱하기 6이 12이니 ≪20이 모두 6개≫ 120이고 ≪강수(綱數), 즉 큰 자리 수≫ 또한 4 곱하기 6은 ≪4가 6개≫ 24이니 ≪목수(目數), 즉 작은 자리 수≫ 이것을 합하면 144가 된다"라고 하였다.

변효(變爻)를 결정하는 죽책(竹策)의 갯수				
64卦의 분류	純陽·陰數×易率(4)×획畫의 갯수	竹策	죽책×卦의 갯수	
乾 卦	(9×4)×6=36×6	216	216×1= 216	360
坤 卦	(6×4)×6=24×6	144	144×1= 144	
一陽卦	(9×4)+{(6×4)×5}=36+120	156	156×6= 936	2,160
一陰卦	(6×4)+{(9×4)×5}=24+180	204	204×6=1,224	
二陽卦	{(9×4)×2}+{(6×4)×4}=72+96	168	168×15=2,520	5,400
二陰卦	{(6×4)×2}+{(9×4)×4}=48+144	192	192×15=2.880	
三陽卦	{(9×4)×3}+{(6×4)×3}=108+72	180	180×10=1,800	3,600
三陰卦	{(6×4)×3}+{(9×4)×3}=72+108	180	180×10=1,800	
陽 畫	(9×4)×192=36×192	6,912	총 11,520개	·
陰 畫	(6×4)×192=24×192	4,608		·

假令 一筮之間 其卦遇乾 而其初畫 與第二畫 俱得老陽 ≪三掛

皆奇 曰 老陽≫ 則筮人 抽上韇[144] ≪藏筴器≫ 取乾初九之策 三十六枚 ≪四九 三十六≫ 乾九二之策 三十六枚 ≪合爲七十二≫ 合同滾轉 ≪和合之≫ 亦四四揲之 ≪勿分而爲二≫ 取末後之策 四枚 數回摩轉 ≪照前法≫ 任抽其一 ≪信手取≫ 以授卦者 ≪畫卦人≫ 若是 初九之策 則初爻變 ≪乾之姤≫ 若是 九二之策 則第二爻變 ≪爲同人≫ 此所謂參伍以變也

예를 들면, 한 번 占을 쳐서 그 卦가 乾이 되었는데, 그 初畫과 제2획이 모두 老陽이라면 ≪세 차례 걸어 둔 것들이 모두 홀수이면 老陽이라 한다≫ 서인(筮人)은 상독(上韇)을 [즉 뚜껑을] 뽑아 열어 ≪'독(韇)'은 그 竹策들을 담아 두는 용기이다.[145]≫ 乾初九의 竹策 36매와 乾九二의 竹策 36매를 취하여 ≪합하면 72개가 된다≫ 같이 섞어 비비며 돌리고 ≪그것들을 합치는 것≫ 역시 4개씩 4개씩 헤아려 나가는데 ≪여기서는 둘로 나누지는 않는다.≫ 마지막의 죽책(竹策) 4매를 취하여 몇 차례 더 비벼 돌려서 섞고는 ≪앞의 방식에 따라서 한다≫ 임의로 그 하나를 뽑아서 ≪손이 가는 대로 취한다≫ '괘자(卦者)'에게 건네준다. ≪괘자(卦者)는 卦를 그리는 사람이다.≫ 만약에 그것이 初九의 竹策이면 초효가 변하는 것이고 ≪乾卦가 姤卦로 변하는 경우≫ 九二의 竹策이면 第2爻가 변하는 것이 된다. ≪乾卦가 同人卦로 되는 것.≫ 이상의 과정이 이른바 "참오이변(參伍以變)"이라는 것이다.[146]

○大衍之策 必用蓍莖 而此策 或是竹筴故 經文 至此 始用策字 ≪筮字 從竹 若始終皆用蓍莖 則不應從竹也 簭筴等 亦從竹≫ 蓋於竹策之

---

144) [校閱] "韇"이 新朝本과 國中本에는 "韥"으로 나오는데, 통일을 기하고자 奎章本의 "韇"을 따랐다.

145) 물론 여기 "독(韇)"은 '大衍의 策'을 담아두는 통(桶)과는 다른 통이다.

146) "參伍以變"은 '같이 모이고 섞여서 변한다' 정도의 뜻인데, 이후 설명이 나온다. 茶山에 따르면 이 말은 결국 '여러 純畫의 竹策들을 같이 뒤섞어서(參伍) 變爻를 결정한다'는 의미라는 것이다.

上 各有標題 題乾初九者 若干枚 ≪三十六≫ 題乾九二者 若干枚 ≪三十六≫ 餘皆倣此也 若云 不然 經文 何以云 乾之策幾何 坤之策幾何哉 天成沒字之策 混同藏之於蓍櫝之中 而隱然號之 曰 乾之策 坤之策 天下無此孟浪也

○"대연(大衍)"의 시책(蓍策)은 반드시 시초(蓍草)의 줄기를 사용하지만, 여기 점대(策)는 아마 대나무로 된 죽책(竹筴)일 것이다. 그러므로 經文에서 이에 이르러 비로소 ['竹'字에 의거하고 있는] "책(策)"이라는 글자를 사용한 것이겠다. ≪"서(筮)"라는 글자는 '죽(竹)'에 의거하고 있거니와, 만약에 [점을 치는 데 있어] 시종 모두 시초(蓍草)의 줄기만을 사용한다면, '竹'字에 의거한 것과 부응하지 않는다. "서(簭)", "책(筴)" 등의 글자도 역시 '竹'字에 의거하고 있다.≫ 아마도 그 죽책(竹策)들의 표면에는 각기 이름이 표시되어 있을 것인데, '乾初九'라 표시한 것이 몇몇 매 있고 ≪즉 36개≫ '乾九二'라고 표시해 둔 것이 몇몇 매 있고 ≪36개≫ 나머지도 모두 이와 같은 방식으로 표시되어 있을 것이다. 만약 이렇지 않다면, 經文에서 어째서 '乾의 策이 몇 개'이니, '坤의 策이 몇 개'이니 하였겠는가? 생긴 그대로 아무 표시도 없는 '책(策)'들을 구분 없이 뒤섞어 시독(蓍櫝)[147]에 담아 두고는 [무엇이나 되는 듯] 은근히 "乾의 策"이니 "坤의 策"이니 호칭한다면, 천하에 이렇게 허무맹랑한 일은 없을 것이다.

諸卦 雖六爻俱純 ≪皆老陽老陰≫ 用法掉脫 必求一爻之變 ≪說見下≫ 而乾坤二卦 若六爻[148]俱純 則六爻俱變 不待布策而求變 故周公之撰爻詞 獨於乾坤二卦 有用九用六 他卦 無此法也

[乾・坤卦를 제외한] 여러 나머지 卦들은 비록 6개 爻가 모두 순획(純畫)이 되어도 ≪모두 老陽 또는 老陰이 되는 것≫ "用九"나 "用六"의 방식이

147) "韇"(또는 "櫝")을 "시독(蓍櫝)"이라 풀어 말한 것이다.

148) [校閱] 新朝本과 國中本에는 "畫"으로 되어 있으나, 奎章本에는 "爻"로 되어 있다.

적용되지 않고, 반드시 하나의 爻變을 구하게 되는데 ≪설명은 아래에 나옴≫ 乾과 坤 두 卦의 경우에는 만약 6개 爻가 모두 순획(純畫)이 되면, 그 6개 爻가 바로 모두 변하고, '죽책(竹策)들을 펼쳐서 [다시] 하나의 변효(變爻)를 구하는 과정'을 거치지 않는다. 그러므로 周公이 爻詞를 지음에 있어서도 오직 乾과 坤 두 卦에만 [각각] "용구(用九)"와 "용육(用六)"이 있고, 다른 卦에는 이런 방식이 없는 것이다.

○且 雖乾坤二卦 若二三畫得純 或四五畫得純者 亦用法掉脫 ≪法見前≫ 以求一爻之變而已 故 周公之撰爻詞 不爲數三爻雜變者 而立文立[149]占 蓋以諸爻亂動 則物象乖錯 耳目手足 喎斜不成 馬牛羊豕 顚踣不立故 周易 無此法也 焦贛 郭璞之倫 狡獪恣睢 遂刱諸爻亂動之法 周易無此繇也

○한편, 비록 乾과 坤 두 卦라고 해도 만약에 두 세 개 획이 순획(純畫)으로 되거나, 혹은 네 다섯 개 획이 순획으로 되는 경우에는, 역시 "用九用六"의 방법이 적용되지 않고 ≪이 방법은 앞서 설명했다.≫ 하나의 변효(變爻)를 구해야 한다. 그러므로 周公이 爻詞를 지음에, 서너 개의 爻가 번잡하게 변하는 경우에 대해서는 [여타 卦들에서뿐만 아니라 乾·坤卦에서도] 글을 짓거나 占을 제시하지 않은 것이다. 일반적으로 여러 개의 爻가 어지럽게 변동하면 物象이 뒤섞여 어긋나게 되는데, [이렇게 되면] 이목(耳目)과 수족(手足)[의 物象들]이 뒤틀려 제대로 이루어지지 않으며, 소나 말이나 양이나 돼지[의 物象]들이 엎치락뒤치락 제대로 서지 못한다. 그러므로 『周易』에 [몇 개 爻가 동시에 변하는] 이런 방식은 없는 것이다.[150] 초공(焦贛)이나 곽박(郭璞)의 무리들이[151] 간

149) [校閱] 奎章本과 國中本에는 "立"으로 되어 있으나, 新朝本에는 "王"으로 되어 있다. 前者가 옳다.

150) 물론 乾卦의 用九와 坤卦의 用六의 경우는 이에 해당되지 않는다. 그 用九는 坤卦로 되는 것이고, 用六은 乾卦로 되는 것이니, 즉 가지런히 모두 동시에 일률적으로 변하니 物象이 괴착(乖錯)되는 바가 없는 셈이다.

교한 지혜로 제멋대로 꾸며서 결국 여러 개의 爻가 어지럽게 변동하는 방식을 만들어 내었으나 『周易』에는 본래 그러한 주사(繇詞)가 없다.

乾坤之策 亦二篇之策也 二篇之策 卽其總數也 於此 特言乾坤之策 何也 曰 乾坤者 易之縕也 六十二卦 皆稟法於乾坤 故特言之 以立其率 ≪律≫

[각각 216개와 144개로, 도합 360개인] 乾卦와 坤卦의 竹策도 역시 [다음에 언급되는] "二篇의 策"에 속하는 것이니, "二篇의 策"은 [즉 11,520개의 죽책은] 바로 [모든 卦들에 竹策의 수를 합한] 총수인 것이다. 그런데 여기서 乾卦와 坤卦의 죽책(竹策)만을 특별히 먼저 언급한 것은 무엇 때문인가? 이를테면 乾卦와 坤卦는 易의 근본이니,[152] 나머지 62개 卦는 모두 乾·坤卦에서 파생되어 그것을 본받은 것이다. 그러므로 여기서 다만 그 乾卦와 坤卦의 竹策만을 언급하여 [일반적인 竹策의 개수를 계산하는] 비율[의 전형]을 보인 것이다. ≪"률(率)"은 '률(律)'의 뜻이다.≫

○朱子曰 期 凡三百六十五日 四分日之一 此 特擧成數耳

○朱子가 말하기를, "1년은 모두 365일과 4분의 1일인데, 여기서는 다만 그 정수만 든 것일 따름이다"라고 하였다.[153]

---

151) "초공(焦贛)"은 漢나라 때 사람인 초연수(焦延壽)를 말하는데, 『易林』이 대표적 저술이다. 그 易說은 孟喜를 이은 것으로, 이후 京房에게 전수되었다. "곽박(郭璞)"(276~324)은 東晉시대 사람인데, 『이아(爾雅)』나 『산해경(山海經)』에 注를 달 정도로 훈고(訓詁)에 뛰어난 학자이면서, 동시에 占術이나 風水 등의 術數에 정통했다고 한다. 이 두 사람을 같이 거론한 것은 직접적인 師承관계가 있어서라기보다는, 둘 다 占術을 천착하다보니 茶山이 배격하는 이른바 "諸爻亂動"의 방식을 취하였기 때문이다. 『易學緖言』 「朱子本義發微」에서 茶山은 이들 때문에 "周易이 狂亂의 지경에 빠지게 되었다(乃焦氏易林, 郭氏筮法, …… 於是乎, 周易狂矣)"고 極言하였다.

152) 앞서 「繫辭上傳」에서 "乾坤, 其易之縕耶"라는 말이 나왔다.

153) '360개 죽책이 1년의 날 수에 해당한다'고 함에 그를 辨解한 것이다.

〔原文〕二篇之策 萬有一千五百二十 當萬物之數也

⑩『周易』상하 두 篇의 策은 모두 1만 1천 5백 20개이니, 만물의 수에 해당한다.

朱子曰 二篇 謂上經下經

朱子는 여기 "이편(二篇)"이 『周易』의 上經과 下經을 말하는 것이라 하였다.

○六十四卦 其陽畫 一百九十二 ≪通乾卦計之≫ 皆以老陽之九 而乘之以四 ≪義見前≫ 則每一畫 得三十六策 ≪四九 三十六≫ 合之 爲六千九百一十二策也 其陰畫 亦一百九十二 ≪通坤卦計之≫ 皆以老陰之六 而乘之以四 則每一畫 得二十四策 ≪四六 二十四≫ 合之 爲四千六百八策也 通計陰陽爻之所得 則其策 爲萬一千五百二十 皆所以求一爻之變者也

○64卦에서 그 陽畫은 1백 92개인데 ≪乾卦를 포함하여 계산한 것≫ 모두 老陽인 "九"로 간주하여 그것에 4를 곱하면 ≪이렇게 4를 곱하는 의미는 앞서 설명했다≫ [192개의] 매 획이 각기 36개의 竹策을 얻고 ≪4 곱하기 9로 36이다≫ 이것을 모두 합하면 [즉 36×192] 6천 9백 12개의 竹策이 된다. 그 陰畫 역시 1백 92개인데 ≪坤卦를 포함 계산한 것≫ 모두 老陰인 "六"으로 간주하여 그것에 4를 곱하면 매 획이 각각 24개의 竹策을 얻고 ≪4 곱하기 6으로 24이다≫ 이것들을 모두 합하면 4천 6백 8개의 竹策이 된다. 이상 陰爻와 陽爻가 얻은 것을 모두 합하여 계산하면, 그 竹策들은 1만 1천 5백 20개가 되며, 이것들은 모두 '하나의 爻變'을 구하는 데 사용되는 것들이다.

假令 一筮之間 其卦遇屯 而其初畫與第二畫 俱得純畫 ≪初得

老陽 第二得老陰≫ 則筮人抽上韇[154] 取屯初九之策 三十六枚 ≪四九 三十六≫ 屯六二之策 二十四枚 ≪四六 二十四≫ 合同滾轉 ≪合得六十策≫ 亦四四揲之 ≪易數 皆用四≫ 取末後之策 四枚 ≪法如前≫ 任抽其一 若是初九之策 則初爻變 ≪屯之比≫ 若是六二之策 則第二爻變 ≪屯之節≫ 此所謂 參伍以變也

䷂ ䷇	䷂ ䷻
屯→初九爻變→比	屯→六二爻變→節

가령 한 차례 점을 쳐서 그 卦를 준(屯)을 얻었는데, 그 초획과 제2획이 모두 순획(純畫)을 얻었다면 ≪이 경우 초획은 老陽을 얻고, 제이획은 老陰을 얻은 것이다≫ 筮人은 [그 竹策이 담겨 있는 독(韇)의] 상독(上韇)을 뽑아 열어, 屯卦 初九의 竹策 36매와 ≪4 곱하기 9로 36≫ 屯卦 六二의 竹策 24매를 취하여 ≪4 곱하기 6으로 24≫ 같이 합쳐서 돌려 섞어 ≪합하면 60개의 竹策이다≫ 역시 4개씩 4개씩 헤아려 나가는데 ≪易數는 모두 4를 사용한다≫ 마지막 竹策 4매를 취하여 ≪이 방식은 앞서와 같다≫ 임의로 그 하나를 뽑는다. 만약 그 뽑은 것이 初九의 竹策이면 初爻가 변하는 것이 되고 ≪屯卦가 比卦로 가는 것≫ 만약에 六二의 竹策이면 두 번째 것이 爻變하는 것이다. ≪屯卦가 節卦로 가는 것.≫ 이것이 이른바 "참오이변(參伍以變)"이라고 하는 것이다.

嗟呼[155] 古往今來 說易者 何限 而萬一千五百二十之策 終不肯一番推究 以知其所發用 則已而已而矣 夫以萬一千五百二十之策 藏之蓍室 永久不動 曰 此 萬物之象 天下無此妄也 天地

154) [校閱] 新朝本에는 "轒"으로 나오는데, 奎章本과 國中本을 따라 "韇"으로 바꾸었다.
155) [校閱] 奎章本에는 "嗟'乎'"라고 나오는데, 같은 말이다.

萬物 無一物不當其用 則萬一千五百餘策 亦必有所須用者也

아! 예로부터 지금까지 『周易』을 논한 자를 어찌 한정할 수 있으리오마는, 그런데도 이 1만 1천 5백 20개의 竹策에 대해서는 끝내 한 번도 깊이 연구하여 그 사용처를 알려 하지 않고, 오히려 그만 두어 버리고 그만 두어 버리고 했던 것이다. 저 1만 1천 5백 20개의 竹策들을 서실(蓍室)에 보관만 해 놓고, 영영 쓰지 않으면서 말하기를, "이는 萬物의 상징이다"라고만 하니, 천하에 이런 황당한 일은 없을 것이다. 천지의 만물은 그 어떤 것도 용도가 없는 것은 없거니와, 그렇다면 이 1만 1천 5백여 개의 죽책(竹策)도 또한 반드시 사용처가 있을 것이다.

噫 屯初九之策 三十有六 非有求於屯初九 則無所用於此策也 屯六二之策 二十有四 非有求於屯六二 則無所用於此策也 曰九 曰六者 陰陽變動之標也 卦有是變動 故策有是符應 ≪數相應≫ 非所以求一爻之變者乎

아! 준괘(屯卦) 初九의 竹策 36개가 '屯初九'를 구하는데 사용되지 않는다면 이 竹策들은 달리 소용되는 바가 없는 것이고, 준괘(屯卦) 六二의 竹策 24개가 '屯六二'를 구하는데 사용되지 않다면 이 竹策들은 달리 소용이 없는 것이다. "九"니 "六"이니 하는 것은 陰陽이 변동한다는 표시이다. 卦에 이런 변동이 있으니, 竹策에도 이렇게 그에 부응하는 것이 있으니 ≪그 數가 서로 호응한다.156)≫ [이 1만여 개의 죽책(竹策)은] 한 爻의 변화를 구하는 수단이 아니겠는가?

大抵 十有八變之間 不能無數三畫俱純者 如果 有數三畫俱純者 其將若之何 將數三畫俱變乎 周公之所不作 當於何而視

156) 竹策에 그런 "九"와 "六"에 상응하는 개수(個數)가 있다는 것이다. 다시 말하면 '少陽 七'이나 '少陰 八'에 해당하는 竹策은 없는 것이다.

繇也 萬一千五百餘策 不能不有作也 其揲閱之法 雖不經見 要之以四而爲率矣[157] 故 宜以四而揲之也 旣扐而掛其一 ≪謂大衍策初掛時≫ 亦嘗執四而抽一矣 故 宜於四而擢之也 嗟乎 豈不然哉

대저, [하나의 卦를 얻기 위해] '18變'을 하는 동안, 서너 개 획이 함께 순획(純畫)일 경우가 없을 수 없는데, 만약에 서너 개 획이 같이 순획(純畫)이라면 그것을 장차 어떻게 할 것인가? 그 서너 개 획을 한꺼번에 모두 변동시킬 것인가? 周公이 [그에 대해서는] 글을 지어놓지 않았거늘, 어디에 맞추어서 주사(繇詞)를 살펴 볼 것인가?[158] [사정이 이렇기 때문에] 1만 1천 5백여 개의 竹策을 만들어 놓지 않을래야 않을 수가 없는 것이다. 그 죽책(竹策)들을 묶어서 헤아리는 방법이 비록 [經文에] 명시적으로 나타나지는 않았지만, 요컨대 [그 명시된 숫자들을 분석해 보면] '4'를 그 비율로 삼은 것이므로, 당연히 4개씩 묶어서 헤아리는 것이다. [그리고 大衍의 시책(蓍策)을] 손가락 사이에 [두 번] 끼우고, 이후에 그 하나를 걸어 둘 때도[159] ≪대연(大衍)의 시책(蓍策)을 처음에 걸어 두는 때를 말하는 것이다.[160]≫ 역시 먼저 4개를 집어서 그 하나를 뽑았다. 그러므로 [이 竹策도] 당연히 [그 마지막] 4개 가운데서 하나를 뽑는 것이다.[161] 아! 어찌 그렇지 않겠는가!

---

157) [校閱] 奎章本에는 "爲'律'矣"라고 나온다. 뜻은 다름이 없다.

158) 이는 茶山의 말이고, 물론 전래의 방식에 따르면 나름대로 주사(繇詞)를 보는 법이 있다. 예컨대 朱子의 『역학계몽(易學啓蒙)』「考變占」에 자세하다. 결국 茶山은 그런 방식이 근거가 없는 것이라 말하는 것이며, 내심으로 그런 근거 없는 방식을 수용하는 자라면 의당 자신의 '竹策說'을 근거 없다고 비판할 수 없으며, 다만 그 설명의 타당성 내지 합리성이 문제될 뿐이니, 茶山 자신의 주장을 한 번 차분히 음미해보라는 말을 하고 싶은 것이겠다.

159) 정확히 말하면, 손가락 사이에 두 번 끼우고(再扐), 그 4매를 섞어 하나를 뽑고, 그것을 이전에 "權掛"한 것과 다시 섞어서(이때 2매가 된다), 그 중에서 하나를 다시 뽑아서 걸어 두는 것(正掛)이다.

160) 여기 "大衍策, 初掛"는 "掛一以象三"이 아니라, "再扐而後掛"의 "掛"를 말하는 것이다. 그런데 왜 "初"라 하였는가? 아마도 "正掛"라는 뜻에서 그렇게 말한 것으로 생각된다. "初"는 말에 자칫 혼동될 수 있기에 부연하였다.

或曰 筮既得九 業已變陰 筮既得六 業已變陽 旣變之後 無由反本 萬一千五百二十 只足以指一爻 而不足以回諸爻 於旣變亦將並觀其繇詞乎

[或問] 점쳐서 "九"를 얻었다면 이미 '陰--'으로 변해 버린 것이고, 점쳐서 "六"을 얻었다면 이미 '陽一'으로 변한 것이니, 변한 뒤에는 원래대로 되돌릴 수가 없는 것이다. [선생이 말하는] 1만 1천 5백 20개의 죽책은 단지 하나의 [變]爻를 지시하는데 불과하고, 여러 爻들을 [원래대로] 되돌리기에는 부족하니, 이미 [여러 爻가] 변한 다음에 또한 그 繇詞들을 모두 살펴서 고려하고자 하는 것이 아닌가?[162]

曰 豈有是哉 六位之中 九六者 唯一 則此固神明之所指也 若六位之內 九六者 多 而萬數之策 發揮而表著之 亦神明之所指也 其變其貞 唯神是聽 非神所指 則雖九六而不變也 九雖老陽未嘗非陽 仍當以陽畫看也 六雖老陰 未嘗非陰 仍當以陰畫看也 筮者於此 唯神是聽 又安能容人力於其間哉

[茶山 答] 어찌 그런 [事後의] 고려가 있겠는가? [점쳐서 얻은] 여섯 자리 가운데 九나 六이 오직 하나일 경우는 이것이 신실로 神明이 지목한 것이다. 만약 여섯 자리 가운데 九와 六이 여럿이라면 1만여 개의 죽

161) 이상 4개씩 헤아리는 근거와 4개 중에서 하나를 뽑는 이유를 제시한 것이다.

162) 전래의 방식을 염두에 둔 質疑이자 反駁이라고 보아서 이상과 같이 풀었다. 즉 전래의 방식에서 九나 六이 여러 개 있어도 모두 변화되고, "其繇詞"를 "並觀"한다. 한편, 전래의 방식을 염두에 두지 않고 보면, "…… 불과하고, 여러 爻들을 [원래대로] 되돌리기에는 부족하니, 이미 변한 다음에라도 또한 그 繇詞들을 아울러 살피고자 하는 것인가?"라고, 즉 반박의 뜻은 없이 茶山에게 단순히 질문하는 말로 풀 수가 있겠는데, 전후 문맥상 어색하고, 뜻도 크게 보면 다른 것이 아니니, 논점을 보다 분명하게 드러내고자 이상과 같이 풀었다. (이는 결국 "亦將"이 아니라 "不亦將"으로 본 셈이니, 원문에 없는 '不'字를 덧붙여 보았다는 점에서 문제가 있기는 하다.) 또한 "於旣變"을 위로 붙여, "…… 불과하고, 이미 변한 다음에 여러 爻들을 [원래대로] 되돌리기에는 부족하니" 정도로 풀 수도 있겠다.

책(竹策)을 운용하여 [하나의 변효(變爻)를] 밝혀 내니, 역시 神明이 지목한 것이다. 그것들이 변하고 변하지 않는 것은[163] 오직 神明에 따르는 것이니, 神明이 지목한 것이 아니라면 비록 九나 六이라도 변하지 못하는 것이다. "九"가 비록 老陽이라고 하지만 '陽一'이 아닌 것은 아니니 응당 [그냥] 陽畫으로 보아야 하고, "六"이 비록 老陰이라고 하지만 '陰 --'이 아닌 것은 아니니 응당 [그냥] 陰畫으로 보아야 하는 것이다.[164] 점치는 자는 [다수의 純畫이 있는] 이런 경우에 오로지 神明에 따라야 하는 것이니, 어찌 사람의 관여를 그 사이에 허용할 수 있겠는가?[165]

○曰 神苟欲告我以故 則六位之內 豈可使多得九六 以眩卦象哉

○[或問] 天地神明이 진실로 나에게 어떤 일을 알려주시고자 한다면, 여섯 자리 안에 어찌 九나 六이 여럿 나오게 하여, 卦象을 애매모호하게 할 수 있다는 것인가?

曰 是不然 九六者 唯一 則以之占事 其所以占得失者 宜亦簡徑而無礙 九六者 非一 則其所以占得失 宜亦紛紜而有梗 神意在是矣 ≪後世占法 有所謂 兄弟發動者 多得九六者 其占或當如此≫ 且 筮者數也 凡十八變之間 所得天地之數 ≪一二至九十≫ 又當合而計之 以定日月遲速 或測人物之多少 神意在是矣

[茶山 答] 그것은 그렇지 않다. '九'나 '六'이 하나일 때는 그것을 가지고 바로 事案을 점치는데, 이 경우는 得失을 점쳐 본 事案이 또한 간

---

163) 여기 "其變其'貞'"은 아래의 마지막 질의에 답변하는 부분에 나오는 "其變其'靜'"과 같은 말이다.

164) 竹策으로 결정된 하나만 변동시키고, 다른 九와 六은 변동시키지 말아야 한다는 것이다.

165) 여기 "사람의 관여(人力)"란 事後에 "其繇詞"를 "並觀"하는 것을 말한다.

명하고 신속하게 진행되어 달리 구애되는 것이 없기 마련이기 때문이며, 九와 六이 하나가 아닐 경우는 그 득실을 점쳐 봄에 또한 대개 복잡하고 어지러워 구애되는 것이 있기 때문이니,[166] [九와 六을 여럿 나오게 하는] 神明의 뜻은 바로 이런 [것을 알리는] 데에 있는 것이다. ≪후대의 占法에 이른바 "형제발동(兄弟發動)"이라는 것이 있는데, 九와 六을 여럿 얻은 경우의 점괘가 혹 이것에 해당하는 것이 아닌지 모르겠다.[167]≫ 또한 占筮라는 것은 數[에 의거한 것]이니, 대저 '18變'하는 사이에 얻은 天地의 數≪1, 2에서 9, 10까지≫를 또한 합하여 계산하기 마련인데, 이[런 합계의 결과]에 따라 해와 달[에 시기]의 빠르고 늦음을 추정하고, 혹은 인간과 사물의 성쇠를 헤아리니, [여러 개의 純畫을 내는] 神明의 뜻은 여기에[도] 있는 것이다.[168]

○或曰 得九得六 而猶未遽變 則雖獨得純者 豈可使不經萬策 而徑占其繇乎

○[或問] [한 卦에 여러 純畫이 있는 경우] '九'를 얻거나 '六'을 얻었는데도 오히려 곧바로 변하지 못하는 것이라면,[169] 비록 [한 卦에서] 純畫을 하나만 얻은 경우라고 해도, 어떻게 '1만 개의 竹策'을 거치지 않고[170] 곧장 그 주사(繇詞)로 점치도록 할 수 있는가?[171]

---

166) 물론 "唯一"이 '得' 또는 '吉'이 되고, "非一"이 '失' 또는 '凶'이 된다는 것은 아니다. 다만 '得'과 '失' 그 어느 쪽이라도, 前者는 대개 복잡하지 않고 신속하게 진행된다는 것이고, 後者는 다소 복잡하고 더디게 진행된다는 것이다.

167) 여기 "兄弟發動"은 이른바 "兄弟爻發動", "兄弟爻變化", "兄弟爻持世" 등과 연관된 것으로 사료된다. 이상의 것들에 대해서는 金勝東, 『易思想辭典』(부산대 출판부, 1998)의 해당 조항을 참조 바람.

168) 순획(純畫)이 여럿이라도 그 하나만 變爻로 확정되니, 최종적으로 나타나는 卦畫으로만 본다면 純畫이 처음부터 하나인 경우와 결국 다름이 없지만, 그 天地의 數를 합계한 것은 兩者가 분명 다르다. 그래서 이런 合計로 日月의 遲速과 人物의 多少를 測定한다는 것인데, 결국 純畫을 여럿 내는 神明의 뜻은 이런 데에도 있으니, 질문자는 속단치 말라는 것이다.

169) 竹策으로 그것들 중에서 다시 하나의 變爻를 가려야 하므로, "未遽變"이라 한 것이다.

曰 卜筮之義 紹天命也 其變其靜 唯神是聽 吾何與於其間哉 六畫而獨得純 則此爻之變 鬼神之所爲也 吾何與哉 雖以筮法 言之 假如 屯初爻 獨得九 其揲萬數之策 亦將單取其屯初九之 策 三十六數[172] 而揲之抽之 畢竟所發 不外乎屯初九 則亦何用 揲之抽之 此 其所以直變之 而不疑也

[茶山 答] 복서(卜筮)하는 뜻은 천명을 계시받고자 하는 것이다. 그 변함과 변하지 않음은 오직 神明에 따르는 것이니, [점치는 사람] 자신이 어떻게 그 사이에 간여를 하겠는가? 여섯 획에서 純畫을 하나만 얻었다면, 이 爻의 변화는 귀신이 그렇게 한 것이니, 자신이 어찌 간여하겠는가? 비록 筮法에 입각하여 말한다고 해도, 예컨대 준괘(屯卦)에서 그 初爻만이 '九'를 얻었다고 하면, 그 해당하는 萬數의 策을 4개씩 헤아림에 있어 다만 그 둔괘(屯卦) 初九의 竹策 36개만을 취하여 4개씩 헤아리고 [그 마지막 4개에서] 뽑으니, 필경 뽑히는 것은 준초구(屯初九)의 竹策 이외의 것이 아닐진대, 또한 무엇하러 [다시] 헤아리고 뽑고 하겠는가? 이상이 純畫이 하나인 경우 [萬數策을 거치지 않고] 곧바로 변하게 하는 까닭이니, 그대는 미심쩍어 할 것이 없다.

〔**原文**〕 是故 四營而成易 十有八變而成卦

⑪ 이런 까닭에 네 단계의 운영을 거쳐 易을 [즉 '한 번의 변화'를] 이

---

170) "萬數之策"을 "萬策"이라 줄여 말한 것이며, 물론 이는 정확히 '1만 1천 5백 20개의 竹策'이다. 그리고 '萬策을 거친다(經萬策)'고 하여, 그 "萬"이라는 전체 개수를 모두 헤아린다는 것은 아니다. 질문자도 물론 그런 뜻으로 "經萬策"이라 말하고 있는 것이 아니다. 萬策 중에 해당되는 일부를 취하여 헤아리는 것이다.

171) 이 질문은 或者가 茶山의 방식이 못내 마땅치 않음에, '일관성을 가지자면, 純畫이 하나인 경우에도 竹策을 사용해야 하는 것이 아닌가?'라고 억지 質疑를 한 것으로 보인다. 한편으로 사실 이런 질의와 답변을 굳이 기록한 茶山의 의도를 잘 이해하지 못하겠다.

172) [校閱] "三十六'數'"의 "數"가 奎章本과 國中本에는 "枚"로 나온다. 뜻은 결국 다름이 없겠다.

루고, 열여덟 번 변화하여 하나의 卦를 이룬다.

朱子曰 四營 謂分二 掛一 揲四 歸奇也 ≪經文 於此四箇事 皆有象字≫ 易者 一變也 易之爲文 日月也 ≪字從日從月≫ 日月者 陰陽也 故 一變旣而陰陽著者 謂之易也

朱子는 여기 "사영(四營)"이란 [50개의 시책(蓍策)을] ㉠두 부분으로 나누고, ㉡하나를 걸어 두며, ㉢네 개씩 묶어 헤아리고, ㉣나머지들을 손가락 사이에 끼는 것을 말한다고 하였다.[173] ≪해당 經文에는 이 네 가지 일에 모두 ['상징하였다'는 뜻으로] '象'字가 들어가 있다.≫ 여기 "易(역)"이라는 것은 '한 차례의 변화'이다. "易"이라는 문자는 '日'과 '月'로 이루어져 있는데 ≪글자가 '日'字와 '月'字에 의거함[174]≫ 그 '해'와 '달'은 陰陽[을 대표하는 것]이다.[175] 그러므로 '한 차례의 변화'가 [즉 四營이] 완료되어 陰과 陽이 분명히 드러난 것을 "易(역)"이라고 말한 것이다.

○三變而一畫成 ≪三揲 爲三變≫ 十八變則六畫成 故始得一卦

○'세 번 변화'하여 하나의 획(畫)이 성립하니 ≪세 차례 蓍策을 헤아림이 '三變'이 된다≫ '열여덟 번 변화'하면 여섯 획이 성립하여 비로소 하나의 卦를 얻게 되는 것이다.

〔**原文**〕 八卦而小成 引而伸之 觸類而長之 天下之能事 畢矣

⑫ 八卦로 [우선은] 작게 이루나, 이에 바탕하여 [重卦로] 신장되고, [重卦에서] 유사한 것을 촉발시켜 [之卦로] 확장되니, 세상의 모든 가능한 일들이 갖추어진다.

---

173) 『周易本義』의 해당 부분에 나오는 말이다.
174) '易'字의 하부에 '勿'을 '月'로 보고 하는 말이다.
175) 즉 日－陽, 月－陰이다.

朱子曰 謂九變而成三畫 得內卦也

朱子는 ["八卦而小成"이란] "아홉 번 변화해서 3개 획을 이루는 것을 말하니, 內卦를 얻은 것이다"라고 하였다.

○經文之例 每以單卦 名之曰 八卦 其實 或震或兌 只指所得之一卦 非並指其八也 此 文例也

○經文의 용례가 매번 '단괘(單卦)'를 [즉 三畫卦인 홑괘를] 이름하여 "팔괘(八卦)"라고 하는데, 실제로는 단지 震[☳]이나 兌[☱] 등 [八卦 중의] '어떤 하나의 卦'를 지칭하는 것이며, 그 여덟 개 卦 모두를 말하는 것이 아니다. 이는 글의 용례[가 그런 것]이다.

○內卦旣成 又 引而展之 以成外卦 ≪伸 展也≫ 重卦旣成 又觸動其相似者 而滋長之 此 謂 察九六之純 而求一爻之變 以兼二卦之妙用也 ≪本卦與之卦 爲二≫ 本卦 ≪句≫ 之卦 其形相類 ≪乾與姤相似≫ 故曰 觸類也 六十四卦 滋之爲四百五十 ≪乾坤 得十六卦 屯蒙以下 得四百三十四卦 合之 爲四百五十 ○乾坤之外 每六爻 得六卦 並本卦而爲七≫ 故曰 觸類而長之也

○內卦가 이미 성립하면 또한 그것을 늘이고 펼쳐서 外卦를 이루고 ≪["引而伸之"의] "신(伸)"은 펼치는 것이다≫ 이렇게 重卦가 성립하면 또한 그와 유사한 것을 촉발시켜 더욱 확장하는데, 이는[176] '九나 六의 純畫을 살피고, 하나의 爻變을 구하여, 두 卦의 妙用을 아우르는 것'을 말한다. ≪'본괘(本卦)'와 '지괘(之卦)'로 '두 卦'가 된다.≫ 本卦[177]와 之卦는 그 형태가 서로 유사하니 ≪예컨대 乾卦와 姤卦는 서로 유사하다≫ "유사한 것을 촉발시

176) 물론 엄밀히 말하면 '유사한 것을 촉발시켜 확장하는 것'이 "此"에 해당한다.

177) 原文에는 "本卦"라는 말 다음에, 혼동을 피하고 이해를 돕고자 斷句의 표시인 "句"라는 細注가 나오는데, 여기서는 굳이 옮기지 않는다.

킨다"고 말하는 것이다. 육십사괘가 확장되면 4백 50가지[의 卦]가 되는데 ≪乾卦와 坤卦는 [합하여] 16개 卦가 되고, 屯卦와 蒙卦 이하는 4백 34개의 卦가 되는데,[178] 합하면 4백 50가지가 되는 것이다. ○乾과 坤卦 이외에는 각각의 6개 爻가 6가지 卦를 얻으니, 그 本卦와 아울러 7가지가 된다.≫ 그러므로 "유사한 것을 촉발시켜 확장한다"고 말하는 것이다.

或曰 國語 有貞屯悔豫之卦 ≪重耳筮反國≫ 是 六爻之內 三爻 ≪初四五≫ 亂動也

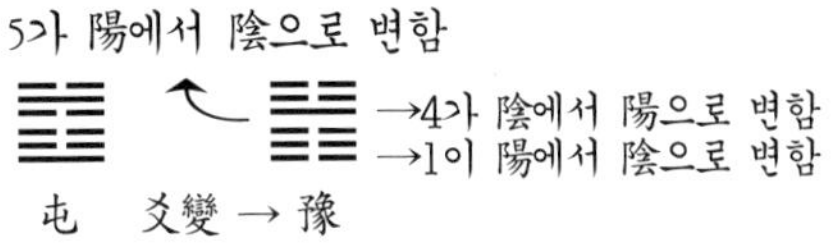

[或問] 『國語』[의 「晉語」]에 "정둔회예(貞屯悔豫)"[179]라는 卦가 나오는데 ≪중이(重耳)가 귀국하는 일에 대해 점친 것≫ 이는 여섯 爻에서 3개의 爻가 ≪1·4·5爻≫ 복잡하게 변동한 것이다.

左傳 有艮八之隨之卦 ≪穆姜筮出宮≫ 是 五爻皆動 而唯一畫不動也 ≪第二畫≫

또한 『左傳』에는 '艮이 八에 따라 隨로 변해 간다'는 卦가 있는데[180]

---

178) 乾卦와 坤卦는 用九와 用六이 있어 각각 8가지의 卦인 셈이니, 합하면 16개의 卦가 되는 것이다. 屯卦와 蒙卦 이후의 62개 卦는 각각 7가지 卦를 아우르고 있는 셈이니, 62×7로 4백 34개의 卦가 되는 것이다.

179) "貞"과 "悔"는 '內卦'와 '外卦'라는 뜻과 아울러 '本卦'와 '之卦'(變卦)라는 뜻이 있는데, 여기 "貞屯悔豫"는 茶山의 「春秋官占補註」의 설명에 따르면 "屯의 內卦(貞)와 豫의 外卦(悔)" 정도의 뜻이 된다. (즉 前者의 뜻으로 본 것이다. 자세한 것은 「春秋官占補註」의 '重耳反國之筮'를 참조.) 한편 後者의 뜻을 취하여 "貞卦는 屯이고 悔卦는 豫"라는 뜻으로 풀기도 하는데, 아마도 여기 질문자는 後者의 뜻으로 보고 말했을 가능성이 높다. (이렇게 보아야 茶山이 反駁하는 論旨도 명확해진다.) 이런 점에서 굳이 번역하지 않고 원문을 그대로 두었다.

≪목강(穆姜)이 자신의 유폐(幽閉)가 풀릴지 여부에 대해 점친 것[181]≫ 이는 다섯 爻가 모두 변동하고 오직 한 획(畫)만이 변동하지 않은 것이다. ≪두 번째 획이 不變≫

諸爻亂動 其證如此 則六十四卦之變之 爲四千九十六卦 ≪每一卦得變 爲六十四≫ 不是焦延壽之臆刱也 今但滋之 爲四百五十抑何據也

䷳ ䷐ → 2만이 陰으로 그대로이고 나머지는 모두 변함

艮 → 爻變 → 隨

여러 개의 爻가 복잡하게 변동한 증거가 이와 같음에, 따라서 육십사괘가 변하여 4천 96개 卦로 되는 것은 ≪각기 하나의 卦가 변하여 64개의 卦로 된다.[182]≫ 초연수(焦延壽)[183]가 제멋대로 지어낸 것이 아니다. 그런데 지금 [선생은] 64卦가 확장되어 단지 450卦가 된다고 하니, 도대체 어떤 근거에 따른 것인가?

曰 據晉語云 貞屯悔豫 皆八 ≪少陰數≫ 說者曰 屯卦之二三上爻 皆不變動 故謂之八 ≪沙隨易說云≫ 此 喑啞之言也

[茶山 答] 『國語』「晉語」에서 [『周易』과는 무관한 舊法에 의거하여] "정둔회예(貞屯悔豫)에 모두 八이다"라고 하였는데 ≪'八'은 少陰의 數이다≫ 이를 해석하는 자들이 [도리어 『周易』의 방식에 입각하여] 말하기를,

180) 艮八之隨之卦: 『左傳』(襄九年) 「穆姜東宮之筮」에서는 "艮之八"을 만났는데, 史가 이를 해석하여, 이것은 "艮之隨"에 해당된다고 하였다.

181) 「春秋官占補註」의 「穆姜東宮之筮」(襄九年)를 참조할 것.

182) 64×64로 4,096이 되는 것이다.

183) 초연수(焦延壽): 前漢 末期의 역학자. 초공(焦贛)이라고도 한다. 그 易說은 孟喜를 이은 것으로, 이후 京房에게 전수되었다. 대표적 저술로는 『易林』이 있다.

"屯卦에서 [八에 해당하는] 2·3·6爻는 모두 변동하지 않으니 '八'이라 한다"고 하니 ≪사수(沙隨)[184]의 易說에서 이렇게 말했다≫ 이는 벙어리 신음소리 같은 엉터리 말이다.

以余觀之 屯卦之初四五爻 一時俱動 謂之屯九 可也 ≪初五皆陽爻≫ 謂之屯六 亦可也 ≪四本陰≫ 謂之皆八 可乎 一卦六畫之中半動半靜 而混圀[185]書之曰 皆八 天下 無此文也 卽所謂 艮之八亦然 此 明是夏商之舊法 故 杜征南云 連山歸藏 以七八占 杜君 親註春秋 明知當時官占之法

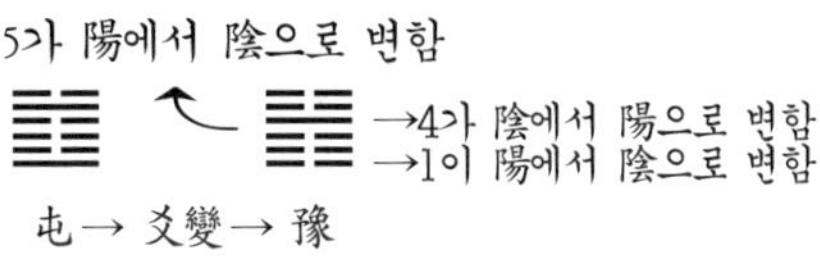

내가 볼 때는, 준괘(屯卦)의 1·4·5爻가 동시에 모두 변동하니, [현행 『周易』의 방식에 입각해 본다면] 그것을 "준구(屯九)"라 말하는 것은 가능하며 ≪1·5位가 모두 陽爻이다≫ "준육(屯六)"이라 하는 것도 또한 가능하다. ≪4位가 본래 陰爻였다.≫ 그러나 "모두 八"이라고 하는 것이 과연 가능한가? 한 卦의 여섯 개 획(畫) 가운데서 반(半)은 변동하고 나머지 반(半)은 그대로 있거니와, 그런데 이를 뒤섞어 구분하지 않고 적어 "모두 八"이라고 말하니, 세상에 이런 글은 [있을 수] 없다.[186] [두 번째 예로 든 '艮

184) 사수(沙隨) : 정형(程逈)의 號이다. 정형(程逈)은 宋代사람으로서, 사수선생(沙隨先生)으로도 불리었다. 朱子가 그를 칭송하여 "博聞至行, …… 開悟後學"이라고 하였다(伍華 主編, 『周易大辭典』, 中山大學出版社, 1993, 888면). 저서에 『周易古占法』·『古周易章句外編』 등이 있다(金勝東, 『易思想辭典』, 부산대 출판부, 1998, 981면). 『四箋』에서 정형(程逈)은 정순신(程舜臣)으로도 언급되고 있으며, 정형(程逈)의 易說에 관해서는 『易學緖言』에서 「沙隨古占駁」이라는 제목으로 독립적으로 다루고 있다.

185) [校閱] "混'圀'"이 奎章本과 國中本에는 "混'圇'"으로 나온다. 결국 같은 의미이다.

186) 엄연히 「晉語」에 "皆八"이라는 글이 나오는데도 茶山이 "天下, 無此文也"라고 말하

이 八에 따라 隨로 변해 간다'는 경우의] 이른바 "艮卦의 八"이라는 것도 역시 그러하다.[187] 이런 사례들은 필시 夏·商代의 舊法임이 분명하다. 그러므로 두정남(杜征南)이[188] 말하기를 "연산역(連山易)과 귀장역(歸藏易)은 七과 八로 점친다"라고 하였던 것이니, 두군(杜君)은 친히 『春秋』를 주석(註釋)할 정도였으니, 당시의 관점(官占)의 방식을 명확히 알고 있었던 것이다.

如 陳敬仲 觀之否 《莊二十二年》 畢萬 屯之比 《閔元年》 成季友 大有之乾 《閔二年》 晉伯姬 歸妹之睽 《僖十五年》 晉文公 大有之睽 《僖二十五年》 崔武子 困之大過 《襄二十五年》 叔孫豹 明夷之謙 《昭五年》 孔成子 屯之比 《昭七年》 南蒯 坤之比 《昭十二年》 陽虎 泰之需 《哀八年》 皆一爻有變 而其法明確 故 知所謂 屯之豫 艮之隨者 皆是夏商之舊法 周易 無此法也 周易有此法 則周公 其有詞矣

예컨대 [『春秋左傳』에] 진경중(陳敬仲)의 觀卦가 否卦로 변한 사례 《장공(莊公) 22年》 필만(畢萬)의 屯卦가 比卦로 변한 사례 《민공(閔公) 元年》 成季 友의 大有卦가 乾卦로 변한 사례 《민공(閔公) 2年》 晉나라 伯姬의 歸妹卦가 睽卦로 변한 사례 《희공(僖公) 15年》 晉나라 文公의 大有卦가 睽卦로 변한 사례 《희공(僖公) 25年》 崔武子의 困卦가 大過卦로 변

는 것은, 다름이 아니라, '어떤 특정한 논리를 전제로 하지 않고서는, 또는 현행 『周易』의 방식에 의거해서는, 도대체 이런 식의 말이 나올 수 없다'는 뜻이다. 요컨대 「晉語」의 해당 구절은 『周易』과는 무관한 夏商代의 連山易이나 歸藏易의 방식에 의거한 것인데, 程舜臣(沙隨) 등이 현행 『周易』의 방식을 적용하여 설명하니 말에 앞뒤가 맞지 않는 것이다.

187) 자세한 것은 앞서 「春秋官占補註」의 '穆姜東宮之筮'에 나왔다.

188) 杜征南은 두예(杜預)를 말한다. 字는 元凱로 死後에 '征南大將軍'으로 추증(追贈)되기에 이렇게도 부른다. 다음의 "두군(杜君)"이라는 표현도 그가 생전에 "當陽縣侯"에 봉해졌기 때문이다.

한 사례 ≪양공(襄公) 25年≫ 숙손표(叔孫豹)의 明夷卦가 謙卦로 변한 사례 ≪소공(昭公) 5年≫ 孔成子의 屯卦가 比卦로 변한 사례 ≪소공(昭公) 7年≫ 남괴(南蒯)의 坤卦가 比卦로 변한 사례 ≪소공(昭公) 12年≫ 陽虎의 泰卦가 需卦로 변한 사례 ≪애공(哀公) 8年≫ 등 모두 하나의 爻가 변한 것으로 그 방식이 명확하다.[189] 그러므로 이른바 '屯卦가 豫卦로 변해 가는 것'이나 '艮卦가 隨卦로 변해 가는 것'은 모두 夏·商代의 舊法이고, 『周易』에는 이런 방식이 없음을 아는 것이니, 『周易』에 만약 이런 방식이 있었다면 周公이 그에 해당하는 글을 지어 남겼을 것이다.[190]

〔原文〕 參伍以變 錯綜其數 通其變 遂成天地之文 極其數 遂定[191]天下之象 ≪虞翻 陸績本 文作爻≫

⑬ [여섯 畫들을] 같이 모으고 참작하여 변화시키고,[192] 그 數를 이리저리 교착하여 종합하니, 그 변화에 통달하여 마침내 하늘과 땅에 방불한 형세를 이루고, 그 數를 극도로 발휘하여 마침내 천하만물에 방불한 형상을 정하는 것이다. ≪우번(虞翻)과 육적(陸績)의 책에는 '文'字가 '爻'字로 나온다.[193]≫

---

189) 이상 모두 10가지 사례가 제시되었는데 「春秋官占補註」의 해당 부분에 자세하다.

190) 여기 마지막 말은 현행 『周易』의 爻辭가 모두 "一爻變"에 의거한 것뿐이라는 점을 想起시킨 것이다. 이상 정리하면, 茶山은 『周易』에 "諸爻亂動"의 방식이 있다는 질문자의 주장이 우선 잘못된 사례와 해석에 근거한 것임을 辨證하였고, 다음으로 『左傳』에 나타나는 많은 "一爻變"의 사례를 제시하였고, 마지막으로 『周易』의 현행 爻辭를 근거로 들고 있는 것이다.

191) [校閱] 奎章本에는 "遂'成'天下之象"이라 나오는데 誤字이다.

192) 한편, "참오이변(參伍以變)"을 여러 개의 純畫이 나온 경우를 상정하여 하는 말이라 보고, '變을 參伍하여', 즉 "變爻들을 參伍하여" 정도로 풀 수 있을지도 모르겠다. 아래 茶山의 설명이나 구체적인 蓍卦法과 연관하여 보면 이 구절은 결국 이런 뜻이 된다고 할 것이다.

193) 우번(虞翻)과 육적(陸績)은 모두 後漢末에서 三國 年間에 활동한 인물로 象數易學家로 분류된다. 특히 우번(虞翻)은 관우(關羽)의 죽음을 예견한 것으로도 유명하다.

參 與也 ≪又 物不齊曰 參差≫ 伍 猶互也 ≪參伍 皆同列之名≫ 錯 差也 ≪又 雜也≫ 綜 機縷也 ≪絲縷之差錯者 曰 綞綜≫ 通其變 謂於[194]六畫之中 參互彼此 而求其當變者也 ≪六畫相通 故曰 通≫ 極其數 謂用萬數之策 究極發揮 而得其必變者也 ≪諸爻亂動 而只變一爻≫ 天地之文 猶言陰陽之爻也 ≪爻者 效也 效天地之文≫ 天下之象 所謂 萬物之情也 一爻旣變 物象之往來存亡者 乃可定也

여기 "참(參)"이란 '참여하다'는 뜻이며 ≪또한 사물이 고르지 못한 것을 '참치(參差)'라고 한다.[195]≫ "오(伍)"는 '상호'라는 말과 같다. ≪여기 "참(參)"과 "오(伍)"는 모두 '가지런히 함께 늘어놓다'는 표현이다.[196]≫ "착(錯)"은 '교차함'이며 ≪또한 '뒤섞이다'는 뜻이다≫ "종(綜)"은 [원래의 뜻이] '베틀의 실가닥'이다.[197] ≪실가닥이 뒤엉킨 것을 '치종(綞綜)'이라고 한다≫ "그 변화에 통달한다"는 것은 여섯 畫 중에서 이것 저것을 같이 놓고 서로 참작하여 그 변효(變爻)에 해당하는 畫들을 찾는 것을 말한다.[198] ≪여섯 획이 서로 소통하므로 "통(通)"이라 한 것이다.≫ "그 數를 극도로 발휘한다"는 것은 萬數의 竹策을 극도로 발휘함으로써 최종적으로 변하게 될 爻를 얻는 것을 말한다. ≪여러 개의 爻가 어지러이 변동한다고 해도, 단지 그 중에 하나의 爻만 [최종적으로]

---

194) [校閱] "謂'於'六畫之中"의 '於'字가 奎章本에는 "之"로 나오는데 誤字이다.

195) 이는 "참(參)"이 다른 뜻 또는 반대의 뜻을 가짐을 보인 것이다. 즉 "參"에는 '참여하다', '가지런하다'는 뜻과 아울러 '어긋나다', '섞이다'는 뜻이 있다. 그리고 "差"는 '들쭉날쭉하다'는 뜻일 때는 '치'로 읽는다.

196) 즉 '參'과 '伍'가 결국 같은 뜻의 말이라는 것이다.

197) 물론 여기 "종(綜)"이 '실(絲)'이라는 뜻으로 쓰였다는 것은 아니다. 『說文解字』에 "綜, 機縷也"라고 하였는데, 단옥재(段玉裁)의 注에 "機縷持絲交者也"라고 풀이하고 있다. 즉 "綜"은 원래 베틀의 날실을 끌어올리도록 맨 굵은 줄, 곧 '잉아'를 뜻하는 것인데, 이런 '잉아'라는 뜻에서 '모으다', '종합하다' 등의 뜻이 引伸된 것이다. "착종(錯綜)"에 대해서는 『易學緖言』「래씨역수박(來氏易註駁)」에 자세하다.

198) 여기 "其'當'變者"와 다음의 "其'必'變者"는 구분해 보아야 할 것이다. 즉 前者는 여러 개의 純畫이 나온 경우, 그것들을 모두 말하는 것이고(그래서 "획들"이라 번역함), 後者는 그 여러 개의 純畫들 중에서 최종적으로 變爻로 확정되는 하나를 말하는 것이겠다.

변하는 것이다.≫ "하늘과 땅에 방불한 형세(天地之文)"란 또한 陰陽의 爻를 말하는 것이다. ≪"爻"란 본받음이며, 天地의 형세를 본받은 것이다.≫ "천하만물에 방불한 형상(天下之象)"이란 이른바 "萬物의 정황"이다.[199] 하나의 爻가 변화함에 ['之卦'가 성립하여] 事物의 상징들이 왕래하고 생성 소멸하는 것을 이에 확정할 수 있는 것이다.

○ 荀子曰 窺敵制變[200] 欲伍以參 ≪又 成相 詞云 參伍明謹 施賞刑[201]≫ 韓非子曰 省同異之言 以知朋黨之分 偶參伍之驗 以責陳言之實 ≪又 參之以此物 伍之以合虛[202]≫ 史記曰 必參而伍之 ≪又曰 參伍不失[203]≫ 漢書曰 參伍其賈 以類相準 ≪又云 欲問馬 先問牛 參伍之以得其實≫ 楊倞 荀子注曰 伍參 猶雜也 ≪朱子曰 參者 三數之 伍者 五數之≫

○『荀子』「議兵」에 이르기를, "적의 동태를 살피고 변화에 대처함에 있어서는 [여러 요인을] 상호 참작해(伍以參) 보고자 해야 한다"라고 하였다.[204] ≪또한 『荀子』「成相」篇의 歌詞[205]에 "이것저것 같이 참작하여(參伍) 명철

---

199) 「繫辭下傳」에 "於是, 始作八卦, …… 以類'萬物之情'"이라는 말이 나왔다.

200) [校閱] 현행 『荀子』「議兵」에 보면 "窺敵觀變"이라고 나오는데, 茶山 이외에도 "窺敵制變"이라 인용한 사례가 보이므로(예컨대 朱子의 『本義』에도 이렇게 인용되어 있다) 異本이 있을 수도 있고, 뜻에도 차이가 없으므로 굳이 고치지 않는다. 『朱子語類』「易」「上繫下」의 해당 항목에는 兵家의 말이라고 하며 "窺敵'制'變"라 하였다.

201) [校閱] 여기 細注 전체가 奎章本에는 빠져 있다.

202) [校閱] 新朝本과 奎章本에 모두 "參之以此物, 伍之以合參"이라 나오는데(통행되는 朱子의 『周易本義』에도 대부분 이렇게 인용되고 있다), 현행 『韓非子』「揚權」에 보면 "參之以比物, 伍之以合虛"라고 되어 있다. "參"과 "伍"에 여러 뜻이 있으니 前者로 보아도 말은 된다고 하겠지만, 이는 그 자체 문맥으로도 분명 이상하고, 茶山이 말하는 "參伍"의 뜻을 살려 풀기에도 애로가 있다. 이런 점에서 後者가 바른 것이 분명하니, 여기서는 "比物", "合虛"로 고쳤다.

203) [校閱] 奎章本과 新朝本에 모두 "參不失"이라고만 나오는데, 『史記』「太史公自序」에 "名家 …… 參'伍'不失"이라는 말이 나온다. 『周易本義』에도 "參'伍'不失"로 인용되고 있다. 따라서 여기서는 '伍'字가 빠진 것으로 보고 삽입하였다.

204) 『荀子』「議兵」편에 나오는 말인데, 중간을 생략하고 해당 부분만 인용한 것이다. 한편, 이 구절을 '諜者가 敵軍 속에 들어가서(參) 같이 행동하도록(伍) 해야 한다'는 뜻으로 풀이하기도 한다.

하고 엄하게 포상과 형벌을 시행하라"고 하였다.≫ 『韓非子』「備內」에서는 "서로 같거나 다른 말을 잘 살펴서 붕당(朋黨)의 나뉨을 파악하며, 이것 저것 같이 참작한(參伍) 증거에 맞추어서 진언의 결과에 대해 책임을 묻는다"라고 하였다. ≪또 [『韓非子』「揚權」에서는] "참작하되(參) 구체적인 사물에 비추어 하고, 모아서 배열하되(伍) 허심탄회하게 하라"고 하였다.[206]≫ 『史記』「몽염전(蒙恬傳)」에서는 "반드시 두루 참작해(參) 보아야 하고 상호 연관지어(伍) 보아야 한다"고 하였다. ≪또 [『史記』「太史公自序」에서는] "이것저것 두루 참작한 것(參伍)이 빠짐이 없다"고 하였다.[207]≫ 『漢書』「조광한전(趙廣漢傳)」에는 "그 가격을 두루 대조하여(參伍) 유사한 것을 서로 비교하였다"라고 하였다. ≪또한, "말에 대해 [그 가격을] 묻고 싶으면, 먼저 소에 대해 물어보았으니, [물건의 값을] 이것저것 대조하여(參伍) 실익을 얻었다"고 하였다.[208]≫ 양경(楊倞[209])은 『荀子』의 [해당 구절] 注에서, "오참(伍參)"은 '뒤섞다'는 뜻과 같다고 하였다.[210] ≪朱子는 "참(參)"은 셋으로 셈하는 것이고,[211] "오(伍)"는 다섯으로 셈하는

205) 『荀子』「成相」篇은 '賦'의 형식으로 되어 있으므로 '詞'라고 말하는 것이다.

206) 이상 각각 『韓非子』「備內」와 「揚權」에 나오는 말이다.

207) 앞의 말은 『史記』「몽염전(蒙恬傳)」에 나오는 구절이며(이는 注釋家에 따라 여러 가지로 해석하는데, 위에서는 물론 여기 문맥에 맞는 해석을 따랐다), 뒤의 말은 그 「太史公自序」에 나오는 구절이다. (이른바 諸子百家 중의 名家의 학술 경향에 대해 평가한 말이다.)

208) 앞서 인용한 것은 『漢書』「조광한전(趙廣漢傳)」에서 나오는 말이다. 뒤에 것도 역시 「조광한전(趙廣漢傳)」에서 인용한 것 같은데, 똑같은 구절은 보이지 않고 다만 뜻이 같은 부분은 확인된다. 아마도 茶山이 原文을 다소 변형하여 인용한 것으로 보인다. 아니면 『朱子語類』「易」「上繫下」의 해당 부분에도 이와 똑같은 말이 인용되고 있는데, 거기서 따온 것인지도 모르겠다. 혹 『漢書』에 異本이 있거나, 그것의 다른 부분에 이런 말이 나오는지도 모를 일이다.

209) "양경(楊倞)"은 『荀子』의 대표적 注釋家이다. '倞'字는 '찾다(求)' '밝다(亮)'는 뜻일 때는 그 발음이 '량'이 되니, "양량"이라 하는 경우도 있는 것 같은데, 어느 것이 바른지는 확실치 않다. 여기서는 '굳세다'는 뜻의 '경'으로 읽은 것이다.

210) 以上 인용되는 여러 典據들은, 거듭 말하거니와 "參伍"라는 말 자체에 여러 뜻이 있느니 만치, 注釋家에 따라 달리 해석되기도 하지만, "'參伍'以變"을 설명하기 위해 茶山이 그와 유사한 용례를 제시하고 있는 것이니, 여기서는 茶山이 말하는 "參伍"의 뜻에 맞추어 풀었다. 한편, 朱子의 『周易本義』나 『주자어류(朱子語類)』에도 이상의 典據들이 대부분 언급되고 있는데, 아마도 茶山은 똑같은 것을 여기서 그대로 인용하여 자

것이라고 하였다.[212)]≫

〔原文〕 易有太極[213)] 是生兩儀 兩儀生四象 四象生八卦 八卦定吉凶 吉凶生大業

⑭『周易』에는 태극(太極)이 있으니, 이것이 양의(兩儀)를 [즉 天地의 상징을] 산출하고, 양의(兩儀)는 四象을 [즉 四時의 상징을] 산출하며, 四象은 八卦를 산출하는데, 八卦가 吉凶을 결정하고, 吉凶은 大業을 탄생시킨다.

太極者 五十策之未分者也 ≪三極未著 故名曰 太極≫ 兩儀者 分而爲二 以象兩者也 ≪儀 容也 法也≫ 四象者 揲之以四 以象四者也 ≪象 形也 似也≫ 八卦者 內卦外卦之或震或兌者也 ≪卽八卦而小成之八卦≫

여기서의 "태극(太極)"이란 50개의 蓍策이 아직 나뉘지 않은 상태를 말한다. ≪三極이 [즉 天·地·人의 三才가] 아직 드러나지 않음에,[214)] 이름하여 태극(太極)이라 한 것이다.≫ "양의(兩儀)"라는 것은 [49개의 蓍策을] 나누어 두 묶음으로 하여 "양(兩)"을 [즉 天과 地를] 상징한 것이다. ≪"의(儀)"는 '형용하는 것'이고, '본받는 것'이다.≫ "사상(四象)"이란 4개씩 헤아려 [春·夏·秋·冬의] 四時를 상징한 것이다. ≪"상(象)"은 형용함이고, 유사함이다.≫ "八

신의 해석과 朱子의 해석(즉 "參者, 三數之, 伍者, 五數之"라고 보는 것) 중에 어느 것이 더 순통한지 살펴보라는 의도가 있는 것으로 보인다.

211) 朱子가 "參者, 三數之"라고 했으므로, "삼오(參伍)"라고 읽어야 할 것 같으나, 朱子는 '參'字의 발음을 "參, 七南反", 즉 "참"으로 읽었다. 한편, 『朱子語類』의 해당 부분을 보면 "揲蓍本無三數五數之法"이라고 하고 있다.

212) 朱子의 『周易本義』에 나오는 말이다. 한편, 『朱子語類』의 해당 부분을 보면 "揲蓍本無三數五數之法"이라고 하면서도 朱子는 이 말을 되풀이하고 있다.

213) [校閱] 『周易』 원문에는 앞에 "是故"라는 말이 있는데, 굳이 삽입하지 않는다.

214) 즉 蓍策을 '둘로 나누고', '하나를 걸어', 三極(三才)의 상징이 나타난 단계가 아니라는 말.

卦"라는 것은 內卦나 外卦가 되는 震이나 兌 등이다. ≪즉 [蓍卦法에서] "八卦로 작게 이룬다"고 할 때의 "八卦"이다.215)≫

太極者 六十四卦之昆圇無別也 ≪五十策之中 具六十四卦之胚胎≫ 兩儀者 乾坤二卦之儀倣也 ≪八卦之乾坤≫ 四象者 十二辟卦分配四時之象似也 ≪天地水火 配四時≫ 八卦者 震坎以成屯 坎艮以成蒙者也 ≪故曰 八卦定吉凶≫

"태극(太極)"이란 64개의 卦가 [아직 각각 구체적으로 발현되지 않고,] 뒤엉켜 구분이 없는 상태인 것이다. ≪50개의 시책(蓍策) 속에는 64개 卦의 모태(母胎)가 갖추어져 있다.≫ ['둘의 상징'이라는 뜻의] "양의(兩儀)"는 乾과 坤 두 卦가 [天·地를] 모방하고 형용하는 것이다'이다. ≪八卦의 乾坤이다.≫ ['넷의 상징'이라는 뜻의] "사상(四象)"은 12辟卦가 배속되는 春·夏·秋·冬 四時의 상징이고 모사이다. ≪또한 天·地·水·火가 四時에 대응한다.≫ "팔괘(八卦)"라는 것은 震과 坎으로 준괘(屯卦)를 이루거나, 坎과 艮으로 蒙卦를 이루는 것이다. ≪그러므로 [이 구절에서] "八卦가 吉凶을 결정한다"고 하는 것이다.216)≫

極也者 屋極之義 屋極者 屋脊也 ≪即甍脊≫ 一棟爲之脊 而衆桷分出 亦猶大衍之策 爲之極 而兩儀四象 皆於是乎分出也 ≪與皇極同義217)≫

215) 이상이 '구체적으로 卦를 구해 가는 과정' 또는 蓍卦法과 연관하여 太極·兩儀·四象·八卦를 설명한 것이라면(아래 茶山의 표현을 빌리면 "蓍策分揲之名"으로 설명한 것이다), 아래에서는 의미연관(意味聯關), 또는 『周易』의 상징연관체계(象徵聯關體系)에 입각해서 그것들을 설명하고 있다.

216) 앞에서도 八卦를 설명한 부분에 "卽八卦而小成之八卦"라는 細注를 달았거니와, 여기서도 이런 細注를 거듭 다는 것은, 通說을 지나 定說이 되다시피한 邵康節의 說, 즉 1→2→4→8의 전개과정에서 도출되는 三畫卦로서의 八卦가 아님을 강조하고자 하는 것이다. 이에 대해서는 이후 다시 설명이 나온다.

"극(極)"이라는 것은 [원래] '옥극(屋極)'이라는 뜻인데, 옥극(屋極)이란 '가옥의 용마루'이다. ≪즉 '맹척(甍脊)'이다.≫ 하나의 마룻대가 집의 등골이 되어 여러 개의 서까래가 [그것에 의지하여] 갈라져 나옴은 곧 마치 '大衍의 策이 그 중심(極)이 되어 양의(兩儀)와 사상(四象)이 모두 여기서 나뉘어 나오는 것'과 같다. ≪[『書經』「洪範」에서 말하는] "황극(皇極)"과 같은 의미이다.[218]≫

儀也者 形容也 如渾天儀 爲渾天之形容而已 非直渾天也 黃道儀 爲黃道之形容而已 非直黃道也 蓍策之分而爲二者 爲天地之形容而已 非直天地也 ≪又儀 法也 度也 謂以此物 法彼物≫

"의(儀)"라는 것은 '형용함'이다. 예를 들면 혼천의(渾天儀)라는 기구는 혼천(渾天)의 형용일 따름이지 바로 혼천(渾天) 그 자체는 아니며, 황도의(黃道儀)도 黃道의 형용일 뿐이지 바로 黃道 그 자체는 아닌 것이다. 시책(蓍策)을 "나누어 두 묶음으로 하는 것"도 [즉 "兩儀"라는 것도] 天地의 형용일 따름이고 天地 그 자체는 아닌 것이다. ≪또한 "儀"는 '본보기'이고 '미루어 헤아림'인데,[219] 어떤 것으로 다른 어떤 것을 모방하는 것이다.≫

象也者 倣似也 優孟象孫叔敖者 得孫叔敖之倣似而已 蓍策之揲之以四者 謂四時之象 依俙彷彿 於此間也 ≪大傳云 象者 像也≫

"象"이라는 것은 방불하고 유사한 것이다. 楚나라 우맹(優孟[220])이 손

---

217) [校閱] 奎章本에는 "與'屋'極同義"라 나오는데, "屋極"은 앞서도 나온 말이라, 여기서 굳이 반복할 필요가 없다고 보아, 新朝本과 國中本을 따라 『書經』「洪範」에서 말하는 "皇極"으로 보았다.

218) "皇極"은 이른바 洪範九疇의 중심으로 나머지 여덟 가지 疇가 모두 이에 직결된다.

219) 여기 "度"는 '탁'으로 읽는다.

220) 우맹(優孟)의 優는 배우, 혹은 어릿광대를 뜻한다. 우맹(優孟)이 손숙오(孫叔敖)를 본뜬 일에 대한 고사는 『사기(史記)』의 「골계열전(滑稽列傳)」에 나온다.

숙오(孫叔敖) 시늉을 했다는 것은 손숙오와 비슷한 모습이 되었다는 것일 따름이니, 시책(蓍策)을 4개씩 헤아려 나가는 것도, 四時의 양태를 그런 과정 중에 어렴풋이 나마 비슷하게 형용함을 말하는 것이다. ≪「大傳」에 [易은 象이라 하고,] "象"은 '像'이라 하였다.[221]≫

此 其爲蓍策分揲之名 確然無疑 而說易之家 乃以爲庖犧畫卦之法 則儀象二字 不可訓也 何者 庖犧畫卦之初 先畫兩畫 ≪卽一陽一陰≫ 是於八卦之制 已屬眞本[222] 名之爲儀 無義也 ≪非但形容而止也≫ 次加四畫 ≪卽二畫之卦≫ 是於八卦之體 遂爲實用 名之爲象 無義也 ≪非但倣似而止也≫

[通說에 따른 太極 兩儀 四象의 관계]

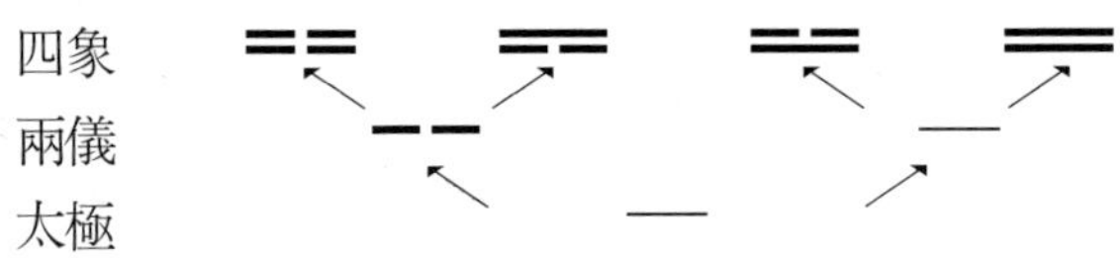

이상으로 그 太極, 兩儀, 四象, 八卦가 蓍策을 나누고 헤아리는 [절차와 연관된] 명칭임이 확실하여 의문의 여지가 없는데, 『周易』을 해석하는 자들이 도리어 포희(庖犧)가 卦를 그린 방식이라고 여기고 있으니, 그렇게 본다면 ['모방한 것'이나 '형용한 것'을 뜻하는] "儀"와 "象" 두 글

---

221) 이상은 "極", "儀", "象"을 그 字義에 입각하여 해명한 것이다. 譯者의 소견으로는 앞서 언급된 "蓍策分揲之名"에 입각한 설명이나, 상징연관체계(象徵聯關體系)에 입각한 설명은 혹 반박할 수 있을지 몰라도(물론 이것들도 譯者의 소견으로는 두말할 나위 없는 탁월한 辨證이다) 여기 그 字義에 입각한 설명은 아무도 異見이나 반박을 제기할 수 없을 것이다. 아마도 처음 접하는 사람은 '이 간단한 것을 여태 몰랐단 말인가?' 하고 이마를 칠 것이다.

222) [校閱] 新朝本에는 "'已'屬眞本"의 "이(已)"가 "기(己)"로 보이는데, 그렇다면 誤字이다.

자를 해석할 수 없다. 왜냐하면 포희(庖犧)가 처음에 卦를 획정할 적에, 먼저 '陰--'과 '陽—' 두 畫을 그렸는데 ≪즉 "한 번은 음(陰)으로 되고, 한 번 양(陽)으로 되는 것"이다.[223]≫ 이것은 八卦의 제정이라는 측면에 있어 이미 眞本에 해당되는 것으로, 그런 것을 이름하여 ['형용했다'는 뜻의] "儀" 라고 할 까닭이 없다. ≪이 두 획은 [팔괘의 제정이라는 측면에 있어] 형용하고 마는 것이 아니다.[224]≫ 그 다음으로 [이 기본되는 두 획에] 각각 4개의 획을 부가하는데 ≪즉 두 획(畫)으로 된 卦≫ 이는 八卦의 본체라는 측면에 있어 마침내 실제적인 쓰임을 이룬 것이니,[225] 이런 것을 이름하여 ['본뜬 것' 이라는 뜻의] "象"이라고 할 까닭이 없는 것이다. ≪[그들 논리대로 한다면 이 四象이] 단지 유사한 것으로 그치는 것이 아니다.[226]≫

夫讀聖經而求聖道 其字義名實 最宜精核 不可漫漶如是也

223) 이는 「繫辭上傳」에서 나온 말인데, "一陽一陰之謂道"라 하였다.

224) 모방하고 형용한 것이라기보다는, 다음 단계의 이른바 "四象"의 토대가 된다는 것이다. 다시 말해 茶山의 입장에서 보면(즉 "蓍策分揲之名") 이 두 획은 분명 형용한 것이고 모사한 것이지만, 그들이 말하는 八卦의 制定의 측면에서 보면(즉 "畫卦之法") 이 '陰--'과 '陽—' 두 획을 가지고 거듭 겹쳐나가는 것이기 때문에, 결코 形容이나 模像이 아니라 바로 "眞本", 즉 實體인 것이다. 이 문제는 아래에서 다시 부연한다.

225) 앞서 兩儀는 '八卦之制에 眞本'이라 했고, 여기 四象은 '八卦之體에 實用'이라 하는데, "實用" 운운함은 결국 '八卦의 형태를 온전히 갖추지는 않았지만 그런 역할을 충분히 한다'는 뜻이겠다. 다시 말해 畫卦法의 관점에서 볼 때 "四象"은 그 자체의 고유한 역할을 가진 것으로, '다른 어떤 4가지를 상징한다'는 의미가 전혀 없다는 것이다. 그러므로 '어떤 네 가지에 대한 상징'이라는 뜻인 "四象"이라는 명칭이 그와는 부합하지 않는다는 것이다. 한편 이후 "先儒, 以'八卦之二畫', 爲四象"이라 하였는데(『四箋』 卷8, 27가) 여기 "八卦之二畫"이라는 다소 생소한 표현도 역시 '四象이 八卦의 體라는 측면에서 이미 實用을 이루었다'는 茶山의 관점을 반영하는 말이라 할 것이다.

226) 이상의 茶山의 논지를 부연하면, 兩儀나 四象은 말 그대로 '그 어떤 두 가지에 대한 상징', '그 어떤 네 가지에 대한 상징'이라는 뜻인데, 획괘법(畫卦法)으로 볼 경우 '陰--'과 '陽—' 두 획 자체로 진행되느니 만치 전혀 이런 상징과는 무관하다는 점을 지적하는 것이다. 물론 '획괘(畫卦)', 즉 '괘를 그린다'는 것 자체가 이미 일종의 象徵 행위를 뜻하는 것이니, 茶山의 이런 반박은 지나친 것이라 할 수도 있겠는데, 이후 언급되거니와 茶山이 그런 점을 모르는 것도 아니겠고, 다만 여기서는 畫卦 과정 그 자체에 초점을 맞추어, 그런 畫卦法과 연관지어 보면 "儀"니 "象"이니 하는 명칭이 적절하지 않다는 점을 지적하는 것이다.

何况八卦之下 繼之云 八卦定吉凶 庖犧 始畫之初 非筮非占 其云 八卦之定吉凶者 當作何解 乾坤震巽坎离艮兌 本無吉凶 亦無悔吝 吉凶 安所定矣 大業 安所生矣

대저 聖人의 경전을 읽고 聖人의 위대한 道를 구함에 있어, 그 문자의 뜻과 명칭의 의미를 마땅히 치밀하게 따져서 고구(考究)해야 하거늘, 이와 같이 함부로 해석할 수는 없는 것이다. 더욱이 "八卦"[가 나온] 다음에 이어서 "八卦가 吉凶을 결정한다"고 하였거니와, 포희(庖犧)가 처음 획을 고안했을 때는 시책(蓍策)을 운용한 것도 아니고 점을 친 것도 아니었으니, 여기서 말하는 '八卦의 吉凶 결정'은 또한 어떻게 해석해야 할 것인가? 乾[☰], 坤[☷], 震[☳], 巽[☴], 坎[☵], 离[☲], 艮[☶], 兌[☱]에는 본시 吉凶이 없으며 또한 悔吝도 없다. 그러니 [이 구절을 伏犧의 畫卦法으로 본다면] 吉凶이 어디에서 정해질 것이며, [이렇게 吉凶이 未定이니] "大業"인들 어디에서 생겨나겠는가?

雖然 曰太 曰兩 曰四 曰八之本 仍當體究 盖此易興之前 先有所謂太極者 存焉故 大衍之易 得以倣彼而有之也 ≪有太極≫ 先有所謂 兩與四者存焉故 分而二 揲以四者 得以象彼而爲之也 又 所謂 一生兩 兩生四 四生八者 先有其理故 範圍天地者 得以效法而爲之也

비록[227] 그렇기는 하지만,[228] "태(太)", "양(兩)", "사(四)", "팔(八)"이라 한 것의 근본은 또한 마땅히 자세히 고구(考究)해 보아야 한다. 대저 이런 『周易』이 나오기 전에 먼저 이른바 "태극"이라는 것이 존재했기에, 大

227) 新朝本에는 마침 前行이 꽉 차 표시가 나지 않지만, 奎章本에 보면 여기에서 行을 바꾸어 새로 시작하고 있다.

228) '太極, 兩儀, 四象, 八卦라는 명칭이 비록 揲蓍法과 연관하여 架設된 것이기는 하지만'이라는 말이다.

衍의 易이 [즉 『周易』이] 그것을 본떠서 가지게 된 것이다. ≪太極[이라는 상징]을 가지게 됨.≫ 먼저 이른바 "둘"과 "넷"이 존재했던 것이니, 그러므로 [揲蓍法에서] '둘로 나누고, 네 개씩 헤아리는 방식'은 그것을 본떠서 그렇게 하는 것이다. 또한 이른바 '하나는 둘을 낳고, 둘은 넷을 낳으며, 넷은 여덟을 낳는다'는 것도[229] 먼저 그런 이치가 있었으므로 天地[의 운행과 이치]를 모두 포괄하여 개관한 者가[230] 그것을 본받아서 [畫을 그리는 방식을] 그렇게 하게 된 것이다.

太極者 誰也 天地之胚胎也 兩者 誰也 輕淸者位乎上 ≪天≫ 重濁者位乎下 ≪地≫ 此之謂兩也 四者 誰也 天地水火 體質各分 位次有等 此之謂 四也 ≪表記云 天火 尊而不親 地水[231] 親而不尊≫ 四者旣立 天火相與 而雷風以生 ≪天包火爲雷 又 火與天爲風≫ 地水相比 而山澤以成 ≪水削土爲山 又 土圍水爲澤≫ 此 四之所以生八 而八卦之所以八 在是也

[이상의 측면에서 그렇다면] "太極"이란 무엇인가? 天地의 모태(母胎)이다. "둘"이라는 것은 무엇인가? 가볍고 맑은 것은 위에 자리하고 ≪하늘을 가리킴≫ 무겁고 탁한 것은 아래에 자리하니 ≪땅을 가리킴≫ 이것을 "兩"이라고 이르는 것이다. "넷"은 어떤 것인가? 天·地·水·火로 체질이 각각 나뉘고, 지위와 순서에도 등급이 있으니, 이것을 "넷"이라고 하는 것이다.[232] ≪『禮記』「表記」에 [사람에게 있어] "하늘과 불은 존귀하나 친근

229) 이런 말이 『周易』에 명시적으로 나오는 것은 아니다. 한편 『老子』 42章에 "道生一, 一生二, 二生三, 三生萬物"이라는 말이 나온다.

230) "개관한 者"는 곧 伏犧를 두고 하는 말이겠다. 물론 여기 "者"를 '개관하는 것', '개관하는 방식'으로 풀어도 무방하겠다. 한편 「繫辭上傳」에 "範圍天地之化"라는 말이 나온다. (茶山은 생략한 구절임.)

231) [校閱] 新朝本과 國中本에는 "地水"로 되어 있으나, 奎章本에는 "水火"로 되어 있다. 前者가 옳다.

232) 水와 火의 근원에 대해서는 따로 말하지 않은 셈인데, 太極에서 天地로 나뉘고 나면 (혹은 나뉘는 동시에) 그 가운데 水와 火가 자연히 파생된다는 것이겠다. (앞서 이 「蓍

하지는 않고, 땅과 물은 친근하나 존귀하지는 않다"고 하였다.≫ 이 넷이 이미 성립하고 나면, 天과 火가 서로 어우러져 雷와 風이 생겨나고 ≪하늘이 불을 품어 우레가 되고, 불과 하늘이 어우러져 바람이 된다≫ 地와 水가 서로 가까이 하여 山과 澤이 생겨나니 ≪물이 흙을 깎아내면 산이 되고, 흙이 물을 둘러싸면 못이 된다≫ 이것이 "넷"이 "여덟"을 낳는 방식이며, 八卦가 '八'인 까닭도 여기에 있다.

然 一生兩 兩生四 四生八 而爲卦者 庖犧 畫八之時 所儀象而爲之也 大衍之數以爲極 ≪當太極≫ 乾坤之卦以爲兩 ≪當天地≫ 十二辟卦以爲四 ≪當四時≫ 或震或巽以當八 ≪不必全有八≫ 而爲卦者 ≪爲重卦≫ 筮人揲蓍之時 所儀象而爲之也 彼象四氣 ≪卽天地水火≫ 此 象四時者 ≪卽春夏秋冬≫ 四氣之運 以配四時也 彼以全八爲八卦 ≪伏羲之八卦≫ 此 以八卦之一二卦爲八卦者 ≪或震或巽 只二卦≫ 法象具而理義顯也 乃自漢魏以來 直以天地 名之爲兩儀 儀也者 形容也 卽彼穹然之蒼 隤然之黃 皆假天地也 嗚呼可哉 ≪先儒 以八卦之二畫者[233] 爲四象≫

그런데 '하나가 둘을 생성하고, 둘이 넷을 생성하고, 넷이 여덟을 생성함'에 의거하여 卦를 설정하는 것은 포희씨(庖犧氏)가 여덟 가지 [三畫]卦를 그릴 때 모방하여 그렇게 한 바이다. [반면,] 大衍數를 '하나의 極'으로 삼고 ≪太極에 해당≫ 乾卦와 坤卦를 '둘'로 삼고 ≪天地에 해당≫ 十

卦傳」의 冒頭에 나오는 "大衍之數五十"을 설명하는 자리에서는 "太極者, 天地水火之胚胎也"라고 하였다.) 엄밀히 따지자면 이는 茶山의 論理的 破綻處라고 할 수도 있겠지만, 그가 원래 四象을 四時의 상징으로 보고, 天地水火를 다만 부차적으로 이에 대응시킨다는 점에서(이 章 제일 마지막 부분의 "○ 總之" 이후에 언급됨), 그리고 그가 본래 2→4→8로 진행되는 과정 자체를 인정하지 않으며, 다만 여기서는 방편적으로 그런 논리에 따라 설명하고 있다는 점에서, 또한 나아가 茶山은 이를테면 '五行'論者가 아니라 '四行'論者라는 점에서, 이는 이해될 수 있는 부분이기도 하겠다.

233) [校閱] 新朝本과 國中本에는 "畫者"로 되어 있으나, 奎章本에는 "畫"으로 되어 있다.

二辟卦를 '넷'으로 삼고 ≪四時에 해당≫ 震(☳)이나 巽(☴) 등을 '여덟'에 배당하여서 ≪이 경우 반드시 8가지가 모두 있어야 하는 것이 아니다.[234]≫ 卦를 설정하는 것은 ≪[前者는 三畫卦인데, 여기서는] 重卦가 됨≫ 筮人이 시책(蓍策)으로 점을 칠 때[235] 모방하여 그렇게 하는 바이다.[236] 前者의 포희(包犧) 획괘(畫卦)에서는 四氣를 상징하였는데 ≪즉 天 · 地 · 水 · 火≫ 後者의 점치는 데 있어서는 四時를 상징하는 것은 ≪즉 春 · 夏 · 秋 · 冬≫ 四氣의 운행이 四時에 상응하기 때문이다. 前者는 여덟 개 卦 전부를 '八卦'로 삼았는데 ≪伏羲의 八卦≫ 後者는 八卦 중의 한 두 개 卦를 '八卦'로 삼는 것은 ≪[上下卦가 각각] 震(☳)이 되거나 巽(☴)이 되거나 하여, 단지 두 개 卦가 결합한다.[237]≫ [前者의 伏犧 八卦에서] 여러 事狀과 物象이 두루 갖추어짐에 [後者의 重卦에서는] 이치와 의미가 분명히 드러난 것이다. 그런데 漢 · 魏代 이래 곧바로 [실제의] 天地를 ['둘의 모방품'이라는 뜻인] "兩儀"라고 이름하였거니와, "의(儀)"라는 것은 '형용한 것'이라는 말인데, 그렇다면 저 드높이 솟아 있는 푸른 하늘과 부드럽게 깔려 있는 황토 大地는 '가짜 天地'인 것이니, 아! 어찌 가당키나 하리오? ≪先儒들은 八卦의 두 畫을 가지고 "四象"이라 간주하였다.[238]≫

---

234) 그 8가지 중에 두 가지가 조합되어 구체적인 하나의 重卦가 됨을 말한다. 『周易』의 文例도, 앞서 茶山이 지적하였듯이, 8개 卦 진세를 "八卦"라 하는 것이 아니고, 그 일부를 "八卦"라 한다.

235) "筮人擊蓍"란 말 그대로는 '筮人이 蓍策을 독(韇)으로 친다'는 뜻이다. 앞서 "掛一以象三"을 설명하면서 「少牢禮」를 인용한 부분에 "右兼執韇, 擊筮 ≪鄭玄云擊之以動其神≫"이란 말이 나왔다.

236) 요컨대 포희씨(庖犧氏)는 태극이 天地를 생성하고, 天地가 四物을 생성하고, 四物이 八物을 생성하는 실제의 원리를 모방하여 여덟 가지 三畫卦를 그렸다는 것이고, 筮人은 大衍數를 太極의 상징으로 삼고, 乾卦와 坤卦를 天地의 상징으로 삼고, 十二辟卦를 四時의 상징으로 삼고, 震☳이나 巽☴ 등을 八物의 상징으로 삼아서, 重卦를 도출하고 蓍策으로 점을 친다는 것이다.

237) "一二卦"라 하고 細注에서는 "只二卦"라 한 것이 얼핏 이해되지 않을 수 있는데, 대부분 上下卦에 다른 것이 결합하여 重卦가 되지만, 上下가 동일한 것일 수도 있다. 그래서 "一二卦"라 하는 것이다.

238) "八卦의 二畫"이란 '⚌', '⚏', '⚍', '⚎'을 말하는 것인데, 각각 이른바 老陽, 少陰, 少陽, 老陰이라 하는 것이다. 朱子도 이렇게 말한 셈인데, 『本義』에 "易有四象"을 설

鄭玄 以木火金水爲四象 則木火金水 無以生八卦也 其言 嘗云 天一生水 地二生火 今乃云 以水火而生天地 ≪八卦之二 卽天地≫ 悖理甚矣

정현(鄭玄)은 木・火・金・水를 "四象"이라고 하는데, 木・火・金・水가 8卦를 생성할 까닭이 없다. 그는 일찍이 말하기를 "天一이 水을 생성하고, 地二가 火를 생성한다"고 하였는데, 이제는 오히려 "水火를 가지고 天地를 생성해낸다"고 하니 ≪[四象이 생성해내는] 八卦 중에 두 가지가 곧 天地이다.[239]≫ 이치에 어긋남이 심하다.

○虞翻 以男女長少 爲四象 則有天地 然後有男女 ≪咸卦文≫ 震艮立而後長少形 今謂之 男女長少 却生八卦 可乎

○우번(虞翻)은 男女의 老少를 [즉 長男, 長女, 少男, 少女를] 四象이라 하는데, '天地가 있은 다음에 [만물이 있고, 만물이 있은 다음에] 男女가 있고' ≪咸卦[의 「序卦傳」]에 나오는 글≫ 또한 震[☳]과 艮[☶]이 성립한 이후에야 老少가 이루어지거늘,[240] 지금 [八卦 이후에야 가능한] 男女의 老少가 도리어 八卦를 낳는다고 말하니, 옳을 것인가?

○侯果 以神物 變化 垂象 圖書 爲四象 則兩儀 八卦 加減不得 而神物 等 四者 其類甚多 不足爲截然之四也

명한 대목에서 "四象, 謂陰陽老少"라고 하였다. 이 「蓍卦傳」 맨 마지막 대목에서 이를 반박하고 있다. 한편 "八卦之二畫"이라는 다소 생소한 표현은, 앞서 언급되었거니와 '四象이 八卦의 體라는 측면에서 이미 實用을 이루었다'는 茶山의 관점을 반영하는 말이라 할 것이다(『四箋』 卷8, 27가).

239) "木・火・金・水를 四象이라고 하는 것"은 "그 水火를 가지고 天地를 생성해낸다"는 말이 된다. 왜냐하면 「繫辭傳」에 "四象이 八卦를 낳는다"고 했는데, 八卦 중에 두 가지가 天☰과 地☷이기 때문이다.

240) 「說卦傳」에 따르면 長男은 震☳에 해당하고, 長女는 巽☴에 해당하고, 少男은 艮☶에 해당하고, 少女는 兌☱에 해당한다.

○[漢代의] 후과(侯果)[241]는 "신물(神物)", "변화(變化)", "수상(垂象)", "도서(圖書)"를 '四象'이라 하였는데,[242] "양의(兩儀)"와 "팔괘(八卦)"는 그 數를 가감할 수 없거니와, 그가 말하는 "神物" 등의 네 가지는 그런 부류에 속하는 것이 매우 많아, 어떤 구체적인 '네 가지'가 될 수가 없다.

○近儒 又或以分而爲二以象兩 ≪象≫ 掛一以象三 ≪象≫ 揲之以四以象四 ≪象≫ 歸奇於扐以象閏 ≪象≫ 爲四象 則分而爲二以象兩 卽兩儀也 旣爲兩儀 而復爲四象 無是理也

○근래의 학자들은 또한 '나누어 둘로 하여 天地를 상징하는 것' ≪한 가지 象이다≫ '하나를 걸어 두어 三才를 상징하는 것' ≪이도 한 가지 象이다≫ '4개씩 묶어 헤아려 四時를 상징하는 것' ≪이도 한 가지 象이다≫ '헤아리고 남은 것을 손가락 사이에 끼워 윤달을 상징하는 것'을 ≪이 한 가지 象이다≫ "사상(四象)"으로 간주하기도 하는데, 그렇다면 '나누어 둘로 하여 천지(天地)를 상징하는 것'이 곧 "兩儀"인 것인데, 이미 "兩儀"가 되었다가 다시 "四象"이 되니 이럴 리는 없는 것이다.

○總之 四象者 四時之象也 天包於外 日月運行 而天地水火之氣 行於其間 無時不在 第以其寒暑之相近者 而配之於四時 故 揲四之法 以象四時 而天地水火之象 亦寓其中矣

○결론적으로, 四象이란 것은 [春・夏・秋・冬의] 사계절의 상징이다. 하늘이 밖에서 둘러싸고 해와 달이 운행함에, 天・地・水・火의 기

241) 후과(侯果) : 중국 唐나라 초기의 易學者, 字는 行果이다. 벼슬은 國子博士를 지냈고, 『周易』을 정밀하게 연구하였다. 그의 역학은 정현(鄭玄)에게서 연원하며, 순상(荀爽), 우번(虞翻)의 괘변설을 널리 참조하였다. 저서에 『周易注』가 있다(金勝東, 『易思想辭典』, 부산대 출판부, 1998, 1350면).

242) 이후 「繫辭傳」 원문에 보면 이런 것들이 언급되고 "易有四象"이라는 말이 나오기 때문이다.

운이 그 사이에 활동하여 없을 때가 없는데, 다만 그 차갑고 더움이 서로 가까운 것에 따라 [天·地·水·火를 각각 하나씩] 사계절에 배당하는 것이다.[243] 그러므로 네 개씩 헤아리는 방식이 四時를 본뜸으로써, 天·地·水·火의 상징도 또한 그 가운데 깃들게 되는 것이다.

〔原文〕 是故 法象 莫大乎天地 變通 莫大乎四時 縣象著明 莫大乎日月

⑮ 이런 까닭에, [실제를] 본받아 형용한 상징으로는 天地보다 큰 것이 없으며, 변화하여 소통하는 것으로는 四時보다 큰 것이 없으며, 象을 내걸어 밝음을 나타낸 것으로는 日月보다 더 큰 것이 없다.

天地者 兩儀之所儀也 爲諸卦之父母 ≪八卦之乾坤≫ 故 法象 最先也 ≪法象 只是儀字之注脚≫ 四時者 十二辟卦也 十二辟卦 變之爲五十衍卦 故曰 變通莫大也 日月者 中孚小過也 大离之日 ≪中孚爲兼离≫ 大坎之月 ≪小過爲兼坎≫ 積坎离之畸赢[244] 以成再閏 ≪二卦自坎離而變[245]≫ 故曰 日月著明也 此 皆著[246]卦之精義也

---

243) 실제로는 春夏秋冬 각각 모두에 天地水火의 기운이 담겨 있으나, 寒暑가 相近한 측면에 따라서 각기 하나씩 대응시킨다는 것이다. 그런데 각각 어떻게 대응하는지 명시적으로 언급된 것을 譯者는 확인하지 못했다. 다만 春－天, 夏－火, 秋－地, 冬－水가 아닐까 짐작해 본다. 讀者들의 叱正을 바라는 바이다.

244) [校閱] 奎章本에는 "坎離", 新朝本과 國中本에는 "坎离"로 나오는데, 여기서는 單卦를 말한다고 보아 後者를 따랐다.

245) [校閱] 奎章本과 新朝本과 國中本에 모두 "坎'离'"라고 나오는데, 重卦를 말하는 것이니 "離"로 바꾸었다.

246) [校閱] 新朝本과 國中本에는 "'著'卦之精義"라고 나오는데, "著"라고 하여도 뜻이 통하지 않는 것은 아니나(즉 '卦의 精義를 드러냄') 여기서는 奎章本에 따라 "著"로 보았다.

天地는 양의(兩儀)로 형용되는 것이니, 모든 卦의 부모가 된다. ≪八卦의 乾[☰]과 坤[☷][에 해당하는 것]이다.≫ 그러므로 [그 天地의] 상징(法象)이 가장 우선하는 것이다. ≪여기 "법상(法象)"이란 말은 다만 ["兩儀"에] '儀'字의 각주(脚注)일 뿐이다.≫ "四時"는 [『周易』의 상징체계에서] 12辟卦인데, 12辟卦는 변하여 50개의 연괘(衍卦)로 된다. 그러므로 "변통(變通)이 이[四時]보다 큰 것이 없다"라고 한 것이다. "日月"은 中孚卦와 小過卦이다. 큰 离[☲]의 해와 ≪中孚卦는 겸획(兼畫)한 离가 된다≫ 큰 坎[☵]의 달인데 ≪小過卦는 '겸획한 坎'이 된다≫ 그 坎과 离의 나머지를 모아서[247] 두 번의 윤달을 이루니 ≪中孚와 小過 두 卦는 [重卦인] 坎卦와 離卦에서 변해 나온 것이다≫ '日月이 밝음을 나타낸다'고 하는 것이다. 이상은 모두 시괘(蓍卦)의 정묘한 뜻이다.[248]

〔原文〕易有四象 所以示也 繫辭焉[249] 所以告也

⑯『周易』에 四時의 상징이 있는 것은 분명하게 보이기 위함이며, [卦辭와 爻辭라는] 글귀를 붙인 것은 깨우쳐 주기 위함이다.

四象 謂四時之象 卽十二辟卦也 揲之以四 所以象此也 若云四象是老少陰陽之名 陰陽亦無所繫辭矣

"사상(四象)"이란 [春·夏·秋·冬의] 사계절의 상징으로, 곧 12辟卦

---

247) 물론 해(离)와 달(坎)의 '운행 週期의 차이(畸贏)'를 계산해 둔다는 말이다.

248) 즉 蓍策을 헤아려 卦를 구하는 방식에도 이런 精緻하고 오묘한 뜻이 담겨 있다는 것이다.

249) [校閱] 奎章本에는 "繫辭"라고만 나오고, '焉'字가 빠져 있다.

를 말한다. 시책(蓍策)을 네 개씩 헤아림은 이것을 상징하는 것이다. 만약에 이 四象을 '老陰==', '老陽═', '少陰==', '少陽=='의 명칭이라고 한다면, 그런 陰陽에는 또한 설명의 글귀를 달 곳이 없다.250)

變爻를 정하는 竹策 11,520개

1. 乾 216	2. 坤 144	3. 屯 168	4. 蒙 168	5. 需 192	6. 訟 192	7. 師 156	8. 比 156
—上九 36	--上六 24	--上六 24	—上九 36	--上六 24	—上九 36	--上六 24	--上六 24
—九五 36	--六五 24	—九五 36	--六五 24	—九五 36	—九五 36	--六五 24	—九五 36
—九四 36	--六四 24	--六四 24	--六四 24	--六四 24	—九四 36	--六四 24	--六四 24
—九三 36	--六三 24	--六三 24	--六三 24	—九三 36	--六三 24	--六三 24	--六三 24
—九二 36	--六二 24	--六二 24	—九二 36	—九二 36	—九二 36	—九二 36	--六二 24
—初九 36	--初六 24	—初九 36	--初六 24	—初九 36	--初六 24	--初六 24	--初六 24

9.小畜 204	10. 履 204	11. 泰 180	12. 否 180	13.同人 204	14.大有 204	15. 謙 156	16. 豫 156
—上九 36	—上九 36	--上六 24	—上九 36	—上九 36	—上九 36	--上六 24	--上六 24
—九五 36	—九五 36	--六五 24	—九五 36	—九五 36	--六五 24	--六五 24	--六五 24
--六四 24	—九四 36	--六四 24	—九四 36	—九四 36	—九四 36	--六四 24	—九四 36
—九三 36	--六三 24	—九三 36	--六三 24	—九三 36	—九三 36	—九三 36	--六三 24
—九二 36	—九二 36	—九二 36	--六二 24	--六二 24	—九二 36	--六二 24	--六二 24
—初九 36	—初九 36	—初九 36	--初六 24	—初九 36	—初九 36	--初六 24	--初六 24

17. 隨 180	18. 蠱 180	19. 臨 168	20. 觀 168	21.噬嗑 180	22. 賁 180	23. 剝 156	24. 復 156
--上六 24	—上九 36	--上六 24	—上九 36	—上九 36	—上九 36	—上九 36	--上六 24
—九五 36	--六五 24	--六五 24	—九五 36	--六五 24	--六五 24	--六五 24	--六五 24
—九四 36	--六四 24	--六四 24	--六四 24	—九四 36	--六四 24	--六四 24	--六四 24
--六三 24	—九三 36	--六三 24	--六三 24	--六三 24	—九三 36	--六三 24	--六三 24
--六二 24	—九二 36	—九二 36	--六二 24	--六二 24	--六二 24	--六二 24	--六二 24
—初九 36	--初六 24	—初九 36	--初六 24	—初九 36	—初九 36	--初六 24	—初九 36

---

250) 한편, 위의 原文은 분명 "四象"과 "繫辭"를 별 개의 事案으로 말하고 있다. 따라서 四象이 무엇이 되었던지 간에 '四象에 繫辭한다'는 뜻은 없다. 그리고 '四象을 老少陰陽의 이름'이라 보았다고 해서, '거기에 繫辭한다'는 뜻을 함축하는 것도 아니다. 그런데 茶山이 이렇게 '陰陽에는 繫辭할 데가 없다'고 하는 것은, 原文을 '四象에 즉 十二辟卦에 繫辭한다'는 뜻으로 읽었거나, '老少陰陽의 명칭'이라는 주장을 잘못 이해한 것으로 비칠 수가 있다. 茶山이 이런 오해를 한다는 것은 있을 수 없는 일이고, 또한 '陰陽에는 설명의 글귀를 달 곳이 없다'는 말 자체는 옳다는 점에서, 이 논박은 「繫辭傳」 원문의 문맥과는 일단 무관한 한 것으로 보아야 하겠다. 原文에 마침 "繫辭"라는 말이 나오니, 四象에 대해 누차 설명하기는 했지만, 여기서 또 그것을 가져다가 반론의 근거로 삼은 것이겠다. 그리고 앞서 언급했듯 이는 朱子의 說인 셈인데, 그래서 茶山이 강하게 반박할 수가 없어서 다소 얼버무리려다 보니 이렇게 설명이 疏略하게 된 것이라 볼 수도 있다. 즉 朱子의 『本義』에 "四象, 謂陰陽老少"라 하고, 이어서 "示, 謂示人以所值之卦爻"라고 하였는데, 朱子가 이렇게 '다른 사람에게 보인다' 운운하니, 茶山이 앞뒤 말은 생략해버리고 '그렇다면 辭를 繫할 데가 없다'고 반박한 것이다. 남에게 보임은 결국 그 길흉의 판단을 부탁하는 것이고, 길흉의 판단이 결국 "繫辭"인 것이다.

25.无妄 192	26.大畜 192	27. 頤 168	28.大過 192	29. 坎 168	30, 離 192	31, 咸 180	32, 恒 180
—上九 36	—上九 36	—上九 36	--上六 24	--上六 24	—上九 36	--上六 24	--上六 24
—九五 36	--六五 24	--六五 24	—九五 36	—九五 36	--六五 24	—九五 36	--六五 24
—九四 36	--六四 24	--六四 24	—九四 36	--六四 24	—九四 36	—九四 36	—九四 36
--六三 24	—九三 36	--六三 24	—九三 36	--六三 24	—九三 36	—九三 36	—九三 36
--六二 24	—九二 36	--六二 24	—九二 36	—九二 36	--六二 24	--六二 24	—九二 36
—初九 36	—初九 36	—初九 36	--初六 24	--初六 24	—初九 36	--初六 24	--初六 24

33. 遯 192	34.大壯 192	35. 晉 168	36.明夷 168	37.家人 192	38. 睽 192	39. 蹇 168	40. 解 168
—上九 36	--上六 24	—上九 36	--上六 24	—上九 36	—上九 36	--上六 24	--上六 24
—九五 36	--六五 24	--六五 24	--六五 24	—九五 36	--六五 24	—九五 36	--六五 24
—九四 36	—九四 36	—九四 36	--六四 24	--六四 24	—九四 36	--六四 24	—九四 36
—九三 36	—九三 36	--六三 24	—九三 36	—九三 36	--六三 24	—九三 36	--六三 24
--六二 24	—九二 36	--六二 24	--六二 24	--六二 24	—九二 36	--六二 24	—九二 36
--初六 24	—初九 36	--初六 24	—初九 36	—初九 36	—初九 36	--初六 24	--初六 24

41. 損 180	42. 益 180	43. 夬 204	44. 姤 204	45. 萃 168	46. 升 168	47. 困 180	48. 井 180
—上九 36	—上九 36	--上六 24	—上九 36	--上六 24	--上六 24	--上六 24	--上六 24
--六五 24	—九五 36	—九五 36	—九五 36	—九五 36	--六五 24	—九五 36	—九五 36
--六四 24	--六四 24	—九四 36	—九四 36	—九四 36	--六四 24	—九四 36	--六四 24
--六三 24	--六三 24	—九三 36	—九三 36	--六三 24	—九三 36	--六三 24	—九三 36
—九二 36	--六二 24	—九二 36	—九二 36	--六二 24	—九二 36	—九二 36	—九二 36
—初九 36	—初九 36	—初九 36	--初六 24	--初六 24	--初六 24	--初六 24	--初六 24

49. 革 192	50. 鼎 192	51. 震 168	52. 艮 168	53. 漸 180	54.歸妹 180	55. 豊 180	56. 旅 180
--上六 24	—上九 36	--上六 24	—上九 36	—上九 36	--上六 24	--上六 24	—上九 36
—九五 36	--六五 24	--六五 24	--六五 24	—九五 36	--六五 24	--六五 24	--六五 24
—九四 36	—九四 36	—九四 36	--六四 24	--六四 24	—九四 36	—九四 36	—九四 36
—九三 36	—九三 36	--六三 24	—九三 36	—九三 36	--六三 24	—九三 36	—九三 36
--六二 24	—九二 36	--六二 24	--六二 24	--六二 24	—九二 36	--六二 24	--六二 24
—初九 36	--初六 24	—初九 36	--初六 24	--初六 24	—初九 36	—初九 36	--初六 24

57. 巽 192	58. 兌 192	59. 渙 180	60. 節 180	61.中孚 192	62.小過 168	63.旣濟 180	64.未濟 180
—上九 36	--上六 24	—上九 36	--上六 24	—上九 36	--上六 24	--上六 24	—上九 36
—九五 36	—九五 36	—九五 36	—九五 36	—九五 36	--六五 24	—九五 36	--六五 24
--六四 24	—九四 36	--六四 24	--六四 24	--六四 24	—九四 36	--六四 24	—九四 36
—九三 36	--六三 24	--六三 24	--六三 24	--六三 24	—九三 36	—九三 36	六三 24
—九二 36	—九二 36	九二 36	—九二 36	—九二 36	--六二 24	--六二 24	—九二 36
--初六 24	—初九 36	--初六 24	—初九 36	—初九 36	--初六 24	—初九 36	--初六 24

周易四箋 戊辰本 卷之二十四

설괘전(說卦傳)

漢史云 秦火之後 易亡 說卦三篇 至宣帝時 河[1]內女子 伐老屋 得之 ≪後漢書 房宏 等 以爲宣帝泰和元年事≫ 王充 論衡云 孝宣之時 河內女子 發老屋 得逸易禮尙書各一篇 奏之 宣帝 下示博士 然後 易 禮 尙書 各益一篇 ≪隋書 經籍志 亦云≫ 但其或三或一 篇數不明 或云 並序卦 雜卦 爲三篇 吳幼淸云 說卦 自昔有之 如八索之書 而夫子筆削之 於理亦然

漢나라 史書에 이르기를, "秦나라의 분서갱유(焚書坑儒) 이후에 『周

1) [校閱] 新朝本에는 "'何'內女子"라고 나오는데 誤字이다. 奎章本과 國中本에는 "河"로 나온다.

易』도 망실(亡失)되었는데, 「說卦」 세 편을 漢나라 선제(宣帝) 때에 이르러 하내(河內)의 어떤 여인이 낡은 집을 허물다가 발견하였다"라고 하였다. ≪『後漢書』에 보면, 방굉(房宏) 등은 이를 선제(宣帝) 태화(泰和) 元年의 일이라고 여겼다.[2)]≫ 왕충(王充)의 『논형(論衡)』에서는, "효선제(孝宣帝) 때에 河內의 여인이 낡은 집을 허물다가 일실(逸失)되었던 『易』·『禮』·『尙書』를 각각 한 편씩 발견하여 조정에 바쳤는데, 선제(宣帝)는 이를 博士들에게 내려보내 보도록 하였다. 이후부터 『易』·『禮』·『尙書』가 각각 한 편씩 증가되었던 것이다"[3)]라고 하였다. ≪『隋書』「經籍志」에서도 또한 [이런 문제가] 언급되고 있다.[4)]≫ 그런데 그것이 혹은 세 편이라고도 하고 혹은 한 편이라고도 하여

---

2) 이상은 茶山이 이후에 그 誤謬를 알고도 미처 고치지 못한 부분이거나, 그것이 아니라면 문제가 있는 줄 알면서도 다만 '이런 주장도 있다'는 것을 보이고자 언급한 셈이다(아마 前者일 것 같다). 茶山은 김덕수(金德叟)에게 보낸 편지에서(이는 1822년 2월 4일의 일로, 물론 『周易四箋』의 戊辰本을 완성한 이후이다), 여기 細注에 "방굉(房宏)" 운운한 구절은 '淸나라 송감(宋鑒)이 한 말'이라고 하며(宋鑒이 처음 한 말은 아닌 것으로 보인다), 그 "泰和 元年"의 문제점을 인정하고 있다. (『尙書』에 대한 문제를 논한 대목이지만 『周易』과도 바로 연관되는 것이다.) 요컨대 宣帝 때 "泰和"라는 年號가 없고, 『後漢書』에도 이런 구절이 확인되지 않으니, 細注와 아울러 "漢史云"이라 한 것까지 모두 그 典據가 매우 의심스러운 것이다. (그래서 "漢書"라 하지 않고 "漢史"라 애매하게 말한 것일 수도 있겠다.) 이는 『尙書』의 考證 문제와도 연관되는 것으로, 여러 학자들이 "本始"나 "太始"로 바꾸어 보기도 하는데(將善國, 『尙書綜述』, 上海古籍出版社, 1988, 49면 이후 참조), 여하간 『漢書』나 『後漢書』의 해당 부분에 이런 구절이 없는 것은 분명하다. 茶山이 김덕수(金德叟)에게 보낸 편지는 민족문화추진회 편, 『國譯 茶山詩文集』 卷8(솔, 1999), 240면에 나온다. 따라서 우리는 이 구절을 결국 다음과 같은 말로 보아야 한다. 즉 "'漢나라 때의 어떤 史書에 '秦나라의 焚書坑儒 이후에 『周易』도 망실되었는데, 「說卦」 세 편을 漢나라 宣帝 때에 이르러, 河內의 어떤 여인이 낡은 집을 허물다가 발견했다'는 기록이 있다'는 주장이 있다(또한 '『後漢書』에 보면 방굉(房宏) 등은 이를 宣帝 泰和 元年의 일이라고 여겼다'는 주장도 있다)" 정도의 말이 될 것이다.

3) 『논형(論衡)』「正說」(第81)에 나오는 말이다. 즉, "至孝宣皇帝之時, 河內女子發老屋, 得逸易·禮·尙書各一篇, 奏之. 宣帝下示博士, 然後 易·禮·尙書, 各益一篇"이라고 함. 또 『論衡』「謝短」(第36)에서도 간략하게 언급된다. 즉, "宣帝之時, 河內女子壞老屋, 得易一篇, 名爲何易, 此時易具足未"이라고 함. "효선제(孝宣帝)"는 역시 위에서 말한 '漢나라 宣帝'를 가리킨다(黃暉 撰, 『논형교석(論衡校釋)』, 北京 : 中華書局, 1990).

4) 『論衡』과 같은 것이 아니라, 오히려 위에 "漢史"와 비슷한 내용이 언급된다. 즉 "及

편수가 명확치 않은데, 혹은 「序卦」·「雜卦」를 합하여 세 편이 된다고도 한다.[5] 오유청(吳幼淸[6])이 말하기를, "「說卦」는 [孔子] 이전부터 있었던 글이다. 예컨대 『팔색(八索)』[7]과 같은 책을 孔子가 다소 다듬고 정리하여 [「說卦傳」을] 만들었을 것이다"고 하였는데,[8] 이치로 보아 그럴 듯하다.[9]

秦焚書, 周易獨以卜筮得存, 惟失'說卦三篇', 後河內女子得之"라고 하였다.

5) 이는 한강백(韓康伯)의 주장이라고 한다.

6) 오유청(吳幼淸) : 元代의 學者로서, 이름은 오징(吳澄, 1249~1333)이다. 臨川吳氏라고도 한다. 吳澄은 南宋의 과거에 합격하였으나, 南宋이 멸망한 뒤에는 원나라의 벼슬에 올라 國子監에서 일했다. 吳澄은 『易經』·『書經』·『禮記』·『春秋』·『詩經』 등의 경서를 깊이 연구하여 그 주석이나 각 경서의 해제를 작성하기도 했다. 또한 老子 주석서를 집필하기까지 했다. 吳澄은 처음에는 정이와 朱熹의 학문을 따랐지만, 나중에는 육구연의 학문까지도 겸했다. 주희와 육구연의 가르침을 절충시키려는 오징의 태도를 원대 유학의 특색으로 간주하기도 한다. 茶山은 『易學緖言』「오초려찬언론(吳草廬纂言論)」에서 吳澄의 易學에 관해 다음과 같이 평가하고 있다. "著書로는 『易纂言』이 있는데, 본래 소씨역(邵氏易)의 범위를 벗어나지는 못하였으나, 간혹 그의 이론이 고대 역리에 합치되는 바가 있으므로 이를 채록해놓았다고 하였다(著易纂言, 雖其本領, 不出邵氏之範圍, 而間有名論, 合於古法 玆用采錄."(『易學緖言』 卷3, 7나~8가)

7) 『팔색(八索)』: 『春秋左氏傳』 '昭公 12年'에 나오는 말이다. 즉, "左史倚相趨過, 王曰是, 良史也, 子善視之, 是能讀三墳, 五典, 八索, 九丘([楚나라의] 좌사(左史) 의상(倚相)이 그들 앞을 달려서 지나가자, 王이 말하기를, "저 사람은 좋은 史官이니, 그대는 잘 보아두시오. 그는 『三墳』과 『五典』과 『八索』과 『九丘』 등의 옛 책을 잘 읽을 수 있소)"라고 하였다(남기현 역해, 『春秋左傳』 下, 자유문고, 2003, 61면). 여기서 『三墳』은 三皇의 책을 가리키며, 『五典』은 五帝의 책을, 『八索』은 八卦의 설을 적은 古書를 가리키며, 『九丘』는 九州의 기록을 가리킨다고 한다.

8) 오징(吳澄)은 宋末 元初의 인물로, 그 『易纂言』의 해당 부분에서 "說卦者, …… 蓋自昔有其說. 夫子傳述之以爲傳爾. …… 或是, 夫子贊易以前, 如八索之書, 所載有若此者, 而夫子筆削之, 以其无大害於理者, 姑存之也"라고 하였다. 이는 '원래의 「說卦」'와 '孔子가 정리한 「說卦傳」'을 구분하여 보는 셈이다(물론 이 둘이 전혀 별개의 것이라는 말은 아니다). 한편 "팔색(八索)"은 자세한 것은 未詳이나 『左傳』 '昭公 12年'條와 孔安國의 「尙書傳序」 등에 언급되는 책으로, 八卦에 대한 說을 담고 있는 책이라 전한다.

9) 이 말은 우선, "說卦三篇"이니, "易·禮·尙書가 각각 한 편"이니, "序卦와 雜卦를 합하여 세 편"이니 말하지만 모두 확실치는 않고, 다만 吳澄의 說이 이치상 가장 그럴 듯 하다는 것이며, 나아가 이런 異說들과 그리고 「說卦傳」의 物象과 爻辭가 잘 부합하지 않는 것(이는 물론 爻變을 몰라 그런 것이다)을 근거로 「說卦傳」이 결국 後代의 僞作이라는 주장이 있는데, 그것은 그렇지 않다는 것이다. 즉 현행 「說卦傳」은 그 원본이 되는 어떤 것에 근거하여 孔子가 정리한 것으로 後代의 僞作일 수가 없다는 점을 茶山은 지적하고 있는 것이다.

○易詞取象 皆本說卦 不讀說卦 卽一字不可解 棄鑰匙而求啓門 愚之甚矣 特以漢儒談易 不知六爻之變 ≪不知乾之姤≫ 卽龍求牛 執雞疑馬 迂回穿鑿 一往不合 故有王弼者 起而號曰 爻苟合順 何必坤乃爲牛 義苟應健 何必乾乃爲馬 ≪又云 案文責卦 有馬無乾 則僞說滋漫[10]≫ 於是 說卦擯不用 而易遂以亡矣 嗟乎 六爻旣變 臨文求象 則渙然氷釋 怡然理順 而歐陽修輩 謂非夫子之書 何其妄矣 玆取經文 約略箋釋 至如九家新說 有正有謬 逐一訂定 又取易詞之有據者 略爲之補入焉

○易詞에서 象을 취함은 모두 「說卦傳」에 근거한 것이니, 「說卦傳」을 읽지 않고서는 한 글자도 해석할 수 없다. [이같은] 열쇠를 내버려두고 그 門을 열고자 하는 것은 어리석기가 그지없는 짓이다. 특히 漢代의 학자들은 易을 논함에 있어 여섯 爻가 변하는 것을 알지 못하여 ≪乾卦가 姤卦로 변해 가는 것을 모름[11]≫ 용(龍)을 얻고서는 소를 찾고자 하고, 닭을 손에 들고서는 말(馬)이 아닌가 의심하였거니와, 멀리 겉돌거나 쓸데없는 천착만 일삼아 한결같이 그런 식으로 나가니 [그 설명이 易의 이치에] 부합되지 않았다. [이 같은 한대역학(漢代易學)의 폐단] 때문에 왕필(王弼)과 같은 자가 나와서 "爻가 진실로 유순함에 부합한다면, 하필 坤만이 꼭 소가 된다고 하겠는가? 그 의미가 강건함에 부응한다면, 하필 乾만을 꼭 말이라 하겠는가?"라고 큰 소리를 치게 되었던 것이다. ≪또 왕필(王弼)이 이르기를, "글만 살피고 卦만 따져서, 말(馬)은 있는데 乾이 없으니, 곧 [그를 설명하고자] 엉터리 說들이 마구 불어나 걷잡을 수 없게 된 것이다"라고 하였다.[12]≫ 이에 「說卦

10) [校閱] 新朝本과 奎章本에 모두 "蔓"으로 나오는데, 뜻이 통하지 않는 바는 아니나, 현행 王弼本과 國中本에 따라 "漫"으로 고쳤다.

11) 즉 효변법(爻變法)을 알지 못했다는 것이다.

12) 이상 王弼의 말은 그의 이른바 "得意忘象"論을 단적으로 드러내고 있는 부분이다. 한편 茶山은 이런 그의 주장이 漢代 象數易의 폐단으로 인해 나오게 되었다는 점은 인정하면서, 또한 王弼의 그런 주장도 실제로는 맞지 않음을 말하고 있는 것이다.

傳」이 내팽개쳐지고 쓰지 않으니, 易이 마침내는 그 때문에 망쳐진 것이다. 아 애석하도다! 여섯 爻가 변한 뒤에 [「說卦傳」과 卦·爻辭의] 글에 비추어 象을 구한다면, 얼음이 녹듯이 의문이 풀려서 구구절절 자연스레 이치가 맞아 들어갈 것인데, 그런데도 저 구양수(歐陽修)와 같은 무리들이 [「說卦傳」은] 孔子의 글이 아니라고 하였으니,13) 어찌 그같은 망발을 부린 것인가? 이제 여기서 經文을 취하여 간략하나마 주석을 달았거니와, 예컨대 순구가(荀九家)14)의 新說에는 바른 것도 있고 그릇된 것도 있으므로 하나하나 정정하였고, 또한 [「說卦傳」 원문에는 나오지 않으나] 易詞에 근거가 있는 것은 취하여 [物象의 사례로] 대략 보충하여 넣었다.15)

〔原文〕 昔者 聖人之作易也 幽贊於神明 而生蓍

옛날 聖人이 易을 만듦에 있어, 神明[의 도움]을 은미(隱微)하게 이끌어 내어 시초(蓍草)를 [써서 점치는 방식을 고안해] 내었다.

生蓍 謂建立蓍筴之法也 蓍者 蕭蒿之屬 國風云 冽16)彼下泉 浸彼苞蓍 《朱子注云 蓍 筮草》 陸璣詩疏 似藾蕭 青色科生 《本草注云 其生如蒿 高五六尺 一本多者 至三五十莖》 殊非靈異之草也 易緯諸說 皆夸誕 不可信

13) 歐陽修의 「易童子問」에 "繫辭非聖人之作乎? 曰 何獨繫辭焉, 文言, 說卦而下, 皆非聖人之作"이라고 함.

14) 陸德明의 『經典釋文』 序錄에 荀九家의 이름이 열거되어 있는데, 이에 따르면 荀九家란 ① 京房, ② 馬融, ③ 鄭玄, ④ 宋衷, ⑤ 虞翻, ⑥ 陸績, ⑦ 姚信, ⑧ 翟子玄, ⑨ 荀爽의 아홉 명의 역학자를 가리킨다. 荀九家의 대표자인 荀爽(128~190)은 古文易(費氏易)을 발흥시킨 인물로 일컬어지며, 字는 慈明이다(심경호 역주, 『주역철학사』, 예문서원, 1994, 677면 참조).

15) 이후 "荀九家"와 "今補"라고 명명된 세목(細目)을 말하는 것이다.

16) [校閱] "冽"(冫+列)이 新朝本에는 "洌"(氵+列)로 나오는데, 서로 통용되는 글자이기는 하지만, 현행 『詩經』에는 일반적으로 前者로 나오며, 또한 엄밀히 따지면 前者는 '冫'(冰)에 의거하여 '차다(寒)'는 뜻이고, 後者는 '氵'(水)에 의거하여 맑다(淸)는 뜻이라고 하니, 여기서는 奎章本과 國中本을 따랐다.

"시초(蓍草)를 내었다"(生蓍)라는 것은 시책(蓍策)의 운용법을 고안했음을 말하는 것이다. "시(蓍)"라는 풀은 쑥의 일종으로, 『詩經』「國風」에 이르기를 "차가운 샘물이 흘러내려 한 떨기 시초(蓍草)를 적시네"라고 하였는데[17] ≪朱子의 注에 '시(蓍)'는 '점대로 사용하는 풀'이라 하였다.≫ 육기(陸璣)[18]의 『시소(詩疏)』에 이르기를, "쑥과 흡사하고, 청색으로 무리지어 생장한다"라고 하였으니[19] ≪『본초강목(本草綱目)』의 注에서도 "그 생장이 '쑥'과 흡사하고, 높이는 대여섯 자 되는데, 한 그루에 많은 것은 30~50개의 줄기가 뻗는다"라고 하였다.[20]≫ 특별히 신비한 풀이 아니다. 『역위(易緯)』에 나오는 여러 說은 모두 과장되고 허황된 것이라 믿을 수 없는 것이다.[21]

〔**原文**〕 參天兩地 而倚數

'삼(三)'을 天數로 삼고 '이(二)'를 地數로 삼아, 數를 기탁(寄託)하였다.

天數五 ≪一三五七九≫ 地數五 ≪二四六八十≫ 而揲蓍掛一之策 ≪法見前≫ 凡得天數者 雖一五七九 皆作三用 ≪參天也≫ 凡得地數者 雖四六八十 皆作二用 ≪兩地也≫ 此之謂 參天而兩地也 若是

---

17) 「曹風」의 "下泉"이라는 詩에 나오는 구절이다.

18) 육기(陸璣)는 六朝時代의 인물로 『모시초목조수충어소(毛詩草木鳥獸蟲魚疏)』라는 저작이 있다.

19) 여기서 "詩疏"라고 한 것은 육기(陸璣)의 『모시초목조수충어소(毛詩草木鳥獸蟲魚疏)』를 가리키는 것으로 보인다. 한편 "科生"을 위에서는 '밀집하여 난다'는 뜻으로 보았는데, '[푸른색의] 가지(科)가 돋아난다' 정도로 풀 수 있을지도 모르겠다.

20) "本草"란 明나라 이시진(李時珍)의 『本草綱目』을 가리킨다. 『本草綱目』 卷15의 '草部·蓍'의 항목에 "蓍, 其生如蒿作叢, 高五六尺, 一本一二十莖, 至多者, 三五十莖"이라고 하였다.

21) 그 대표적인 사례로, 『易緯』「건곤착도(乾坤鑿度)」에 보면 『萬形經』이라는 것을 인용하여, "蓍草는 殷나라 땅에 자라는데 천 년이 되어야 시든다. 백 년이 지나면 줄기가 49개가 되며, …… 천 년이 되면 위에는 보라색 기운이 감돌고 아래에는 구름에 싸인 용이 있는데, 신령스러운 거북도 그 아래에 엎드려 있다(蓍生地於殷, 凋殞一千歲; 一百歲, 方生四十九莖, …… 一千歲, 上有紫氣, 下有雲龍; 神龜, 伏於下)"라고 하였다.

者 何也 --畫中斷 比之陽畫 適得三分之二 《說見前》 故制其數如是也

천수(天數)도 다섯 가지이고 《즉 1, 3, 5, 7, 9》 지수(地數)도 다섯 가지인데 《즉 2, 4, 6, 8, 10》 시초(蓍草)를 헤아려서 "걸어 두는 하나"의 시책(蓍策)이 《이에 대한 설명은 앞서 나왔다.》 天數를 얻은 경우는 비록 1, 5, 7, 9라고 해도 모두 '3'을 적용하며 《즉 "삼(參)을 天數로 삼음"이다.》 地數를 얻은 경우는 비록 4, 6, 8, 10이라고 해도 모두 '2'를 적용하니 《즉 "양(兩)을 地數로 삼음"이다.》 이를 "3을 天數로 삼고, 2를 地數로 삼는다"고 하는 것이다.[22] 이렇게 하는 것은 무슨 까닭인가? '陰畫--'은 그 가운데가 단절되어, '陽畫―'에 비하면 3분의 2를 얻은 것이므로 《이에 대한 설명은 앞서 나왔다.[23]》 그 數를 설정함이 이와 같이 한 것이다.

○ 及既三揲之後 《三揲得一畫》 一得天再得地者 爲少陽七 《天三而地四》 一得地再得天者 爲少陰八 《地二而天六》 三揲皆天者 爲老陽九 《三三也》 三揲皆地者 爲老陰六 《二三也》 天地陰陽不能缺一 故純陽則變陰 純陰則變陽 此 自然之理也

○세 차례의 설시(揲蓍)를 마친 다음에 《세 차례 揲蓍하면 한 획(畫)을 얻게 됨》 한 번 天數를 얻고 두 번 地數를 얻으면, 少陽인 7이 되며 《天數가 3이고, 地數가 [도합] 4이다.》 한 번 地數를 얻고 두 번 天數를 얻으면, 少陰으로 8이 된다. 《地數가 2에 天數가 [도합] 6이[니 8인 것이]다.》 세 차례 蓍策을 헤아려 모두 天數이면, 老陽으로 9가 되며 《3을 세 번한 것》 세 차례 시책(蓍策)을 헤아려 모두 地數이면, 老陰으로 6이 된다. 《2를 세 번 한 것》 天地 사이에 陰陽은 그 하나가 [일순간이라도] 없을 수가 없다.

---

22) 물론 '二'나 '三'인 경우는 그대로 '二'와 '三'이다.
23) 앞서 「蓍卦傳」에서 설명되었다.

따라서 純陽이면 곧 변하여 陰으로 되고, 純陰이면 곧 변하여 陽으로 되니, 이는 自然의 理法인 것이다.[24]

○倚者 依也 因也 ≪又 循也≫ 一五七九 非直三數也 倚於三者也 四六八十 非直二數也 倚[25]於二者也

○["의수(倚數)"의] "의(倚)"는 '의탁하다', '따르다'는 뜻이다. ≪또한 '좇는다'는 뜻이다.≫ 1, 5, 7, 9가 바로 '3'이라는 數는 아니지만 '3'에 의탁시킨 것이고, 4, 6, 8, 10도 바로 '2'라는 數는 아니지만 '2'에 의탁시킨 것이다.

〔原文〕觀變於陰陽而立卦 發揮於剛柔而生爻 和順於道德而理於義 窮理盡性 以至於命

陰陽에 변화를 살펴서 卦를 세우고 剛柔를 발휘하여 爻를 내니, 道德에 조화롭게 부응하고 義理에 통하며, 이치를 궁구(窮究)하고 본성을 다하여 天命에 이른다.

陰陽者 蓍數之奇偶也 奇多則爲陰 ≪再得天≫ 偶多則爲陽 ≪再得地≫ 此 觀變也 ≪奇偶互相變≫

여기 "陰陽"이란 시책(蓍策)에 새겨진 짝수와 홀수이다. 홀수가 많으면 陰畫이 되고 ≪天數를 두 번 얻음≫ 짝수가 많으면 陽이 되니 ≪地數를 두 번 얻음≫ 이것이 "변화를 살핌"이다. ≪홀수와 짝수가 서로 변하게 된다.[26]≫

---

24) 老陰(즉 六)이 少陽으로 변하고, 老陽(즉 九)이 少陰으로 변함을 말하는 것이다.

25) [校閱] 奎章本과 國中本에는 "倚"로 되어 있으나, 新朝本에는 "陽"으로 되어 있다. 前者가 옳다.

26) 天數인 홀수가 많으면 오히려 陰이 되고, 地數인 짝수가 많으면 오히려 陽이 됨을 말하는 것으로, 물론 세 차례 모두 홀수면 바로 陽이 되고, 모두 짝수면 바로 陰이 되지만, 이는 곧 老陽과 老陰으로 각각 少陰과 少陽으로 변하게 된다. 따라서 역시 "奇偶, 互相變"인 것이다.

○剛柔者 卦畫之連絶也 同是剛畫 而九與七不同 ≪七不變≫ 同是柔畫 而六與八不同 ≪八不變≫ 同是純畫 而不見發於萬數之策 則雖動不變 ≪法詳蓍卦解≫ 此 發揮剛柔 而後一爻乃生也 ≪卦變謂之爻≫ 發起也 揮奮也 謂以萬數之策 鼓之舞之 則必有一爻奮起於諸畫之中者也

○"강유(剛柔)"라는 것은 괘획(卦畫)이 연속된 것과 단절된 것이다.[27] 같은 강획(剛畫)이라도 9와 7은 다르고 ≪7은 변하지 않음≫ 같은 유획(柔畫)이라도 6과 8은 다르며 ≪8은 변하지 않음≫ 같이 순획(純畫)이라 해도 萬數의 죽책(竹策)에서 뽑히지 못하면 비록 변동하는 것이기는 하지만 爻變하지 못한다. ≪이 방법은 시괘(蓍卦)의 설명에서 상세히 나왔다.[28]≫ 이것이 '剛柔를 발휘한 이후에야 비로소 한 爻가 나온다'는 것이다. ≪卦가 변하면 [그 획(畫)을] '효爻'라고 한다.[29]≫ "발(發)"은 '일어나는 것'이고, "휘(揮)"는 '떨쳐 나오는 것'인데, 이는 결국 '萬數의 竹策으로 [그 純畫들을] 고무하면, 반드시 하나의 爻가 여러 획(畫)들 가운데서 떨치고 일어나는 것'을 말한다.

○今詳此文 則庖犧畫卦之初 本無爻名 ≪不名爻≫ 唯筮人揲蓍之後 以純陽九 純陰六者 名之曰 爻

○지금 이 「說卦傳」의 귀절을 상고(詳考)해 보면, 포희씨(庖犧氏)가 처음 卦를 그릴 때는 본래 '효(爻)'라는 개념이 없었고 ≪'爻'라 이름하지 못하였다≫ 다만 점치는 사람이 시책을 헤아린 이후에야 '純陽 九'와 '純陰 六'을 이름하여 '효(爻)'라고 한 것이다.

---

27) 물론 연속된 것('—')이 剛이고, 단절된 것('--')이 柔이다.

28) 즉 앞의 「蓍卦傳」을 말한다.

29) 물론 여기 "卦變"은 '推移'가 아니고 '爻變'을 말하는 것인데, 결국 "卦에서 변하는 획(畫)을 효(爻)라고 한다"는 말과 다름없다.

〔原文〕昔者 聖人之作易也 將以順性命之理 是以 立天之道 曰 陰與陽 立地之道 曰 柔與剛 立人之道 曰 仁與義 兼三才而兩之故 易六畫而成卦

옛날 聖人이 易을 지은 것은 장차 본성과 천명의 이치에 순응하고자 하는 것이었다. 그래서 하늘의 도리를 세우고 이르기를 '陰'과 '陽'이라 하였고, 땅의 도리를 세우고 이르기를 '柔'와 '剛'이라 하였고, 사람의 도리를 세우고 이르기를 '仁'과 '義'라 하였는데, 이런 天地人의 三才를 겸비하고 그것에 두 획(畫)씩 배당하니,[30] 易이 여섯 획(畫)으로 卦를 이루는 것이다.

以六畫 而配三才 則初剛二柔 ≪此 地道≫ 三義四仁 ≪此 人道≫ 五陽六陰 ≪此 天道≫ 謂之陰陽者 天火質淸 有氣可辨也 謂之柔剛者 地水體濁 有形可執也

여섯 획을 [天·地·人의] 三才에 배당하면, 初位는 '剛'이고, 제2位는 '柔'이며 ≪이것이 地道≫ 제3位는 '義'이고, 제4位는 '仁'이며 ≪이것이 人道≫ 제5位는 '陽'이고, 제6位는 '陰'이다. ≪이것이 天道≫ [天道를] '陰'과 '陽'이라 함은 하늘과 불이 바탕이 맑고 무형적인 기운으로 나타나서 [이치상으로만] 분변(分辨)할 수 있기 때문이고, [地道를] '柔'와 '剛'이라 함은 땅과 물이 바탕이 [하늘과 땅에 비해] 혼탁하고 구체적인 형태를 가져서 직접 포착할 수 있기 때문이다.[31]

○易凡物象正同 而立詞逈[32]異者 ≪如乾初九與九四 皆爲變巽 而在下

30) 이는 「繫辭下傳」에서도 나온 말이다.

31) 陰陽과 剛柔는 그 구체성이나 직접성에 차이가 있음을 지적한 말이겠다.

32) [校閱] '逈'字가 奎章本과 新朝本과 國中本에 모두 위에 '㇒'이 없는 형태로 나온다(즉 '冂'). 同字이다.

位則爲潛龍 在中位則爲躍≫ 宜以三才之位 參互究索 方得本旨

姤←初九 乾 九四→小畜

○『周易』에서 대개 物象이 꼭 같은데 그 말한 것이 매우 다른 경우는 ≪예를 들면 乾卦 初九와 九四는 모두 변하여 巽이 되지만, 아래 자리에 있으면 "잠복해 있는 龍"이 되고, 가운데 자리에 있으면 "도약함"이 된다.≫ 三才의 자리를 대조하여 살펴보아야만 곧 본래 의미를 파악할 수 있다.

○案 此文云 六畫以成卦 不云 六爻

○이 구절을 보면 "여섯 획(畫)으로 卦를 이룬다"고 하였지, "여섯 효(爻)"라고 하지는 않았다.[33]

〔**原文**〕 分陰分陽 迭用柔剛 故易六位而成章

陰으로 나누고 陽으로 나누며, 柔과 剛을 번갈아 적용하니, 易이 여섯 자리로 문채로움을 이루는 것이다.

承上文 ○丘富國云 凡卦初三五位爲陽 二四上位爲陰 自初至上 陰陽各半 故曰 分

이는 위와 이어진 글이다.[34] ○구부국(丘富國[35])이 이르기를, "卦의 初·3·5位는 陽이고, 2·4·上位는 陰이 되어, 初位에서 上位까지 陰陽

---

33) "획(畫)"과 "효(爻)"는 이렇게 「說卦傳」에서도 이미 다르게 인식되고 있다는 점을 지적한 말이다.

34) 일반적인 分章에 따르면 이는 위의 글과 같이 「說卦傳」의 제2장이다. 그래서 이런 점을 밝혀 말한 것이다.

35) "구부국(丘富國)"은 宋末元初의 인물로 '건안구씨(建安丘氏)'라고도 불린다. 위의 인용문은 『傳義大全』의 해당 부분에 보인다.

이 각각 반반씩 차지한다. 그러므로 '나뉜다'고 말한 것이다"고 하였다.

○迭用者 謂陰陽相間也 三才 各具一部陰陽 故必也 六位而後成文

○['번갈아 적용한다', 즉] "질용(迭用)"이라는 것은 陰陽이 [그 자리로 보아] 서로 간격을 두고 떨어져 있음을 말한다. 三才가 각기 陰陽을 한 쌍씩 갖추게 되므로 반드시 '여섯 자리가 된 이후에 문채로움을 이루는 것'이다.

〔**原文**〕 天地定位 山澤通氣 雷風相薄 水火不相射 八卦相錯

하늘과 땅이 바르게 자리를 잡음에, 산[☶]과 못[☱]이 서로 기운을 소통하고 우레[☳]와 바람[☴]이 서로 결합하며,[36] 물[☵]과 불[☲]이 서로 꺼리지 아니하여,[37] 八卦가 서로 뒤얽힌다.

此言天地水火雷風山澤之實理 以明八卦交易 以成六十四卦之本義也 天尊地卑 其位定矣 然 其氤[38]氳之氣 升降上下 往來錯雜 不相違悖 故萬變以興 萬物以成 聖人觀此象 以畫卦 故八卦八物 相交相摩 以成六十四卦也

이는 하늘과 땅, 물과 불, 우레와 바람, 산과 못 사이의 실제 이치를 언급하며, 8卦가 서로 交易하여 64卦를 이루는 근본 취지를 밝힌 것이다. "하늘은 존귀하고 땅은 낮음"이 그 자리가 바로 정해진 것이다.[39] 그

36) 아래에서 茶山은 이 "雷風相薄"을 "同聲相應"과 연관지어 풀고 있으니, 여기 "薄"은 '모이다', '이르다', '붙다'는 뜻이다. 또 이후 「說卦傳」에 "雷風不相悖"라 하였으니 "薄"은 결국 "不相悖"와 통하는 것이다.

37) 이후 「說卦傳」에 "水火相逮"라 하였으니, 여기 "不相射"는 결국 "相逮"와 통한다.

38) [校閱] "氤"이 新朝本에는 "气"라고 보이는데, 影印 과정에 흐리게 나온 것으로 보인다. 奎章本과 國中本에 따라 "氤"으로 한다.

39) 「繫辭傳」의 첫 구절에 "天尊地卑, 乾坤定矣"라 하였다.

러나 [이렇게 정해진 자리가 있다고 해도] 그 왕성한 기운이 상하로 오르내리고 왕래하며 뒤섞여도 서로 어긋나거나 거스르지 않으니 수많은 변화가 일어나고 만물이 성숙하는 것이다. 聖人이 이런 象을 보고 卦를 그리니 八卦와 [그에 대응하는] 팔물(八物)이 서로 교섭하고 섞여서 64卦를 이루는 것이다.

○山澤者 地水之所成也 雷風者 天火之所成也 高山之上 或有大澤 ≪如白山≫ 大澤之中 或有高山 ≪如君山≫ 是 山澤通氣也 迅雷烈風 同聲相應 是 雷風相薄也 火行地中 厥有溫泉 水受火氣 ≪日氣亦火氣≫ 乃長草[40]木 是 水火不相斁也 ≪射音斁 厭也≫ 經文雖兩兩相配 而八卦八物 皆與之相通相合 天可以錯於水 雷可以錯於山 而地火風澤 縱橫顚倒 皆可以相通相雜 故八卦皆相交也

○산과 못(澤)은 땅과 물이 이룬 것이고, 우레와 바람은 하늘과 불이 이룬 것이다. 높은 산 위에 간혹 큰 못이 있고 ≪예컨대 백두산≫ 큰 못 가운데도 간혹 높은 산이 있으니 ≪예컨대 군산(君山)[41]의 경우와 같음≫ 이것이 "산과 못이 서로 기운을 소통함"이다. 거침없는 우레와 거센 바람은 "같은 소리로 서로 호응"하니[42] 이것이 "우레와 바람이 서로 결합함"이다. 불기운이 땅 속을 지나감에 온천이 생기고, 물이 불기운을 받아 ≪태양의 기운 역시 화기(火氣)에 해당됨≫ 초목을 기르니, 이것이 '물과 불이 서로 꺼리지 아니함'이다. ≪여기 ["水火不相射"의] "射"는 音이 '역'으로, '싫어하다'는

40) [校閱] "草"가 奎章本에는 "艸"라고 나온다.

41) "君山"은 中國의 호남성(湖南省) 동정호(洞庭湖)에 떠있는 섬으로서 '君山島'라고도 하는데, 동정호의 明珠라 칭해질 정도로 名勝地로 이름이 나 있다. 고대에는 君山을 洞庭山이라고 칭하였는데, 洞庭湖라는 호수의 명칭은 여기에서 유래되었다. 君山은 총면적이 1Km^{2}이 안 되는 아주 작은 섬인데, 토양이 비옥하고 기온이 온화하며, 습도가 적당하여 차재배지로 적합한 곳이다. 여기서 나는 고급 茶를 "君山銀針"이라 한다.

42) "동성상응(同聲相應)"은 乾卦 九五의 「文言」에 나오는 말이다.

뜻이다.≫ 經文에서는 비록 둘씩 둘씩 서로 짝을 지어 예를 들었으나, 八卦의 八物은 모두 서로 통하고 결합하는 것이다. 하늘은 물과도 결합할 수 있고, [天과 火가 이룬] 우레는 [地와 水가 이룬] 산과 결부될 수 있거니와, 땅·불·바람·못은 종횡무진 모두 서로 소통하고 연관될 수 있는 것이다. 따라서 결국 八卦가 모두 상호 交易하는 것이다.

○錯之爲言 摩也 雜也 先儒 以此爲先天卦位 殆不然也 詳見零言

○"착(錯)"이라는 말은 '마찰하다', '뒤섞다'는 뜻이다. 先儒들은 이 구절을 선천괘위(先天卦位)로 간주하는데, 전혀 그렇지 않다. 자세한 것은 이후의 글에 나온다.[43]

〔**原文**〕 數往者 順 知來者 逆 是故 易 逆數也

지나간 것을 헤아림은 '순수(順數)'요, 다가올 것을 아는 것은 '역수(逆數)'이니, 이런 까닭에 易은 '거꾸로 헤아리는 것'이다.[44]

自初數之 以六爲上 此 逆數也 自姤至坤 自復至乾 其陰陽

---

43) "영언(零言)"을 '나머지 말', 즉 '이후의 언급'이라는 뜻으로 보았는데, 이를 구체적으로 지적하자면, 아래 "兌正秋也"를 설명하는 부분에서 언급되는 "○ 八卦方位, 雖若錯雜" 이후를 들 수 있겠다(『四箋』 卷8, 31가). 물론 "零言"에는 '보잘것없는 글'이라는 뜻이 있으니 茶山이 자신의 글을 낮추어 말한 것일 수 있다. 한편 "'零'言"을 "'緖'言"의 誤記로 볼 수도 있겠고(『易學緖言』 「소씨선천론(邵氏先天論)」에 이에 대한 논박이 자세하다), 혹은 지금은 전하지 않지만 茶山이 저술한 책이름으로 볼 수도 있겠다(譯者는, 그 내용은 先天卦位에 대한 것이 아니지만, 『與猶堂別集』이라는 표제로 "周易'零言'抄本" 운운한 殘編을 본 적이 있다).

44) 茶山은 「說卦表直說」에서 "昔者, 聖人之作易也, 幽贊於神明而生蓍"에서 여기까지가 孔子의 '傳文'에 속한다고 하였다.

消長 每自下達上 亦逆數也

아래의 初位에서부터 헤아려 제6位를 제일 위로 삼으니 이것이 "역수(逆數)"이다. 姤卦에서 坤卦까지 다시 復卦에서 乾卦까지 그 음양의 소멸과 성장이 매번 아래에서 위로 이르니 이것이 또한 "역수(逆數)"이다.

〔原文〕 雷以動之 風以散之 雨以潤之 日以晅[45]之 艮以止之 兌以說之 乾以君之 坤以藏之

우레[☳]로 움직이고, 바람[☴]으로 흩으며, 비[☵]로 적시고, 해[☲]로 말리며, 艮[☶]으로 머물고, 兌[☱]로 기뻐하며, 乾[☰]으로 주재하고,[46] 坤[☷]으로 간직한다.

此 卦德也 ○聖人說易 多令互發而推通之 乾以君之 則便知坤之爲臣道也 离既爲日 則便知坎之有月象也 ≪艮爲止則震爲行 ○坤爲藏則乾爲施 ○坎爲潤則离爲燥≫

이상은 卦의 성격이다. ○聖人이 易을 설명함에 있어, 대개 서로 연관지어 나타내어 미루어 보면 알 수 있도록 하였다.[47] 乾을 군주(君主)로 삼았다면 [그 반대인] 坤은 [그에 따르는] 신하의 도리가 됨을 알 수 있는 것이다. 离가 '해'로 되니, 坎에는 '달'의 象이 있음을 알 수 있는 것이다. ≪艮이 '停止함'이니, 震은 '進行함'이 된다. ○坤이 '간직하는 것'이니, 乾은 '베푸는 것'이다. ○坎이 습윤(濕潤)함이 되니, 离는 건조함이 된다.≫

---

45) [校閱] 『周易』의 다른 판본에는 "日以烜之"로 나오기도 하는데, "晅"과 "烜"은 같은 글자이다.

46) '우두머리 노릇을 하다', 또는 '임금 노릇을 하다' 정도로 풀 수도 있겠다.

47) 앞서는 八物로 말하고 뒤에서는 八卦로 거론하고 있거니와, 그 하나 하나도 역시 그것과 연관되거나 반대되는 경우를 미루어 알 수 있다는 것이다. 결국 茶山의 말은 '명시적으로 말한 것'에서 '말하지 않은 것'을 미루어 파악해야만 한다는 것이다.

卦 / 分類	乾 ☰	坤 ☷	震 ☳	巽 ☴	坎 ☵	离 ☲	艮 ☶	兌 ☱
	天	地	雷	風	水	火	山	澤
卦德	健	順	動	入	陷	麗	止	說
	君之	藏之	動之	散之	潤之	晅之	止之	說之
其他卦德	君道施	臣道	行		月	日燥		

〔**原文**〕 帝出乎震 齊乎巽 相見乎离 致役乎坤 說言乎兌 戰乎乾 勞乎坎 成言乎艮

'帝'는 震에서 나오며, [만물은] 巽에서 가지런히 되며, 离에서 서로 만나며, 坤에서 힘써 일을 하게 되며, 兌에서 기쁘게 말하며, 乾에서 삼가 두려워하며, 坎에서 [열심히] 일하며, 艮에서 말[한 것]을 이룬다.[48)]

朱子曰 帝者 天之主宰 ≪本義云≫ 出乎震者 謂天之生物 必出之以震德也 ≪東方仁配春≫ 四正之卦 其德則元亨利貞也 體仁 足以長人 故爲始出 ≪出字 象屮出凵中≫ 嘉會 足以合禮 故爲相見 ≪禮生於相見≫ 利物 足以和義 故爲說言 ≪悅者 和之至[49)]≫ 貞固 足以幹事 故爲勞卦 ≪從事則有勞≫

朱子는 "帝가 하늘의 주재함"이라고 하였다. ≪『周易本義』≫ "震에서 나온다"는 것은 하늘이 만물을 낳음에 있어 반드시 震의 德으로 그것들

48) 茶山이 "夫子之釋義"라고 한 바로 다음 구절을 보면 "萬物出乎震", "萬物之潔齊", "萬物皆相見"이라고 하며, 이 구절을 대개 "萬物"과 결부시켜 부연하고 있다. 그래서 "齊乎巽"부터는 人間을 포함한 '萬物'을 그 主語로 보아 해석하였다. 또한 "說言乎兌"나 "成言乎艮"의 "言"을 일반적으로 虛辭로 간주하여 해석하지 않는데, 여기서는 아래 茶山의 설명에 따라 '말'이라는 뜻으로 풀었다(革卦 九三의 "革言三就"에 대한 茶山의 해석에서도 이것이 분명히 드러나고 있다.)

49) [校閱] 新朝本에는 "至"가 누락되어 있다.

을 산출함을 말한다. ≪동쪽은 [四德에서] '仁'으로 [만물이 소생하는] 봄에 해당된다.≫ [震·离·兌·坎의] 4正卦는[50] 그 德은 곧 元·亨·利·貞이다. [震은 '元'으로] "仁을 체득하여 남을 기를 수 있음"이니[51] '처음 나옴'이 되는 것이다. ≪'出(출)'字는 ['새싹'을 뜻하는] '屮(철)'이 ['그릇' 또는 '화분'을 뜻하는] '凵(감)' 속에서 나오는 것을 본떴다.≫ [离는 '亨'으로] "아름답게 모여 禮에 합치할 수 있음"이니 "서로 만남"이 되는 것이다. ≪禮라는 것은 서로 만남에서 생기는 것이다.≫ [兌는 '利'로] "만물을 이롭게 하여 의로움을 조화(調和)시킬 수 있음"이니 "기쁜 말"이 되는 것이다. ≪"기쁨"이라는 것은 '調和'의 극치[에서 나오는 것]이다.[52]≫ [坎은 '貞'으로] "바르고 건실하여 일을 주간(主幹)할 수 있음"이니 노고(勞苦)[와 그에 대한 '위로(慰勞)']를 뜻하는 卦가 된다. ≪일에 종사하다 보면 수고로움이 있[고, 그래서 위로(慰勞)받]게 되는 것이다.[53]≫

〔原文〕萬物出乎震 震東方也 齊乎巽 巽東南也 齊也者 言萬物之潔齊也 离也者[54] 明也 萬物皆相見 南方之卦也 聖人南面而聽天下 嚮明而治 盖取諸此也 坤也者 地也 萬物皆致養焉 故曰 致役乎坤

만물은 "震에서 나옴"에 震은 동쪽이다.[55] "巽에서 가지런히 됨"에 巽

---

50) 여기 "四正卦"는 說卦 方位의 '四正方卦'라는 말로, 즉 '동서남북 정방위에 자리한 4개의 괘'라는 뜻이다.

51) "長人"을 '우두머리'라는 뜻으로 풀 수도 있겠으나, 여기서는 前後 문맥에 맞추어 '長'을 '성장하다', '육성하다'는 뜻의 動詞로 보았다.

52) "說"을 "悅"이라 말한 것이다.

53) "勞"에는 '수고하다'는 뜻과 '위로하다'는 뜻이 있는데, 「說卦傳」의 "勞乎坎"이나 "勞卦"라는 말은 이 두 가지 뜻을 동시에 아우르고 있는 것이다(물론 문맥에 따라서는 둘 중에 하나를 택하여 풀이할 수도 있다). 수고함에 따라 위로를 받는 것이니 결국 뜻이 통하는 것이기도 하겠다.

54) [校閱] 奎章本과 新朝本과 國中本에 모두 "離"라고 나오지만, 일관성을 기하고자 "离"로 고친다.

은 동남쪽이다. "가지런히 된다"함은 만물이 순결하게 정화됨을 말하는 것이다. 离라는 것은 '밝음'이니 만물이 모두 [그 '밝음' 아래에서] "서로 만나는 것"이며, 남쪽에 해당하는 卦이니, 聖人이 남면(南面)하여 천하의 일을 청취함에 밝은 쪽을 향해 다스리는 것은 대개 이 离에서 [그 뜻을] 취한 것이다.[56] 坤은 대지이다. 만물이 이에서 모두 양육되므로 "坤에서 힘써 일을 하게 된다"고 말하는 것이다.

卦	乾 ☰	坤 ☷	震 ☳	巽 ☴	坎 ☵	離 ☲	艮 ☶	兑 ☱
分類	天	地	雷	風	水	火	山	澤
方位	西北	西南	東	東南	北	南	東北	西
帝	戰	致役	出	齊	勞	相見	成言	說言
四時	·	·	春	·	冬	夏	·	秋
四德	·	·	仁·元	·	智·貞	禮·亨	·	義·利
其他		致養	長人(長子)	潔齊	貞固	嘉會		利物
			人主	齋戒	堅固	喜		和悅
				整·壹	亂·勞卦	治·面		

上章 盖古文 此以下 夫子之釋義也 齊者 齋戒也 故易詞 凡言祭祀之吉 皆有巽體 《齊者 整也 又壹也》 离者 治也 故易凡言治天下 治事 治疾 皆有离體 《反之則坎亂》 又离爲面 《革之云 革面 以有下离》 南面之義也

---

55) 茶山은 여기서부터 孔子의 '傳文'이라 한다(「說卦表直說」 참조). 예컨대 "帝出乎震"을 孔子가 "萬物, 出乎震, 震, 東方也"라고 풀이한 것이다.

56) "南面"이 '남쪽을 향해 앉았다'는 뜻과 아울러 '帝王의 지위에 올랐다', '통치하다'는 의미를 가지듯이, "향명(嚮明)"이라는 말도, 그 앉은 자리 자체가 '밝은 쪽을 향했다'(즉 남쪽을 향했다는 뜻)는 뜻이면서 동시에 그 다스림이 '광명한 세계를 지향한다'는 이중적 함의를 가진다. 다시 말해 君主가 밝은 남쪽을 향해 앉는 것은 그 정치가 밝고 찬란하기를 기원하는 상징적 행위인 것이다.

이 위의 章은 대개 古文이고, 여기서부터는 그것을 孔子가 설명한 것이다.[57] "제(齊)"는 경건하게 재계(齋戒)함이다. 그러므로 易詞에서 '제사를 올려도 좋다'고 할 경우, 모두 巽의 형체가 있다. ≪"제(齊)"는 '정리함'이고, 또한 '일정함'이다.[58]≫ 离는 '다스림'이다. 그러므로 易에서 '천하를 다스린다', '일을 수행한다', '질병을 치료한다'는 것을 말할 때는 모두 离의 형체가 있다. ≪이와 반대되는 것이 곧 '坎의 혼란'이다.≫ 또한 离는 '얼굴(面)'이 되니 ≪革卦에서 "혁면(革面)"이라고 말한 것은 下卦에 离가 있기 때문이다.[59]≫ "남면(南面)"의 뜻이 되는 것이다.

〔原文〕 兌 正秋也 萬物之所說也 故曰 說言乎兌 戰乎乾 乾 西北之卦也 言陰陽相薄也 坎者 水也 正北方之卦也 勞卦也 萬物之所歸也 故曰 勞乎坎 艮 東北之卦也 萬物之所成終而成始也 故曰 成言乎艮

兌는 바로 가을이라 만물이 기뻐하는 바이다. 그러므로 "兌에서 즐겁게 말한다"는 것이다. "乾에서 삼가 두려워함"은 乾이 서북쪽에 해당하는 卦이기 때문이니, 陰氣와 陽氣가 서로 맞붙음을 말하는 것이다. 坎은 '물'인데, 정북(正北)쪽에 해당하는 卦이며, '위로'[와 '노고']를 뜻하는 卦이다. 만물이 결국 돌아가는 곳이니[60] "坎에서 노고를 위로 받는다"고 하는 것이다. 艮은 동북쪽에 해당하는 卦인데, 만물이 종결되면서 새롭게 시작하는 곳이니,[61] "艮에서 말[한 것]을 이룬다"고 한 것이다.

---

57) 여기서부터 아래의 "故, 水火相逮 …… 旣成萬物也"까지 孔子의 傳文이라 함. 「說卦表直說」 참조.

58) 이를테면 "古文"의 "齊"를 孔子는 "潔齊"로 부연하였고, 茶山은 다시 祭祀와 연관하여 "齋戒"로 풀고 있는 것이다.

59) 革卦 上六에 "君子豹變, 小人'革面'"이라 하였다.

60) 북쪽은 "북망산천(北邙山川)"이라는 말이 있듯이 '죽어서 가는 곳', 즉 '돌아가는 곳'이다.

61) 형식적으로 구분해 보면, 坎은 북쪽으로 '돌아가는 곳(歸)'이고, 艮은 동북쪽으로 '종결되는 곳(成終)'이고, 震은 동쪽으로 '새롭게 시작되는 곳(始出)'이다. 다시 말해 '艮의

始於震 終於艮 此 一部易之大經大義也 復一陽之始生 而乾以爲根 《邵子云 天根》 剝一陽之成終 而坤以爲門 《鄭玄云 冥門》 故曰 原始反終 而知死生之說 《大傳文》 生於震 而死於艮也

震에서 시작하고 艮에서 마침은 易의 기본 논리이고 관점이다. 復卦에서 '陽一' 하나가 처음 생겨남에 乾卦가 이를 근원으로 삼으며 《소옹(邵雍)은 이를 '천근(天根)'이라 한다.》 剝卦에서 '陽一' 하나가 종말을 이룸에 坤卦가 이를 門으로 삼는다. 《정현(鄭玄)은 이를 ['저승 문'이라는 뜻으로] '명문(冥門)'이라 하였다.[62]》 그러므로 "처음을 음미하고 마지막을 돌이켜 보니, 생사의 논리를 안다"고 말하는 것이니 《「繫辭上傳」의 글》 [만물은] 震에서 나서 艮에서 죽는다.

○坎爲歸 故易凡言 歸妹 歸而逋 《訟九二[63]》 之類 皆以坎象 《九家 不能用》 又 成言乎艮 故艮則爲言 《凡警誡[64]約誓之言 多用艮象》 諸家不知爻變 輒云 乾爲言 震爲言 何其謬也

○坎은 '돌아감'이 되니, 『周易』에서 ['누이를 시집보낸다'는 뜻의] "귀매(歸妹)"나 "돌아가서 숨는다"라고 말한 경우에[65] 《訟卦 九二에 나옴》

終'과 '震의 始'를 구분해 볼 수 있다. 그렇지만 그 연속성에 입각하여 보면 艮이 "成'終'而成'始'"인 것이니, 이는 또한 易理를 그대로 드러내고 있는 표현이라 할 수 있겠다.

62) 『易緯』「건곤착도(乾坤鑿度)」에 "艮爲鬼'冥門', …… 故曰'鬼門'" 운운하는 대목이 보이는데, 茶山은 이 「건곤착도(乾坤鑿度)」를 鄭玄의 "自作自註"로 보기 때문에 이렇게 말한 것이다. 한편 '문(門)'을 현대의 우리들은 주로 '나오는 곳'으로 간주하지만, 옛사람들은 기본적으로 '들어가기 위한 것'으로 보았다고 하거니와, 剝卦 다음에 坤卦가 되는데, 이는 剝卦라는 門을 들어서면(剝卦는 視覺的으로도 완연히 門이라 할 것이다) 坤卦가 나오는 셈으로, 결국 '명문(冥門)', 즉 '저승 문'(剝卦)을 지나서 地下의 '저승'(坤卦)으로 감을 상징하는 것이다.

63) [校閱] 奎章本에는 "說九二"로 나오는데 誤字이다.

64) [校閱] 新朝本과 國中本에는 "誡"로 되어 있으나, 奎章本에는 "戒"로 되어 있다.

65) "귀매(歸妹)"의 "귀(歸)"는 '여자가 시집가다'는 뜻이니, 오늘날 우리가 보기에 그 글자가 같은 것이지 실제 뜻이 같은 것은 아니다. 물론 周나라 사람들은(아니 남자들은) 여자가 시집가는 것을 '원래의 자리로 되돌아가는 것'이라 본 것이겠다(혹은 그렇다고

모두 坎의 象에 따른 것이다. ≪荀九家들은 이런 象을 사용할 수가 없었다.≫ 또한 "艮에서 말[한 것]을 이룸"이니, 艮은 '말(言)'이 된다. ≪대개 [易詞에서] 훈계하여 조심시키거나 약속하고 맹세하는 말에는 흔히 艮의 象이 적용된다.≫ 여러 학자들은 爻變을 알지 못하여 난데없이 乾이 '말'이 된다, 震이 '말'이 된다고 하는데, 그 얼마나 잘못인가!

○ 八卦方位 雖若參錯 却有妙旨 蓋四正之卦 無容移易 ≪木金火水 配東西南北≫ 而若論四維之卦 則艮進爲坤 故與坤對沖 ≪艮如剝≫ 巽自乾退 故與乾對沖 ≪巽如姤≫ 艮旣爲終 宜在震先 此 其所以東北也 邵堯夫[66] 先天圖 稽之古典 未有援據 特以乾坤之爲兩維 恐損體面 故正其位於上下耳

卦 / 分類		乾 ☰	坤 ☷	震 ☳	巽 ☴	坎 ☵	离 ☲	艮 ☶	兌 ☱
		天	地	雷	風	水	火	山	澤
說卦方位	方位	西北	西南	東	東南	北說	南	東北	西
	五行	金	土	木	木	水	火	土	金
	四時			春		冬	夏		秋

坎
乾 北 艮
兌 西 東 震
坤 南 巽
离

[說卦方位]

坤
艮 北 震
坎 西 東 离
巽 南 兌
乾

[邵子先天方位]

○「說卦傳」에 나오는 八卦의 方位는 비록 혼란스러워 보여도 오히

강요한 것이다).

66) [校閱] 奎章本과 國中本에는 "夫"로 되어 있으나, 新朝本에는 "天"으로 되어 있다. 前者가 옳다.

려 오묘한 뜻이 담겨 있는 것이다. [震·兌·离·坎의] 사정괘(四正卦)는 [그 방위를] 바꾸어 옮기는 것이 허용되지 않거니와 ≪木·金·火·水가 각각 동·서·남·북에 배당된다.[67]≫ [乾·坤·巽·艮의] 사유괘(四維卦)[의 방위]를 따져 보면,[68] 艮은 진전하여 坤이 되니, 坤과 마주 보며 대응하고 ≪艮은 剝卦와 같다≫ 巽은 乾에서 물러난 것이라 乾과 마주 보며 대응하는데 ≪巽은 姤卦와 같다≫ 艮이 '종결'이 됨에 의당 ['시작'을 뜻하는] 震의 앞에 [즉 위에] 있어야 하니 이것이 그 乾이 동북쪽이 되는 까닭이다. 소요부(邵堯夫)의 先天圖는 옛 경전을 아무리 살펴보아도 근거를 찾을 수가 없는데, 아마도 乾과 坤을 [說卦 方位와 같이 각각 서북쪽과 서남쪽의] 두 간방(間方)에 두는 것은 그 품격이 손상된다고 여겼기 때문에 그 자리를 위 아래로 [즉 정남쪽과 정북쪽으로] 수정한 것일 뿐이겠다.[69]

然 八卦取象 本不拘滯 爲馬爲牛 不以爲褻 居維居正 安有定位 文王卦位 受之伏羲 孰見伏羲之時 果有此先天方位耶 ≪或曰 木生火 必以風 故巽介之 水生木 必以土 故艮介之 金生水 必以天一 故乾介之 火生

---

67) 이는 邵康節이 伏羲의 先天方位 운운하며 자기 마음대로 그 方位를 바꾼 것을 두고 하는 말이다. 한편 '사정괘(四正卦)'는 문맥에 따라 혹은 論者에 따라 그 의미나 卦가 다를 수 있는데, 여기서는 결국 '동서남북 正方位에 자리한 4개의 卦'라는 뜻이겠다.

68) 여기 "四維"나 다음에 나오는 "兩維"의 '維'는 의미상 결국 '간방(間方)'을 뜻한다. 「讀易要旨」의 '建維' 條에서 말하는 "四維"는 乾·坤·坎·离를 말하며 方位와도 무관한 것이지만, 여기서 "四維"는 문맥상 결국 동서남북의 正方位 사이에 있는 동북·동남·서남·서북의 間方을 뜻하는 것이다. 요컨대 "四維卦"란 일반적으로 '중심되는 4개의 卦'라는 뜻이지만, 문맥상 '間方에 해당하는 4개의 괘'라는 뜻도 아울러 가진다고 볼 수 있으며, 여기서는 결국 後者의 뜻인 것이다. 혹자는 "사유(四維)"를 바로 "사우(四隅)"라고도 하는데, 일반적으로 "維"에는 "隅"의 뜻이 없고, 또한 이른바 선천방위에 의거해 보면 그 卦가 달라지기도 하므로, 이도 아마 어떤 경우에 결과적으로 뜻이 그렇다는 것이겠다.

69) 앞서 "四維卦"를 설명하면서 "維"라는 개념에 대해 언급했거니와, 여기서는 "양유(兩維)"를 바로 '두 간방(間方)'이라 풀었다. "품격이 손상된다"함은, 乾坤이 易의 樞紐인데 그것들을 正方位가 아닌 間方에 배당하면 그 체면이 깎이게 된다는 말로, 물론 茶山의 관점에서는 邵氏의 쓸 데 없는 배려이고 천착(穿鑿)이다.

土 土生金 無所資外 故离坤兌相承 ○案此說未允≫

그러나 八卦가 物象을 취하는 것은 본래 [그런 품격의 손상 따위에] 구애됨이 없어서, 말이 되거나 소가 되거나 천박하다고 여기지 않거니와, [모퉁이의] 間方에 자리하고 [상하좌우의] 正方位에 자리함에 어찌 [그런 '손상'을 고려함에 따라] 정해진 자리가 있겠는가?[70] 文王이 설정한 卦의 方位는 복희(伏羲)에게서 [그대로] 이어 받은 것인데, 누가 과연 복희 시절에 이러한 先天方位가 [따로] 있는 것을 보았겠는가? ≪혹자는 [說卦方位에 입각하여] 말하기를, "나무가 불을 낳음에 반드시 바람이 필요하니, 巽이 그 사이에 끼여 있고, 물이 나무를 낳음에 반드시 흙이 필요하니, 艮이 그 사이에 끼여 있으며,[71] 쇠가 물을 낳음에 반드시 '天一'이 필요하니,[72] 乾이 그 사이에 끼여 있는 것이다. 불이 흙을 낳거나 흙이 쇠를 낳는 경우는 달리 밖으로 도움을 받아야 할 것이 없으므로 离·坤·兌는 서로 인접해 있다"고 하였다.[73] ○생각건대, 이 說은 [비록 『周易』의 正說인 說卦 方位를 설명하고자 하는 것이나] 적절치는 않다.[74]≫

70) 여기 "구애됨이 없다(本不拘滯)", "定位가 없다"는 말을 오해하면 곤란하다. 분명 取象이나 方位의 설정에는 구애됨이 있고, 定位가 있으며, 또한 卦의 '품격'(體面)에 따라 取象하는 것이다. 따라서 여기 茶山의 말은, '품격의 損傷'이라는 측면을 고려하여 取象하거나 자리를 정하는 것은 아니라는 것이니, "體面"과 "體面의 損傷"을 엄밀하게 구분해보아야 오해의 소지가 없는 것이다. 다시 말해 八卦를 어떤 方位에 배정하는 것이 物象을 취하는 것과 다를 바 없다는 것, 즉 그 역시 결국 하나의 象徵을 취하는 것일 뿐이라는 점을 먼저 지적하고, "取象"에 이른바 卦의 "체면 손상"이라는 점이 고려되지 않듯이, 그 方位를 배정함에도 그런 점을 고려되지는 않는다는 것이다. 요컨대 "取象"은 분명 이른바 '卦의 體面'에 따라서 이루어지는 것이기도 하며(물론 어떤 다른 易理에 의해 결정되기도 한다), 八卦에도 분명 '정해진 자리(定位)'가 있지만, 그것에 '卦의 체면 손상'이라는 측면이 고려되는 것은 아닌 것이다.

71) 여기 '나무(木)'는 동쪽의 震을 말하는 것이다.

72) 여기 '쇠'는 서쪽인 兌에 해당한다. "天一"이라 함은 未詳이다. "天"은 火·水·木·金·土의 五行에 속하는 것이 아니므로 그런 점을 나타내고자 "天一"이라 한 것이지, 별다른 뜻은 없는 것 같기도 하다. 한편 "天一"은 北極神을 擬人化한 말이기도 하며, 또한 北極 자미궁(紫微宮) 옆에 있는 별 이름이기도 하다.

73) 여기 "或者"가 누구인지는 未詳이다. 『주역절중(周易折中)』의 해당 부분에 보면 諸儒가 이렇게 五行의 相生 관계에 따라 설명을 하고 있고, 毛奇齡의 『仲氏易』에도 이와 유사한 뜻을 피력하고 있는데, "天一" 운운한 것은 확인하지 못했다.

74) 최소한 "天一" 운운한 부분은 그 破綻處라 할 것이다. 즉 五行의 相生 관계로 다 설

〔原文〕神也者 妙萬物而爲言者也 動萬物者 莫疾乎雷 撓萬物者[75] 莫疾乎風 燥萬物者 莫熯乎火 說萬物者 莫說乎澤 潤萬物者 莫潤乎水 終萬物始萬物者 莫盛乎艮

신(神)이라고 함은 만물을 오묘하게 운용함을 말하는 것이다. 만물을 격동시킴은 우레보다 빠른 것이 없고, 만물을 교란함은 바람보다 빠른 것이 없으며, 만물을 건조시킴은 불보다 더 잘 말리는 것이 없고, 만물을 기쁘게 함은 연못보다 더 즐겁게 하는 것이 없으며, 만물을 윤택하게 함은 물보다 더 원활한 것은 없고, 만물을 종결짓고 만물을 출현시킴은 艮보다 더 우세한 것이 없다.[76]

六子之德 皆受之於父母 故不言乾坤

[震·巽·离·兌·坎·艮의] 여섯 자식의 德은 모두 乾과 坤이라는 부모로부터 받은 것이니, 새삼 그 부모에 해당하는 乾坤은 언급하지 않은 것이다.

〔原文〕故 水火相逮 雷風不相悖 山澤通氣 然後能變化 旣成萬物也

그러므로 물과 불이 서로를 따르며, 우레와 바람이 서로를 거스르지 않고, 산과 못이 기운을 소통한 뒤에야 변화하여 만물을 이룰 수 있는 것이다.[77]

此 天地之間實理也 重卦之相逮不相悖 ≪詳見前≫ 與天地之間

명하지 못한 것이다.

75) [校閱]『周易』판본에 따라 "橈"(木+堯)로 나오기도 하는데, 뜻은 다름이 없다.

76) 마지막에 "山"이라 하지 않고 "艮"이라 한 것도, 앞서 茶山이 지적한 "聖人說易, 多令互發, 而推通之"의 한 사례라 할 것이다.

77) 茶山은 여기까지 孔子의 傳文이라 함.「說卦表直說」참조.

實理 自然相合

이는 天地 사이의 실제 이치이다.[78] [따라서] 重卦의 서로 따르고, 서로 거스르지 않는 것도 ≪자세한 것은 앞서 나왔다[79]≫ 天地 사이의 실제 이치와 자연히 서로 부합하는 것이다.[80]

〔原文〕乾 健也 坤 順也 震 動也 巽 入也 坎 陷也[81] 离 麗也 艮 止也 兌 說也 ≪震巽以下 與序卦之言卦德者同≫

乾은 강건함이고 坤은 유순함이며, 震은 움직임이고 巽은 들어감이며, 坎은 빠짐이고 离는 걸림이며, 艮은 그침이고 兌는 기뻐함이다. ≪[茶山] 震과 巽[을 포함하여 그] 이하는 「序卦傳」에서 말한 卦德과 동일하다.≫

卦	乾 ☰	坤 ☷	震 ☳	巽 ☴	坎 ☵	离 ☲	艮 ☶	兌 ☱
	天	地	雷	風	水	火	山	澤
卦德	健	順	動	入	陷	麗	止	說
說卦傳	君之	藏之	動之	散之	潤之	晅之	止之	說之
雜卦傳	剛	柔	起	伏	下	上	止	見(現)
繫辭傳				稱而隱, 行權, 德之制				

78) 八卦와 굳이 결부시켜 볼 필요가 없다는 점을 지적한 말이다.

79) 앞서 "天地定位" 부분에 나오는 설명을 두고 하는 말이다. 또 군데군데 細注에서 "艮如剝", "巽如姤"라 한 것 등도 연관되는 것이겠다.

80) 重卦도 바로 그런 이치를 모방한 것이니 서로 부합할 수 밖에 없는 것이다. 한편 여기 "重卦"는 六十四卦가 아니라, 그런 '六十四卦를 만드는 과정'을 말하는 것이다. 즉 '八卦를 겹친다', '重卦한다'는 動詞的인 의미이다. 왜냐하면 "重卦之相逮不相悖"라 했는데 이는 重卦들 사이에 "相逮不相悖"한다는 것이 아니라, 어떤 하나의 重卦 내에서 "相逮不相悖"를 말하는 것이기 때문이다.

81) [校閱] 奎章本과 國中本에는 '陷'字가 異體字로 나온다. 즉 우측 상단이 '⺈'로 나온다.

雜卦傳曰 乾剛坤柔 震起也 艮止也 兌見而巽伏也 离上而坎下也 ≪宜參看≫

「雜卦傳」에 "乾은 강하고, 坤은 부드럽다", "震은 일어남이고, 艮은 그침이다", "兌는 나타나는 것이고, 巽은 엎드려 숨는 것이다", "离는 올라가는 것이고, 坎은 내려가는 것이다"고 하였다. ≪이도 마땅히 참고해야 한다.[82)]≫

○繫下傳曰 巽 稱而隱 又曰 巽以行權 ≪此 重卦之德≫

○「繫辭下傳」에 "巽은 마땅하게 하되, 드러내지 않고 숨긴다"고 했으며, 또 "巽으로써 권도(權道)를 행한다"고 했다. ≪이상은 重卦의 성격이다.≫

○說卦者 易詞之詁訓也 其一字隻文 皆昏衢之明燭 玩易者宜字字考驗

○「說卦傳」은 易詞의 훈고(詁訓)이다. 그 한 글자 한 구절이 모두 어두운 거리의 밝은 등불이니, 易을 연찬하는 자는 마땅히 한 字 한 字 검토하고 음미해야 한다.

〔**原文**〕乾爲馬 坤爲牛 震爲龍 巽爲鷄[83)] 坎爲豕 离爲雉 艮爲狗 兌爲羊 ≪朱子曰 遠取諸物 如此≫

乾은 말이 되고 坤은 소가 되며, 震은 용이 되고 巽은 닭이 되며, 坎은 돼지가 되고 离는 꿩이 되며, 艮은 개가 되며 兌는 양이 된다. ≪朱子가 이르기를, "멀리 事物에서 취함이 이와 같다"고 하였다.[84)]≫

---

82) 이는 모두 重卦를 두고 하는 말이다.
83) [校閱] 奎章本에는 "雞"로 나온다. 물론 뜻은 다름이 없다.
84) 이는 『주역본의(周易本義)』의 해당 부분에 나오는 말이다. 그리고 "원취저물(遠取諸物)"은 「繫辭下傳」에 나오는 말이다.

乾由震成 ≪積三震≫ 震乘剛者也 故其德爲馬 坤由巽成 ≪積三巽≫ 巽載物者也 ≪見大象傳 坤卦解≫ 故其德爲牛

乾은 震에서 말미암아 이루어진 것이고 ≪震이 3개 축적≫ 震은 [‘陰--’이] ‘剛—’을 올라타고 있는 것이니, 그 乾의 성격이 ‘말(馬)’이 되는 것이다. 坤은 巽에서 이루어진 것이고 ≪3개의 巽이 축적된 것≫ 巽은 사물을 위에 싣는 것이니 ≪「大象傳」의 坤卦를 풀이한 부분에 [이에 대한 설명이] 나온다.[85]≫ 그 성격이 소(牛)가 되는 것이다.

○乾馬之象 著於坤卦 ≪云牝馬≫ 震龍之象 發於乾卦 誠以易之爲道 主乎變化 故遡其本而察其變 乃荀九家所謂 乾爲龍者[86] 何其謬也 乾之六龍 正以自復至夬 每得一震 以成乾卦也 ≪義見乾之象[87]≫ 今謂之乾爲龍 何其木强而寡味也

○乾馬의 象은 [오히려] 坤卦에서 나타나고 ≪“牝馬”라고 하였다.≫ 震龍의 象은 乾卦에서 드러나니, 진실로 易의 원리가 변화를 위주로 한 것이기 때문이다. 그러므로 그 근본을 소급해 보고 그 변화를 잘 살펴보아야 하는 것인데, 荀九家의 이른바 ‘乾은 龍이 된다’는 말은 그 얼마나 잘못된 것인가! 乾卦의 여섯 龍은[88] 바로 復卦에서 夬卦까지 매번 震을 하나씩 얻어 마침내 乾卦를 형성함에 따른 것이다. ≪이에 대한 설명은 乾卦의 「彖傳」을 풀이한 부분에 나온다.[89]≫ 그런데 지금 [荀九家는 그 근원과 변화를 무시하고 단순히] “乾이 龍이 된다”라고 하니, 이 얼마나 고식적이고 무미건조한 설명인가!

---

85) 茶山은 “巽 …… 伏於陽, 而上載之 ≪雜卦傳云, 巽伏也≫”, “陰在上爲乘, 陽在上爲載”라고 설명한다.

86) [校閱] 奎章本과 國中本에는 “所謂”가 “有所謂”로 되어 있다.

87) [校閱] 奎章本에는 “乾之‘象’”이라 나오는데, “彖”의 誤字이다.

88) 乾卦의 「彖傳」에 “時乘‘六龍’, 以御天”이라 하였다. 한편 그 爻辭에 나오는 龍은 ① 潛龍(初九), ② 見龍(九二), ③ 飛龍(九五), ④ 亢龍(上九), ⑤ 羣龍(用九)이다.

89) 여기 “단(彖)”은 卦辭가 아니라 「彖傳」을 말하는 것이다.

○荀九家者 荀慈明 集九家易解十卷 見諸史志 ≪文獻通考 引陳氏說云 漢淮南王安 聘明易者 九人 荀爽 嘗爲之集解≫ 陸氏釋文序 列九家名氏 卽京房 馬融 鄭玄 宋衷 虞翻 陸績 姚信 翟子玄 荀爽 等九人也 ≪蔡介夫云 淮南九人 撰道訓二十篇 号曰 九師易≫ 胡震亨云 淮南自云 九師有道訓二篇 並非荀爽九家 遂以陳說爲誤 未可知也 但其書已亡 朱子 亦據陸氏釋文所引 蒐錄之也 ≪今案其文 如坤爲牝离爲牝牛之等 直據易詞 了無開發之妙 當是京房已後自刱 非古來相傳之正旨也≫ 今取九家諸文 分附而訂正之

○"순구가(荀九家)"라고 한 것은 순자명(荀慈明)이 九家의 易說을 10권으로 集解한 것을 말하는데,[90] 여러 史書의 『예문지(藝文志)』나 『경적지(經籍志)』에 언급된다. ≪『문헌통고(文獻通考)』에서는 진씨(陳氏)[91]의 說을 인용하여, "漢나라 때 淮南王 유안(劉安)이 易에 능통한 사람 9인을 초빙하였는데, 순상(荀爽)이 일찍이 그들의 易說을 集解하였다"고 했다.[92]≫ 육덕명(陸德明)의 『경전석문(經典釋文)』「서록(序錄)」에서 그 九家의 이름을 열거하였는데, 즉 ① 경방(京房), ② 마융(馬融), ③ 정현(鄭玄), ④ 송충(宋衷), ⑤ 우번(虞翻), ⑥ 육적(陸績), ⑦ 요신(姚信), ⑧ 적자현(翟子玄), ⑨ 순상(荀爽)으로 9인이다. ≪채개부(蔡介夫)[93]는 "淮南王에게 초빙된 9인이 '道에 대한 가르침'을 20편 찬술하였는데, 이름하여 『九師易』이라 한다"고 했다.≫ 호진형(胡震亨)[94]은 "회남왕(淮南王) 스

90) 순자명(荀慈明), 즉 순상(荀爽)은 後漢代의 유명한 易學家이다. 『後漢書』에 그의 傳記가 있다. 그리고 물론 이런 책은 현재 전하지 않는다.

91) "陳氏"는 宋나라 사람인 진진손(陳振孫)을 가리킨다. 陳振孫(대략 1190~1249년 이후)은 『직재서록해제(直齋書錄解題)』 등을 저술한 인물이다. 『직재서록해제(直齋書錄解題)』는 宋代의 서목해제(書目解題)로서, 淸代에 와서 『永樂大典』에 수록되어 있는 것이 발견되었다. 이 책으로 망실된 서적·고서(古書)·전본(傳本)의 이동(異同), 저자·편자 등이 밝혀져 주목을 받게 되었다.

92) 『文獻通考』는 元代 마단림(馬端臨)이 지은 것으로 이른바 '三通'의 하나이다.

93) 채개부(蔡介夫)는 明나라 蔡淸을 말하는데, 그는 朱子의 易學을 계승하였다고 한다. 인용된 글의 원래 출전은 未詳이나 何楷의 『古周易訂詁』「說卦傳」 부분에서 역시 언급되고 있다.

스로 '아홉 분 선생의 『道訓』이 두 편 있다'고 말하였으니, 또한 이는 荀爽 등의 九家가 아니다"고 하며,[95] [순상(荀爽)이 集解하였다는] 진씨(陳氏)의 說이 틀렸다고 하는데 정확한 것은 알 수가 없다. 그 책이 이미 없어지기는 하였지만, 朱子도 또한 陸氏의 『經典釋文』에 인용된 것에 의거하여 그것들을 채록하였다.[96] ≪지금 그 荀九家의 글을 살펴봄에, 예컨대 '坤이 암컷이 된다', '离가 암소가 된다'는 따위는 다만 피상적으로 易詞에 근거하였을 뿐이고, 전혀 그 의미를 새롭게 밝혀내었다고 할 절묘함이 없으니, 이는 경방(京房) 이후에 그 자신들이 스스로 지어낸 것으로 古來로 전수되어 내려온 바른 의미가 아닌 것으로 생각된다.≫ 지금 여기서도 九家의 여러 글들을 취하여 해당 부분에 나누어 붙이고 그것을 정정하였다.

[荀九家] 离爲飛鳥 爲牝牛 坎爲狐 ≪又 乾爲龍 震爲麋鹿 爲鵠 巽爲鸛 艮爲狐 爲虎≫ 虞氏曰 巽爲魚 ≪又 离爲鶴 爲隼 艮爲狼≫

[荀九家] 离는 날아가는 새가 되고, 암소가 된다. 坎은 여우가 된다. ≪또한 乾은 용이 되며, 震은 사슴이 되고, 고니가 된다. 巽은 황새가 된다. 艮은 여우가 되고, 호랑이가 된다.≫ 우번(虞翻)은 巽이 물고기가 된다고 하였다. ≪또한 离는 학(鶴)이 되고 새매가 되며, 艮은 이리가 된다.≫

○鏞案 離字 從隹 又 禽字從离 离爲飛鳥 審矣 左傳云 純离爲牛 ≪昭五年≫ 離之象曰 畜牝牛 坎狐巽魚 亦多明驗 若是者 可

---

94) 호진형(胡震亨, 1569~1645)은 明代의 文學家로서, 『당음계첨(唐音癸籤)』 등의 저술이 있다.

95) 이상의 말은 아마도 淮南王이 前漢代의 인물이고 순상(荀爽)이 後漢代의 사람이니, 그런 모순을 지적한 것으로 보인다. 한편 이 胡氏의 말은 모기령(毛奇齡)의 『仲氏易』 「說卦傳」 부분에서도 인용되고 있다.

96) 현행 『經典釋文』을 보면 그 「說卦傳」 마지막 부분에 細注로 일괄하여 '九家가 덧붙인 八卦의 物象'을 언급하고 있는데, 朱子는 『주역본의(周易本義)』 「說卦傳」 부분에서 그것들을 각각 나누어 해당 卦 아래에 붙여 두었다.

信也

○[鏞案] "離"라는 글자는 ['새'를 뜻하는] '추(隹)'字에 의거하며, 또한 ['날짐승'을 뜻하는] '금(禽)'字도 '리(离)'字에 의거하니, 离가 '날아가는 새'가 됨은 분명하다. 『左傳』에 "純离가 소(牛)가 된다"고 하였는데 ≪소공(昭公) 5年[97]≫ 離卦의 卦辭에도 "암소를 기른다"고 하였다.[98] 坎의 '여우'나 巽의 '물고기'는 또한 많은 분명한 증거가 있으니 이러한 것들은 믿을 수가 있다.

○乾龍之謬 前已言之 离爲飛鳥 而巽爲潔白 故中孚所以爲鶴 ≪中孚爲大离 鶴亦大鳥[99]≫ 下有互震 故所以爲鳴鶴 ≪震善鳴≫ 若復以震爲鶴 則何以鳴矣 且离爲飛鳥 而漸于坎川之上 則鴻也 ≪謂漸卦≫ 离爲飛鳥 而兼之震擊之才 則隼也 ≪謂解卦≫ 徒震徒巽安能爲鳥哉 ≪徒离 亦不能爲鶴爲隼≫

○'乾이 龍이 된다'고 보는 오류는 앞서 이미 언급하였다. 离는 날아가는 새가 되고, 巽은 결백함이 되니, 中孚卦가 학(鶴)이 되는 까닭이다. ≪中孚卦는 '큰 离'이며, 학(鶴) 역시 큰 새이다.≫ 또 中孚卦는 아래에 [2·3·4位에] 互震이 있으니 우는 학이 되는 것이다. ≪震은 '잘 우는 것'이다.[100]≫ 만약 震이 또한 '학(鶴)'이 된다고 한다면, 어떻게 우는 것이 되겠는가?[101]

또한 离는 날아가는 새가 되는데, 이것이 坎의 河川 위로 나아가면,

---

97) "순리(純离)"는 茶山에 따르면 '重卦인 離'를 말하는 것이 아니라 '坤'을 말한다. 「春秋官占補註」, '叔孫豹之筮'의 해당 부분에 설명이 나온다.

98) 離卦의 卦辭에 "畜牝牛, 吉"이라 하였다.

99) [校閱] 奎章本에는 '鶴'字가 빠져 있다.

100) 中孚卦 九二에 "'鳴鶴'在陰"이라 했는데, "鶴"의 용례는 周易 經文에서 이것 하나뿐이다.

101) 위에서 荀九家는 "震爲'鵠'"이라 하였지만, 아래에 보면 吳澄이 그 '곡(鵠)'은 응당 '학(鶴)'이 되어야 한다고 말했다. 그래서 茶山이 "若復以震爲鶴"이라 하는 것이다. 그리고 震이 '鶴'도 되고, '善鳴'도 되어 결국 "鳴鶴"이 된다고 한다면, 茶山의 관점에서는 "一句之內, 象不可兩用"라는 측면에 저촉되는 것이다.

기러기가 된다. ≪漸卦를 두고 말하는 것이다.[102]≫ 离는 날아가는 새가 되는데, 이것에 震의 들이치는 성격을 겸하게 되면[103] 새매가 되는 것이다. ≪解卦를 말함이다.[104]≫ 따라서 震이나 巽 하나만으로 어찌 '새'가 될 수 있겠는가?[105] ≪또한 [离가 '비조(飛鳥)'라고는 해도] 离만으로는 '학(鶴)'이나 '새매'가 되지 못한다.≫

若鵠與鸛 易詞之所無也 ≪吳澄云 鵠當爲鶴 鸛當爲鴻≫ 餘不足辨

解→ 上爻變→ 未濟

[그리고 荀九家가 말하는] 고니(鵠)나 황새(鸛) 같은 것은『周易』의 원문에 애초에 없는 것이니 ≪오징(吳澄)은 "곡(鵠)"은 당연히 "학(鶴)"이 되어야 하고, "관(鸛)"은 당연히 "홍(鴻)"이 되어야 한다고 하였다.≫ 나머지는 더 따져 볼 것도 없다.

○又按 虞氏易 有所謂坤爲兕虎 盖以乾九五之文言 有風從虎[106]一語 而諸家 欲以乾龍坤虎 作爲比對 了八卦之象也[107] ≪諸家云 同聲相應 風雷也 同氣相求 山澤也 水流火就 坎离也 若坤爲虎 可了八卦云≫ 然 乾本非龍 坤又何虎 ≪坤柔非虎猛≫

---

102) "홍점(鴻漸)"이라는 말은 漸卦의 모든 爻辭에서 언급됨.

103) "震擊"은 「說卦傳」이나 『周易』의 다른 곳에 명시적으로 나오는 것은 아니다. 茶山의 今補에도 언급되지는 않지만, 역시 일종의 今補라 할 것이다. 한편 解卦의 경우는 그 上震을 두고 하는 말이다.

104) 解卦 上六에 "公用射'隼'"이라 하였다.

105) "徒震徒巽"이라 했는데, 각각 荀九家의 "震爲鵠"과 "巽爲鸛"이라는 주장을 염두에 둔 말이다.

106) [校閱] '虎'字가 奎章本에는 異體字로 나온다.

107) [校閱] 奎章本에는 "作爲比對, '以'了八卦之象也"라고 나온다. 즉 '以'字가 더 들어가 있음.

○[又按] 우번(虞翻)의 易說에는 坤이 '코뿔소(兕)'와 '호랑이'가 된다고 말한 것이 있는데, 아마도 乾卦 九五의 「文言」에 "바람은 호랑이를 따른다"는 말이 한마디 나옴에 따라 여러 학자들이 乾의 龍과 坤의 호랑이를 대비시켜 [그 乾卦의 「文言」에] 八卦의 象을 모두 갖추고자 하였던 것이겠다. ≪여러 학자들은 [그 「文言」에 나오는] "동성상응(同聲相應)"은 바람[☴]과 우레[☳]이고, "동기상구(同氣相求)"는 산[☶]과 못[☱]이며, "수류(水流)"와 "화취(火就)"는 坎과 离라고 하는데, 만약에 坤이 '호랑이'가 된다면 ["雲從龍"과 더불어] 八卦가 모두 갖추어질 수 있다는 것이다.108)≫ 그러나 乾이 본래 龍이 아니니, 坤이 또한 어찌 호랑이가 되겠는가? ≪坤은 유순하여 사납지 않다.≫

[今補] 巽爲牛 爲蟲 坎爲鹿 兌爲虎

[今補] 巽은 소가 되고 벌레가 되며, 坎은 사슴이 되며, 兌는 호랑이가 된다.

○震坎二卦 得乾之一剛 皆得爲馬 ≪見下文≫ 巽离二卦 得坤之一陰 獨不爲牛乎 故 小畜之九二 遯之六二 皆以巽爲牛 ≪遯本大巽 六二又變巽≫ 可驗也 兌旣爲羊 ≪似牛而小者109)≫ 艮當爲驢 ≪似馬而小者≫ 但驢 易詞之所無也 ≪侯果云 离爲黃牛 此則非也≫

○震과 坎의 두 卦는 乾의 '剛—' 하나를 얻었으니 모두 말(馬)이 된다. ≪설명은 아래 글에 나온다.110)≫ 巽과 离의 두 卦도 坤의 '陰--' 하나를 얻었으니, 어찌 '소'가 되지 않으리요! 그러므로 小畜卦 九二와 遯卦 六

108) 茶山은 "同聲相應"은 風雷로 보지만(위와 동일), "同氣相求"는 山澤이 아니라 火天으로 본다. "水流"와 "火就"는 동일하게 坎离로 본다. 그러나 茶山은 이 구절에 八卦가 모두 언급된 것이 아니라고 본다.

109) [校閱] "而"가 奎章本에는 "者"로 나오는데 誤字이다.

110) 아래에서 이에 대해 명시적으로 설명한 부분은 확인되지 않는다. 다만 이런 논리에 입각하여 말한 부분들은 확인된다. 혹시 茶山이 빠뜨린 것이나 아닌지 모르겠다.

二에서 모두 巽으로 '소'를 삼았으니 ≪遯卦는 본래 '큰 巽'인데, 그 六二도 변하여 [下卦가] 또한 巽이 된다.[111]≫ 이의 증거가 될 수 있다. 兌가 양이 되니 ≪'소'와 닮았고 좀 작은 것이다≫ 艮은 응당 당나귀가 되는데 ≪말과 유사하고 좀 작은 것이다≫ 다만 당나귀는 易詞에 나오는 말이 아니다. ≪후과(侯果)는 "离가 黃牛가 된다"고 하였는데, 이는 틀린 말이다.[112]≫

○巽德柔屈 其象爲蠕蜎之蟲 ≪非甲蟲飛蟲≫ 風字從虫 本有由也 ≪巽爲風≫ 故內巽之體 實爲蠱卦[113] 蹇自觀來 ≪咸之蹇≫ 其象爲蠖 ≪觀上巽≫ 皆可驗也 ≪易大傳 咸九四 又以震爲蛇≫

蠱　　咸→四爻變→蹇←推移←觀

○巽의 성격은 부드럽고 굽히거나 펴는 것(屈伸)이 자유로운 것이니, 그 象이 유연하게 꿈틀거리는 벌레가 된다. ≪갑충(甲蟲)이나 날아다니는 곤충은 아니다≫ "풍(風)"이라는 글자가 ['벌레'라는 뜻의] '虫'에 근거하는 것도 이렇듯 본래 근거한 바가 있는 것이다. ≪巽은 '風'이 된다.≫ 그러므로 內卦가 巽의 형태이니 실제로도 고괘(蠱卦)가 되는 것이며, 건괘(蹇卦)가 관괘(觀卦)에서 나옴에 ≪咸卦가 蹇卦로 변해 가는 경우≫ 그 象이 자벌레로 되는 것이니 ≪觀卦의 上巽≫ 모두 증거가 될 수 있다. ≪「大傳」의 咸卦 九四[와 연관하여 언급한 부분]에서 또한 震을 '뱀'으로 보았다.[114]≫

---

111) 小畜卦 九二에 "牽復, 吉"이라 하였는데, 茶山은 巽牛로 이를 설명하고 있다. 그리고 遯卦 六二에 "黃牛"라는 하였는데, 茶山은 이를 결국 坤牛로 설명하지만, 巽牛도 연관됨을 지적하는 것이다.

112) 茶山은 遯卦 六二에서 "黃牛"는 坤牛라고 함.

113) [校閱] 新朝本과 國中本에는 "實爲'蠱'卦"라 나오고, 奎章本에는 "實爲'蟲'卦"라 나오는데, 모두 나름대로 말은 되지만, '충괘(蟲卦)'라는 말은 없다는 점에서 前者를 따랐다.

○屯之六三 坎鹿在前 而謂之卽鹿 謂之從禽 此 坎爲鹿之明驗也 九家 以震爲鹿 何據矣 ≪屯本有震 而九家不知爻變≫

屯→ 爻變→ 旣濟 ←推移←泰

○준괘(屯卦) 六三에 坎의 사슴이 앞에 있으니, 이것을 "즉록(卽鹿)"이라 하고, [그 「小象傳」에서도] "종금(從禽)"이라 한 것이니, 이는 坎이 사슴이 된다는 명백한 증거이다. 荀九家는 震을 사슴이라 하는데 무슨 근거인가? ≪屯卦에 본래 震이 있기는 하지만, 荀九家는 爻變를 알지 못한 것이다.≫

○曲禮云 左青龍而右白虎 震爲龍 則兌虎也 ≪兌爲右≫ 故 履革之詞 皆以兌爲虎 ≪朱震 來知德 亦皆以兌爲虎≫

○『禮記』「曲禮」에 "좌청룡(左青龍), 우백호(右白虎)"라고 하였거니와,[115] 震이 龍이 되니, 곧 兌는 호랑이가 되는 것이다.[116] ≪兌는 오른쪽이 된다.≫ 그러므로 履卦와 革卦의 글에서 모두 兌를 호랑이라 한 것이다.[117] ≪주

114) 「繫辭傳」에 咸卦 九四와 연관하여 "尺'蠖'之屈, 以求信也. 龍'蛇'之蟄, 以存身也"라 하였는데, 이를 여기서 지적한 것은, 뱀(蛇)과 자벌레(蠖)가 같은 '柔屈'이라도 다름을 말하는 것이다.

115) "行, 前朱鳥而後玄武, 左青龍而右白虎. 招搖在上, 急繕其怒(군대의 행진에 앞에는 朱鳥, 뒤에는 玄武, 좌측에는 青龍, 우측에는 白虎를 그린 깃발을 꽂는다. 초요기(招搖旗)를 위에 내걸어, 급히 사졸들의 분노를 극대화한다)."(송명호 역, 『禮記集說大全』 第1卷, 높은밭, 2002, 211면)

116) "曲禮云, 左青龍而右白虎, 震爲龍, 則兌虎也"는 履卦의 彖辭에 대한 다산의 주석에서도 나온다.

117) 革卦 九五, 革卦 上六, 頤卦 六四에서 모두 兌를 호랑이로 간주하였다. 革卦 九五의 "大人虎變, 未占有孚", 또 頤卦 六四의 "顚頤, 吉, 虎視耽耽, 其欲逐逐, 无咎"에서 虎(호랑이)가 나온다. 革卦 上六에는 "君子豹變"이라는 말만 있고, '虎'는 언급되어 있지 않으나, 茶山이 표범을 일종의 작은 호랑이라고 말하고 있고, 호랑이와 표범을 모두 '兌'의 象으로 간주하고 있기 때문에, 이 경우도 역시 포함된다고 말할 수 있다.

진(朱震)이나 내지덕(來知德)도 역시 兌를 호랑이로 보았다.≫

〔原文〕 乾爲首 坤爲腹 震爲足 巽爲股 坎爲耳 离爲目 艮爲手 兌爲口 ≪朱子曰 近取諸身 如此≫

乾은 머리가 되고, 坤은 배(腹)가 되고, 震은 다리가 되고, 巽은 허벅지가 되고,[118] 坎은 귀가 되고, 离는 눈이 되고, 艮은 손이 되고, 兌는 입이 된다. ≪朱子가 이르기를, "가까이 몸에서 취함이 이와 같다"고 하였다.[119]≫

乾以君之 故爲首 坤以藏之 故爲腹 ≪餘詳諸家注≫

乾으로 우두머리 노릇을 하니, 따라서 머리가 되는 것이다. 坤으로 간직하니, 따라서 배(腹)가 되는 것이다. ≪나머지는 여러 학자들의 주석에 상세하다.[120]≫

[荀九家] 艮爲鼻 ≪又兌爲輔頰≫ 虞氏曰 艮爲尾 ≪又 坤爲拇 坎爲臀 艮爲背 爲皮≫

[荀九家] 艮은 코가 된다. ≪또한 兌는 광대뼈와 뺨이 된다.[121]≫ 虞氏가 이르기를 "艮은 꼬리가 된다"고 하였다. ≪또한 그에 따르면 坤은 엄지발가락이 되고,[122] 坎은 엉덩이가 되고, 艮은 등짝이 되며 가죽이 된다.[123]≫

---

118) 앞의 "震足"이 다리 전체, 또는 복사뼈 아래 부분을 의미한다면, 여기 "손고(巽股)"는 넓적다리(大腿部)를 뜻한다.

119) 이는 朱子의 『周易本義』 해당 부분에 나오는 말이다. 그리고 "近取諸身"은 「繫辭下傳」에서 나온 말이다.

120) 그래서 굳이 더 설명하지 않는다는 것이다.

121) 여기 "보협(輔頰)"을 광대뼈를 포함한 뺨 전체를 말하는 것으로 볼 수도 있겠다.

122) "무(拇)"는 일반적으로는 '엄지손가락'을 뜻하는데, 易詞에는 이런 뜻으로 나오지 않고 '엄지발가락(足毋)'의 뜻으로 나오니 이렇게 옮긴다. 아래에서 再論된다.

123) '艮이 皮가 된다'는 것에 대해서는 아래 설명이 나오지 않는데, 아마 茶山은 이에 동의하지 않는 듯하다. 茶山은 遯卦 六二의 "黃牛之'革'"과 연관하여 "卦凡三畫, 其中畫爲膚骨, 其上下二畫, 皆爲皮革, 理宜然也"라고 하였다. 또한 '艮이 背'가 된다는 것에 대해서는 다음 "今補"에서 '坎이 背가 된다'고 하며 반박하고 있다.

○管輅云 鼻爲面山 《朱子亦云然》 於象宜也 艮之爲尾 易詞有徵 《遯 旣 未》 然 易例 又以初畫爲尾

○관로(管輅)[124]가 이르기를 "코는 얼굴에 있어 山에 해당한다"고 하였는데 《朱子 역시 이러하다고 말하였다.[125]》 그 모양에 있어 마땅히 그러한 측면이 있다. 艮이 '꼬리'가 됨은 易詞에 증거가 있다. 《둔괘(遯卦), 기제괘(旣濟卦), 미제괘(未濟卦)에 이런 사례가 나온다.》 그런데 易例에서는 또한 初位의 획(畫)을 '꼬리'로 삼기도 한다.

○兌爲輔頰 未有明驗 拇者 足之大指也 本屬震象 《震爲足》 坤之爲拇 不亦謬乎 《咸與解》 臀者 中孚之象也 《姤夬困》 坎何以爲臀乎

○兌가 광대뼈가 됨은 [易詞에] 분명한 증거가 있는 것은 아니다.[126] 여기 "무(拇)"는 다리의 엄지발가락이다. 따라서 본래 震의 物象에 속하는 것이니 《震은 다리가 된다》 坤이 엄지발가락이 된다함은 또한 잘못이 아니겠는가! 《咸卦와 解卦에 사례가 나온다.[127]》 엉덩이는 中孚卦의 [전체의] 物象이다. 《姤卦, 夬卦, 困卦에 용례가 나온다.[128]》 坎이 어찌 엉덩이가

---

124) 관로(管輅) : 三國시대 魏의 유명한 점술가, 字는 公明, 風角占相의 道에 정통함(諸橋轍次, 『大漢和辭典』 卷8, 大修館書店, 昭和 55年, 808면; 심경호 역주, 『주역철학사』, 예문서원, 1994, 261면, 280면).

125) 『朱子語類』 「易」 「說卦」의 해당 부분에 보면 이에 동의를 표하는 말이 나온다.

126) 咸卦 上六을 茶山은 "咸其輔, 頰舌"이라고 본다. (즉 "其輔頰舌", 또는 "其輔頰, 舌"로 보는 것이 아니다.) 따라서 "분명한 증거가 없다"고 하는 것이다. 그런데 艮卦 六五의 "艮其輔"를 설명하면서 茶山도 兌가 '輔頰'이 된다는 이 說을 적용하여 설명하고 있다. 따라서 이는 易詞에 분명한 증거는 없지만, 茶山이 보기에 잘못된 說은 아닌 셈이다.

127) 咸卦 初六에 "咸其'拇'"라 하였는데, 茶山은 "易例, 初爲趾"라 하였다. 그리고 解卦 九四에 "解而'拇'"라 하였는데, 茶山은 震足에 의거하여 설명하고 있다.

128) 中孚卦에 "둔(臀)"이 명시적으로 언급되는 것은 아니며, 物象의 측면에서 그러하다는 것이다. 다시 말해 "둔(臀)"이란 八卦 중의 어느 하나의 卦에서 나타나는 象이 아니라, 이를테면 上巽(巽股)과 下倒巽인 中孚卦에 나타나는 象이라는 말이다. 이른바 이

되겠는가?

[今補] 坤爲膚 震爲鬚 坎爲背 离爲面

[今補] 坤은 살점이 되며,[129] 震은 [입 주위의] 수염이 되며, 坎은 등짝이 되며, 离는 얼굴이 된다.

○剛者爲骨 柔者爲膚 ≪又膚肉於身爲土≫ 坤爲膚也 ≪噬嗑 剝≫ 兌口之上 震草蕃鮮 其象 鬚也 ≪賁六二≫ 背者 北肉也 ≪字從北≫ 艮之云 艮其背 以互坎也 虞仲翔 直以艮爲背 非矣 ≪离爲面見前≫

○'剛—'은 '뼈'가 되고 '柔--'는 '살점'이 되니, ≪또한 피부와 살은 신체에 있어서 '土'에 해당하는 것이다≫ 坤이 살점이 되는 것이다. ≪噬嗑卦와 剝卦에 이런 용례가 나온다.[130]≫ [震은] 兌의 입(口) 주위에 震의 풀이 무성하니 그 象이 수염이 된다. ≪賁卦 六二에 이런 사례가 나온다.[131]≫ "배(背)"는 北쪽에 있는 '근육'이다. ≪글자 자체가 '北'字에 의거하고 있다.[132]≫ 艮卦[의 卦辭]에서 "간기배(艮其背)"라고 하였는데, 이도 [뜻은 다르지만] 互坎에 따른 것이다.[133] 그런데 우중상(虞仲翔)은 단순히 艮으로 '등'을 삼으니 잘

후 언급되는 "兼互取象法"에 해당하는 것이다. 그리고 姤卦 九三과 夬卦 九四에 "臀无膚"라 하였고, 困卦 初六에 "臀困于株木"이라 하였다.

129) 여기 "부(膚)"는 표면의 '살갗' 또는 '피부(皮膚)'를 말한다기보다는, 아래 "부육(膚肉)"이라는 말이 나오거니와, 그 아래에 있는 '살점'에 보다 초점이 가 있는 말이라 할 것이다.

130) 噬嗑卦 六二에 "噬'膚'滅鼻"라 하였고, 剝卦 六四에 "剝牀以'膚'"라 하였다.

131) 비괘(賁卦) 六二에 "賁其須"라 했는데, "須"와 "鬚"는 통용된다. 한편 여기 '兌口'나 '震草'는, 賁卦 六二에 연관되는 '大壯卦'(이는 '之卦'인 大畜의 母卦인데, 大兌이면서 上震)를 염두에 두고 이해해야 되는 말이기는 하지만, 다른 한편 그것과 무관하게 '☳' 자체에서도 설명이 가능하다. 즉 "☳"의 아래 부분인 "=="이 "兌口"에 해당하니, 결국 '☳'이 '수염이 무성한 모양'이 된다는 것이다.

132) "背"라는 글자 자체가 '北'과 '肉'(月)으로 이루어져 있는데, 坎은 '북쪽'에 해당하고, '북쪽'은 결국 '뒤(後)'가 되니, 그래서 결국 坎이 몸 뒤쪽에 해당하는 '등(背)'이 된다는 것이다.

못이다. ≪离가 '얼굴'이 됨은 앞서 설명이 나왔다.≫

〔**原文**〕乾 天也 故稱乎父 坤 地也 故稱乎母 震 一索而得男 故謂之長男 巽 一索而得女 故謂之長女 坎 再索而得男 故謂之中男 离 再索而得女 故謂之中女 艮 三索而得男 故謂之少男 兌 三索而得女 故謂之少女

乾은 하늘이므로 아비라 일컫고, 坤은 땅이므로 어미라 일컫는다. 震은 처음 구하여 아들을 얻은 것이니, '장남'이라 이르고,[134] 巽은 처음 구하여 딸을 얻은 것이니, '장녀'라고 이른다. 坎은 두 번째 구하여 사내아이를 얻은 것이니, '둘째아들'이라 하고, 离는 두 번째 구하여 계집아이를 얻은 것이니, '둘째딸'이라 한다. 艮은 세 번째 구하여 사내를 얻은 것이므로 '막내아들'이라 부르고, 兌는 세 번째 구하여 계집을 얻은 것이므로, '막내딸'이라 부른다.[135]

八卦之序 父母長少 秩然不紊 上章下章 不少參錯 可見伏羲以來 其倫次本然也 今之學者 二兌澤 三离火 認作天經 不亦惑與

[이상에 보듯이] 8卦의 차례가 부모 그리고 [남녀의] 연장자의 순서로 되어 있어 정연하고 문란하지가 않다. 위아래의 글들도 조금도 혼란스럽지 않으니,[136] 복희(伏羲) 이래로 그 인륜적 질서가 본래 그러했음을 잘

---

133) "간기배(艮其背)"의 "背"는 '등짝'이라는 뜻이 아니고, '堂北', 즉 '집의 뒤곁'(이는 일반적으로 家屋의 북쪽에 해당)을 말한다.

134) 여기 "求한다"는 것을 "揲蓍求爻"로도 보기도 하고, 乾과 坤의 교섭 관계에서 설명하기도 하는데, 茶山은 어떤지 未嘗이다.

135) 茶山은 長男, 中男, 少男을 각각 '나이가 많은 남자', '중년의 남자', '젊은 남자'로 보기도 한다. 물론 長女, 中女, 少女의 경우도 마찬가지이다.

136) "上章下章"이라 했는데, 이 부분은 朱子의 分章에 따르면 '제10장'이 되거니와, "上章"은 '卦德'(7章), '遠取'(8章), '近取'(9章)를 말함이고, "下章"은 이 다음에 ①乾, ②

알 수 있는 것이다. 그런데도 오늘날 학자들은 "二兌澤, 三离火" 등의 [소강절(邵康節)의] 說을 하늘이 내린 본래의 經典인냥 생각하니 또한 미혹됨이 아니겠는가?[137]

○乾則爲父 然 小過之卦 生於坎男 則以乾爲祖 ≪見本卦≫ 蠱之上剛 自乾爲艮 則以乾爲考 ≪艮爲死 死曰 考≫ 易象之流動不定如此

蠱←推移←泰

○乾은 아버지이지만, 小過卦처럼 [乾의] 아들이 되는 坎에서 생겨난 경우에 乾은 할아버지가 된다. ≪本卦에 설명이 나온다.[138]≫

고괘(蠱卦)의 上剛은 [推移의 과정을 보면] 乾에서 艮으로 된 것이니, 이 경우에 乾은 '돌아가신 아버지'가 된다. ≪艮은 죽음이 되며, 죽은 사람을 또한 고(考)라고 한다.[139]≫ 易象의 변화가 어떤 한 가지 방식에 얽매이지 않

坤, ③震, ④巽, ⑤坎, ⑥离, ⑦艮, ⑧兌의 순서로 되어 物象이 쭉 나열되는 부분이다(11장). 물론 모두 上記의 순서로 記述되어 있다.

137) 「說卦傳」의 次序 또는 文王八卦는 지금 보듯이 ①乾父, ②坤母, ③震長男, ④巽長女, ⑤坎中男, ⑥离中女, ⑦艮少男, ⑧兌少女의 순서로 되어 있는 반면, 邵康節의 先天八卦次序 또는 伏羲八卦는 ①乾, ②兌, ③离, ④震, ⑤巽, ⑥坎, ⑦艮, ⑧坤의 순서로 되어 있다.

138)

小過卦 六二에 "過其'祖'"라 한 것을 두고 하는 말이다. 小過卦는 習坎卦에서 推移하여 나왔는데 (推移의 特例) 그 習坎卦가 '乾'의 '中男'으로 이루어져 있으니 이후 단계는 그 中男의 '자식'인 셈이며(즉 '乾'의 손자), 따라서 이런 측면에서 恒卦 2·3·4位의 '乾'이 '祖'가 된다는 것이다.

139) 蠱卦 初六의 爻辭에 "有子, '考'无咎"라 한 것을 두고 하는 말이다.

음이 이와 같다.

[虞氏易] 震爲夫 爲兄 巽爲妻 兌爲妹

[虞氏易] 震은 지아비(夫)가 되고,[140] 형(兄)이 된다. 巽은 처(妻)가 된다. 兌는 누이동생이 된다.

○坎离艮兌 各成夫婦 不必震巽爲然也 震爲兄 則离兌皆妹也 兌爲妹 則震坎皆兄也 然 若此類 必兩象具現然後 方可取象 ≪如歸妹卦 上有震兄 故兌得爲妹≫ 與爲龍爲羊之例 不同

○[중년 남자를 상징하는] 坎과 [중년 여인을 상징하는] 离, 그리고 [젊은 남자를 상징하는] 艮과 [젊은 여자를 상징하는] 兌도 각각 부부관계를 이루는 것이며, 오직 震과 巽만이 그런 것은 아니다. 震이 형(兄)이 되니, [中女인] 离와 [少女인] 兌가 모두 그 누이동생이다. [少女인] 兌가 누이동생이니, [長男인] 震과 [中男인] 坎이 모두 兄[즉 오빠]이다. 그러나 이런 사례는 반드시 [상대되는] 두 象이 모두 구비된 이후에 그렇게 象을 취할 수가 있는 것이며 ≪예컨대 歸妹卦에서 위에 '震兄'이 있으니, 兌가 누이동생으로 되는 것이다≫ [단독으로] 龍이 되고, 羊이 되는 사례와는 다른 것이다.[141]

140) 여기 "夫"를 성인 남자를 뜻하는 '장부(丈夫)'로 풀 수도 있겠다.
141) 한편, 아래 도표는 이상의 物象 卦德을 정리한 것이다.

卦 / 分類		乾 ☰	坤 ☷	震 ☳	巽 ☴	坎 ☵	离 ☲	艮 ☶	兌 ☱
		天	地	雷	風	水	火	山	澤
說卦物象表	卦德	健	順	動	入	陷	麗	止	說
		君之	藏之	動之	散之	潤之	晅之	止之	說之
	人倫	父	母	長男	長女	中男	中女	少男	少女
	人品	賓	衆人	君子	主人	盜	武人	小人	巫
	遠取	馬	牛	龍	雞	豕	雉	狗	羊
	近取	首	腹	足	股	耳	目	手	口
	物色	大赤	黑	蒼	白	赤	·	·	·
	器物	金玉	釜	篁	繩	弓	甲冑	節	瓶
	雜物	氷	布	稼	臭	血	墉	門闕	剛鹵

卦 / 分類		乾 ☰	坤 ☷	震 ☳	巽 ☴	坎 ☵	离 ☲	艮 ☶	兌 ☱
		天	地	雷	風	水	火	山	澤
說卦方位圖	方位	西北	西南	東	東南	北	南	東北	西
		戰	致役	出	齊	勞	相見	成言	說言
	五行	金	土	木	木	水	火	土	金
	四時	·	·	春	·	冬	夏	·	秋
	四德	·	·	仁	·	智	禮	·	義

〔原文〕乾爲天 爲圜 爲君 爲父 爲玉 爲金 爲寒 爲氷[142] 爲大赤 爲良馬 爲老馬 爲瘠馬 爲駁馬 爲木果

乾은 하늘이 되고, 둥근 것이 되고,[143] 군주가 되고, 아비가 되고, 옥(玉)이 되고, 쇠가 되고,[144] 차가움이 되고, 얼음이 되고, 검붉은 색이 되며, 좋은 말이 되고, 늙은 말이 되고, 여윈 말이 되고, 붉고 흰 얼룩말이

142) [校閱] 奎章本에는 "冰"으로 나온다.

143) "圜"은 '둘러싸다'는 뜻일 때는 '환'으로 읽고, '둥글다'는 뜻일 때는 '원'으로 읽는데, 여기서는 後者로 보아 풀었다. 아마 "天圓地方"說과 연관되어 이런 物象이 설정된 듯하다.

144) 바로 아래에서 茶山은 "爲玉爲金者, 其體 精剛也"라고 하였고, 또 今補를 설명한 부분에서 "金色本白"이라 하였으니, '백금'도 있기는 하지만, 아마도 여기 "金"을 '쇠'로 본 것 같다.

되며, 나무의 과실이 된다.

爲玉爲金者 其體精剛也 爲寒爲氷者 以三陰之凝合也 坤初六用之 ≪孔穎達云 寒氷西北之地氣≫ 大赤 純陽之色也 楊升菴云 大赤旗名 周禮 象路建大赤 ≪巾車文≫ 明堂位 周之大赤 是也 ≪左傳祝鮀云 昔成王 分康叔 以少帛綪茷 ○杜云 綪茷 大赤旗也≫ 其義 非也

乾이 "옥(玉)이 되고, 쇠가 된다"함은 그 재질이 조밀하고 강하기 때문이다. "차가움이 되고, 얼음이 된다"함은 [乾의 3개의 陽은 坤의] 세 개의 '陰--'이 응결된 것이기 때문인데, 坤卦 初六에서 이런 象을 적용하였다. ≪공영달(孔穎達)도 '차가움'과 '얼음'이 서북쪽의 地氣[에 따른 것이]라 하였다.≫ "검붉은 색(大赤)"은 純陽의 빛깔이다. 양승암(楊升菴)[145]이 이르기를 "대적(大赤)이라는 것은 깃발의 명칭이다. 『周禮』에서 '상로(象路)[146]에는 大赤의 旗를 꽂는다'라고 한 것과 ≪「春官宗伯」 「巾車」에 나오는 말≫ 『禮記』 「明堂位」에서 '周나라의 大赤'이라고 한 것이 바로 이것이다"라고 하였다. ≪『左傳』 '定公 4年'에 축타(祝鮀)가 이르기를 "옛 적 成王은 강숙(康叔)에게 소백(少帛)과 천패(綪茷)를 나누어주었습니다"고 하였다.[147] ○두예(杜預)가 이르기를, '천패(綪茷)'는 '붉은 색의 큰 깃발'이라 하였다.≫ 그러나 이런 해석은 잘못이다.

○良者 本然之善 ≪如良能之良≫ 不假馴習也 ≪乾之陽剛 非有稟受

145) 양승암(楊升菴): 明代 학자인 楊愼(1488~1559)을 말한다.

146) 상로(象路): 상아로 장식한 수레를 가리킨다. 상로(象路)는 王의 五路 중 하나라고 한다. 五路는 王이 타는 다섯 가지 수레로서, ① 옥로(玉路), ② 금로(金路), ③ 상로(象路), ④ 혁로(革路), ⑤ 목로(木路)를 말한다(池載熙, 李俊寧 譯, 『周禮』, 자유문고, 2002, 312~315면).

147) "축타(祝鮀)"는 '大祝의 관직에 있는 鮀'라는 뜻인데, 즉 衛나라의 '子魚'라는 인물을 말한다(『左傳』에는 일반적으로 '佗'라 나오는데, 『論語』 「雍也」에 '鮀'로 나오니, 茶山이 이렇게 표기한 것이겠다. 誤字는 아니니 굳이 고치지 않는다). "소백(少帛)"은 깃발의 이름으로, 일설에 '회색 베로 둘레를 장식한 깃발'이라 한다.

故曰 良≫ 老馬 駁馬也 三陽爲老陽也 ≪如坤之云 子母牛≫ 瘠者 肉消也 易例 柔畫爲膚 剛畫爲骨 ≪見噬嗑≫ 乾卦有骨而無膚 所以爲瘠 ≪易凡言羸 皆以[148]乾≫ 駁馬騮白之馬也 ≪爾雅云≫ 陽光本白 ≪反坤黑≫ 兼之大赤 其象駁也 董眞卿 吳幼淸 訓作猛獸 非矣 ≪爾雅云 駮[149] 如馬鋸牙 食虎豹≫ 木果 體圓懸空 其象 天也

○["양마(良馬)"가 된다 했는데] "양(良)"이라는 것은 '본연의 선함'으로 ≪예컨대 "양능(良能)"의 "良"과 같은 의미이다.[150]≫ [후천적인] 훈련이나 학습에 따른 것이 아니다. ≪乾은 순수한 陽剛으로 주고받은 것이 있지 않으니 '양(良)'이라 하는 것이다.[151]≫ "늙은 말(老馬)"은 수놈인 말(駁馬)이다. 세 개의 '陽'은 老陽이다. ≪예컨대 坤에서 ['새끼 딸린 암소'라는 뜻으로] '자모우(子母牛)'라고 한 것과 동일한 경우이다.≫ ["여윈 말(瘠馬)"이 된다고 했는데] "척(瘠)"이란 살이 빠져 마른 것이다. 易例에 '柔畫--'은 '살'이 되고, '剛畫—'은 '뼈'가 되는데 ≪이런 사례는 噬嗑卦에 보인다.≫ 乾卦는 뼈만 있고 살이 없으니 "여윈 것"이 된다. ≪易詞에서 대개 ['약하다', '여위었다'는 뜻으로] "리(羸)"라 말하는 경우, 모두 乾[이나, 또는 '—']에 따른 것이다.[152]≫ "박마(駁馬)"는 붉은 색과 흰 색이 섞인 말이다. ≪『爾雅』에서 ["류백박(騮白駁)"이라] 말함.≫ 태양 빛은 본래 백색인데 ≪坤의 흑색과 상반된다≫ 이에 '검붉은 색'을 겸하니, 그 象이 '붉은 색과 흰색이 섞인 말'이 되는 것이다. 동진경(董眞卿[153])이나 오유청

148) [校閱] 奎章本에는 "皆'爲'乾"으로 나오는데, 그런 대로 뜻은 통하지만 "以"보다 순통치 않다.

149) [校閱] 奎章本과 新朝本에 모두 "駮"(馬+爻)이라고 나오는데, 이렇게 보아도 말은 되고, 또한 하해(何楷)의 『고주역정고(古周易訂詁)』 해당 부분에 보면 "駮"과 "駁"이 통용된다고 하지만(駮通作駁), 여기 문맥상으로는 뜻을 이해하는데 분명 애로가 있으니, 『爾雅』의 원문에 따라 "駁"(馬+交)으로 고친다.

150) 이른바 孟子가 말하는 "良知良能"을 말함이겠는데, 각각 '생각하지 않고도 아는 것', '배우지 않고도 능한 것'이라는 의미이다.

151) '주고 받은 것이 없다'는 것은 결국 '음획(陰畫)--'이 섞여 있지 않다는 것이다.

152) 大壯卦 九四의 "羸其角"의 경우, 艮의 上剛으로 인한 것인데 결국 乾瘠에 연관되는 것이다. 또 姤卦 初六의 "羸豕"의 경우는 坎豕와 巽位가 연관됨에 '剛—'이 많아 "리羸"가 되는 것이다.

(吳幼淸)[154]은 이를 맹수의 일종이라고 해석하는데 잘못이다.[155] ≪『爾雅』에 '박(駮)'은 말과 유사한데, 톱니 같은 이빨을 가지고 있어 호랑이나 표범도 잡아먹는다고 하였다.[156]≫ "나무의 과실"은 형체가 둥글고 허공에 달려 있으므로 하늘을 상징한다.

○京房本 瘠作柴 ≪聲誤也≫ 陸德明本 駁作駹

○京房의 책에는 ["瘠馬"의] "척(瘠)"이 '채(柴)'로 되어 있다. ≪발음으로 인한 착오이다.[157]≫ 陸德明의 책에는 "박(駁)"이 "방(駹)"으로 되어 있다.[158]

---

153) 동진경(董眞卿) : 字는 季眞, 송말 원초의 경학가로, 董鼎의 아들이며, 胡一桂(1247~?)에게 배웠다. 저술로 『周易會通』이 있는데, 胡一桂의 『易纂疏』를 근본으로 하고, 諸家의 說을 널리 수집하여, 象數學·義理學을 모두 수용한 책이다(최석기, 『中國經學家事典』, 경인문화사, 2002, 41면).

154) 오유청(吳幼淸) : 元代의 學者로서, 이름은 오징(吳澄, 1249~1333)이다. 臨川 吳氏라고도 한다. 吳澄은 南宋의 과거에 합격하였으나, 南宋이 멸망한 뒤에는 원나라의 벼슬에 올라 國子監에서 일했다. 吳澄은 『易經』·『書經』·『禮記』·『春秋』·『詩經』 등의 경서를 깊이 연구하여 그 주석이나 각 경서의 해제를 작성하기도 했다. 또한 老子 주석서를 집필하기까지 했다. 吳澄은 처음에는 정이와 朱熹의 학문을 따랐지만, 나중에는 육구연의 학문까지도 겸했다. 주희와 육구연의 가르침을 절충시키려는 오징의 태도를 원대 유학의 특색으로 간주하기도 한다. 茶山은 『易學緖言』 「오초려찬언론(吳草廬纂言論)」에서 吳澄의 易學에 관해 다음과 같이 평가하고 있다. "저서로는 『易纂言』이 있는데, 본래 소씨역(邵氏易)의 범위를 벗어나지는 못하였으나, 간혹 그의 논이 고대역리에 합치되는 바가 있으므로 이를 채록해놓았다고 하였다(著易纂言, 雖其本領, 不出邵氏之範圍, 而間有名論, 合於古法 玆用采錄."(『易學緖言』 卷3, 7나~8가)

155) 동진경(董眞卿)은 파양동씨(鄱陽董氏)라 불리며, 吳幼淸은 臨川吳氏라 불리는데, 『傳義大全』에 이들의 說이 확인된다.

156) 이는 董氏와 吳氏의 설명이 잘못인 근거, 또는 그들이 오류를 범하게 된 이유를 제시한 것이겠다. 즉 茶山은 諸家들이 "駁"과 글자 모양이 유사한 "駮"을 착각하여, 또는 이 "駮"을 "駁"이라 보아, "駁"을 猛獸라 했다고 보는 것이겠다.

157) 이는 『經典釋文』의 해당 부분에 언급된다. "柴"는 현재 우리 발음으로 '시', '채', '재'로 발음되는데, 이렇게 본다면 두 글자의 발음이 완연히 구별되어 "발음을 오해할 것(聲誤)"도 없지만, 아마 古音에서는 유사했던 것으로 보인다. 일반적으로는 이를 '시'라고 읽지만 '채'가 그래도 '척(瘠)'과 제일 유사하다고 보아 그렇게 적어 보았다.

158) "방(駹)"은 '찬간자'라 한다고 하는데, 몇 가지 다른 뜻이 있다고 해야 할지, 異說이 있다고 해야 할지 모르겠으나, 이는 ① 검은 털과 흰 털이 섞인 말, ② 푸른색 말, ③ 얼

[荀九家] 乾爲衣 ≪又爲直 爲言≫ 虞氏曰 乾爲德 爲人 爲盈 爲大車 ≪又爲施 爲甲≫

[荀九家] 乾은 의복이 된다. ≪또한 곧음이 되고, 언어가 된다.≫ 虞氏가 이르기를, "乾은 德이 되고, 사람이 되고, 가득 참이 되고, 큰 수레가 된다"고 하였다. ≪또한 "베푸는 것이 되고, 겉껍질이 된다"[159]고 하였다.≫

○德者 直心也 ≪字從直從心[160]≫ 乾坎 皆直心 故其爲直爲德亦同也 大車 圓轉之物也 ≪大有 則以乾[161]爲車≫ 上乾下巽 交互成象 則其德爲施 ≪爲言爲甲 大非也≫

○"덕(德)"이란 바르고 곧은 마음이다. ≪[古文이 "悳"으로] 글자가 '直'과 '心'에 근거하고 있다.≫ 乾과 坎은 모두 가운데가 바르고 곧으므로,[162] "곧음"이 되고 "덕(德)"이 되는 것이 또한 동일하다. "큰 수레"는 ['하늘'처럼] 회선하는 물건이다.[163] ≪大有卦는 곧 乾을 수레로 본 것이다.≫ 위에 乾

굴과 이마가 흰 말이라 한다. 한편, "陸德明本"이라면 『經典釋文』을 말하는 것이겠는데, 譯者가 확인해 본 『經典釋文』의 해당 부분에는 그냥 "駁"으로 되어 있다. 『經典釋文』에 異本이 있을 수도 있겠고, 陸氏의 다른 어떤 저술을 두고 하는 말인지도 모르겠다. 何楷의 『古周易訂詁』 해당 부분에 보면, 오히려 "陸德明本"에 "駁"이라 나온다고 했다. 다만 毛奇齡의 『仲氏易』의 해당 부분에 위와 같은 말이 나온다. (아마 茶山도 여기서 인용한 것으로 보인다.)

159) 위에서는 '갑각(甲殼)'이라는 뜻으로 풀었는데, 茶山은 "甲" 자체를 "갑탁(甲坼)"으로, 즉 '새싹이 씨앗의 겉껍질(甲)을 뚫고(坼) 나오는 모양'으로 본다(아래 坤의 荀九家 條에 '乙'과 연관하여 설명이 나옴). 따라서 '새싹이 돋아 나옴', '싹틈', '[舊殼을] 뚫고 나옴'이라고 풀 수도 있겠다. 한편 茶山의 관점에 따르면 이는 震의 象이지 乾의 象이 아니다.

160) [校閱] 奎章本에는 "從"이 "从"으로 나온다.

161) [校閱] 奎章本과 新朝本과 國中本에 모두 "則以'坎'爲車"라고 나오는데, 지금 '乾의 大車'를 설명하는 자리이고, 또한 大有卦 九二에 "'大車'以載"라 하였는데(여기 細注는 이를 염두에 두고 말한 것이 분명하다), 茶山이 그 설명에서도 "乾大車"로 풀고 있으니, "坎"을 誤記로 보아서 "乾"으로 고쳤다.

162) "直心"은 '바르고 곧은 마음'이라는 뜻이지만, 말 그대로는 '가운데(心)가 곧다'는 뜻이 된다. 따라 乾과 坎이 '直心'이라는 것은 그 가운데가 '陽畫ㅡ'으로 곧고 바르다는 것이다.

이 있고 아래로 巽이 있어 서로 연관되어 象을 이루면 그 德이 "베푸는 것"이 된다.164) ≪乾이 "言"이 되고 "甲"이 된다는 것은 크게 잘못된 설이다.165)≫

[今補] 乾爲矢 爲階 爲郊 ≪又爲野≫ 爲宗 爲賓 爲羸 爲富 爲白 ≪又爲茅 爲忿≫

[今補] 乾은 화살이 되고, 계단이 되고, 郊外가 되고 ≪또한 野外가 된다≫ 종족이 되고, 손님이 되고, 파리함이 되고, 부유함이 되고, 흰 색이 된다. ≪또한 띠풀이 되고 성냄이 된다.≫

○馬融 王肅 並云 离爲矢 ≪取飛鳥之象≫ 蓋以解九二之得矢166) ≪有互离≫ 旅六五之亡矢 ≪有上离≫ 噬嗑九四之得矢也 ≪有上离≫ 然 默觀其象 皆指乾一陽之直者也 ≪乾 其動也 直 又 質剛而體圜≫ 不唯乾也 凡陽畫爲矢也

○마융(馬融)과 왕숙(王肅)은 离가 또한 '화살'이 된다고 말하는데 ≪离의 '날아가는 새'라는 象을 취한 것≫ 대개 解卦 九二의 '화살을 얻음' ≪2·3·4位에 互离가 있음≫ 旅卦 六五의 '화살을 잃음' ≪上卦가 离≫ 噬嗑卦 九四의 '화살을 얻음'≪上卦가 离≫을 가지고 이렇게 해석하였다.167)

解　　旅　　噬嗑

---

163) 수레도 회전하는 것이고, 하늘도 회전하니, '수레'가 乾의 物象에 해당한다는 것이다.

164) 결국 乾이 "施"가 되는 것은 아니라는 말이다.

165) 한편, 이상에서 "衣", "人", "盈"에 대한 설명은 나오지 않았는데, 茶山도 이에 대해서는 동의하는 바이다. 여기서 그 사례를 일일이 지적하지는 않는다.

166) [校閱] 新朝本에는 "得失"로 나오는데, 誤字이다. 奎章本과 國中本에는 "得矢"로 나온다.

167) 解卦 九二: "得黃矢", 旅卦 六五: "一矢亡", 噬嗑 九四: "得金矢".

그러나 그 卦의 象을 가만히 음미해 보면 모두 乾에 [연관된] 한 개 '陽－'의 '곧음'을 지목한 것이다. ≪乾은 움직일 때는 곧고 바르며, 또한 성질은 강하고 형체는 둥글다.[168]≫ 따라서 乾만이 아니라 대개 '陽畫－'이 '화살'로 된다.

升之井曰 升階 ≪升九五≫ 井自泰來 ≪一之五≫ 升自乾階 ≪泰下乾≫ 故爻詞如是也 又 張衡 思玄賦云 蹈玉階之嶢崢 亦以遯之有乾階也 ≪思玄賦 妙合易象≫ 古制 階有三級 乾之三畫 有是象也 郊者祭天之所也 ≪又 坤邑之外爲野 故易詞 或以乾爲野≫

升卦가 井卦로 변하는 경우에 "계단을 오른다"고 하였는데 ≪즉 升卦六五≫ 井卦는 泰卦에서 [추이하여] 나와서 ≪1이 5로 감≫ '乾의 계단'에서 올라온 것이므로 ≪泰의 下卦가 乾이다≫ 爻詞가 이와 같은 것이다.

升→5爻變→ 井 ← 推移←泰

한편 장형(張衡)의 「사현부(思玄賦)」에서 "옥(玉) 계단을 밟아 그 드높은 봉우리에 오르리라!"고 하였는데, 역시 둔괘(遯卦)에 乾의 계단이 있음에 따른 것이다.[169] ≪「思玄賦」는 易象과 묘하게 부합한다.≫ 또한 古制에 따르면 계단은 세 층의 디딤돌로 되어 있었는데, 乾의 세 개 획(畫)이 이런 象이다. "교(郊)"는 하늘에 제사를 올리는 곳이다.[170] ≪또한 '坤의 邑'의 외부는 "野外"가 되므로, 易詞에서 간혹 乾을 "야외"로 간주하였다.[171]≫

---

168) 「繫辭上傳」에 "夫乾, 其靜也專, 其動也直"이라 하였다. 또 '화살'도 "質剛, 而體圜"인 셈이다.

169) 도옥계지요쟁(蹈玉階之嶢崢) : 장형(張衡)의 「사현부(思玄賦)」에 나오는 이 句는 屯卦 上九에 대한 다산의 주석에서도 인용되고 있다.

170) 그래서 '하늘'을 뜻하는 乾이 "郊"가 된다는 것이다.

171) 邑→郊→野의 순서인데, "野"는 乾天에 그대로 노출되어 있는 땅이다. 同人卦의

○乾則爲父 父黨爲宗 《同姓曰 宗 本自公族始》 故易詞每遇乾 則言宗 《如同人于宗》 諸家 不達此義 或訓爲衆 或訓爲崇 何其謬也 古者 坐賓於西北 《見鄕飮酒義》 西北者 乾方也 故 易例 乾爲賓 《如需上六 觀六四》 然 必乾巽俱有而後 乾乃爲賓 《巽爲主人位》 盖以主人之位不立 則賓之名 無所傅也 羸者 瘠也 《義見上》 坤黑則乾白 《又金色本白》 又巽多白 則乾爲純白也

○乾은 아비인데, 아비 쪽의 친척들을 "종(宗)"이라 한다. 《즉 같은 姓을 가진 사람들을 "종(宗)"이라 하는데, 이런 개념은 본래는 公族에서 시작되었다.》 따라서 易詞에서 乾을 얻으면 곧 "종(宗)"이라 말하는 것이다. 《예컨대 同人卦 六二의 "同人于宗".》 여러 학자들은 이런 의미를 알지 못하여 乾을 '군중(衆)'이라 해석하기도 하고, 혹은 '가득 모임(崇)'이라 하니[172] 얼마나 잘못인가? 옛날에는 서북쪽에 손님을 앉혔는데 《『禮記』「향음주의(鄕飮酒義)」에 보인다》 서북은 곧 乾의 방위이다. 그러므로 易例에서 乾을 '손님'으로 보는 것이다. 《예컨대 需卦 上六과 觀卦 六四가 그것이다.[173]》 그러나 반드시 乾과 巽이 함께 구비된 이후라야 乾이 비로소 빈객(賓客)이 되는 것이니 《巽의 방위인 동남쪽은 주인의 자리가 된다.》 만일 주인이라는 자리가 설정되지 않으면 손님이라는 이름을 붙일 데가 없는 것이다. "리(羸)"는 '파리함(瘠)'이다. 《이 뜻은 ['척마(瘠馬)'를 설명하면서] 위에서 말했다.》 坤이 흑색이니[174] 乾은 백색이다. 《또한 쇠의 빛깔이 본래 흰색이다.》 또한 巽이 흰색이 많음이니 [순전히 陽인] 乾은 순백색이 된다.[175]

"同人于野" 등이 이에 해당한다.

172) 「說卦傳」에 '坤'이 "衆"이 된다고 하였다.

173) 需卦 上六에 "有不速之'客'三人來"라 하였고, 觀卦 六四에 "利用'賓'于王"이라 하였다. 또한 姤卦 九二의 "不利賓"도 이에 해당된다.

174) 「說卦傳」에 坤은 "其於地也"(또는 "其於色也")에 "黑"이 된다고 함.

175) 이후 「說卦傳」에 巽은 "其於人也 …… 多白眼"이라 하였다. 乾에서 '陰--'이 하나 생겨 다소 不純하게 된 巽이 '多白'이니, 순수한 乾은 순백인 것이다.

○震巽之草 兼之以乾三脊 則其象爲茅 ≪泰否與大過≫ 古者 茅用三脊也 損大象 以乾爲忿

○震과 巽의 풀(草)이 乾이라는 세 개의 등줄기를 겸하게 되면, 그 象이 "띠풀(茅)"로 된다. ≪泰卦, 否卦, 大過卦에서 나온다.[176]≫ 옛날에 띠풀은 등줄기가 세 개인 것을 사용하였다.[177] 損卦의 「大象傳」에 보면 乾을 성냄(忿)으로 삼았다.[178]

乾卦	傳文	①天, ②圜, ③君, ④父, ⑤玉, ⑥金, ⑦寒, ⑧氷, ⑨大赤, ⑩良馬, ⑪老馬, ⑫瘠馬, ⑬駁馬, ⑭木果
	荀九家	①衣, ②直.
	虞翻	①德, ②人, ③盈, ④大車, ⑤施.
	今補	①矢, ②階, ③郊, ④野, ⑤宗, ⑥賓, ⑦羸, ⑧富, ⑨(純)白, ⑩茅, ⑪忿.
	其他	①王, ②骨, ③實, ④貨, ⑤宇, ⑥君子, ⑦大人.

〔原文〕 坤爲地 爲母 爲布 爲釜 爲吝嗇 爲均 爲子母牛 爲大輿 爲文 爲衆 爲柄 其於地 ≪一作色≫也 爲黑

坤은 대지가 되고, 어미가 되고, 포목이 되고,[179] 가마솥이 되고, 인색함이 되고, 균등함이 되고,[180] 새끼 달린 어미 소가 되고, 큰 수레가 되고, 문채로움이 되고,[181] 군중이 되고, 자루(柄)가 되며,[182] 땅에 있어서는

176) 泰卦 初九와 否卦 初六에 "拔茅茹"라 했고, 大過卦 初六에 "藉用白茅"라 함.

177) 일반적인 풀(草)은 등줄기가 가운데 하나 있고 납작한 형태라면, 여기서 말하는 '모(茅)'는, 확실치는 않으나, "삼척(三脊)"이니 그 줄기의 단면이 세모꼴(△)인 것이겠다. 이런 '띠풀(茅)'을 제사지낼 때 祭物 밑에 깔거나, 선물이나 귀한 물건을 포장할 때 사용하였던 것이다.

178) 損卦의 「大象傳」에 "懲'忿'窒慾"이라 했는데, 茶山은 "乾性太剛, 剛則易忿 ≪剛愎也≫"라고 설명하였다.

179) "布"는 포목(布木), 즉 삼베와 무명을 뜻하거나, 또는 면직물(綿織物)만을 뜻하는데, 펼친다는 動詞的인 의미도 가능하다.

180) 아래 茶山의 설명을 보면 이 "均"은 十이라는 뜻의 '旬'과 통하고 밭을 갈다, 개간하다는 뜻의 '畇'과 통한다고 한다.

181) '글'이나 '문장'으로 풀 수도 있겠다.

≪[茶山] "地"가 아니라 "色"으로 되어 있는 판본도 있다.183)≫ 토질이 검은 것이 된다.

古者 畫野分州 皆爲井地 王制所謂 方百里方十里 及考工記所云 九經九緯之法 皆先王所以治地也 經緯相交者 布帛之象 此 坤之所以爲布爲帛也 釜古作鬴 無足之鍑也 下無震足 ≪上如震≫ 其象 鬴也 ≪孔氏云 釜所以成熟物≫ 受而不施 其德吝嗇也 ≪上文云 坤以藏之≫ 均與旬通 ≪見周禮≫ 旬者十數也 ≪一經一緯 則其文爲十≫ 故易例 地數 皆十也 ≪又與畇通 周禮 有土均之法≫

고대에는 들판을 구획 짓고, 고을을 나눔에 있어 모두 '井'字 모양으로 하였는데, 『禮記』「王制」에 이른바 "사방 백 리, 사방 십 리"라는 것과 『周禮』「考工記」에서 말한 "구경구위(九經九緯)"의 法은184) 모두 선왕들이 토지를 관리하던 방식이다. [이렇게 토지에서] 가로세로의 경계선이 서로 교차하는 것은 "포백(布帛)"의 모양과 유사하니, 이것이 坤이 "포목"이 되고 "비단"이 되는 이유이다.185) '부(釜)'字를 고대에는 "부(鬴)"로 표기했는데 다리가 없는 솥이다. 坤은 아래에 '震의 다리'가 없으니 ≪坤의 윗부분은 震과 같다≫ 그 象이 '솥'인 것이다. ≪공영달(孔穎達)은 '가마솥'이란 무엇을 푹 익히는데 사용하는 것이라 하였다.≫ 받아들이기만 하고 베풀지 않으니 그 성격이 "인색(吝嗇)"한 것이다. ≪앞서 「說卦傳」에서 "坤으로 저장한다"고 하였다.≫ "균(均)"은 '순(旬)'과 통하는데 ≪『周禮』에 용례가 나온다186)≫ '순(旬)'은 十數이다.187) ≪한 번은 세로로 한 번은 가로로 그으면 그 모

182) "병(柄)"은 손잡이, 자루라는 뜻에서 나아가 근본 · 권력 · 수단 등의 의미를 함축한다.
183) 즉 "그 색깔에 있어서는 흑색이 된다"는 것이다.
184) 『周禮』「考工記」「匠人」에 "國中九經九緯, 經涂九軌"라는 말이 나온다. 井田制에 따라서 왕성의 규모를 사방 9리로 규정하였다. 나라의 정무를 9등분하여 9分으로 삼고 9경이 다스리는데, 궁성이 1분이고, 궁성을 제외하면, 方位에 따라 그 나머지 부분인 1만 2천호가 8분에 안배된다.
185) '坤帛'은 다음 荀九家 逸象에서 언급된다.

양이 '十'이 된다.≫ 그러므로 易例에서 地數가 모두 '十'인 것이다. ≪"균(均)"은 또한 ['개간하다', '밭을 일구다'는 뜻의] "균(畇)"과 통하는데, 『周禮』「地官」「大司徒」에 "토균지법(土均之法)"이라는 말이 있다.[188]≫

○孔氏曰 子母牛者 孶牛也 ≪卽母牛≫ 九家易云 萬物相雜故文 ≪案 坤卦 恰有兩行文十二字之象≫ 柄者 生物之根 ≪大傳云 謙德之柄 此以坤爲柄也≫ 黑者 如禹貢所云 黑墳也 ≪當與兌剛鹵參看≫

○孔氏는 "자모우(子母牛)"란 새끼를 낳은 소라고 하였다. ≪즉 어미 소이다.[189]≫ 荀九家의 易說에 "[대지에는] 만물이 서로 다양하게 얽혀 있으므로 坤은 문채로움이 된다"고 하였다. ≪[茶山] 重卦 坤은 흡사 두 줄의 열두 글자로 된 문장과 같은 모양이다.[190]≫ "병(柄)"이라 한 것은 만물을 낳는 근원이라는 뜻이다. ≪「繫辭傳」에 "謙卦는 德의 근원"이라 하였는데, 이는 坤을 "병(柄)"으로 간주한 것이다.≫ 여기서 "흑(黑)"이란 것은 『書經』「禹貢」에서 말한 "흑분(黑墳)"과 같은 것이다.[191] ≪이는 당연히 兌의 物象인 "강로(剛鹵)"와 대비하여 보아야 할 것이다.≫

○京房本 吝作遴

○경방(京房)의 책에는 ["인색(吝嗇)"의] '린(吝)'字가 "린(遴)"으로 되어 있다.[192]

186) 『周禮』「地官」「均人」에 "豊年則公'旬'用三日焉"이라 했는데, 그 注에 "均古通旬"이라 한 것이 확인된다.

187) "十數"란 '열흘', '십 년', '열 번', '열 개' 등을 말함이다.

188) "土'均'之法"의 "均"이 "畇"의 뜻으로 쓰였다는 것이겠는데, 그 뜻은 분명치는 않으나 '토지를 개간하고 경작하는 방법', 또는 '토지관리법' 정도가 되겠다.

189) 毛奇齡의 『仲氏易』의 해당 부분에도 이런 말이 나오는데, 확실치는 않으나 아마도 공영달(孔穎達)의 말인 것으로 사료된다.

190) 물론 세로쓰기를 염두에 두고 하는 말씀이다.

191) "흑분(黑墳)"은 '흙이 검고 비옥하다'는 뜻이다. 따라서 여기서 "黑"이란 단순히 '검다'는 뜻이 아니고, '토질이 검고 비옥하다'는 의미이다.

[荀九家] 坤爲裳 爲帛 爲黃 爲邑 ≪又爲方 爲迷 爲亂 爲漿 爲囊≫ 虞氏曰 坤爲臣民 爲國 爲虛 爲暑 ≪又爲器 爲鬼 爲死 爲乙 爲晦≫

[荀九家] 坤은 치마가 되고,[193] 비단이 되고, 황색이 되고, 도읍이 된다. ≪또한 방정함이 되고,[194] 혼미함이 되고, 어지러움이 되고, 미음이 되고,[195] 주머니가 된다.≫ 우번(虞翻)은 坤이 臣民이 되고, 나라가 되고, 비어 있는 것이 되고, 더위가 된다고 하였다. ≪또한 그릇이 되고, 귀신이 되고, 죽음이 되고, 꼬부라짐이 되고,[196] 어두움이 된다[197]고 한다.≫

○坤之先迷 ≪自剝而爲坤≫ 復之迷復 ≪復上六爲剝≫ 皆以艮也 艮爲徑路 故謂之迷途 坤何嘗失路哉 ≪詳二卦≫ 艮則爲死 死則爲鬼 坤何嘗死物哉 ≪萬物 終於艮≫ 坎與离反 故其德爲亂 ≪反离治≫ 坎亦爲水 故其物爲漿 ≪汗液也≫ 萃之終亂 渙之汗號 皆以坎也 坤何嘗有是哉 上虛下塞 方得爲器 坤之括囊 以變震也 坤布而受震糧 其象爲囊 ≪坤有底曰 囊≫ 徒坤 豈足以爲囊哉 又 甲乙者 震方之生物也 ≪字從草木始甲坼[198]句生≫ 於乾坤 何與哉 晦者 昧也 兌之象也 ≪堯典 西爲昧≫

○坤卦의 "선미(先迷)"와 ≪剝卦에서 坤卦로 되었다≫ 復卦의 "미복(迷復)"은 ≪復卦의 上六은 결국 剝卦로 된다≫ 모두 艮에 따른 것이다. 艮이 좁

---

192) 그 뜻은 다름이 없는 것이겠다.

193) "상(裳)"은 꼭 여자들의 치마만 말하는 것이 아니라, 일반적인 하의(下衣)를 뜻한다.

194) 여기 "方"을 '모남', '正方形' 등으로 풀 수도 있겠다. 아래에 보면 이에 대한 설명이 나오지 않는데 茶山도 이에 동의하는 바이다. (坤卦 六二의 "直'方', 大不習"에 대한 茶山의 설명을 참조.)

195) "장(漿)"은 '미음'이나 '죽(粥)'과 같은 음료를 뜻하며, '풀(糨)'을 뜻하기도 하는데, 일반적으로 '진한 액체'를 뜻하기도 한다.

196) 여기 "乙"은 앞서 荀九家가 乾을 "甲"이라 한 것과 연관되는 것인데, 아래 茶山의 설명대로 풀자면 '새싹이 돋아남', '굽어져 나옴', '굽음' 정도로 풀 수도 있겠다.

197) "晦"를 '그믐', '밤(夜)' 정도로 풀 수도 있겠다.

198) [校閱] 奎章本에는 "坼"자가 異體字로 나온다.

은 길(徑路)이 되므로, 혼란스러워 헤매는 길이라 하는 것이지, 坤이 어찌 길을 잃고 헤매는 것이겠는가? ≪설명은 坤卦와 復卦 두 卦에 자세히 나온다.≫ 艮이 곧 죽음이 되고, 죽으면 곧 귀신이 되거니와, 坤이 어찌 죽음과 관련되는 것이겠는가! ≪만물은 艮에서 마친다.199)≫ 坎은 離와 그 형태가 상반되니 그 성격이 어지러움이 된다. ≪離의 '治'에 반대됨.≫ 坎은 또한 물이 되니 그 物象이 미음이나 죽 같은 음료가 된다. ≪["장(漿)"은] 진한 액체이다.200)≫ 췌괘(萃卦)의 "종란(終亂)"과 환괘(渙卦)의 "한호(汗號)"는 모두 坎에 따른 것이니,201) 坤이 어찌 이런 象을 가지겠는가?202) 위는 비어 있고 아래는 막혀 있어야 비로소 무엇을 담을 수 있는 '그릇'이 되거니와,203) 坤卦 六四의 "괄낭(括囊)"은 震으로 변함에 따른 것이다. 坤의 천(布)에 震의 양식을 담으니 그 象이 주머니(囊)가 되는 것이지 ≪[震으로 변하여] 坤에 밑창이 있게 되니 "주머니"라 부르는 것이다.≫ 坤만으로 어찌 주머니가 될 수 있겠는가?204) 또한 갑(甲)과 을(乙)은 동쪽인 震方에서 만물이 생성하는 것과 연관된 것이다. ≪이 "甲"과 "乙"이라는 글자는 초목이 처음 싹을 틔울 때 그 새싹이 [씨앗의 겉껍질이나 흙을 뚫고 나오느라] 꼬부라져 돋아 나오는 모양에 의거한 것이다.205)≫ "갑을(甲乙)"이 乾과 坤에 어찌 해당하겠는가? "회(晦)"란 어두움인데 兌의 象이다. ≪「요전(堯典)」에 따르면, 서쪽은 어두운 곳이 된다.206)≫

---

199) 이상은 "迷", "鬼", "死"가 된다는 것에 대한 反論이다.

200) "한액(汗液)"은 일반적으로 '땀', 또는 '진땀'이라는 말이지만, '진땀'을 '죽'에 비유하기도 하거니와, 여기서는 '진한 액체'라는 뜻으로 쓰인 것 같다.

201) 萃卦 初六에 "不'終', 乃'亂'乃萃"이라 하였고, 渙卦 九五에 "渙'汗'其大'號'"라고 하였다.

202) 이상은 "亂", "漿"이 된다는 것에 대한 반박이다.

203) 곧 震이 '그릇(器)'이 된다는 것이다.

204) "無底"의 경우 '전대(橐)'가 되며, 물론 '震'만으로 "囊"이 될 수 있는 것도 아니다. 이상 坤이 '器'와 '囊'이 된다는 것을 부정하였다.

205) 『說文解字』의 해당 부분에도 이런 식의 설명이 보인다. 결국 "甲"이나 "乙"이 '새싹이 처음 돋아남', '시작됨'의 뜻이라는 말이며, 震의 物象 내지 卦德이라는 것이다.

206) 『書經』「堯典」에 '西爲昧'라는 말이 나오는 것은 아니고, "宅西曰'昧'谷"이라는 말이 나온다. 茶山은 兌의 今補에서 "晦"라 나온다.

○ 總之 九家不知爻變 故每以艮坎震三卦之物 引之爲坤卦之物也 三卦 皆變其一剛 卽成純坤

○ 요컨대 荀九家는 爻變을 알지 못하여 매번 艮, 坎, 震의 세 卦의 物象을 끌어다가 坤卦의 物象으로 삼은 것이다. 이 세 卦는 모두 그 하나 있는 '剛 ⚊'이 변하면 純坤으로 된다.[207]

[今補] 坤爲田 爲朋 爲膚 爲溫 《又爲甘 爲慾》

[今補] 坤은 밭이 되고,[208] 친구가 되고, 살점이 되고,[209] 온화함이 된다. 《또한 단맛이 되고, 욕심이 된다.[210]》

○ 畋獵之禮 本所以除田害也 故卦有坤田 而兼有車馬之象 《或弓矢》 則其占爲畋也 《坎亦有田象》 朋者 兩比成耦也 坤之三陰 兩兩相比 故有朋象 《見豫蹇》 又兩貝爲朋 《見漢志》 故因亦

---

207) 물론 반대로 坤의 어느 한 '陰 ⚋'이 변하면 그런 세 가지 卦로 된다. 요컨대『周易』의 기존의 爻辭는 몇 가지 예외를 빼고 일반적으로 爻變에 입각한 것인데(즉 爻變을 완료한 상황에 근거하여 설명한 것), 그런 爻變法을 알지 못하면 卦들의 변화를 파악할 수 없고 그래서 결국 그 物象도 잘못 설정하게 된다는 것이다. 구체적으로 예를 들면, 本卦에 坤이 있고 이것이 爻變하여 之卦에서 震이 되었다고 하면, 爻變을 모르는 경우에는 기존의 爻辭와 그 物象(이는 이미 震에 의거하여 작성된 것이다)을 坤에다가 결부시키게 되는 것이다. 그래서 茶山이 "艮·坎·震 세 卦의 物象을 끌어다가 坤의 物象으로 삼았다"고 하는 것이다. "每以艮坎震三卦之物, 引之爲坤卦之物也"라는 구절과 "三卦, 皆變其一剛, 卽成純坤"이라는 구절이 얼핏 보기에는 잘 연결되지 않을 수도 있기에 부연하여 보았다. (前句는 荀九家의 경우를 말한 것이고, 後句는 이와 무관하게 일반론을 말한 셈이다. 따라서 前句의 맥락을 계속 이어서 後句를 보고, 이를 또 爻變과 결부지어 보면 다소 문맥이 이상해진다.)

208) 이 "田"은, '밭을 갈다', '사냥하다(畋獵)'는 뜻도 아우르는 것이다.

209) "부(膚)"는 '부육(膚肉)', '皮膚'라 뜻을 가지는데, 後者는 살갗, 가죽, 표면의 껍질이라는 뜻이고, 前者는 살점, 고기, 살과 근육이라는 뜻으로 後者를 포함하는 것이라 할 수 있겠다(물론 이 兩者는 분명 구분되는 것이다). 易詞에서 일반적으로 前者의 뜻으로 쓰였다.

210) "慾"을 '욕정(欲情)'이라 풀 수도 있겠다.

假借爲象 損益之云 十朋之龜 是也 ≪膚之義 見前≫

○수렵(狩獵) 의식은 본래 농작물에 해를 끼치는 짐승 따위를 제거하기 위한 것이다. 그러므로 卦에 坤의 밭이 있고 겸하여, 수레나 말의 象이 있으면 ≪또는 궁시(弓矢)의 象이 있으면≫ 그 점(占)은 사냥에 관한 것이 된다. ≪坎에도 또한 田의 象이 있다.≫ "붕(朋)"이란 둘이 어울려 짝이 되는 것인데, 坤의 세 陰은 각각 둘씩 서로 짝이 되어 어울리니 "친구"의 象이 있다. ≪예괘(豫卦)와 건괘(蹇卦)에 이런 사례가 나옴.[211]≫ 한편 조개 껍질 두 개를 "붕(朋)"이라고 하니 ≪『漢書』「食貨志」에 나온다.[212]≫ 또한 이런 사례에 따라 가차(假借)하여 ['兩貝'로서의 '朋'을 坤의] 象으로 삼으니, 損卦와 益卦에서 말한 "십붕지귀(十朋之龜)"가 바로 이것이다.[213] ≪"부(膚)"의 뜻은 앞서 [近取의 '今補'에서] 나왔다.≫

左傳 南蒯之筮 ≪昭十二年≫ 子服惠伯之言[214] 以坤爲溫 ≪坤之比≫ 盖乾爲寒 則坤溫也 洪範 土味作甘 然 其在易例 必兼之以兌舌 方得爲甘 ≪見臨 節≫ 爲慾之義 見損大象

『左傳』의 남괴(南蒯)의 점(占)에 보면 ≪소공(昭公) 12年≫ 자복혜백(子服惠伯)의 말에 坤을 '온화함'으로 보았다. ≪이는 坤卦가 比卦로 변해 가는 占을 얻은 것이다.[215]≫ 乾이 '추움'이 되니, 坤은 "온화함"이 되는 것이다. 『書經』「洪範」에서 흙은 맛(味)에 있어 "단 것을 만들어 낸다"고 했다.[216]

---

211) 豫卦 九四에 "勿疑, 朋合簪"이라 하였고, 蹇卦 九五에 "大蹇朋來"라 했다.

212) 『漢書』「食貨志」에 "大貝四寸八分以上, 二枚爲一朋"이라고 함.

213) 損卦 六五와 益卦 六二에 "十朋之龜"라는 말이 나오는데, 茶山은 "坤則爲朋", "坤爲十朋"이라 하였다. 여기 "붕(朋)"은 일종의 화폐, 또는 화폐 단위이다.

214) [校閱] 新朝本과 奎章本과 國中本에 모두 "'季平子'之言"이라 나오는데, "季平子"가 아니라 "子服惠伯"으로 되어야 한다. 왜 이런 誤記가 생겼는지 알 수 없다. 앞서 「春秋官占補註」의 '南蒯之筮'에 분명하다.

215) 南蒯의 占을 풀이하면서 子服惠伯이 "外剛內溫, 忠也"라고 하였는데, "內溫"이란 比卦의 下坤을 말하는 것이다.

216) 그 원문에는 "'土'爰稼穡, …… 稼穡'作甘'"이라 나온다.

그런데 易例에 있어서는 반드시 이것에 兌의 혀를 겸비해야 비로소 "단맛"으로 될 수 있다. ≪臨卦와 節卦에 이런 사례가 나온다.217)≫ [坤이] "욕심"이 되는 이유는 損卦의 「大象傳」에 나온다.218)

坤卦	傳文	①地, ②母, ③布, ④釜, ⑤吝嗇, ⑥均, ⑦子母牛, ⑧大輿, ⑨文, ⑩衆, ⑪柄, ⑫黑(黑地 또는 黑色).
	荀九家	①裳, ②帛, ③黃, ④邑, ⑤方.
	虞翻	①臣民, ②國, ③虛, ④暑.
	今補	①田, ②朋, ③膚, ④溫, ⑤甘, ⑥慾.
	其他	①安, ②黃牛, ③躁, ④妃, ⑤境, ⑥厚, ⑦弱.

〔**原文**〕 震爲雷 爲龍 爲玄黃 爲旉 ≪通作蔌≫ 爲大塗 ≪途≫ 爲長子[219] 爲決躁 爲蒼筤竹 ≪古本筤作琅≫ 爲萑葦 其於馬也 爲善鳴 爲馵足 爲作足 爲的顙 ≪說文 的作馰≫ 其於稼也 爲反生 其究爲健 爲蕃鮮

震은 우레가 되고, 용이 되고, 검으면서 누른 것이 되고,220) 꽃이 되고 ≪[茶山] 통상 "蔌"라고 적는다221)≫ 큰 길이 되고 ≪[茶山] 여기 "도(塗)"는 '길'이다.222)≫ 나이 많은 웃어른이 되고,223) 급하게 터져 나오는 것이 되고,224)

---

217) 臨卦 六三에 "甘臨", 節卦 九五에 "甘節"이라 하였다.

218) 損卦의 「大象傳」에 "山下有澤, 君子以, 懲忿窒'慾'"이라 했는데, 茶山은 "坤性太柔, 柔則多慾"이라 하였다. 이는 앞서 乾卦의 今補에서 "분(忿)"이라 한 것과 대응된다.

219) [校閱] 奎章本과 新朝本과 國中本에 모두 "爲長子"가 빠져 있다. 『仲氏易』의 해당 부분에도 이것이 빠져 있는데, 달리 또 이 말이 빠져 있는 책은 보지 못했다. 단순한 실수인지, 아니면 어떤 이유가 있어 뺀 것인지 알 수 없다. 여기서는 보충하여 넣었다.

220) "玄黃"을 '짙은 황색', '흑황색' 정도로 풀 수도 있겠다.

221) '개화(開花)', '꽃이 피는 것', '널리 폄' 정도로 풀 수도 있겠다.

222) "도(塗)"가 일반적으로 '진흙', '[진흙] 칠을 하다'는 의미이니 이런 注를 단 것이다.

223) 물론 '맏아들'이나 '권위자', '지도자' 정도로 풀 수도 있겠다.

224) "결조(決躁)"를 '결정이 성급함', '결단하여 빨리 움직임', '아주 성급함', '왁자지껄하게 터져 나옴' 정도로 풀 수도 있겠다.

푸르고 어린 대나무가 되고 ≪古本에는 [‘어린 대나무’라는 뜻의] “랑(筤)”이 [玉의 일종인] “랑(琅)”으로 되어 있다.225)≫ 갈대가 된다.226) 말(馬)에 있어서는 잘 우는 말이 되고,227) 왼쪽 뒷다리가 흰 말이 되고, 발을 [자주] 높이 치켜 드는 말이 되고,228) 이마가 흰 말이 된다. ≪『說文』에는 [‘밝다’, ‘희다’는 뜻의] ‘적(的)’字를 [바로 ‘이마가 흰 말’이라는 뜻의] “적(馰)”이라 표기하고 있다.229)≫ 농사(農事)에 있어서는 다시 돋아 나오는 것이 된다.230) 그 궁극에 가서는 강건한 것이 되고,231) 번성하고 싱그러운 것이 된다.

虞翻干寶之易[232] 以龍爲駹 訓爲蒼色 ≪李鼎祚本 又作駹≫ 夫坤牛兌羊 多有複見 正以說卦之文 自昔有之 夫子 從而增潤之也 何必改經 玄黃者 坤帛之體 而染之以天玄也 ≪吳澄云 得乾初畫爲玄≫

---

225) 陸德明의『經典釋文』의 해당 부분에도 이렇게 말하고 있다.

226) “추위(萑葦)”를 ‘갈대 숲’, ‘모시풀과 갈대’ 정도로 풀 수도 있겠다.

227) 한편, “명학(鳴鶴)”을 설명함에 있어서도 茶山은 이 “震善鳴”을 결부시키니, 실제 易詞를 이해함에 있어서는 이를 꼭 말(馬)에만 한정할 것은 아니다. 다른 것들도 마찬가지다.

228) 이는 결국, 자주 뒷발로 버티면서 앞의 두 발을 높이 치켜들거나, 앞발로 짚고 뒤의 두 발로 발길질을 해대는 성질이 있는 말(馬), 또는 그런 상태에 있는 말을 뜻하는 것이겠다.

229)『說文解字』「‘馬’部 ‘馰’字」條에 “易曰爲‘馰’顙”이라 나온다(이 경우 ‘이마’를 뜻하는 ‘상(顙)’字는 결국 無用한 것이 되는데, 그래서 아마도 단옥재(段玉裁)가 그 ‘日’部 ‘旳’字 條의 注에서 “疑馰後出, 非古”라 한 것이 아닌가 한다. ‘旳’字條에서는 “易曰爲‘旳’顙”이라 하였다. ‘的’과 ‘旳’은 통한다). 한편 “적상(的顙)”이 ‘이마 부위에 흰 털이 나 있는 말’인지(朱子는 이렇게 본다), 또는 ‘이마 부위의 흰 반점(斑點)이 있는 말’인지, 아니면 兩者 모두를 말하는 것인지 분명치 않다.

230) 이 “反生”에는 ‘싹이 ‘다시’ 돋아난다’ 또는 ‘거의 죽었던 것이 다시 살아난다’는 뜻과 아울러 ‘새싹이 ‘처음’ 나온다’는 뜻이 있는 셈이다(아래 설명이 나온다). 따라서 “처음 또는 다시 돋아 나오는 것” 정도로 풀 수도 있겠는데, 여기서는 일단 간명하게 前者의 뜻으로만 풀었다.

231) “其究爲 ……”라는 말은 이 震과 巽에만 언급되는데, 或者는 “陰陽之始, 故皆言究”라고 한다.

232) [校閱] 奎章本과 新朝本과 國中本에 모두 “于寶”라 나오는데, “于(우)”가 아니라 “干(간)”이 되어야 한다.

荂者 花也 亦作藪 《古文 荂與華荂通》 陽和反于根 而花葉復生也 《大過 震爲華》 姚信 訓爲專一 虞仲翔 改荂爲專 《李鼎祚亦然》 大謬矣[233] 大途者 艮徑之反也 《吳云 前無壅》 決躁者 雷也 陸農師云 蒼筤 幼竹也

우번(虞翻)과 간보(干寶)의 易傳에서는 위의 "龍"을 [중복된다는 이유에서] "방(駹)"이라 [바꾸어] 보고, [이 '駹'이라는 말이] '푸른 색'이라고 풀이하였다. 《李鼎祚의 책에는 또한 "우(駚)"로 되어 있다.[234]》 대개 坤의 '소'나 兌의 '양' 등이 다소 거듭 나타나나는 것은, '說卦'라는 글이 예전부터 있었는데 孔子가 이에 의거하여 부연하고 윤문(潤文)하였기 때문이니, 어찌 꼭 經文을 고쳐야만 하겠는가?[235] "검고 누르다"는 것은 坤의 '비단'의 바탕에 [즉 황색에] 하늘(☰)의 검은 색을 물들인 것이다.[236] 《오징(吳澄)은 [震이] 乾의 초획(初畫)을 얻었으니 검은 것이 된다고 하였다.》 "부(藪)"란 '꽃'이며, '敷'라고 쓰기도 한다. 《古文에서 "荂"는 [역시 '꽃'을 뜻하는] '화(華)'나 '과(荂)'字와 통용되었다.》 [震은 春으로] 화창한 陽氣가 뿌리에 되돌아오니 꽃과 잎이 다시 돋아 나오는 것이다. 《大過卦에서는 震을 '華'로 보았다.[237]》

---

233) [校閱] "大謬"가 혹 어떤 新朝本에는 "太謬"라 보이는데, 단순히 영인이나 복사 과정에서 그렇게 된 것으로 보인다.

234) 李鼎祚本에 "우(駚)"로 되어 있다는 말은 毛奇齡의 『仲氏易』 해당 부분에 나오는 말인데, 현행 이정조(李鼎祚)의 『周易集解』를 보면 그냥 "방(駹)"으로 나온다. 異本이 있는 것인지, 다른 책을 두고 말하는 것인지 알 수 없다.

235) 虞翻과 干寶는 이미 앞의 '遠取' 항목에서 "震爲龍"이라고 나왔다는 근거로 이렇게 글자를 바꾼 것인데, 茶山은 이에 동의할 수 없다는 것이다. "兌羊"은 遠取와 兌卦 항목에서 중복되어 나오며, '坤牛'의 경우는 엄밀히 따지면 "複見"이 아닌데, 遠取에서 "牛"라고 나오고 坤卦에서는 "子母牛"로 나온다. 이외에 "艮狗"도 중복되어 나오는 셈이다. 한편 앞서 「說卦表直說」에서 茶山은 "昔者 …… 幽贊於神明"에서 "易逆數也"까지, 그리고 "萬物出乎震"에서 "旣成萬物"까지가 孔子의 傳文이라고 했는데, 지금 여기서 한 말을 보면 그 이외에도 사이 사이에 孔子의 글이 들어가 있고, 또한 '說卦'의 原文 또는 古文 자체도 孔子의 정리를 거친 것이라고 보는 셈이다.

236) 茶山이 "玄黃"을 비단(帛)의 일종으로 본 것인지는 未詳이다. 아마도 그 이치가 그러하다는 것이지 '비단'으로 보았다는 말은 아닐 것이다.

237) 大過卦 九五에 "枯楊生'華'"라 하였다.

한편 요신(姚信)은 이를 '전일(專一)하다'는 뜻으로 해석하였고, 그래서 우중상(虞仲翔)은 [더 나아가] "旉"를 '專'字로 바꾸기까지 했는데 ≪이정조(李鼎祚) 역시 그러하다≫ 이는 크게 잘못된 것이다.[238] "큰 길"이라는 것은 艮의 '좁은 길'과 반대이다. ≪오징(吳澄)은 앞에 막는 것이 없기 때문이라고 하였다.[239]≫ "급하게 터져 나오는 것(決躁)"은 '우레'이[기 때문이]다. 육농사(陸農師)는[240] "창랑(蒼筤)이 어린 대나무"라고 하였다.

○ 善鳴者 雷也 鳴謙鳴豫 皆以震也 馵足者 後左足之白也 ≪爾雅云≫ 震之象也 ≪左足者 震也 後白者 初剛也≫ 作足者 雙足齊擧也[241] ≪吳幼淸云 足超起≫ 魯頌云 思馬斯作 的顙者 白顚也 ≪爾雅云≫ 得乾首之初剛 是白顚也 ≪秦風云 有馬白顚≫ 反生者 復生也 又 翻生也[242] 八卦之有震卦 猶十二辟之有復卦 自艮而坤 三陽都盡 至震而一陽復生 此之謂 反生也 ≪虞氏 偶得譌本 以反爲阪 訓之

---

238) 이상의 說은 陸德明의 『經典釋文』이나 李鼎祚의 『周易集解』에 확인된다. 이런 주장은 「繫辭傳」의 "乾靜也'專'"이라는 말에 근거한 것으로, 즉 震은 '陽一'이 낮은 자리에서 가만히 엎드려 있는 형국으로 "靜"에 해당하고 따라서 '專一하다'는 것이다. 그러나 茶山은 위에서 언급되었듯이 '☳'의 卦象이 陽氣(즉 '一')가 '뿌리'(즉 제일 아래)에 다시 돌아오는 것이고, 그래서 위로 꽃이 피어나는 것으로 봄이 더 적절하다는 것이다. 어떻게 보면 나름의 근거는 있는 셈인데 "大謬"라고까지 한 것은, 우연히 字形이 유사한 점에 착안하여 무관한 구절을 끌어다가 經文을 함부로 바꾼 것이 그 실상이라 보았기 때문이겠다.

239) '震'은 앞이 확 트여 있는 형국이며, 反易관계인 '艮'은 앞이 막혀 있는 형국이다("경(徑)"에는 '지름길'이라는 뜻도 있으나, 여기서는 '좁은 길', '小路'라는 뜻이다). 吳澄의 말은 『傳義大全』의 해당 부분에 확인되는데, "臨川吳氏曰 …… 爲大塗, 一奇動於內, 而二偶開通, 前无壅塞也"라 하였다.

240) 육농사(陸農師)는 육전(陸佃, 1042~1102)을 가리키는데, 육전(陸佃)은 宋나라 사람으로서 왕안석(王安石) 계열의 인물이다. 이 말은 하해(何楷)의 『古周易訂詁』 해당 부분에 확인된다.

241) [校閱] "雙足"의 "雙"이 奎章本에는 異體字로 나온다.

242) [校閱] 奎章本에는 '翻'字에서 왼쪽 위의 '삐침(ノ)'이 없는데, 影印 과정에 나오지 않았거나, 단순한 脫失로 보임.

爲陵阪之生 大謬≫ 宋衷云 反生者 枲豆之屬 帶甲生者 ≪謂萌芽 自下而上 反句向生≫

○"잘 우는 것"은 우레[에 따른 것]이다. [謙卦의 六二와 上六에] "명겸(鳴謙)"이나 [豫卦 初六의] "명예(鳴豫)"는 모두 震에 의거한 말이다. "주족(馵足)"이라는 것은 [말에] 뒷다리의 왼쪽 발이 흰 것인데 ≪『爾雅』에 이렇게 나온다≫ 이는 震의 象이다. ≪왼쪽 다리는 震에 해당하며, 뒷다리가 흰 것은 ['☳'의] 초획(初畫)의 '剛一'에 따른 것이다.[243]≫ "작족(作足)"이란 말이 두 다리를 같이 치켜드는 것이다. ≪오유청(吳幼淸)은 '작족(作足)'을 다리를 벌떡 치켜드는 것이라 하였다.[244]≫ 『詩經』「魯頌」에 "말은 이에 [다리를 들며] 치솟도다"라고 하였다.[245] "적상(的顙)"이란 [말의] '흰 이마'인데 ≪『爾雅』에서 이렇게 말함[246]≫ [震은] 乾의 '머리'의 첫 '剛一'을 얻었으니 '흰 이마'가 되는 것이다.[247] ≪『詩經』「秦風」「車鄰」에 "흰 이마의 말이 [수레를 끌고] 있네"라고 하였다.≫ "반생(反生)"이란 '다시 생겨나는 것'이며, [말 그대로] '엎어져서 돋아나는 것'이다.[248] 八卦에서 震卦[☳]는 12辟卦에 復

243) 震은 '足'인데(近取), 또한 '동쪽'이라 '왼쪽'이 되어 "왼발"이 되는 것이다. 또 '陽一'은 白色인데, 震은 그 陽이 안쪽(內) 즉 뒤쪽(後)에 있으니 "後白"인 것이다.

244) 그의 『易纂言』 해당 부분에 확인된다.

245) 「魯頌」의 "경(駉 : 살찌고 큰 말)"이라는 詩에 나온다. 이 "思馬斯作"은 물론 注釋家에 따라 다소 달리 해석되는데, 위에서는 여기서 문맥에 맞추어, "思"를 뜻이 없는 助詞로, "作"은 '興'으로 보는 說을 따랐다.

246) 『爾雅』「釋畜」「馬屬」에 "馰顙, 白顚"이라 함(즉 "的"이 "馰"으로 나옴).

247) 乾은 '머리(首)'가 되고(近取), 또한 '흰색'(乾卦 茶山 今補)에 해당하는데(물론 '剛一'도 흰색에 해당한다), 震은 그 "初剛"을 얻은 셈이니 '머리'의 맨 앞(즉 "初")으로 결국 '이마'(첫머리)가 된다는 것이다.

248) 여기서 '엎어졌다(翻)'는 것은 '꼬부라졌다(句)'는 것이다. 앞서 이미 언급했거니와 "부생(復生)"은 '소멸했다가 '다시' 생겨나는 것'에, "번생(翻生)"은 '새싹이나 어떤 것이 '처음' 생겨나는 것'에 보다 초점이 가 있는 말로 보았는데(물론 이 둘이 무관한 것은 아니다), '反'字에는 '다시(復)'라는 뜻과 아울러 '굽다(句)', '엎어지다(翻)'는 뜻이 있으므로 이렇게 두 가지 뜻으로 되는 것이다. 다시 말해 "翻"은 '엎어지다', '뒤집히다'는 뜻인데, 새싹이 씨껍질이나 흙으로 인해 똑바로 돋아나지 못하고 다소 꼬부라진 모양으로, 즉 엎어진 형태로 움터 나오는 것을 표현한 말이다. 따라서 아래 宋衷의 말도 바로 이 "번생(翻生)"을 부연하고자 인용한 것으로 보았다. 이는 또한 앞서 나온 "甲

卦와 같거니와, 艮에서 坤이 되면 [乾에] 세 개의 '陽一'이 모두 소멸되는데, 震에 이르면 '陽一' 하나가 다시 생겨나니, 이를 두고 ['다시 생겨났다'는 뜻으로] "반생(反生)"이라 한 것이다. ≪우번(虞翻)은 어쩌다 잘못된 판본을 얻었는지, "반(反)"을 ['비탈'이라는 뜻의] "판(阪)"이라 보고, 이를 풀이하기를 '구릉이나 비탈에서 생장하는 것'이라 하였는데, 완전히 잘못된 것이다.[249]≫ 송충(宋衷)은 "반생(反生)"이 '모시풀'이나 '콩' 등[의 새싹]이 그 깍지를 덮어쓰고 나오는 것이라 하였다. ≪[茶山] 이는 결국 새싹이 땅 아래에서 위로 움터 나오면서, 꼬부라진 모양으로 돋아 나옴을 말하는 것이다.[250]≫

○乾鑿度云 物有始 有壯 有究 ≪究 極也≫ 盖以上畫 爲究也 震壯爲兌 其究爲乾 乾者 健也 ≪巽究爲坤 故其究爲躁≫

○「건착도(乾鑿度)」에 "만물은 시초가 있고 장성한 때가 있고 끝이 있다"라고 하였거니와[251] ≪"끝"이란 [즉 "구(究)"는] '궁극'이다.≫ 대개 『周

乙"에 대한 설명과 연관되는 것이기도 하다.

249) 이런 우번(虞翻)의 說은 『經典釋文』 등에 확인되는데, '譌本' 운운한 것은 茶山의 짐작이다.

250) 李鼎祚의 『周易集解』 해당 부분에 宋衷의 말이 확인되는데, "枲豆之'類', '戴'甲生者"라 나온다. 물론 뜻은 다름이 없다. "시(枲)"는 모시(苧麻布)의 원료가 되는 草本이라고도 하고, 혹은 '도꼬마리'라고도 하는데 未詳이다. "甲"은 여기서 씨앗의 겉껍질(즉 깍지)을 말한다. "句"는 '굽다(曲)'는 뜻인데, 그 앞의 "反"은 "反生"의 "反"으로, '句'字 앞에 덧붙여 같은 뜻임을 보인 것이다. 한편 윗글에서 뒤에 나오는 茶山의 細注를 빼고 宋衷의 말만 본다면, 즉 "씨껍질(甲)을 뒤집어쓰고(帶=戴) 나오는 것"이라고 한 그대로만 본다면, "反生"을 '새싹이 그 씨껍질을 뚫고 갈라 뒤집어쓰고, 또한 흙을 뒤집으면서 돋아 나오는 것'이라 풀 수도 있겠다. 요컨대 "反生"을 '뒤집어쓰고 나옴', '무릅쓰고 나옴', '반발하여 나옴' 정도로 볼 수도 있겠다는 것인데, 새싹이라는 것을 너무 과격한 물건으로 본다는 문제가 있기는 하겠으나, 또 어떤 면에서는 그 큰 뜻에서 별반 다름이 없다고도 할 수 있겠지만, 분명 宋衷의 말에 대한 茶山의 細注는 다소 무리한 점이 있는 것은 사실이다. "帶甲生"이건 "戴甲生"이건 '꼬부라졌다'라는 "反句"의 의미가 바로 나타나는 것은 아니다. 혹 '反句'를 '반발하며 휘어져'라는 뜻으로 말한 것인가?

251) 四庫全書本 『周易乾鑿度』에 "文王因陰陽, 定消息, 立乾坤, 統天地. 夫有形者生於無. …… 天, 濁重者下爲地, 物有始有壯有究, 故三畫而成乾, 乾坤相並俱生, 物有陰陽, 因而重之, 故六畫而成卦"라고 함.

易』에서 상획(上畫)이 "구(究)"가 된다. 震이 장성하면 兌가 되고, 그 궁극은 乾이 되는데, 乾이 "강건함"이다. ≪巽의 궁극은 坤이 되니, "그 궁극에 躁가 된다"라고 말한 것이다.[252]≫

○京房 荀爽本 馵作朱 ≪此 聲誤也≫

○경방(京房)과 순상(荀爽)의 책에는 ["주족(馵足)"의] '주(馵)'字가 "주(朱)"로 나온다. ≪이는 발음에 따른 착오이다.[253]≫

[荀九家] 震爲仰缶 ≪又爲玉 爲鼓≫ 虞氏曰 震爲侯 爲主 爲行 ≪又爲樂 爲作≫

[荀九家] 震은 앙부(仰缶)가 된다.[254] ≪또한 옥(玉)이 되고, 북이 된다.[255]≫ 우번(虞翻)은 震이 제후가 되고, 주인이 되고,[256] 행함[257]이 된다 하였다. ≪또한 음악이 되고,[258] 만드는 것이 된다[259]고 하였다.≫

---

252) 앞서 卦德에 "乾, 健也"라고 하였거니와, '其究爲'乾''이니 "其究爲'健'"이라 했다는 것이다. 그리고 이후 巽卦條에서도 "其究爲躁'卦'"라는 말이 나오니, 여기서 巽도 언급한 것이다.

253) 이렇게 되면 '붉은 발', 즉 '발이 붉은 말'이 되는 것이겠다.

254) "앙부(仰缶)"는 자세한 것은 未詳인데, "부(缶)"라고 했으니 보통 항아리와는 분명 다른 형태일 것이며, 오늘날 '수통'에 해당한다고나 할 '물장군'의 일종이겠다. '앙(仰)'에 '높다'는 뜻이 있으니 위에 달린 주둥이가 높거나 아래의 '굽'이 높은 것일 수도 있겠고, '들창코'를 '仰鼻'라 하는 것을 염두에 두고 보면 그 주둥이가 길지 않고 보통 것보다 다소 짧거나 납작한 모양으로 달린 것일 수도 있겠다.

255) 茶山은 이를 부정하니 덧붙일 것도 없는 것이기는 하지만, "고(鼓)"에는 '북', '북을 치다(鼓)', 그리고 북을 치는 것이 아닌 일반적인 의미의 '두드리다', '치다'라는 세 가지 뜻이 있다. 여기서는 간명하게 '북'으로만 옮긴다. 아래 再論된다.

256) 이를 '家長(집의 주인)'이나 '主君(나라의 주인)', '중심 인물' 등으로 풀 수도 있겠다.

257) "行"은 '행실', '행동', '가다(往)', '움직이다', '이행하다' 등으로 풀 수 있겠는데, "震行"은 茶山이 그 타당성을 반정도만 인정하는 卦德인 셈이다.

258) "樂"을 '和樂', '快樂'이라는 의미로 풀 수도 있겠는데, 茶山은 아래 설명에서 '음악', '음악을 연주하다', '음악을 만들다', '樂器' 정도로 보고 있으며, 이를 부분적인 타당성만 物象으로 평가한다.

259) 아래 설명에서 "作樂"을 언급하기는 하지만, 결국 "作"에 대해서는 설명하지 않은 셈인데, 茶山도 益卦 初九의 "大作"을 설명하면서 이 '震作'을 말하고 있다. "作"을

○震爲盂缶 屢見漢儒之說 然 稽之易詞 必以坤艮之土 合於震器而後 方得爲缶 ≪离坎與比井 皆然≫ 盖缶者 土器也 益六三之用圭 ≪圭亦玉≫ 鼎上九之玉鉉 皆乾玉之所升降 ≪義詳本卦箋≫ 震何嘗爲玉哉 革音之鼓 或是离象 ≪中孚之六三≫ 扣擊之鼓 宜以艮手 ≪離九三≫ 震之爲鼓 又何據矣

○震이 '사발'이나 '물장군'이 된다는 말은 漢代 학자들의 說에 여러 차례 보인다. 그러나 易詞를 면밀히 살펴보면 반드시 坤이나 艮의 '흙'이 '震의 그릇'과 결합한 이후에 비로소 '물장군(缶)'이 된다. ≪離卦와 坎卦, 比卦와 井卦가 모두 그러하다.260)≫ 대개 "부(缶)"라는 것은 토기(土器)인 것이다. 益卦 六三의 "용규(用圭)"나 ≪"규(圭)" 역시 玉[으로 된 것]이다.≫ 鼎卦 上九의 "옥현(玉鉉)"은 모두 乾의 玉이 [推移法에 따라] 위로 올라가거나 아래로 내려 온 것인데 ≪뜻은 해당 卦의 설명에 자세하다.261)≫ 어디 震을 옥(玉)으로 본 사례가 있는가? '가죽 소리를 내다'라는 [즉 '북을 친다'는] 뜻의 "고(鼓)"는 혹 离의 象에 의거한 경우도 있지만 ≪中孚卦 六三의 경우≫ 일반적으로 '두드린다'는 뜻의 "고(鼓)"는 당연히 艮의 '손'에 의한 것인데 ≪離卦 九三의 경우262)≫ 震이 "고(鼓)"가 된다는 것은 또한 어

'耕作하다', '興起하다', '꾸미다' 정도로 풀 수도 있겠다.

260) 離卦 九三에 "不鼓缶"라 했는데, 茶山은 "下震爲器, 坤土离燒, 其器缶也"라 했다. 坎卦 六四에 "簋貳用缶"라 했는데, "离燒之土, 合於震器"라고 설명했다. 比卦 初六에 "盈缶"라 했는데, 坤土와 震器의 결합으로 설명한다. (그런데 이 대목에서 茶山도 '震缶'라고 말함.) 井卦 九三에 "甕敝漏"라 하였는데, "甕者, 震缶也 ≪九家易≫"라고 하였다. 이상에서 茶山은 "震缶"라는 物象에 대해 그 타당성을 어느 정도는 인정하는 셈이라 할 것이다.

261) 益卦 六三에 '公에게 告함에 圭로써 한다'고 했다. "규(圭)"는 '홀(笏)'로 일종의 신임장이나 임명장인데, 이것이 보통 玉으로 되어 있다는 것이지, 그 字義나 그것 자체가 玉의 일종인 것은 아니다. "옥현(玉鉉)"의 "鉉"은 세발솥(鼎)의 '귀'(여기에 그 들막대나 들고리를 끼운다)를 말하는 것이다. "升降"이라 했으니 卦變 즉 推移를 말하는 것이다. "전(箋)"은 "周易四箋"의 "箋"이니, 茶山 자신의 글을 이렇게 말한 것이다.

262) "혁음지고(革音之鼓)"나 "구격지고(扣擊之鼓)"는 북(鼓)의 종류가 아니다. 다만 前者는 결국 '북'과 '북을 치다'는 뜻을 아우르는 셈이다. 中孚卦 六三에 "或鼓或罷"라 했는데, 茶山은 "离革震鳴, 其象爲鼓"라 하였다. 離卦 九三에 "不鼓缶而歌"라 했는데,

떤 근거로 하는 말인가?[263]

○ 兌震並有 則爲言行之行 艮震交現 則爲行止之行 至於豫大象之作樂 盖以善鳴之震 兼之以坎律艮節也 徒震 何足以作樂哉 兌口而兼震鳴 則其象爲歌 ≪中孚 離[264]≫ 易象之兼取如此 不可易言也

○[입을 상징하는] 兌와 [발을 상징하는] 震이 함께 있는 경우에는 언행(言行)의 '行'이 되고, [멈춤을 뜻하는] 艮과 震이 얽혀 나타날 경우에는 가고 멈춤의 '行'이 된다.[265] 또한 豫卦의 「大象傳」에 "작악(作樂)"[이라는 말]과 같은 경우는, 대개 "선명(善鳴)"인 震에 坎의 '음률(音律)'과 艮의 '음절(音節)'을 겸한 것이다.[266] 震만으로 어찌 "작악(作樂)"이 되겠는가?[267] 또한 兌의 '입'에 震의 '울림'을 겸하면 그 象이 '노래', '노래하는 것'이 된다. ≪中孚卦와 離卦에 사례가 나온다.[268]≫ 易象을 겸하여 취하는

"上當艮手, 是, 鼓缶也"라 하였다.

263) 여기서 혹 '震鳴이 있지 않은가?'라는 생각이 떠오르는 讀者가 있다면, 아래 茶山의 설명을 조금 더 들을 일이다.

264) [校閱] 奎章本과 新朝本과 國中本에 모두 "离"로 나오는데, 重卦를 뜻하는 것이니 "離"로 고친다.

265) "言行"의 '行'은 행실, 품행 등으로 풀 수 있겠고, "行止"의 '行'은 단순히 가다, 떠나다, 수행하다, 이행하다는 뜻이겠다.

266) "율(律)"은 일반적으로 법률, 규율의 뜻이지만, 여기서는 '율려(律呂)'라는 뜻이다. 音의 高低를 결정하는 기준으로 '六律'과 '六呂'가 있는데 이를 합하여 '十二律'이라 한다. "절(節)"은 '박자', '절주(節奏)'의 뜻이다.

267) "作樂"이란 작게는 음악을 만든다는 뜻이며, 크게는 '禮樂文物 전반 제정하다'는 뜻이다. 그런데 '震이 樂이 된다'는 주장을 '作樂'을 거론하며 부정하는 것은 다소 거리가 있다면 있다. 다만 '樂'字를 '음악을 연주하다', '음악을 만들다'는 動詞로 볼 수도 있기에 하는 말이기는 하겠다.

268) 위에서 荀九家의 說에 "歌"가 언급되지 않았지만, "樂"과 연관되니, 또는 그에 포함되는 것으로 보아서 지적하는 것이겠다. 中孚卦 六三에 "或泣或歌"라고 하였는데, 실제 그 彖에는 "离喜震聲, 其象爲歌"라고만 하며 '兌口'를 언급하지 않고 있다. 그러나 이미 中孚의 下卦가 兌이고 지괘(之卦)인 小畜 등에서도 互兌가 보인다. 離卦 九三에 "不鼓缶而歌"라고 하였다.

방식이 이와 같으니 소홀히 말할 수 없는 것이다.

[今補] 震爲草木[269] 爲舟車 爲囊 爲斗 爲旗 爲簋 ≪又爲筐≫ 爲帝 爲行人 爲老人 爲君子 爲師 爲將帥 爲仁 爲左 ≪又爲立 爲閉 爲首≫

[今補] 震은 초목이 되고, 배와 수레가 되고,[270] 주머니가 되고, 두(斗)가 되고,[271] 깃발이 되고, 궤(簋)가 된다.[272] ≪또 광주리가 된다.≫ 제(帝)가 되고, 행인이 되고, 노인이 되고, 군자가 되고, 선생이 되고,[273] 장수(將帥)가 되고, 仁이 되고, 왼쪽이 된다. ≪또한 확고히 서는 것이 되고,[274] 폐쇄함이 되고,[275] 머리가 된다.≫

○震木爲舟 然 必兼之以坎川 ≪或兌澤≫ 其象乃現也 左傳 畢萬之占 國語 文侯之筮 ≪司空季子語≫ 皆以震爲車 其在易詞 亦相合也 ≪爲囊義見前≫ 震器納禾 其象斗也 豫之大傳[276] 以震爲柝 柝亦斗也 ≪卽刁斗≫ 左傳 史蘇之占 以震爲旗 盖以玄黃之色 揭之蒼筤之竿 其象爲旗也 蒼筤之竹 制之爲器 ≪上空而下塞≫ 以受禾

269) [校閱] 奎章本에는 "'艸'木"이라 나온다.

270) "거(車)"를 수레라고 풀었지만, 이는 실제 짐을 싣는 수레만 뜻하는 것이 아니라, 사람이 타는 것이나, 나아가 전차(戰車)까지 포함하는 말이라 할 것이다.

271) "두(斗)"는 곡물을 되는 말이나 자루가 달린 국자 형태의 그릇인 구기를 뜻하는데, 야경(夜警)이나 순라(巡邏)를 돌 때 치는 딱다기라는 뜻도 있다. 아래 설명이 나온다.

272) 궤(簋)는 서직(黍稷)을 담아 두는 祭器를 뜻하기도 하는데, 일반적으로는 宴會 등에서 곡류나 밥을 담는 禮器의 일종이다.

273) 아래에서 茶山은 이 師를 스승이라는 뜻으로 설명하고 있는데, 물론 원래는 군대(軍隊)라는 뜻이다. 師卦에 자세하다.

274) "立"은 서다, 수립하다, 기립하다 등으로 풀 수 있는데, 여기서는 아래 茶山의 설명에 따라 확립이라는 뜻으로 풀었다.

275) 폐색(閉塞), 문을 닫음, 막음 등으로 풀 수도 있겠다.

276) [校閱] 奎章本과 新朝本과 國中本에 모두 "大象"이라 나오나, "大傳"으로 되어야 한다. 豫卦의 「大象傳」에는 "柝"이 언급되지 않고, "大傳", 즉 「繫辭傳」에 豫卦와 연관하여 "重門擊'柝'"이라는 말이 나온다.

稼 其象爲簋也 ≪筐亦然≫

○震의 나무는 배(舟)가 되는데, 그러나 반드시 이에 坎의 하천을 겸해야만 ≪혹은 兌의 '못'을 겸해야≫ 그런 象이 비로소 나타난다. 『左傳』에 필만(畢萬)의 점(占)과 『國語』에 문후(文侯)의 점(占)에서 ≪즉 사공계자(司空季子)의 말[277]≫ 모두 震을 '수레'로 보았는데, 이는 『周易』의 글에 있어서도 역시 부합한다. ≪'주머니'가 되는 이유는 앞서 나왔다.[278]≫ '震의 그릇'에 곡식을 담는 것이니 그 象이 "두(斗)"이다. 豫卦가 언급되는 「大傳」의 구절에서 震을 ['딱다기'는 뜻의] '탁(柝)'라 보는데, '탁(柝)' 역시 "두(斗)"[의 일종]이다. ≪'탁(柝)'은 '조두(刁斗)', 즉 야경(夜警)을 돌 때 두드리는 것이다.[279]≫ 『左傳』의 사소(史蘇)의 점(占)에서는 震을 "기(旗)"로 간주하였는데,[280] 아마도 [震의 색깔인] "현황(玄黃)"의 색을 "창랑(蒼筤)"의 장대에 [즉 '푸르고 어린 대나무'에] 걸어서 높이 드니 그 象이 "기(旗)"가 되는 것이겠다. "창랑(蒼筤)"을 잘라 그릇을 만들어 ≪'震'은 위는 비어 있고 아래는 막혀 있다≫ 곡식을 담으니 그 象이 "궤(簋)"가 된다.[281] ≪"광주리" 역시 이러하다.≫

○震者 天之長子 所以爲帝 ≪爲天子≫ 帝出乎震 亦以爲上帝也 ≪豫大象≫ 行出大途 是 行人也 ≪復大象 謂之商旅≫ 倫序最長[282] 是 老人也 ≪見大過≫ 謙而自卑 ≪剛在下≫ 君子道也 年德旣尊 可以爲師 ≪見蒙卦≫ 前驅烝徒 ≪領二陰≫ 可以爲將帥也 ≪見師卦≫ 東

277) 각각 「春秋官占補註」의 '畢萬之筮'와 '重耳反國之筮'에 자세하다.
278) 즉 바로 앞서 坤이 '囊'이 된다고 한 荀九家의 說을 반박하며 설명한 셈이다.
279) 이상 「繫辭下傳」에 "重門擊柝"이라 한 구절을 설명하면서 언급되었다.
280) 『左傳』의 史蘇의 占에 "火焚其旗"라는 말이 나온다.
281) 대나무를 위아래로 그 마디 바로 아래를 잘라, 위는 마디가 남지 않도록 하고 밑에는 마디가 남도록 하면 그릇이 되는 것이고, '☳'이 바로 이런 형상이라는 것이다. 앞서 나온 "두(斗)" 역시 이러한 셈이다.
282) [校閱] 奎章本에는 "最"가 "冣"로 나온다. 同字이다.

方生物 其德仁也 東則爲左

○ 진(震)은 '하늘[☰]'의 장자(長子)이니 "제(帝)"가 되는데 ≪'天子'가 됨≫ [「說卦傳」에 이른바] "帝出乎震"이니 또한 '上帝'가 되는 것이다. ≪豫卦의 「大象傳」에 용례가 나온다.283)≫ 큰 길에 나서서 나아가니 "行人"인 것이다. ≪復卦 「大象傳」에서 [이를 가지고] "상려(商旅)"라 하였다.≫ 震은 연륜이 가장 오래되니, "노인"이 되는 것이다. ≪大過卦 九二에 이런 사례가 나온다.284)≫ 겸손하여 스스로를 낮추니 ≪'剛一'이 아래에 자리함≫ "군자"의 道이다. 연륜과 德이 높으니 "선생"이 될 수 있는 것이다. ≪蒙卦에 [설명이] 나온다.285)≫ [震은] 많은 병졸들을 앞으로 몰아 나가는 것이니 ≪[한 개의 '陽一'이 뒤에 자리하여, 앞에] 2개의 '陰--'을 통솔하고 있다≫ "장수(將帥)"가 될 수 있는 것이다. ≪師卦에 설명이 나온다.286)≫ [震에 해당하는] 동쪽은 만물을 낳는 곳이니 그 德이 "仁"이며, 동쪽이니 "왼쪽"이 된다.

○震 起也 起而履剛 其象 立也 ≪恒 大過≫

○[「雜卦傳」에 따르면] 震은 '일어남'인데, 일어서서 [건실한] '剛一'을 밟고 있으니 그 象이 '확고히 서는 것'이다. ≪恒卦와 大過卦[의 「大象傳」에 용례가 나온다.287)≫

○艮爲開門 ≪艮下通≫ 震則爲閉 ≪震下塞≫ 故復之大象曰 至日閉關 ≪復下震≫ 坤六四之傳曰 天地閉 ≪豫上震≫ 國語 晉重耳之

---

283) 豫卦의 「大象傳」에 "殷薦之'上帝'"라고 하였는데, 茶山은 "震帝"로 설명하였다.

284) 大過 九二에 "'老夫'得其女妻"라 했는데, 여기 '老夫'는 문맥상 '늙은 신랑', '늙은 지아비'라는 뜻이지만, 곧 '노인'인 셈이다.

285) 蒙卦에 명시적으로 "사(師)", 즉 '선생'을 언급한 대목은 없다. 다만 그 卦辭에 "非我求童蒙, 童蒙求我"라 하였는데, 茶山은 이를 "震師"와 결부지어 설명하고 있다.

286) 茶山은 師卦를 "前驅四翼, 大將居中, 後勁有備, 實行陣之象也"라고 설명하였다.

287) 恒卦와 大過卦의 「大象傳」에 각각 "立不易方", "獨立不懼"라 하였다. 그 爻辭나 卦辭에는 "立"의 용례가 없다.

筮 遇屯之豫曰 閉而不通 ≪豫上震≫ 皆以震爲閉也 震以艮反 ≪艮門倒≫ 艮門下塞 ≪下一剛≫ 所以閉也

○艮은 문이 열린 것[이나, 열린 문]이 되니, ≪艮은 아래가 ['--'이라] 통해 있다≫ 震은 곧 [그 문이] 닫힌 것이 된다 ≪震은 아래가 막혀 있음.≫ 그러므로 復卦의 「大象傳」에 "冬至와 夏至에는 관문(關門)을 닫는다"라 하고 ≪復卦의 下卦가 震이다.≫ 坤卦 六四의 「文言」에 "天地가 폐색(閉塞)되면"이라 하고 ≪[그 之卦인] 豫는 上卦가 震이다.[288]≫ 『國語』에 晉나라 중이(重耳)의 점(占)에서 준(屯)이 예(豫)로 변해 가는 卦를 얻어 "막혀 통하지 못한다"고 하였는데 ≪卦의 上卦가 震이다≫ 모두 震을 "폐(閉)"로 본 것이다. 震은 艮을 '반역(反易)'한 형태로 ≪艮의 門이 뒤집어짐≫ 艮의 門이 아래가 막힌 것이므로 ≪아래 하나 있는 '剛一'을 말함≫ "폐쇄(閉鎖)"가 되는 것이다.

○案[289] 四德 以震爲元 元者 善之長也 元者 首也 故 易例 震亦爲首 ≪見旣濟初九≫

○생각컨대, 원형리정(元亨利貞)의 四德에서 震이 '元'이 되고, "元은 善에 으뜸되는 것"인데,[290] "元"이라는 것은 "머리"이다. 그러므로 易例에 震이 또한 "머리"가 되는 것이다. ≪자세한 것은 旣濟 初九[의 설명]에 나온다.[291]≫

---

288) 한편 茶山은 이른바 「文言傳」을 "十翼"의 하나로 보지 않고, 古代 字書의 殘編 또는 「繫辭傳」에서 잘못 분리되어 나온 것이라 본다.

289) [校閱] "案"이 奎章本에는 "按"이라 나온다.

290) 乾卦 「文言」에 "元者, 善之長也"라고 하였는데, 이를 "元은 善한 우두머리이다" 정도로 풀 수도 있겠다.

291) 旣濟卦 初九에 "濡其'尾'"라 했는데, 茶山은 이와 연관하여 "震首"를 설명하고 있다. 旣濟의 上六과 未濟의 上九에 "濡其'首'"라 하였는데(未濟 初六에도 "濡其'尾'"라 하였다), 旣濟의 初九에 마침 연관된 것이 나옴에 그 "首"와 "尾"를 같이 설명한 것이다. 즉 '初九'는 誤記가 아니다.

震卦	傳文	①雷, ②龍 ③玄黃, ④旉(敷) ⑤大塗, ⑥長子, ⑦決躁, ⑧蒼筤竹, ⑨萑葦. ⑩[於馬]善鳴, ⑪[於馬]馵足, ⑫[於馬]作足, ⑬[於馬]的顙. ⑭[於稼]反生, ⑮[其究]健, ⑯[其究]蕃鮮.
	荀九家	①仰盂.
	虞翻	①侯, ②主, ③行, ④作.
	今補	①草木, ②舟車, ③囊, ④斗, ⑤旗, ⑥簋, ⑦筐, ⑧帝, ⑨行人, ⑩老人, ⑪君子, ⑫師, ⑬將帥, ⑭仁, ⑮左, ⑯立, ⑰閉, ⑱首.
	其他	①器, ②馬, ③髮, ④鬚, ⑤商旅, ⑥老夫, ⑦賢, ⑧易, ⑨穀粟, ⑩稼, ⑪擊, ⑫起, ⑬甲坼, ⑭林, ⑮威, ⑯天子, ⑰上帝, ⑱人主, ⑲蛇 ⑳好爵.

〔原文〕巽爲木 爲風 爲長女 爲繩直 爲工 爲白 爲長 爲高 爲進退 爲不果 爲臭 ≪王肅本 爲香臭≫ 其於人也 爲寡髮 爲廣顙 爲多白眼 爲近利市三倍 其究 爲躁卦

巽은 나무가 되고, 바람이 되고, 맏딸이 되고,[292] '[팽팽히 당겨 펼친] 줄처럼 곧은 것이 되고,[293] 공장(工匠)이 되고,[294] 흰 색이 되고, 긴 것(長)이 되고, 높은 것이 되고, 나아가고 물러남이 되며, 과감하지 못함이 되고,[295] 냄새가 된다. ≪왕숙(王肅)의 책에는 '향취(香臭)가 된다'고 나옴[296]≫ 巽은 사람에 있어서는 모발(毛髮)이 적은 사람이 되고,[297] 이마가 넓은 사람이 되고, 흰자위가 많은 눈이 된다. 이익과 값이 세 배에 가까운 것이 되며,[298] 궁극적으로는 조급함을 뜻하는 卦가 된다.

---

292) 이를 '나이 많은 여자' 정도로 풀 수도 있겠다.

293) "승직(繩直)"을 '먹줄(繩墨)', '먹줄이 곧음', '곧은 먹줄', '먹줄과 곧음', '먹줄처럼 똑바름' 정도로 풀 수도 있겠다. 아래 茶山의 설명이나 易詞에 보면 '먹줄'이라는 뜻이 두드러지게 나타나는 것은 아니라서 일반적일 '줄'로 풀었다.

294) "工"을 '솜씨', '기술', '뛰어난 솜씨', '교묘함'이라 풀 수도 있겠다.

295) "不果"를 '열매를 맺지 못함', '결과가 없음'이라 풀 수도 있겠다.

296) "취(臭)"라고 한다만 부정적인 의미도 가질 수 있는데, 즉 '惡臭'나 '나쁜 소문'이라는 뜻도 포함할 수 있는데, 이렇게 "향취(香臭)"라고 하면 좋은 의미로만 되는 셈이다.

297) 이는 아래 설명을 보면 '머리숱이 적은 것', 즉 '대머리'라는 뜻도 되는데, 이 경우에 그래도 "'寡'髮"이라 했으니 완전한 대머리는 아니고 그 일부에 털이 빠진 상태이겠다.

298) 위에서는 '거의(近) 이익(利)과 값(市)이 세 배'라는 뜻으로 풀었는데, '편리함(近利)이 일반 시장의 세 배이다', '편리하여(近利) 세 배의 가격(市)을 받는다', '이익만 추구하여

以二條而糾合者[299] 繩也 先撓而後伸直者 繩也 ≪先分而後合≫ 入而不行 其象 百工也 ≪與震之商旅 相反≫ 萬物潔齊 其德 白也 楮用二股 ≪下耦畫≫ 長而高也 陽進復退 ≪自乾而爲巽≫ 是 不果也 巽草含風 是爲臭也 ≪虞翻云 風至知氣 故巽爲臭≫

두 가닥의 줄을 꼬아서 합한 것이 "승(繩)"인데, 먼저 둘둘 감겨 있다가 이후에 펼쳐져 "곧게 되는 것"이 "줄"이다.[300] ≪[또한 巽은] 먼저는 나뉘어져 있던 것이 이후에 결합하는 것이다.[301]≫ 巽은 어느 한 곳에 들어가서 나다니지 않는 것이니 그 象이 백공(百工)이다. ≪[나돌아다니는] 震의 "商旅"와 상반된다.[302]≫ [앞서 나왔거니와, 巽에서] 만물이 청결하고 가지런히 되니 그 성격이 "흰 색"이 되는 것이다. [일반적으로 기둥 하나에 '주추'도 하나인데, 巽의 경우를 보면] 주추를 두 개 쓰고 있는 것이니 ≪巽은 아래가 ['陰--'으로] '한 쌍으로 된 획(畫)'이다≫ "긴 것"이고 "높은 것"이다.[303] [八卦의 消長관계에서 보면] '陽ㅡ'이 전진했다가 다시 물러가니

(近利) 시장 가격의 세 배를 받는다' 등으로 풀 수도 있겠다. 한편 『詩經』「大雅」「瞻仰」에 "如賈'三倍'"라는 말이 나온다.

299) [校閱] 奎章本과 國中本에는 "糾"로 나오는데, 異體字라기보다는 誤字로 사료된다. "糾"는 '꼬다', '합치다'는 뜻이고, "糾"는 '告하다'의 뜻이다.

300) 밧줄 등이 물론 가지런히 잘 있을 수도 있지만, 그렇다고 해도 결국 둘둘 감겨 있는 것이니, 그런 상태를 "요(撓)"라 한 것인데, 괘획(卦畫)으로 보면 아래의 '陰--'이 이에 해당한다. 따라서 위의 '陽ㅡ'이 "後伸直"에 해당하는 것이다. 한편 이를 먹줄(繩墨)이 먼저 먹통 속의 실패에 감겨 있다가(先撓), 그것을 뽑아 당겨냄에 팽팽하고 곧게 되는 것(後伸直)을 말한다고 볼 수도 있겠다.

301) 이 細注는 "규합(糾合)", 즉 '꼬아 합친다'는 말을 부연한 것이다. 즉 巽은 제1획이 '陰--'이니 '먼저는 나뉘어져 있는 것(先分)'이고, 그 위의 2・3획은 '陽ㅡ'이니 '이후에는 합쳐진 것(後合)'이다.

302) 장사치들(商旅)이 여기저기 돌아다니는 데 비해(물론 한 자리에 붙박여 장사를 하는 경우도 있는데, 이를 "고(賈)"라고 한다), 수공업자 또는 '工匠이'들은 일정한 작업장을 꾸며 한 자리에 머문다는 것이다. '백공(百工)'은 '여러 공장이', '모든 공장이'라는 말로 별다른 뜻이 있는 것이 아니다. 여기서 "상반된다"는 것은 巽과 震이 變易 관계라는 것이며, 그래서 巽의 '入', '隱伏'이 震의 '行', '動'과 상반되는 것이다. 『周禮』「考工記」에 "百工, 與居一焉"이라 하였다.

303) "지(楮)", 즉 '주추'는 기둥 밑에 괴는 '돌'이나 '나무'를 말하는데, 요즈음은 흔히 石

≪乾에서 巽으로 됨≫ 이것이 "과감하지 못함"이다. 巽의 '풀'이 '바람'을 머금으니, 이것이 "냄새"가 된다. ≪우번(虞翻)은 '바람'이 이르면 그 향기를 아는 것이므로 巽이 '냄새'가 된다고 하였다.[304]≫

○古本 寡作宣 虞翻曰 黑白雜爲宣 巽爲白 故爲宣髮 ≪李鼎祚亦云≫ 馬融 以宣爲寡髮 案 考工記 車人之事 半矩謂之宣 注云 頭髮頹落曰 宣 與寡同義 ≪杜詩 寡鶴誤一響 一本作宣鶴≫ 盖震巽皆草而巽只一陰 故謂之寡髮也 ≪鄭康成云 髮在人體 猶靡草在地≫

○古本에는 ["과발(寡髮)"의] "과(寡)"가 '선(宣)'字로 되어 있는데, 우번(虞翻)은 "검은 색과 흰 색이 뒤섞여 있는 것이 '선(宣)'이며, 巽은 흰 색이 되니 '선발(宣髮)'이 된다"고 하였으며 ≪이정조(李鼎祚)도 역시 이렇게 말했다.[305]≫ 마융(馬融)은 "선(宣)이 모발의 숱이 적은 것"이라 보았다.[306] 생각건대 『周禮』「考工記」의 "수레 만드는 사람의 일"에서 "반구(半矩)[의 길이]를 '선(宣)'이라 한다"고 하였는데, 그 注에 말하기를 "머리털이 빠진 것을 '선(宣)'이라 한다"고 하였으니,[307] ['宣'은] '과(寡)'字와 같은 뜻

材를 사용하나, 古代에는 오히려 나무를 주로 사용했다고 한다(그래서 글자가 '木'部에 속하는 것이겠다). "고(股)"는 원래 '허벅지'라는 뜻이지만, 여기서는 '부분', '가닥', '줄기'라는 뜻의 量詞로 쓰였다. 그래서 "양고(兩股)"를 바로 '두 개'라 풀었다. 보통 한 기둥에 주추가 하나인데, 두 개를 사용하니 그 기둥이나 건물이 '長高'한 것이겠다.

304) "바람을 머금다(含風)"라는 것은 결국 '바람이 스쳐 지나가며, 그 향기를 퍼뜨린다'는 뜻이겠다(물론 巽은 '바람'이 된다). "향기를 안다", 즉 "知氣"는 '知臭'이며, 결국 그 '냄새를 맡다(嗅)'는 뜻이다.

305) 현행 이정조(李鼎祚)의 『周易集解』에는 "爲'宣'髮"이라 나온다.

306) "과(寡)"를 "선(宣)"이라 보는 것은 두 사람이 동일하지만, 우번(虞翻)은 '宣髮'을 '머리카락이 희끗희끗 반백이 되었다'는 뜻으로 보는 것이고, 마융(馬融)은 '털이 적은 것' 또는 '대머리'라는 것이다(虞翻은 명시적으로 이런 馬融의 說이 틀렸다고 했다). 한편 毛奇齡의 『仲氏易』, 李鼎祚의 『周易集解』, 陸德明의 『經典釋文』 등의 해당 부분에 이런 說이 언급되는데, 茶山이 그 글을 다소 변형하여 인용한 것이다. 예컨대 "黑白雜爲宣"이라는 구절은, 虞翻이 이런 뜻으로 본 것은 분명하지만, 이상의 어느 책에서도 '虞翻의 말'이라고는 하지 않았다.

307) "반구(半矩)"는 그 注에 또한 "尺三寸三分寸之一"이라 하였으니, 어떤 길이를 말함

이다. ≪두보(杜甫)의 詩에 "과학오일향(寡鶴誤一響)"이라 했는데,[308] 어떤 판본에는 ["과학(寡鶴)"을] "선학(宣鶴)"이라 하였다.[309]≫ 대저 震과 巽은 모두 '풀'인데, 巽은 단지 하나의 '陰--'만 있으므로 "숱이 적은 모발(寡髮)"이라 하는 것이다.[310] ≪정강성(鄭康成)은 인체에 있어 모발은 大地의 여린 풀들과 같다고 하였다.[311]≫

이 분명한데 그 前後 문맥이 이해되지 않아 자세한 것은 未詳이다. 참고로 그 前後의 注를 보면, "'矩', 法也. 所法者, 人也. 人長八尺, 而大節三頭也. …… 以三通率之, 則矩二尺六寸三分寸之二. …… '半矩'尺三寸三分寸之一, 人頭之長也. 柯欘之木, 頭取名焉"이라 하였다. 한편 여기 茶山이나 毛奇齡의 『仲氏易』에는 "頭髮'頹落'曰宣"이라 인용했지만, 黃侃이 經文을 句讀한 『周禮注疏』에 보면 "頭髮'皓落'曰宣"이라 나온다(이 "퇴락(頹落)"과 "호락(皓落)"의 문제는 아래서 再論된다).

308) 과학오일향(寡鶴誤一響) : "외로운 학(鶴) 그림 속 학(鶴)을 보고 울음을 울었더니라"의 뜻이다. 두보(杜甫)의 所謂 八哀詩 중 第7詩인 「故著作郎貶台州司戶滎陽鄭公虔」이라는 詩에 나오는 句이다. 즉,

昔獻書畫圖	以前에 글씨와 그림을 獻上함에
新詩亦俱往	새로 지은 詩 또한 함께 갔었네.
滄洲動玉陛	창주(滄洲)의 그림이 궁궐(宮闕)을 떠들썩하게 했으니,
寡鶴誤一響	외로운 학(鶴) 그림 속 학(鶴)을 보고 울음을 울었더니라.
三絶自御題	정건삼절(鄭虔三絶)이라고 어제(御題)를 받은 뒤부터,
四方尤所仰	온 세상이 더욱 崇仰하는 바였었네

—『杜少陵詩集』 卷16

이 詩는 杜甫의 친구 정건(鄭虔)의 죽음을 애도하는 詩이다. 정건(鄭虔)은 당나라의 문신으로서, 현종 때 廣文博士가 되었으며, 書畫와 詩를 잘하여, 현종으로부터 정건삼절(鄭虔三絶)이라 칭찬을 받았다. 『杜詩詳注』의 朱注에 "玉階之上, 展其滄洲圖畫, 而寡鶴誤爲發響, 形容繪事之逼眞也"라고 함(南潤秀, 『漢文學論集』 卷1 「杜甫八哀詩探討」, 근역한문학회, 1983, 102면).

309) 이 역시 "과(寡)"와 "선(宣)"이 통용된 사례를 제시한 것이다.

310) 물론 震은 무성한 것이니, 앞서 나온 "번선(蕃鮮)"과 통하는 것이기도 하다.

311) 鄭康成의 말 역시 『周禮』 「考工記」의 "車人之事"의 注疏에 나오는 말이다. 한편 이상에서 茶山은 결국 마융(馬融)의 說을 지지하는 것으로 보이는데, 앞서 언급한 "퇴락(頹落)"과 "호락(皓落)"의 문제와 연관하여 다시 한번 생각해 보면, 茶山이 우번(虞翻)과 마융(馬融)의 說 중에 어느 하나를 지지하는 것이 아니라, 이 둘을 같이 결부지어 "과발(寡髮)"을 설명한 것으로도 여겨진다. 즉 馬融의 說을 우번(虞翻)이 분명히 틀린 것이라 하고 있음에도 茶山은 오히려 이 兩者 모두를 가지고 "寡髮"을 설명한 것으로 보인다는 것이다. 「考工記」 注는 판본에 따라 "퇴락(頹落)"과 "호락(皓落)"이라 다르게 나오는 셈인데, 後者의 경우는 '머리털이 희게 세면서 빠진다'는 뜻이니 말할 것도 없고, 前者의 경우에도 상식적인 측면에서 "퇴락(頹落)"이라 하면 머리털이 '희게 되는

上大下小 ≪陰曰 小≫ 其面廣顙也[312] 黑掩在下 ≪陰爲黑≫ 其眼多白也 ≪何氏訂詁云 离目 上下白而黑居中 巽目 黑掩在下 是 白多也≫ 本只一陰 末得二陽 參天兩地 其利三倍也 ≪參天兩地 則本二而末六也≫ 躁者 坤之象也[313]

[巽은] 상부가 크고 하부가 작으니 ≪陰--을 '小'라고 한다≫ 그 얼굴에 있어 이마가 넓은 것이다. 검은 것이 아래에 숨겨져 있으니 ≪陰--은 흑색이 된다.≫ 그 눈에 있어서는 흰자위가 많은 것이다. ≪하해(何楷)[314]의 『고주역정고(古周易訂詁)』에 "离의 눈은 상하가 희고, 검은 눈동자가 가운데 자리한 것인데, 巽의 눈은 검은 눈동자가 아래에 숨겨져 있으니, 이것이 흰자위가 많은 것이다"고 하였다.[315]≫ [巽은] 뿌리는 단지 하나의 '陰--'인데, [그 뻗어난] 가지는

것'과 '빠지는 것'을 포괄하는 말이라 할 것이니, 이렇게 그 注를 이해한다면 오히려 우번(虞翻)의 說이 일면의 타당성은 가지는 것으로 되며, 결국 그 注의 인용이 우번(虞翻)의 說을 반박하기 위한 것이 아니라, 兩者의 說이 모두 나름의 근거가 있음을, 또는 서로 연관됨을 보이고자 하는 것이 된다. 물론 "寡髮"이라는 말에 '희게 센다'는 뜻이 표면적으로 나타나는 것은 아니고, 바로 위의 괘획(卦畫)에 따른 茶山의 설명도 그 많고 적음을 지목한 것이니, 馬融의 說을 보다 지지한 것은 분명하다 할 것이지만, 다만 巽은 '백색'이 되고 "宣"이 '皓落'의 뜻이라고도 하니, "考工記" 이후의 茶山의 말이 우번(虞翻)의 說을 완전히 배척한 것은 아닐 수 있다는 것이다. 인용된 周禮注나 杜詩를 완전히 파악하지도 못한 상태에서 이런 논의는 贅言에 불과할 수도 있지만, 이런 점이 있는 것만은 분명하니 다소 장황하지만 그를 지적해 보았다.

312) [校閱] "廣'顙'"이 奎章本에는 "廣'額'"이라 나오는데, 뜻은 다름이 없으니 誤字라 볼 것은 아니겠다.

313) [校閱] "躁者, 坤之象也"가 奎章本에는 "躁者, 風之性也 ≪雷亦躁≫"라고 나오는데, 이는 '巽' 자체로 "躁"를 설명한 것이다("雷亦躁"는 震이 "決'躁'"가 된다 한 것에 따른 말이겠다). 물론 新朝本과 國中本이 올바른 것이며, 奎章本은 미쳐 수정하지 않은 상태의 것으로 보이는데, 이런 수정을 언제 누가 했는지는 未詳으로, 新朝本을 간행하면서 정인보·안재홍 등이 했다고 볼 수도 있겠지만, 아마도 茶山이나 그 當代에 수정한 것이라 보는 것이 합당할 것이다.

314) 하해(何楷): 明末 淸初의 經學家. 『古周易訂詁』라는 저서가 있다. 字가 '元子', 號는 黃如인데(伍華 主編, 『周易大辭典』, 中山大學出版社, 1993, 860면), 다산은 何玄子라고 인용하기도 한다. 저서로는 『古周易訂詁』(16권)·『詩經世本古義』 등이 있다(伍華 主編, 같은 책, 917면). 『四庫全書總目提要』에 『古周易訂詁』의 提要가 나온다.

315) 하해(何楷)의 『古周易訂詁』의 해당 부분에 문장이 다소 틀리지만 이런 내용이 확인된다. 茶山이 그 내용을 축약하고 말을 다소 바꾸어 인용한 것이다.

두 개의 '陽一'을 얻은 것으로, 3은 天數를 대표하고 2는 地數를 대표하니, 그 이익이 세 배인 것이다. ≪"삼천양지(參天兩地)"이니, 본래는 '2'인데 그 끝[에 수입]은 '6'인 것이다.[316]≫ [巽이 "궁극적으로 조급함을 뜻하는 卦가 된다"고 했는데] 그 "조급함"은 坤의 象이다.[317]

○虞翻 李鼎祚本 臭作嗅 ≪形誤也≫ 鄭玄本 廣作黃

○우번(虞翻)과 이정조(李鼎祚)의 책에는 "취(臭)"를 ['냄새를 맡다'는 뜻의] "후(嗅)"라고 하였다.[318] ≪字形이 비슷함에 따른 착오이다.≫ 정현(鄭玄)의 책에는 ["광상(廣顙)"의] "廣"을 "황(黃)"이라 하였다.

[荀九家] 巽爲楊 虞氏曰 巽爲杞 爲白茅 爲包 爲號 爲命 ≪又爲處 爲舞≫

[荀九家] 巽은 버드나무가 된다. 우번(虞翻)이 말하기를, 巽은 구기자나무가 되고,[319] 흰 띠풀이 되고, 꾸러미가 되고,[320] 호령하는 것이 되고,[321] 명령이 된다. ≪또한 거처하는 것이 되고[322] 춤추는 것이 된다.≫

---

316) 이를테면 투자한 본전(本錢)은 2원인데 그 끝에 수입은 6원이 되어 이익이 세 배로 되는 것이다. '陰--'은 '兩地'인데 '巽'에는 그것이 하나 밑바닥에 깔려 있으니 본전이 '2'(즉 2×1)인 것이고, '陽一'은 '參天'인데 그것이 위에 둘이므로 결국 수입이 '6'(즉 3×2)이 되는 것이다.

317) 앞서 震의 "其究爲健"을 설명하면서, 茶山은 '巽究爲坤, 故其究爲躁'라고 하였다.

318) 毛奇齡도 『仲氏易』의 해당 부분에서 이런 언급을 하였는데, 李鼎祚의 『周易集解』의 어떤 판본에는 그냥 "臭"로 나오기도 한다.

319) "杞"에도 '버드나무'라는 뜻이 있지만, 앞서 이미 '楊'이 나왔으므로 여기서는 '구기자나무'로 보았다.

320) 이 "包"는 '감싸다', '포장하다', '선물', '예물', '뇌물'의 뜻으로 될 수 있다.

321) 아래 茶山의 설명에 "號"는 '敎令'과 '號叫'라는 두 가지 뜻을 가진다고 했거니와, 여기서는 간명하게 '호령하다'고 풀었다.

322) '거처', '처신', '처신하다' 등으로 풀 수도 있겠는데, 이미 茶山이 인정하지 않는 卦德이니, 譯者의 附言 또한 贅言이다.

○巽 柔木也 爲楊 爲杞 其性 撓也 ≪大過 姤≫ 泰以巽爲茅 否以震爲茅 ≪見本卦≫ 其云 白茅者 據大過也 以繩束茅 其象 苞苴也 ≪詩所云 白茅包之≫ 號有二義 一是教令 ≪此 去聲≫ 一是呼叫[323) ≪此 平聲≫ 故 或兌或巽 俱可爲號[324) ≪兌爲口≫ 巽者 兌口之向下者也 ≪有俯諭之象≫ 故其象爲命令

○巽은 부드러운 성질을 가진 나무인데, 버드나무가 되고 구기자나무가 되는 것은 그 성질이 [부드러워] 잘 휘어지기 때문이다. ≪大過卦와 姤卦에 이런 사례가 나온다.325)≫ 泰卦에서 巽을 '띠풀'이라고 하고, 否卦에서는 震을 '띠풀'이라고 하였거니와 ≪각각 해당 괘에 나온다.326)≫ 우번(虞翻)이 巽을 "흰 띠풀"이라 말한 것은 大過卦의 사례에 의거한 것이다.327) 줄(繩)로 띠 풀을 엮어 묶으니, 그 象이 선물 꾸러미이다. ≪즉 『詩經』「國風」「召南」「야유사균(野有死麕)」에 "흰 띠풀로 그것을 [정성껏 잘] 싸다"라고 한 것이다.328)≫ "호(號)"에는 두 가지 뜻이 있으니, 하나는 [명사적으로 제후나 왕의 명령인] '교령(教令)'이고 ≪이는 거성(去聲)이다≫ 다른 하나는 [동사적으로] '외치다', '부르다'라는 뜻이다. ≪이는 평성(平聲)이다.≫ 그러므로 兌이거나 巽이거나 모두 "호(號)"가 될 수 있는 것이다. ≪兌는 '입'이 된다.≫

---

323) [校閱] "叫"가 奎章本에는 '叫'字로 나오는데 俗字이다.
324) [校閱] "號"가 奎章本에는 "号"로 나온다.
325) 大過卦 九二에 "枯楊生稊", 大過卦 九五에 "枯楊生華"라 하였으며, 姤卦 九五에 "以'杞'包瓜"라 하였다. (여기 "杞"는 '버드나무'의 뜻으로 쓰임.) 한편 巽이 '柔木'이라면 그 變易 관계인 震은 '剛木'이다.
326) 泰卦 初九와 否卦 初九에 같이 "拔'茅'茹"라고 했는데, 茶山은 前者는 "'震草'之拔, '巽草'連起"라 하고, 後者는 "'巽草'之拔, '震草'連起"라 설명하였다.
327) 大過卦 初六에 "藉用'白茅'"라 했는데, 결국 虞翻이 巽을 바로 "白茅"라 한 것은 다소 무리한 말이라는 뜻이다.
328) '줄(繩)'도 앞서 나왔듯이 巽의 象이다. '포저(苞苴)'는 결국 선물·예물·뇌물이라는 뜻인데, 그 '苞'는 '包'와 통한다. 옛날에는 선물이나 예물을 '띠풀' 등으로 정성껏 포장한 것이다. 이 詩句는 「國風」「召南」의 '야유사균(野有死麕)'이라는 詩에 나오는데, 들판에 죽은 노루가 있음에 그것을 흰 띠풀로 잘 싸서 마음에 둔 여자에게 선물로 가져다 준다는 것이다.

巽이라는 것은 兌의 입이 아래로 향한 것이니 ≪아랫사람을 굽어살펴 깨우쳐 주는 형국이다.≫ 따라서 그 象이 명령이 된다.

○小畜之云 旣雨旣處 以變坎也 ≪旅九[329]四 亦然≫ 仲翔不知爻變 乃謂之巽爲處 謬矣 ≪舞易詞之所無也≫

旅卦의 兩互作卦

小畜→上九爻變→需　　旅→제4爻變→艮　　大過→제4爻變→井

○小畜卦 上九에 "이미 비가 옴에 [가만히] 거처한다"는 것은 爻變하여 坎이 되기 때문이다. ≪旅卦 九四[의 "旅于處"]도 역시 이와 같다.≫ 虞仲翔은 爻變을 알지 못하여 巽이 '처(處)'가 된다고 하는데 잘못이다. ≪그리고 '무(舞)'字는 易詞에 용례가 없는 것이다.[330]≫

[今補] 巽爲藥 爲載 爲隱伏 爲施 爲主人

[今補] 巽은 약(藥)이 되고,[331] [물건을] 적재하는 것이 되고, 숨어 엎드림이 되고, 베풂이 되고, 주인이 된다.

○本以草木 兼之香臭 其象 藥也 ≪見无妄≫ 陰伏於下 重任在上 其德 載也 ≪義見坤大象≫ 大傳云 巽 稱而隱 ≪乾初九 龍德而隱≫ 雜卦云 巽 伏也 ≪又爲遯 爲潛 爲入≫ 是 隱伏也 乾損其富 以錫其下 ≪向下而損之≫ 是爲施也 古禮 主人坐於東南 ≪見鄕飮酒禮[332]≫

329) [校閱] 奎章本과 國中本에는 "九"로 되어 있으나, 新朝本에는 "几"로 되어 있다. 新朝本의 "几"는 誤記이다.

330) 여기 "易詞"란 爻辭나 卦辭를 말하는 것이다. 다만 「繫辭上傳」에 "鼓之'舞'之, 以盡神"이라는 말이 한 차례 나오기는 하지만(茶山은 생략한 구절), 이를 巽과 연관시켜볼 근거는 없다.

331) '藥草'라 풀 수도 있겠다.

東南者 巽方也 故輔主人者 謂之僎 ≪字從巽≫ 巽者 主人也

○본래 巽은 초목인데 이에 '향취(香臭)'를 겸하였으니 그 象이 "약(藥)"인 것이다. ≪이런 뜻은 无妄卦에 나온다.[333]≫ 陰이 아래에 엎드려 있고 무거운 것이 위에 거듭 얹혀 있으니 그 성격이 "적재하는 것"이다. ≪이런 의미는 坤卦의 「大象傳」에 보인다.[334]≫ 「大傳(계사전)」에 "巽은 알맞게 하되, 숨어서 드러내지 않는다"라고 하였으며 ≪또한 乾卦 初九[의 文言]에 "龍은 德이 있으나 은둔한 자이다"라고 하였다.≫ 「雜卦傳」에서는 "巽은 엎드림이다"고 하였으니 ≪또한 이와 연관하여 '둔(遯)'이 되고, '잠(潛)'이 되며, '입(入)'이 된다.[335]≫ 이것이 "숨어 엎드림"이다.[336] [巽은] 乾이 그 財富를 덜어내어 그 아랫사람들에게 하사한 것이니 ≪아래를 향하여 그 財富를 덜어낸 것≫ 이것이 "베풂"이 되는 것이다.[337]

乾 西北 賓		僎 東北 艮
	北	
西	+	東
	南	
坤 西南 介		主人 東南 巽

古禮에 주인은 동남쪽에 坐定하는데 ≪『儀禮』「鄕飮酒禮」에 나온다≫ 동남쪽은 巽의 방위이다. 그러므로 [주인과 손님이 상견함에] 주인을 보좌하는 사람을 "준(僎)"이라 하는 것이며 ≪"준(僎)"은 글자가 '손(巽)'에 근거하여 있다.[338]≫ 巽이 주인인 것이다.

---

332) [校閱] 新朝本에 '鄕'字가 '鄭'字로 나오는데 誤植이겠다.

333) 无妄卦 九五에 "勿藥有喜"라 하였다.

334) 巽은 아래가 '陰--'인데 그 위로 두 개의 '陽−'이니, 무거운 것이 거듭 위에 얹혀 있는 형국인 것이다. 「大象傳」에 "地勢坤, 君子以, 厚德'載'物"이라 하였다.

335) 이는 꼭 「雜卦傳」과 연관해서 하는 말이 아니라, 易例가 그러하다는 것이다.

336) 「說卦傳」 原文에 따르면 坎이 "隱伏"이다.

337) 乾의 맨아래 양획(陽畫)을 덜어내면 巽이 되는 셈이라 이렇게 말하는 것이다.

338) "준(僎)"은 "鄕飮助主人者"라 하는데, 이에 상응하여 손님을 보좌하는 사람을 "개(介)"라 한다.

<table>
<tr><td rowspan="5">巽卦</td><td>傳文</td><td>① 木, ② 風, ③ 長女, ④ 繩直, ⑤ 工, ⑥ 白, ⑦ 長, ⑧ 高, ⑨ 進退, ⑩ 不果, ⑪ [香]臭, ⑫ [於人]寡髮, ⑬ [於人]廣顙, ⑭ [於人]多白眼, ⑮ 近利市三倍, ⑯ [其究]躁卦.</td></tr>
<tr><td>荀九家</td><td>① 楊.</td></tr>
<tr><td>虞翻</td><td>① 杞, ② 包, ③ 號, ④ 命.</td></tr>
<tr><td>今補</td><td>① 藥, ② 載, ③ 隱伏(遯, 潛, 入), ④ 施, ⑤ 主人.</td></tr>
<tr><td>其他</td><td>① 柔木, ② 天命, ③ 利, ④ 三倍, ⑤ 撓, ⑥ 潔白, ⑦ 讓, ⑧ 目, ⑨ 魚, ⑩ 蠱, ⑪ 密雲, ⑫ 楫, ⑬ 草, ⑭ 豶豕, ⑮ 牛, ⑯ 邪.</td></tr>
</table>

〔原文〕 坎爲水 爲溝瀆 爲隱伏 爲矯輮[339] 爲弓輪 其於人也 爲加憂 爲心病 爲耳痛 爲血卦 爲赤 其於馬也 爲美脊 爲亟心 爲下首 爲薄蹄 爲曳 其於輿也 爲多眚 爲通 爲月 爲盜 其於木也 爲堅多心

坎은 물이 되고, 봇도랑이 되고, 숨어 엎드림[340]이 되고, 굽은 것을 바로 잡음이 되고,[341] 활과 수레바퀴가 된다. 이는 사람에 있어서는 근심이 더해지는 것이 되고, 심장병이 되고, 귀가 아픈 것이 되고, 피를 상징하는 괘가 되며, 붉은 색이 된다.[342]

坎은 말(馬)에 있어서는 등골이 아름다운 말이 되고,[343] 성격이 안정된 말이 되고,[344] 머리를 아래로 [자주] 떨구는 말이 되고,[345] 발굽이 얇은

339) [校閱] 新朝本과 國中本에는 "'撟'輮"라고 나오는데, 여기서는 奎章本을 따라 "'矯'輮"로 한다.

340) 앞서 巽의 今補에서도 巽이 "隱伏"이 된다고 하였다.

341) 이정조(李鼎祚)의 『周易集解』에 보면 송충(宋衷)이 "曲者更直, 爲矯, 直者更曲, 爲輮"라고 하였으니, "교유(矯輮)"에는 동시에 '휘다', '주물러서 굽히다'는 뜻을 포함하는 셈이다. 또한 이는 '수레바퀴의 고임나무를 바로 잡는다'는 뜻도 있다고 한다.

342) 여기 "赤"은 "其於人也"와는 무관한 것으로 보아야 할 것이다. 다만 바로 앞서 "血卦"라 말했으니 또한 이어서 이를 말한 것이겠다.

343) 이 "미척(美脊)"은 결국 '등줄기가 미끈하게 빠진 훌륭한 말'이라는 뜻이다.

344) "극(亟)"에는 '빠르다', '성급하다'는 뜻이 있어, 일반적으로 이를 '성질이 급한 말'이라 풀이하는데, 아래 설명을 보면 茶山은 荀爽의 說을 인용하며 '亟心'을 '極心'이라 하고, 이를 결국 '中心'이란 뜻으로 보고 있다. 즉 일반적인 해석과는 반대로 풀고 있는 것이다.

말이 되고, 고달프게 [마차나 수레를] 끄는 말이 된다.[346] 수레에 있어서는 고장이 잦은 것이 된다.[347] 두루 통함이 되고, 달(月)이 되고, 도적이 된다. 나무에 있어서는 단단하고 심이 많은 것이 된다.[348]

溝瀆者 田水也 故坎亦爲田 ≪說見下≫ 隱伏者 陽隱在中也 矯輮者 揉其上下 而歸於中直也 爲弓者 中銜一矢也 爲輪者 象水之行地也 ≪古詩云 車如流水≫ 爲憂爲病者 中有梗也 爲血者 血之流行 如水也 爲赤者 得乾之中陽也 ≪吳澄云≫

[봇도랑을 뜻하는] "구독(溝瀆)"이라는 것은 [결국] 경지(耕地)의 물이다. 그러므로 坎도 역시 밭(田)이 된다. ≪이에 대한 설명은 아래에 나온다.[349]≫ "은복(隱伏)"이라는 것은 坎에서 '陽⚊'이 ['陰⚋'의] 가운데 숨어 있기 때문이다. ['굽은 것을 바로 잡다'는 뜻의] "교유(矯輮)"는 [坎이] 그 위아래를 주물러 펴서 '가운데 바른 것'에 귀착시키는 것[과 유사한 형국]이기 때문이다.[350] "활이 된다"는 것은 [坎이] 가운데에 '화살' 하나를 걸어 두

345) 아마도 이런 말(馬)은 좋은 말(馬)이 아닐 것이다. "하수(下首)", 즉 '머리를 떨군다'는 것은 확실치는 않으나 말의 나쁜 습관을 의미하는 것으로 보이는데, 그런 나쁜 버릇을 가진 말은 당연히 良馬가 못되는 것이겠나.

346) "예(曳)"에 대해 아래 茶山은 "流水之象"이라 했지만 역시 무슨 뜻인지 확실치는 않다. 다만 나름대로는 이런 뜻에 맞추어 본다고 위와 같이 풀었다. 아래 再論한다. 혹 '끌려다니는 말', '끌려가는 말' 정도로 풀 수 있을지도 모르겠다.

347) 여기 "다생(多眚)"을 '사고가 많은 것', '사고를 많이 당한 것', '재앙이 많은 것' 정도로 풀 수도 있겠다.

348) 이 "堅多心"에 대해서는 아래에 茶山의 설명이 나오지 않거니와, 기존의 번역서들을 참조하여 위와 같이 풀었다. 한편 여기 "心"을 "심재(心材)", 즉 나무의 목질부(木質部)의 내층(內層)을 말한다고 보면, "堅多心"이란 결국 '단단하고 心材가 많은 나무'라는 뜻으로 긍정적인 함의를 가진다. 반면 "심(心)"을 옹이나 생채기 등으로 인해 다른 부분보다 더 단단해진 목질부를 말하는 것으로 본다면, 이는 결국 '단단하기는 하지만 그런 쓸모 없는 부분이 많다'라는 다소 부정적 함의를 띠게 된다. 아마도 이 物象은 易詞의 구체적인 문맥에 따라 달리 이해되어야 할 것 같다.

349) "坎水"에 "溝瀆"이니 결국 坎이 '田'이 된다는 것으로, 이상은 "溝瀆"에 대한 설명과 아울러 '田'이 됨을 말한 것이다. 아래 설명이 나온다는 것은 이후 '今補'의 설명을 말한다.

고 있[는 모양이]기 때문이다.[351] "수레바퀴가 된다"는 것은 물이 땅 위를 흐르는 것을 상징하는 것이다. ≪옛 詩에 '수레는 흐르는 물과 같다'고 하였다.≫ "근심이 [더해짐이] 되고, [심장의] 질병이 된다"는 것은 속에 막힌 것이 있기 때문이다.[352] "피(血)"가 된다는 것은 피가 흐르는 것이 물과 같기 때문이다. 붉은 색이 된다는 것은 [坎이 '大赤'을 뜻하는] 乾의 가운데 陽을 얻은 것이기 때문이다. ≪吳澄이 이렇게 말했다.[353]≫

○美脊者 中剛也 ≪坎北方於身爲脊≫ 亟心者 中正也 ≪荀爽本作極心 ○荀云 極中也≫ 下首者 水行之象也 薄蹄者 四點皆小也 ≪二陰爲四點≫ 曳 亦流水之象也 目疾爲眚 反於离則多眚也 上下無壅 於道爲通也 隱而內險 其象爲盜也

○"등골이 아름답다"는 것은 坎의 가운데 강획(剛畫)이기 때문이다. ≪坎은 북쪽이니, 신체에 있어 [뒤에 있는, 즉 북쪽에 해당하는] 등뼈가 된다.≫ "극심(亟心)"이란 [즉 '안정된 성격을 가진 말'이란, 坎이] 가운데가 바르기 때문이다. ≪순상(荀爽)의 책에는 "極心"이라 나온다. ○순상(荀爽)은 그 '극(極)'이 '중(中)'이라 하였다.≫ "머리를 아래로 떨군다"는 것은 물이 [낮은 데로] 흘러가는 모양과 연관된 것이다. "얇은 발굽"이라는 것은 [坎의 위아래] 네 개의 점(點)이 모두 작기 때문이다. ≪위아래 두 개의 陰이 네 개의 點이 된다.≫ ['수레 같은 것을 고달프게 끄는 말'이 된다고 했는데] "끈다"는 것도 역시 흐르는 물의 상징인 것이다.[354] 눈병이 "생(眚)"인데, [坎은

---

350) 坎에서 위아래는 '陰--'으로 휘어 있는 셈이며, 가운데는 '陽—'이니 '中直', 즉 '치우치지 않고 바름'인 것이다.

351) 화살이란 물론 '坎'의 가운데 '—'을 말한다.

352) '속에 막힌 것이 있다(中有梗)'는 것은 '坎'의 가운데 '—'을 말한다. 이는 물론 "爲加憂, 爲心病"에 대한 설명이다.

353) 吳澄의 『역찬언(易纂言)』에 "爲赤, 得乾中畫之陽, 故與乾同色"이라 하였다. 앞서 乾은 "大赤"이라 하였다.

354) 이정조(李鼎祚)의 『周易集解』에 "宋衷曰, 水摩地而行, 故曳"라고 하였는데, 茶山의 "流水之象"이란 말도 아마 이와 연관된 것으로 보인다. 즉 물이 흘러가면서 흙이나 돌

눈을 상징하는] 离와 반대되니 ['눈병이 잦다'는 뜻의] "다생(多眚)"인 것이다.[355] [坎은] 위아래가 막힘이 없으니 길에 있어 "두루 통함"이 되는 것이다.[356] [坎은] 숨어 있으면서 안으로 [마음이] 음험하니 그 象이 도적이 된다.

○ 京房本 輮作柔 ≪荀爽本 作橈 宋衷 王廙本 作楺 又一本 矯作橋 此形誤≫ 姚信本 輪作倫 ≪皆 形聲之誤也≫

○경방(京房)의 책에는 ["교유(矯輮)"의] "輮"가 '柔'字로 나온다. ≪순상(荀爽)의 책에는 '뇨(橈)'로 되어 있고, 송충(宋衷)과 왕이(王廙)의 책에는 '유(楺)'로 되어 있다.[357] 또 어떤 책에는 "교(矯)"가 "교(橋)"로 되어 있는데, 이는 字形[이 유사함]에 따른 誤認이다.≫ 요신(姚信)의 책에는 ["弓輪"의] "輪"이 '倫'字로 나온다. ≪이런 것들은 모두 字形과 발음이 유사한데 따른 착오이다.≫

[荀九家] 坎爲宮 爲律 爲志 ≪又爲棟 爲叢棘 爲蒺藜 爲桎梏≫ 虞氏曰 坎爲酒 爲疑 ≪又爲孚 爲蹇 干寶易[358] 又爲[359]夜≫

[荀九家] 坎은 궁실(宮室)이 되고,[360] 법률이 되고, 意志가 된다.[361]

을 휩쓸어 가는 것을 '끌고 간다'고 보고, 나아가 '말이 수레를 끈다'는 것에 類比한 것이겠다. 혹은 물이 쭉 이어져 흘러가듯이 말들이 무리를 지어 달림에, 선두가 있고 그 뒤를 따라 다른 말들이 쭉 이어져 달려가는 모양을 말한 것인지도 모르겠다(물론 이 경우에 여기 "예(曳)"를 달리 해석해야 한다).

355) "다생(多眚)"의 원래의 뜻을 풀이한 것으로, 이는 결국 '많은 허물(또는 '허물이 많다'), '많은 재앙'(또는 '재앙이 많다')이라는 뜻인데, 이를 수레와 연관해 보면 결국 고장이나 사고가 잦은 것이 된다. 그리고 离와 坎은 '變易'이라는 측면에서 相反된다.

356) '위아래가 막힘이 없다'는 것은 그 上下의 '陰--'을 두고 하는 말이다. "於道"라는 말은 「說卦傳」 원문에 없는 말을 茶山이 부연하는 측면에서 넣은 것이다.

357) 毛奇齡의 『仲氏易』, 何楷의 『古周易訂詁』 등에도 이런 말이 나오는데, 陸德明의 『經典釋文』 등에는 "楺"(木+柔)가 아니라, "揉"(扌+柔)라 했다고 나온다.

358) [校閱] "干(간)"이 奎章本이나 新朝本 모두에 "于(우)"로 보이는데 그렇다면 誤字이다. 간보(干寶)는 字는 令升으로 東晉 사람인데, 320년 전후에 활동한 학자이다.

359) [校閱] "又爲"의 부분이 新朝本에는 보이지 않는다.

360) "宮" 또는 "宮室"이라 해서 꼭 '궁전'을 말하는 것은 아니고, 여기서는 오히려 일반

≪또한 용마루가 되고, 빽빽한 가시나무가 되고, 납가새가 되고,[362] 족쇄와 수갑이 된다.≫ 우번(虞翻)은 坎이 술(酒)이 되고, 의심이 된다고 한다. ≪또한 신뢰가 되고, 다리를 저는 것이 된다고 하였다. 간보(干寶)의 易傳에는 또한 밤(夜)이 된다고 하였다.≫

○物之所歸 有甍有翼 ≪中剛如屋脊≫ 其象 宮也 中正內直 是法律也 大過 以巽爲棟 大壯 以震爲棟 坎之爲棟 未有據也 易詞取象 多兼二卦 坎雖險矣 不兼巽木 不得爲叢棘 ≪坎上六 ○叢棘 險木也[363]≫ 不兼巽草 不得爲蒺藜 ≪困六三 ○蒺藜 險草也≫ 不兼震艮 不得爲桎梏 ≪蒙初六 ○桎梏 刑法之木也≫ 專屬一卦 謬甚矣

○만물이 되돌아가는 곳으로 용마루가 있고 처마가 있으니 ≪坎의 가운데 '剛ㅡ'은 가옥의 용마루와 같은 셈이다.[364]≫ 그 象이 궁실(宮室)이 된다. [坎은] 어느 한 곳으로 치우침이 없이 방정하고 안이 강직한 것이니[365] 이것이 법률이다. 大過卦에서는 巽을 용마루로 보았고 [「계사전(繫辭傳)」에 언급된] 大壯卦에서는 震을 용마루로 보았거니와,[366] 坎이 용마루가 된다는 것은 [『周易』의 원문에] 근거가 없다. 易詞에서 象을 취하는 것은

적인 가옥을 뜻한다.

361) 여기 "志"를 '의지가 강함' 정도로 풀 수도 있겠다.

362) "질려(蒺藜)", 즉 '납가새'는 바닷가의 모래땅에 나는데, 뿌리와 씨를 약으로 쓴다고 한다. 그 열매는 껍질이 단단하고 가시와 털이 있다. 그래서 아래에 茶山이 "險草"라 하는 것이겠다. 이를 나누어 '납가새(蒺)'와 '명아주(藜)'라 풀 수도 있겠다.

363) [校閱] 奎章本과 國中本에는 "險木", 新朝本에는 "險本"으로 나오는데, 後者도 뜻이 통하기는 하지만 이후 "險草"라는 말을 볼 때 前者가 바르다고 보아 그것을 따른다.

364) 上下의 '陰--'은 '처마(翼)'가 되는 것이겠다.

365) "中正"은 坎 전체의 모양이 치우침이 없이 방정한 것을 두고 하는 말이겠고, "內直"은 그 안의 '陽ㅡ'을 두고 하는 말이겠다. 물론 "中正"과 "內直"을 단순한 동어반복으로 볼 수도 있겠으며, '中正이니 內直이다'는 식으로 볼 수도 있겠다.

366) 大過卦의 卦辭, 九三, 九四에 "棟"이 언급된다. 大壯卦의 경우는 그 자체에 이런 용례가 나오는 것은 아니고, 「繫辭傳」의 器物制作과 연관된 구절에 이런 사례가 나온다(즉 "上古穴居" 운운한 부분).

흔히 두 개 卦를 겸하거니와, 坎이 비록 험악함이 되지만, 巽의 나무를 겸하지 않으면, 가시나무가 되지 못하며 ≪坎卦 上六이 이런 사례이다.367) ○ 가시나무는 험악한 나무이다368)≫ 또한 巽의 풀을 겸하지 않으면 납가새가 되지 못하며, ≪困卦 六三이 이런 경우이다.369) ○납가새는 험악한 풀이다≫ [坎이 각각 다리와 손을 상징하는] 震이나 艮을 겸하지 못하면 "질곡(桎梏)"이 될 수가 없으니 ≪蒙卦 初六이 이런 사례이다.370) ○"질곡(桎梏)"은 형법(刑法)의 [집행을 뜻하는] 나무이다≫ [따라서 이런 象들을] 오직 하나의 卦에 소속시킴은 잘못이 심한 것이다.371)

○孚者 信也 天下之最相反者 疑與信也 既云 爲疑 又何爲孚 有是理哉 中孚者 大离也 通體無坎 又何爲孚也 ≪凡人心志中虛則相孚 中有物梗之則相疑≫ 需曰 有孚 訟曰 有孚 然猶坎离俱存也 觀曰 有孚 損曰 有孚 若是者 通體上下 不見坎形 又何爲孚也 習坎之云 有孚 正以虛中 ≪二五夾≫ 坎何嘗有孚哉 ≪坎爲蹇益謬372)≫

○"부(孚)"라는 것은 믿음이다. 천하에 가장 상반되는 것이 의심[하는 것]과 믿음이다. 坎[의 성격]이 이미 의심함이 된다고 하였으니, 또한 어

367) 坎卦 上六에 "치우총극(寘于叢棘)"이라 하였다. 그런데 그 설명을 보면 실제로는 "震木"(坎卦 上六의 之卦인 渙의 2·3·4가 震이다)으로 풀고 있다. 아마 어느 하나에 얽매이지 말고 융통성 있게 象을 살펴보라고 이렇게 말하는 것이겠다(渙의 上卦가 巽이다).

368) 여기 "험목(險木)"을 '험악하게 자라는 나무', '험한 곳에서 자라는 나무' 등으로 풀 수도 있겠다. 아래 "험초(險草)"도 마찬가지이다.

369) 困卦 六三에 "거우질려(據于蒺藜)"라 했는데, 이를 茶山은 "震草"로 설명하고 있다. 역시 다양하게 象을 포착할 수 있음을 보이고자 이렇게 말하는 것이겠다.

370) 蒙卦 初六에 "用說桎梏"이라 했는데, 결국 '坎法－坎險'에 '震木－巽木', '震足－艮手'가 결합되어 수갑(梏)과 족쇄(桎)라는 象이 나오는 것이다.

371) 여기 "卦"는 물론 八卦(三畫卦)를 말하는 것이다. 이상은 "총극(叢棘)", "질려(蒺藜)", "질곡(桎梏)"에 대한 反論이다.

372) [校閱] 新朝本에는 "益'謨'"라 나오는데, '더욱 속이다' 정도로 보면 말이 안 되는 것은 아니지만, 여기서는 奎章本과 國中本을 따라 "益'謬'"라 한다.

떻게 신뢰가 될 수 있겠는가? 이럴 까닭이 있겠는가?

中孚　　离

중부괘(中孚卦)는 큰 离이며 전체를 통틀어 [어떻게 보아도] 坎이 없으니, [坎을 "부(孚)"라고 한다면] 또한 어떻게 "부(孚)"라고 [이름]하겠는가? ≪대저 사람의 마음과 뜻이 허심탄회하면 서로 신뢰하게 되고, 그 속에 어떤 것이 끼여들어 가로막고 있으면 서로 의심하게 된다.[373]≫ 수괘(需卦)에서 "有孚"라고 하고, 訟卦에서 "有孚"라고 하였는데 이런 경우는 비록 坎과 离가 모두 있다고 해도,[374] 觀卦에서 "有孚"라고 하고 損卦에서도 "有孚"라고 하였는데[375] 이런 경우에는 전체를 통틀어 위와 아래에 구체적인 坎의 형태가 나타나지 않으니 또한 어떻게 "부(孚)"가 된다는 것인가? 습감괘(習坎卦)에서 "有孚"라고 하는 것은[376] 곧 가운데가 ['陰--'으로] 비어 있기 때문이지, ≪그 2·3·4·5位를 협착하면 '☲'이다≫ 坎이 어찌 "부(孚)"인 경우가 있겠는가? ≪坎이 '다리를 저는 것'이 된다는 함은 더욱 오류이다.[377]≫

○日在地上 旣以爲晝 ≪晉之象≫ 則日在地下 方可爲夜 徒坎豈足以爲夜哉 ≪唯下卦位离 故爲朝晝夕三時 上卦位坎[378] 故占之以夜 此別是

373) "中虛"는 '离'이고 "中有物梗之"는 '坎'이다. 茶山의 말은 결국 '离'가 '孚'라는 것이다.

374) 需卦의 卦辭에 "需, 有孚"라 했고, 訟卦의 卦辭에 "訟, 有孚"라 했다. 각각 上下卦가 坎이며, 需卦의 3·4·5位와 訟卦의 2·3·4位가 离이다.

375) 觀卦의 卦辭에 "觀, 盥而不薦, 有孚"라 하였고(茶山은 제2位와 제5位가 相應하는 것으로 "有孚"를 설명함), 損卦의 卦辭에 "損, 有孚"라 하였다(茶山은 제2位에서 제6位까지의 '大离'에 의거하여 이를 설명함).

376) 習坎의 卦辭에 "習坎, 有孚維心"라 했는데, 茶山은 習坎卦의 2·3·4·5位가 大离가 되는 것에 의거하여 이를 설명하였다.

377) 茶山은 '坎病'에 '震足' 또는 '巽股'가 결합해야 '蹇'이 된다고 본다. 蹇卦의 설명에 자세하다.

378) [校閱] 奎章本에는 "上卦'爲'坎"라고 나오는데, "爲"는 "位"의 誤字이다.

一例 與物象不同≫

○해가 지상에 있어야 낮이 되는 것이라면 ≪진괘(晉卦)의 象이다.[379]≫ 해가 지하에 있어야 비로소 밤(夜)이 될 수 있는 것이다. 겨우 坎만으로 어찌 밤이 될 수 있으리오![380] ≪다만 下卦의 자리는 离이므로 아침, 한낮, 저녁의 삼시(三時)가 되며, 上卦는 자리는 坎이 되니 그것을 야간으로 간주하여 점치는 것이다. 이는 다른 하나의 용례인 것이며, 物象이라는 측면과는 다른 것이다.[381]≫

[今補] 坎爲田 爲石 爲帶 爲膏 ≪又於鳥爲翼≫ 爲敬 爲知 爲幾 爲處 爲亂 ≪又爲衆≫

[今補] 坎은 밭이 되고,[382] 돌이 되고, 허리띠가 되고, 고혈(膏血)이 되고 ≪또한 새에 있어서 날개가 되고≫ 경외함이 되고, 앎이 되고, 기미(幾微)가 되고, 거처함이 되고, 혼란함이 된다. ≪또한 중인(衆人)이 된다.[383]≫

○坤土之中 一道水行 此 田象也 古以田爲畋 ≪所以去田害≫ 故坤坎之象 其占爲畋也 ≪師 恒 解≫ 坎 險也 物之險者 莫如石 ≪險與巖嵒通≫ 故豫之六二 困之六三 以坎爲石也 ≪吳澄云 艮剛在坤土之上 象山頂之小石 坎剛在坤土之中 象平地之大石≫ 坎之中剛 橫于坤腹之中 ≪又得乾衣之中剛≫ 其象 帶也 膏者 雨澤也 血液也 ≪屯與鼎≫ 小過者 大坎也 而有飛鳥之象[384] 盖其中剛爲鳥身 四陰爲鳥翼也 ≪漸

379) 晉卦의 卦辭에 "晝日三接", 「彖傳」에 "明出地上", 「大象傳」에 "明出地上"이라 하였으니, 여기 "象"을 굳이 「大象傳」이라 한정할 필요가 없다. 그 일반적인 象이 그러하다는 것이다.

380) '해'와 '地上', '해'와 '地下'라는 식으로 둘이 결합해야 '밤'이나 '낮'이 된다는 것이다.

381) 이는 이른바 互體 중의 "복체(伏體)"와 연관되는 것이다.

382) 이는 '사냥하다', '밭갈다'는 뜻도 포함된다. 아래 설명이 나온다.

383) 「說卦傳」에는 坤이 "衆"이라 하였다.

384) [校閱] 奎章本과 國中本에는 "…… 飛鳥之象'焉'"이라 나온다. 즉 '焉'字가 더 들어가 있다. 뜻은 다름이 없다.

之云 羽儀 以變坎也 明夷之云 垂其翼 亦以互坎≫

○[坎은] 坤의 토지의 가운데 한 줄기 물이 흐르니, 이는 바로 밭의 형상이다. 고대에는 ['밭' 또는 '농사짓다'는 뜻의] '田'字를 ['사냥하다'는 뜻의] '전(畋)'으로 사용하였으니 ≪[사냥이란 결국] 농사에 해로운 짐승들을 제거하기 위한 것이다.[385]≫ 坤과 坎의 象은 그 占에서 '사냥(畋)'이 되는 것이다. ≪師卦, 恒卦, 解卦에 이런 사례가 나온다.[386]≫ 坎은 '험난함'인데, 사물 중에 험난함이 '돌'만한 것은 없다. ≪"險"은 ['바위'를 뜻하는] "암(巖)"이나 '암(嵒)'字와 통한다.≫ 그러므로 豫卦 六二와 困卦 六三은 모두 坎을 "돌(石)"로 간주하였다.[387] ≪오징(吳澄)이 말하기를, "艮의 '剛—'은 坤의 흙 위에 있는 셈이니 산꼭대기의 작은 암석을 상징하며, 坎의 '剛—'은 坤의 흙 속에 있는 셈이니 평지의 큰 암석을 상징한다"고 하였다.[388]≫ 坎의 가운데 양획(陽畫)이 坤의 복부(腹部)의 가운데를 횡단하[는 셈이]니 ≪또한 坎은 乾의 의복의 中剛을 얻은 셈이니≫ 그 象이 '허리띠'이다. "고(膏)"는 '비가 내려 윤택하게 적시는 것'이며, '血氣가 응축된 진액'이다.[389] ≪"고(膏)"는 屯卦 九五와 鼎卦 九三에 사례가 나온다.[390]≫ 小過卦는 '큰 坎'으로 '날아가는 새'의 象이 있는데, 대개 그 가운데 [두 개의] '剛—'은 새의 몸통이 되고 [위아래] 네 개의 '陰--'은 새의 "날개"가 된다. ≪漸卦 上九에서 "우의(羽儀)"라고 한 것은 변하여 坎

---

385) 원문에는 "古以'田'爲'畋'"으로 나오는데, 전후 문맥으로 보아 "古以'畋'爲'田'"이라 하는 것이 더 자연스러울 것 같기도 하다. 그러나 원문대로 보아도 뜻이 통하지 않는 것은 아니니 굳이 고치지 않는다.

386) 師卦 六五에 "田有禽"이라 했고, 恒卦 九四에 "田无禽"이라 했으며, 解卦 九二에 "田獲三狐"라 하였다. (茶山은 이 설명을 모두 '坤田'에 의거하여 하고 있다.)

387) 豫卦 六二에 "介于石"이라 하였고, 困卦 六三에 "困于石"이라 하였다.

388) 여기 "坤"은 결국 '☷'이 아니라 '=='이다. 오징(吳澄)은 元나라 사람으로, 號가 草廬, 字가 幼清이다.

389) 여기 "혈액(血液)"이란 말 그대로 '피'라는 뜻은 아니며, '血氣의 津液'이라는 의미이다. '膏'字 자체에 '피'라는 뜻은 없으며, 흔히 "고혈(膏血)"이라 하는 의미에서 뜻이 통하는 것이다. 「說卦傳」의 原文에 이미 "血卦"가 된다고 했으니, 이런 의미에서 "고(膏)"가 引伸되는 것이다.

390) 屯卦 九五에 "屯其膏"라 하였으며, 鼎卦 九三에 "雉膏不食"이라 하였다.

이 됨에 따른 말이며,[391] 明夷卦[의 初九]에서 "그 날개를 드리운다"라고 한 말도 역시 [그 2·3·4位의] 互坎에 따른 것이다.≫

○ 敬以直內 坤之坎也 ≪需上六亦敬≫ 知與智通 坎之德也 ≪北方之水德≫ 坎之弓弩 中伏機牙 ≪中一剛≫ 幾之微也[392] ≪見屯六三 豫六二≫ 物之所歸 爰宅其家 ≪坎爲宮≫ 坎爲處也 反於离治其象 亂也

○[坤卦 六二의 「文言」에서] "경외함으로 안의 마음을 바르게 한다"고 한 것은 坤이 坎으로 변하기 때문이다. ≪需卦 上六[의 "경외함에 마침내는 吉하다"라는 말]도 역시 [坎에 따른] '경외함'이다.[393]≫ "知"는 [仁·義·禮·智 四德의] "智"와 통하니 坎의 德이 된다. ≪북쪽의 水德[394]≫ 坎의 궁노(弓弩)에는 가운데 [발사장치인] 기아(機牙)가 내장되어 있으니 ≪'坎'의 가운데 있는 한 개의 '剛一'이 이에 해당함[395]≫ 어떤 일의 "기미"가 은미하게 숨어 있는 [형국인] 것이다. ≪屯卦 六三와 豫卦 六二[를 설명한 부분]에 나온다.[396]≫ 坎은 만물이 돌아가는 곳인데, 이에 그 집을 정하니 ≪[荀九家에

391) 漸卦 上九에서 "其'羽', 可用爲'儀', 吉", 즉 "그 깃털이 儀範이 될만하니, 길하다"라고 하였다.

392) [校閱] "幾之微'也'"의 "也"가 奎章本에서는 '之'字로 나온다. 誤記로 보인다.

393) 需卦 上六에 "不速之客 三人來, 敬之, 終吉"이라 하였다.

394) 四德 중의 '智'는 坎에 해당한다.

395) 여기 "기아(機牙)"는 결국 '노아(弩牙)'를 말하는데(물론 보통 활에는 이런 장치가 없다), 쇠뇌나 석궁의 시위를 거는 곳, 즉 발사장치이다. 또 "機牙"에는 '반응이 신속하다'는 뜻이 있다. '坎'의 中剛을 앞서는 '화살(矢)'로 보았는데, 여기서는 또한 "기아(機牙)"로 보고 있다.

396) 屯卦 六三에 "卽鹿无虞, …… 君子'幾'"라고 하였으며, 「繫辭傳」에 豫卦 六二과 연관하여, 즉 "介于石, 不終日, 貞吉"과 연관하여 孔子가 "知幾, 其神乎"라고 하였다. 쇠뇌나 석궁의 발사장치(機牙)는 총의 방아쇠가 그러하듯이, 예민한 부분이니 섬세하게 다루어야 한다. 따라서 그것을 다루는 것을 보면 이미 명중 여부를 알 수 있거니와, 이런 점에서 '기아(機牙)'는 기미, 징조, 前兆와 통하는 것이다. 또 "幾"에는 '기미', '빌미'라는 뜻 이외에도 '상황 전개에 관건이 되는 중요한 시기'라는 뜻이 있으니, 機牙에 시위를 건 상태가 바로 그런 시기이다.

따르면] 坎은 '궁실'이 된다≫ 坎은 "거처함"이 된다. 坎은 离의 '다스림(治)'와 반대되니 그 象이 "혼란함"이다.[397]

○ 左傳杜注 以坎爲衆[398] ≪白虎通云 坤爲衆 水亦爲衆≫ 在易詞 無驗

○『左傳』의 ["衆散爲弱"에 대한] 두예(杜預)의 注에 坎을 "중인(衆人)"이라고 하였으나[399] ≪『백호통(白虎通)』에도 "坤은 중인(衆人)이고, '水'도 [즉 坎도] 역시 중인(衆人)이 된다"고 하였다.≫ 易詞에는 그런 증거가 없다.

坎卦	傳文	①水, ②溝瀆, ③隱伏, ④矯輮, ⑤弓輪, ⑥[於人]加憂, ⑦[於人]心病, ⑧[於人]耳痛, ⑨[於人]血卦, ⑩赤, ⑪[於馬]美脊, ⑫[於馬]亟心, ⑬[於馬]下首, ⑭[於馬]薄蹄, ⑮[於馬]曳. ⑯[於輿]多眚, ⑰通, ⑱月, ⑲盜, ⑳[於木]堅多心.
	荀九家	①宮, ②律, ③志.
	虞翻	①酒, ②疑.
	今補	①田(畋), ②石, ③帶, ④膏, ⑤[於鳥]翼, ⑥敬, ⑦知(智), ⑧幾, ⑨處, ⑩亂, ⑪衆.
	其他	①家, ②剛直, ③堅固, ④窞(陷), ⑤德, ⑥道, ⑦毒, ⑧馬, ⑨木, ⑩背, ⑪法律, ⑫病, ⑬事, ⑭庸, ⑮雨, ⑯憂, ⑰漿, ⑱畋, ⑲貞, ⑳直心, ㉑川, ㉒泉, ㉓害, ㉔險, ㉕穴, ㉖狐, ㉗患, ㉘大石.

〔原文〕 离爲火 爲日 爲電 爲中女 爲甲冑 爲戈兵 其於人也 爲大腹 爲乾卦 ≪乾音干≫ 爲鼈 爲蟹 爲蠃 爲蚌 ≪一作蜯≫ 爲龜 其於木也 爲科上槁

离는 불이 되고, 태양이 되고, 번개가 되고, 중년의 여인이 되고,[400] 갑옷과 투구가 되고, 병장기(兵仗器)가 된다.[401] 사람에 있어서는 큰 배

397) 坎과 离는 '變易'이라는 측면에서 相反된다.

398) [校閱] "以坎'爲'衆"이 奎章本에는 "以坎衆"으로만 나온다. 뜻은 통한다.

399) 「춘추관점보주(春秋官占補註)」의 '知莊子之語'에 나온다.

400) 물론 "中女"를 '둘째 딸', '가운데 딸'로 풀 수 있지만, 이는 이미 앞서 나왔으므로 여기서는 위와 같이 풀어 보았다.

401) "과병(戈兵)"을 '창'과 '兵器'라는 식으로 나누어 풀 수도 있겠다.

(大腹)가 된다. 건조함을 상징하는 卦가 되고 ≪여기 "건(乾)"의 발음은 '간'이다≫ 자라가 되고, 게가 되고, 소라가 되고,[402] 민물조개가 되고 ≪"방(蚌)"이 어떤 책에는 "蜯"으로 나온다≫ 거북이가 된다. 나무에 있어서는 가지의 윗부분이 시들어 마른 것이 된다.

甲胄戈兵 皆剛在外 以自衛也 ≪故离又爲衛[403]≫ 中女而大腹 其象 孕也 ≪漸九三[404] 以离爲孕≫ 蟲而甲胄 离之象也 ≪剛在外≫ 科者 條也 木枵中而燥暵 則條必上槁也 ≪胡庭芳 以科爲巢≫

"갑주(甲胄)"나 "과병(戈兵)"은 모두 ['离'와 같이] 강하고 딱딱한 것이 외부에 자리하여 스스로를 지키는 것이다. ≪그러므로 离는 또한 "방위함"이 되는 것이다.≫ 离는 "中女"이면서 "큰 복부"이니 그 象이 "임신한 것"이다. ≪漸卦 九三에서 '离'를 "잉태"로 보았다.[405]≫ 벌레나 동물 중에서 [甲殼이 있어] "갑주"를 두르고 있는 [듯 한] 것들은 모두 离의 物象이다. ≪[그것들은 离와 같이] 강하고 딱딱한 것이 외부에 있다.[406]≫ 여기 "과(科)"는 나뭇가지를 말하는데, 나무가 속이 비고 마르면 그 가지도 윗부분이 반드시 시들고 마르는 것이다. ≪호정방(胡庭芳[407])은 여기의 "과(科)"를 [새의] '둥지'라는 뜻으로 보았다.[408]≫

---

402) "라(蠃)"는 '소라'라는 뜻으로, 결국 卷貝類 즉 '나사조개류'를 총칭하는 것이다. 한편 이에는 '나나니벌'이라는 뜻도 있으나 여기서는 해당이 없는 것이겠다.

403) [校閱] '衛'字가 新朝本에는 異體字로 나온다. 즉 가운데 아랫부분이 '帀'으로 나온다.

404) [校閱] 新朝本과 奎章本과 國中本에 모두 "九四"로 나오는데, 漸卦에는 '九四'가 없고 '六四'이다. 그런데 또한 "孕"이라는 말이 그 六四에는 나오지 않으니, 결국 "九'三'"이나 "九'五'"로 되어야 하는데, 그 九五는 "不孕"이니 "九'三'"으로 고쳤다.

405) 漸卦 九三에 "婦孕不育"이라 하였다.

406) 鼈, 蟹, 蠃, 蚌, 龜에 대한 설명이다.

407) 호정방(胡庭芳): 宋元 교체기의 학자였던 호일계(胡一桂)를 가리킨다. 정방(庭芳)은 그의 字이며, 雙湖先生이라 불렀다. 『周易』을 論함에 있어, 주희(朱熹)의 학을 宗으로 삼았다. 저서로는 『周易本義附錄纂註』(15권), 『周易啓蒙翼外篇』(1권) 등이 있다.

408) 离는 가운데가 '--'이니 나무로 친다면 그 속이 비어 있는 모양이다(枵中). 한편 胡庭芳(雙湖胡氏)은 "과(科)"를 '구멍', '웅덩이'라는 뜻으로 보고, 그것을 '나무'와 결부지어

○京房本 贏作螺 ≪姚信本作蠡≫ 虞氏本 科作折 ≪形誤也≫ 鄭玄本 槁作稾 ≪干寶本 又作熇≫

○경방(京房)의 책에는 [‘소라’라는 뜻의] “라(羸)”를 ‘라(螺)’라고 하였다. ≪요신(姚信)의 책에는 ‘라(蠡)’라고 하였다.[409]≫ 우번(虞翻)의 책에는 [‘나무가지’라는 뜻의] “과(科)”를 [‘꺾다’, ‘쪼개다’는 뜻의] ‘절(折)’이라 하였다. ≪이는 글자 모양이 유사한 데에 따른 착오이다.≫ 鄭玄의 책에는 “고(槁)”를 ‘고(稾)’라 하였다. ≪간보(干寶)의 책에는 또한 ‘혹(熇)’이라 하였다.[410]≫

[荀九家] 离爲矢 ≪馬融 王肅云≫ 虞氏曰 离爲斧 ≪又爲網≫ 爲夏 ≪干寶易爲晝[411]≫

[荀九家] 离는 화살이 된다. ≪馬融과 王肅이 이렇게 말했다.≫ 우번(虞翻)은 离가 도끼가 되고 ≪또한 [새나 물고기를 잡는] ‘그물’이 된다고 했다≫ ‘여름철’에 해당된다고 하였다. ≪간보(干寶)의 『易傳』에서는 한 낮이 된다고 하였다.≫

○易例 凡陽畫爲矢 ≪乾爲矢≫ 亦未必离爲矢 唯剡木爲矢 求之卦象 唯离是指也 ≪睽上离≫

○易例에서 대개 양획(陽畫)이 화살로 되는 것이니 ≪乾은 화살이 된다≫ 반드시 离가 ‘화살’이 되는 것은 아니다. [「繫辭傳」에 이른바] 나무를 날카롭게 깎아 화살을 만든다고 해도, 그것을 卦象에서 구하면 곧 离를 가

‘둥지(巢)’라는 뜻을 이끌어낸 것이다. 『傳義大全』의 해당 부분에 “雙湖胡氏曰, 按張子謂附而燥, 是不以科爲‘木科’, 爲‘水盈科’之‘科’, 謂科巢之附於木上者也. 科中虛, 有離象, 燥則科上之木乾燥耳. 如鵲巢之類, 皆是以木枝結構而成也”라고 하였다.

409) 이는 뜻에는 변함이 없는 것이다. “라(蠡)”에는 ‘부스럼’, ‘종기’라는 뜻이 있고, ‘려’라 읽으면 ‘좀벌레’, ‘좀이 쓸다’는 뜻이 되는데, 여기서는 모두 무관한 것이다.

410) “槁”와 “稾”는 같은 말인데, 干寶의 ‘혹(熇)’은 未詳이다. 아마 동일하게 ‘마르다’, ‘시들다’는 뜻이겠다. 그렇지 않다면 茶山이 첨언(添言)을 했을 것이다.

411) [校閱] 여기서도 奎章本과 新朝本에 모두 “간보(干寶)”의 “간(干)”이 “우(于)”로 보이는데, 그렇다면 誤字이다.

리키는 것이다. ≪규괘(睽卦)의 上卦인 离를 말함≫

○斧 亦戈兵也 ≪見旅巽≫ 仲翔之云 离爲網 必據大傳而云然也 然 重离之卦 本有巽繩 ≪二四互≫ 故得以爲網 ≪小過初六亦巽繩≫ 三畫之离 旣無巽繩 何以爲網 若离爲鳥 又爲網罟 則是鳥之與網 與生俱生 天下之鳥 無非投羅之雀矣 惡可乎哉

○"도끼" 역시 "과병(戈兵)"의 일종이다. ≪旅卦와 巽卦에 나온다.[412]≫ 우중상(虞仲翔)이 "离가 그물이 된다"고 한 것은 틀림없이 「大傳(계사전)」[의 "作結繩而爲網罟, …… 皆取諸離"라는 구절]에 의거하여 말한 것일 것이다. 그러나 重离의 卦는 본래 巽의 줄(繩)이 있으니 ≪2·3·4位의 互卦≫ 그에 따라 그물이 되는 것이지만 ≪小過卦 初六도 역시 巽의 줄이다.[413]≫ 삼획(三畫)의 离인 경우는 巽의 줄이 없으니, 어떻게 그물이 되겠는가? 만약 离가 새(鳥)가 되면서 또한 그물이 된다면, 이는 새가 그물과 같이 나고 같이 사는 것이니, 세상의 새는 모두 그물 속에 든 새가 아닌 것이 없게 되니, 어찌 [离가 그물이 된다는 말이] 옳겠는가?[414]

○日在地上 爲晝 ≪晉之象[415]≫ 已見前

○해가 땅 위에 떠 있으니 한 낮이 되는 것이다. ≪이는 晉卦의 象이다.≫ 이에 대해서는 이미 앞서 설명하였다.[416]

---

412) 旅卦 九四에 "得其資斧, 我心不快"이라 했고, 巽卦 上九에 "喪其資斧"라 했다.

413) 小過卦 初六에 "飛鳥以, 凶"이라 하였는데, 이에도 "巽繩"이 연관된다는 말이다.

414) 이렇게 따지면 物象의 태반도 더 저촉(牴觸)될 것이다. 한편 위에 나오지는 않았으나 荀九家는 离를 '鳥'라 보는데, 茶山도 이는 수용하고 있다.

415) [校閱] 奎章本과 新朝本과 國中本에 모두 "晉之家"이라 나오는데, 앞서 坎卦 荀九家 항목의 '夜'를 설명하면서 동일한 맥락에서 "晉之象"이라 하였으니 誤植이라 보고 "家"을 "象"으로 고친다.

416) '해(日)'와 '地上' 등이 결합해야 '한 낮(晝)'이 되는 것이지, 离 하나로 '한 낮'이 되는 것은 아니라는 말이다. 晉卦를 거론한 것도 이것이 重卦의 象임을 지적한 것이다. 앞서 茶山은 坎卦 荀九家 항목의 '夜'를 반박하면서, 이 '주(晝)'에 대해서도 설명하였다.

[今補] 离爲墉 爲獄 爲防閑 爲苦 爲治 爲禮 爲誠 爲寬 爲辨 ≪又爲喜 爲嘉≫ 爲史 爲武人 ≪又爲孚≫

[今補] 离는 담장이 되고, 감옥이 되고, 방비하고 막음이 되고, 쓴맛이 되고,[417] 통치함이 되고, 예의가 되고, 정성스러움이 되고, 관대함이 되고, 분별함이 되고 ≪또한 기뻐함이 되고, 아름다움이 된다.≫ 사신(史臣)이 되고, 무인(武人)이 된다. ≪또한 신뢰함이 된다.≫

○坎爲宮 以中隆也 ≪象屋脊≫ 离爲墉 以外防也 ≪同人解≫ 故离亦爲防閑 家人之閑有家 是也 ≪乾九二爲閑邪 旣濟爲豫防≫ 防閑旣嚴 外圍而中空 其象獄也 ≪先儒 皆以坎爲獄 疎矣≫ 火味作苦 离之性也 ≪節上六≫ 南面爲治 离之修也 嘉會合禮 离之德也 ≪萬物皆相見≫ 閑邪存誠 离之信也 ≪乾九二≫ 普博中恢 离之寬也 ≪乾九二≫ 分別中斷 离之辨也 ≪此義 屢見於易詞≫ 离文燦然 是 史臣也 ≪巽九二≫ 甲冑自防 亦武人也 ≪履六三≫

○坎이 궁실(宮室)이 되는 것은 가운데가 높기 때문이고 ≪집의 등마루를 닮았다.≫ 离가 '담장'이 되는 것은 밖으로 단단히 방비하고 있기 때문이다. ≪同人卦와 解卦에 이런 사례가 나온다.[418]≫ 따라서 离는 또한 방비하고 막음(防閑)이 되는데, 家人卦 初九의 "한유가(閑有家)"가 바로 이것이다. ≪[또한 이런 측면에서 离가] 乾卦 九二에서는 "사악한 것을 방비하는 것"이 되고, 旣濟卦에서는 [그 「大象傳」에 언급되듯이] "예방하는 것"이 된다.[419]≫ [离는] 이렇듯 방비함이 엄중한데, 바깥으로는 에워싸고 있고 가운데는 비어 있

417) 이 "고(苦)"를 '고통'이라 풀 수도 있겠다.

418) 同人卦 九四에 "乘其'墉'"이라 했는데, 茶山은 "大离, 墉也"라고 설명하였다. 解卦 上六에 "公用射隼, 于高'墉'之上"이라 하였는데, 역시 "离則爲墉 ≪見同人≫"이라 설명하였다.

419) "한유가(閑有家)"는 '집안을 단속한다'는 뜻이다('有'는 '於'의 뜻). 乾卦 九二의 「文言」에 "閑邪, 存其誠"이라 하였고, 旣濟卦 「大象傳」에 "思患而'豫防'之"라 하였다.

으니, 그 형상이 감옥이다. ≪先儒들은 모두 坎을 감옥이라 하였는데 공소(空疎)한 말이다.≫ [离는 火에 해당하거니와] 火氣는 "쓴맛"을 내니 [이 쓴맛은] 离의 성질이다. ≪節卦 上六에 사례가 나온다.[420]≫ [离는 남쪽인데, 임금이] 남면(南面)하여 "통치함"은 离의 다스림이다. 아름다운 모임이 예의에 부합함은 离의 德이다. ≪만물이 [离에서] 모두 서로 대면한다.≫ 사악한 것을 막고 정성스러움을 보존하는 것은 离의 신의이다. ≪乾卦 九二[의 文言]에 나온다.≫ 두루 미치고 속이 넓은 것이 离의 관대함이다. ≪乾卦 九二[의 「文言」]에 나타난다.≫ 분별하여 가운데를 가름은 离의 분별함이다. ≪이런 뜻은 易詞에 누차 나온다.≫ 离는 문채가 찬연하니 이는 [역사기록 담당관리인] "사신(史臣)"에 해당한다. ≪巽卦 九二에 이런 사례가 나온다.[421]≫ 갑옷과 투구로 스스로를 지키니, 또한 "무인(武人)"인 것이다. ≪履卦 六三가 이런 사례이다.[422]≫

○离則爲嘉 仲翔 以乾爲嘉 蜀才 以震爲喜 總由不知爻變 錯迷如此耳 ≪离喜 反坎憂≫ 虛中曰 孚 虛中而入於水 則其物爲浮 ≪字從孚≫ 虛中而圍於邑 則其名爲郛 ≪字從孚≫ 莩脬亦然 ≪亦虛中≫ 易之有孚 多以离也 然 或二五相應 亦爲孚感

○离는 곧 아름다움(嘉)이 되는데 우중상(虞仲翔)은 乾을 아름다움이라 하였으며, [또한 离가 곧 기뻐함이 되는데] 촉재(蜀才)는 震을 기뻐함이라 하였으니, 요컨대 모두 爻變을 알지 못하여 이와 같은 착오를 범한 것이다. ≪离의 기뻐함은 坎의 근심함과 반대이다.≫ 가운데가 비어 있는 것을 '부

420) 이는『尙書』「洪範」에 "火曰炎上 …… 炎上作苦"라 한 것을 염두에 두고 하는 말이다. 節卦 上六에 "苦節, 貞凶, 悔亡"이라 하였다. 한편 節卦의 卦辭에서도 "'苦'節"이라 하는데, 이를 두고 굳이 上六을 지목한 것은, 그 卦辭는 不變의 경우라서 离를 도출하는 과정이 상대적으로 복잡한 반면에(兩互作卦로 頤卦를 만들어 大離를 도출), 上六은 爻變하면 바로 中孚가 되어 확연히 大离가 드러나기 때문이겠다.

421) 巽卦 九二에 "巽在牀下, 用史巫, 紛若, 吉, 无咎"라 하였다.

422) 履卦 六三에 "武人, 爲于大君"이라 하였다.

(孚)'라고 하니, 가운데가 비어 있는 것이 물에 들어가면 그 물건은 부상(浮上)한다. ≪'부(浮)'는 글자 자체가 '孚'에 의거하고 있다.≫ 가운데가 비어 있고 읍(邑)을 둘러싸고 있으니, 곧 그 이름이 '부(郛)'이다. ≪[外城이라는 뜻의 '부(郛)'도] 글자가 '孚'에 의거하고 있다.[423]≫ [갈대의 속청을 뜻하는] '부(莩)'나 [오줌보를 뜻하는] '포(脬)'도 역시 그러하다. ≪역시 속이 비어 있는 것이다.≫ 『周易』의 "유부(有孚)"는 주로 离에 의한 것인데, 그러나 간혹 제2位와 제5位가 [陰과 陽으로] 서로 호응하면 또한 '신뢰하고 공감함(孚感)'이 된다.

○學圃云 离爲墉 故籬字從離[424] 籬者 竹墉也 ≪一作欐 以木爲墉也≫

○학포(學圃)가 말하였다. "离가 담장이 되니, ['울타리'는 뜻의] '籬'字가 離에 의거하는 것인데, '리(籬)'는 대나무 울타리이다." ≪'籬'字를 간혹 "欐"라 쓰기도 하는데, 이는 나무로 만든 담장이라는 뜻이다.≫

离卦	傳文	①火, ②日, ③電, ④中女, ⑤甲胄, ⑥戈兵, ⑦[於人]大腹, ⑧乾卦, ⑨鼈, ⑩蟹, ⑪蠃, ⑫蚌, ⑬龜, ⑭[於木]科上槁.
	荀九家	①矢.
	虞翻	①斧, ②夏.
	今補	①墉, ②獄, ③防閑, ④苦, ⑤治, ⑥禮, ⑦誠, ⑧寬, ⑨辨, ⑩喜, ⑪嘉, ⑫史, ⑬武人, ⑭孚.
	其他	①鼓, ②禽, ③明, ④武, ⑤文, ⑥別, ⑦腹, ⑧福, ⑨孚格, ⑩飛, ⑪飛鳥, ⑫信, ⑬牛, ⑭衛, ⑮戎, ⑯光, ⑰刃, ⑱孕, ⑲絶, ⑳阻, ㉑志, ㉒祉福, ㉔隹, ㉕貝, ㉖亨, ㉗化, ㉘火鳥.

423) 여기 '가운데가 비어 있다(虛中)'는 것은 內城과 外城 사이가 비어 있음을 말하는 것이다. "邑"을 그 '비어 있는 곳(虛中)'으로 보고 하는 말이 아니다.

424) [校閱] 新朝本과 國中本에는 "故'離'字從'籬'"라고 나오나 誤記이다. 순서가 뒤바뀌었다. 奎章本이 옳다.

〔原文〕艮爲山 爲徑路 爲小石 爲門闕 爲果蓏 爲閽寺 ≪一作閽≫ 爲指 爲狗 ≪一作拘≫ 爲鼠 爲黔喙之屬 其於木也 爲堅多節 ≪古本無堅字≫

艮은 山이 되고, 좁은 길이 되고,[425] 작은 돌이 되고, 작은 문과 큰 문이 되고, 나무열매가 되고, 문지기와 내시가 되고 ≪어떤 판본에는 [‘시(寺)’字가] ‘시(閽)’로 되어 있다.[426]≫ 손가락이 되고, 개가 되고 ≪“구(狗)”가 어떤 판본에는 ‘구(拘)’로 나온다.≫ 쥐가 되고, 주둥이나 부리가 검은 부류의 짐승이 된다. 나무에 있어서는 단단하고 마디가 많은 것이 된다. ≪어떤 古本에는 ‘견(堅)’字가 없다.≫

震道前通 所以爲大途也 艮道前窮[427] 所以爲徑路也 ≪徑路迷途也[428]≫ 木實曰 果 草實曰 蓏 ≪與瓜字 不同≫ 震爲花者 陽之始也 艮爲果者 陽之成也 閽寺與狗 皆所以守門也 ≪艮爲守≫ 黔喙者 狐狼之屬也 ≪虞氏云≫ 艮止也 物止則有節 ≪草木竹箭 皆以止成節≫ 有節則堅貞 故易例 凡 節約 節儉 貞節 苦節 皆以艮也

震의 길은 앞이 툭 트여 있는 까닭에 큰 길이 되고, 艮의 길은 앞이 막혀 있는 까닭에 좁은 길이 된다. ≪“경로(徑路)”는 미로(迷路)이다.≫ 나무의 열매를 “과(果)”라고 하고, 풀의 열매를 “라(蓏)”라고 한다. ≪‘오이’를 뜻하는 ‘과(瓜)’字와는 다른 것이다.[429]≫ 震이 꽃이 되는 것은 陽의 시작이기

---

425) “경로(徑路)”는 또한 ‘미로(迷路)’, ‘지름길’의 뜻이 되고, ‘혼미함’을 비유하는 말로도 된다.

426) “혼시(閽寺)”가 “시(閽)”라는 한 글자로 나온다는 말도 아닐 것이며, “혼(閽)”이 “시(閽)”로 나온다는 말도 아닐 것이다. 즉 “閽閽”로 나온다는 것이겠다.

427) [校閱] 新朝本에는 ‘窮’字가 異體字로 나온다.

428) [校閱] 奎章本에는 “迷‘途’”, 新朝本과 國中本에는 “迷‘塗’”라 나오는데 뜻은 다름이 없다. 여기서는 後者를 따른다.

429) 姤卦 九五에 “以杞包‘瓜’”라 했는데(『周易』에 이외 다른 사례는 없다), 茶山은 거기서 “艮者, 瓜也 ≪說卦文≫”이라 하였다. 따라서 “與瓜字不同”이란 말은 단순히 글자 자체가 다름을 지적한 것으로, 결국 “과(瓜)”는 “蓏”의 일종인 것이다.

때문이고, 艮이 이렇게 "과실"이 되는 것은 陽의 완성이기 때문이다. "문지기", "내시", "개"는 모두 문을 지키는 것이다. ≪艮은 '지킴'이 된다.[430]≫ ['주둥이나 부리가 검은 짐승'이라는 뜻의] "검훼(黔喙)"는 여우나 이리와 같은 부류이다. ≪우번(虞翻)이 이렇게 말했다.[431]≫ 艮은 '멈춤'인데, 사물이 [잠시 외형적인 성장을] 멈추[고 내적으로 기운을 온축하]면 마디나 절도가 생기는 것이며 ≪초목이나 대나무는[432] 모두 [잠시 성장을] 멈춤으로서 [더욱 견고한] 마디를 이루는 것이다.≫ 그런 '마디'가 있으면 견실하고 충실하게 된다. 그러므로 易例에서 '절약(節約)', '절검(節儉)', '정절(貞節)', '고절(苦節)' 등의 의미는 모두 艮에 따른 것이다.[433]

○虞翻本 狗作拘 ≪李鼎祚本同≫ 仲翔曰 指 屈伸 制物爲拘 ≪狗爲複見 故必以爲拘≫ 按 拘者 攣也[434] 易詞之云 攣如 皆以艮拘也

○우번(虞翻)의 책에는 "구(狗)"가 '拘'字로 되어 있다. ≪李鼎祚의 책도 동일하다.≫ 우중상(虞仲翔)은 "손가락을 폈다 구부렸다 하며 다른 사물을 지시하고 통제하니 [艮이] '구(拘)'가 되는 것"이라고 했다.[435] ≪[茶山]

430) '艮守'는 아래 今補에서 나온다.

431) 한편, 여러 책을 보아도 우번(虞翻)이 이런 말을 한 것이 확인되지 않는다. 모기령(毛奇齡)의 『仲氏易』의 해당 부분에 보면 우번(虞翻)은 따로 艮이 "狐狼"이 된다고 하였고, "검훼(黔喙)"를 이렇게 설명한 것이 아니다. 또 이정조(李鼎祚)의 『周易集解』에 보면 馬融이 "검훼(黔喙)"를 "'豺'狼之屬"이라 풀고 있다. 따라서 "虞氏云"이 아니라 "馬氏云"이나 "馬融云"이 되어야 할 것 같기도 한데, 여기서는 일단 闕疑해 두고자 한다.

432) 여기 "전(箭)"은 '화살'을 뜻하는 것이 아니라, 대나무의 일종으로 결국 대나무라는 말이다.

433) 이상은 마지막의 "堅多節"을 설명한 것이다. "節約", "節儉", "貞節"은 『周易』에 명시적으로 나오는 말은 아니지만 의미상 모두 자주 거론되는 사례이다. "苦節"은 節卦에 나오는 말인데 '곤경 속에도 굳건하게 절개를 지킴'을 뜻한다(節卦에서의 보다 엄밀한 뜻은, 茶山에 따르면, '곤경에 처해서 무망한 줄 알지만 굳건히 절개를 지킨다'는 의미이다).

434) [校閱] 奎章本에서는 "攣"이 모두 "孿"으로 나오는데 誤字이다. '쌍둥이', '이어지다'라는 뜻을 가지는 "孿"은 『周易』에 나오는 글자가 아니다.

435) 艮이 '손(手)'이 됨에 이렇게 말하는 것이다.

"狗"가 거듭 나타나니, 여기서는 '拘'字로 보아야만 한다는 것이다.≫ 내가 생각컨대 "구(拘)"라는 것은 [손발이 부러지거나 병으로 인해] '오그라들어 굽은 것(攣)'이다. 『周易』의 글에서 "련여(攣如)"라고 한 것은[436] 모두 艮의 이런 '굽음(拘)'에 의거한 것이다.[437]

○ 鄭康成云 黚喙者 虎豹之屬 貪冒之類 ≪黔黚同≫ 其義 非也 ≪兌爲虎≫

○ 정강성(鄭康成)은 "겸훼(黚喙)"라는 것이 호랑이나 표범의 일종으로, 탐욕스럽고 사나운 동물이라고 하는데 ≪"검(黔)"과 "겸(黚)"은 ['검다'는 뜻으로] 같은 말[438]≫ 이런 해석은 잘못이다. ≪兌가 호랑이에 해당된다.≫

○ 京房本 果蓏作果墮 ≪隋之誤≫ 貨殖傳所云 果隋[439] 也 ≪隋蓏通≫

○ 경방(京房)의 책에는 "과라(果蓏)"가 ['과실이 떨어진다'는 뜻의] "과타(果墮)"로 되어 있는데 ≪이는 ['열매'라는 뜻의] '타(隋)'字를 오인한 것이다≫ "과라(果蓏)"는 『史記』「화식열전(貨殖列傳)」에서 말하는 '과타(果隋)'이다.[440] ≪'타(隋)'字와 "라(蓏)"는 통용된다.[441]≫

---

436) 小畜 九五와 中孚 九五에 "有孚攣如"라 하였는데, "련여(攣如)"란 '손발이 질병이나 사고로 인해 오그라들고 굽은 그런 경우와 같다'는 말인데, 결국 성한 쪽에서 그런 곤란에 처한 쪽을 잘 도와준다는 뜻이다. 해당 卦에 자세한 설명이 나온다.

437) 우번(虞翻)은 "拘"를 '拘束하다', '통제하여 부리다' 정도의 뜻으로만 보았다면, 茶山은 이와 아울러서 "굽음(曲)"이라는 뜻도 있음을 지적하고 있는 것이다. (예컨대 茶山도 「繫辭傳」의 "服牛乘馬"를 설명하면서 '구속'이라는 뜻으로 '艮拘'를 언급하였으니, 우번(虞翻)의 말을 완전히 배척하는 것은 아니다.)

438) 현행 「說卦傳」에는 "검훼(黔喙)"라 나오는데, 鄭康成의 책 또는 그가 본 책에는 "겸훼(黚喙)"라 나오는 셈이다.

439) [校閱] 新朝本에는 "郁"(욱)으로 되어 있으나, 奎章本과 國中本에는 "隋"(타)로 되어 있다. 後者가 옳다.

440) 과타(果隋) : 『史記』(卷129) 「貨殖列傳」(第69)에 나오는 말이다. 즉, "總之, 楚越之地, 地廣人希, 飯稻羹魚, 或火耕而水耨, '果隋'蠃蛤, 不待賈而足, 地埶饒食, 無飢饉之患, 以故呰窳偸生, 無積聚而多貧(이것을 통틀어서 말한다면, 楚·越의 지방은 땅이 넓고, 사람이 드물며, 쌀밥에 생선국을 먹는다. 혹은 마른 잎을 불태워서 밭 갈고, 물을 대어 김매며, '나무열매[果隋]'·풀열매·소라·조개 등이 장사를 기다리지 않아도, 다 풍족

[荀九家] 艮爲鬼 爲冥 ≪鄭玄云≫ 虞氏曰 艮爲城 爲宗廟 爲求

[荀九家] 艮은 '귀신'이 되고, '장막(帳幕)'이 된다.[442] ≪鄭玄이 말했다.≫ 虞氏는 艮이 '성곽'이 되고, '종묘'가 되고, '구함'이 된다고 하였다.

○物以艮終 死爲鬼也 ≪見睽卦≫ 一剛上冪 其象冥也 然 必上爻而後 乃爲冥也 ≪見升 豫≫

○만물은 艮에서 종결되는데, 죽으면 귀신이 된다. ≪규괘(睽卦)에 용례가 나온다.[443]≫ 艮은 '剛一' 하나가 위에서 가려 덮고 있는 형국이니 그 象이 "장막"이다. 그러나 반드시 上爻인 경우에 곧 "장막"이 되는 것이다. ≪升卦와 豫卦에 용례가 나온다.[444]≫

○ 坤邑外剛 其象 城也 ≪泰上六≫ 鬼神攸廬 其象 廟也 ≪渙之彖≫ 兌旣爲妾 艮則僕也 ≪旅二三≫

○[艮은] 坤의 邑의 외부가 견고한 것이니 그 象이 "성곽"이다. ≪泰卦 上六에 용례가 나온다.[445]≫ [艮의] '귀신'이 깃들이는 장소이니 그 象이 '사당'이다. ≪渙卦의 卦辭[446]≫ ["少女"인] 兌가 곧 '첩(妾)'이 되니, [이와

하다. 지세(地勢)가 먹을 것이 풍성하고, 기근의 염려가 없다. 그러므로 게을리하여, 삶을 도모하며, 저축이 없어 가난한 자가 많다)"라고 함(史馬遷, 남만성 역, 『史記列傳』 下, 을유문화사, 1995, 822~823면).

441) 譯者가 확인한 현행 『史記』 「貨殖傳」에는 "果'隋'"로 나온다. 『康熙字典』에서는 『史記』의 이 구절을 인용하며 "果'蓏'"라 하였다. (前者는 단순한 誤植일 수 있겠다.) "蓏蓏通"이라 했으니 '蓏'를 '라'로 읽을 수도 있겠다.

442) 여기 "명(冥)"을 '하늘', '어두움', '그윽함', '冥府' 정도로 풀 수도 있겠다.

443) 睽卦 上九에 "載'鬼'一車"를 두고 하는 말이다. 한편 茶山은 이를 "艮鬼"가 아닌 "艮尸"로 설명하고 있는데, 결국 융통성 있게 보라는 말이겠다.

444) 升卦 上六의 "冥升"의 해석에서 "艮冥"이라 하였고, 豫卦 上六의 "冥豫"의 해석에서 "日六爲'冥'"이라 하였다.

445) 泰卦 上六에 "'城'復于隍"이라 하였다.

446) "려(廬)"에는 '오두막', '임시 거처'라는 뜻이 있는데, 여기서는 '살다', '깃들다'는 뜻으로 풀었다. 이후 今補에 艮은 '廬次'가 된다고 했다. 渙卦의 卦辭에 "王假有'廟'"라 하였는데, 茶山은 "艮廟"로 설명하고 있다.

變易 관계이며 '少男'인] 艮은 곧 '종복(從僕)'인 것이다. ≪旅卦 六二와 六三[447]≫

○雜卦云 臨觀之義 或與或求 觀者 大艮也 ≪兼畫艮≫ 故易例艮爲求 ≪求字 先畫艮卦 次以物干之≫

○「雜卦傳」에 "臨卦와 觀卦의 뜻은 혹은 주고 혹은 구하는 것이다"라고 하였는데, 觀卦는 큰 艮이다. ≪겸획(兼畫)하면 艮이다.≫ 그러므로 易例에서 艮은 "구함"이 된다. ≪'求'字는 먼저 艮卦를 그리고 그 다음에 어떤 것으로 [즉 '亅'로] 그 '☶'을 [끌어 당겨] 구하는 모양이다.[448]≫

[今補] 艮爲邑 爲牀 爲廬次 ≪又爲土≫ 爲迷 爲守 爲誡 爲退 爲童 爲小人 ≪又於木爲根≫

[今補] 艮은 '읍(邑)'이 되고, '평상'이 되고,[449] '초막'이 되고, ≪또한 '토지'가 된다≫ '혼미함'이 되고, '지킴'이 되고, '훈계함'이 되고, '물러남'이 되고, '어린 아이'가 되고,[450] '소인'이 된다. ≪또한 나무에 있어 '뿌리'가 된다.≫

○坤衆之居[451] 外有限域 其象 邑也 ≪无妄之六三[452]≫ 一剛上橫 楮以四股 其象 牀也 ≪剝與巽≫ 廬者 倚於墻而爲蔽也 ≪艮爲墻≫

---

447) 旅卦 六二에 "得童僕", 旅卦 六三에는 "喪其童僕"이라 하였다. "복(僕)"은 '마부'라는 뜻이기도 하다. 한편 앞서 荀九家의 象을 나열한 부분에 "僕"이라는 말이 나오지 않았거니와, 이런 설명을 볼 때 "爲宗廟" 다음에 "爲僕"이라는 말이 들어가야 될 것 같기도 하다.

448) 茶山의 이런 말을 文字學의 측면에서 이해해서는 안 될 것이며, 易詞를 지은 자가 이런 측면을 고려했을 수도 있다는 정도의 말이겠다.

449) "상(牀)"을 '침상'으로 풀 수도 있겠다.

450) 이는 虞翻의 說이기도 한다.

451) [校閱] 奎章本에는 "坤'象'之居"라고 나오는데, "衆"의 誤字이다.

452) [校閱] 新朝本에는 "'無'妄"이라 나오는데, 卦名이니 奎章本과 國中本을 따라 "无妄"으로 한다.

又 坎一脊中隆 兩翼分張 故其象爲宮室 艮則上橫一桁 而順勢斜下 故其象爲廬次 《剝與旅》 徑路前塞 迷之象也 成言乎艮 有節有限 其言爲誡也 遯之方遯 陽以艮退 《遯下艮》 艮爲退也 《字從艮》 震木 枝條向上 《上二陰》 艮木 枝條向下 《下二陰》 艮者 根也 《字從艮》

○[艮의 모양은] 坤의 군중이 거주하는데 바깥에 경계(境界)가 있으니 그 象이 "읍(邑)"인 것이다. 《无妄卦 六三에 이런 용례가 나온다.[453]》 艮은 '剛一' 하나가 위에 가로 놓여 있고, 그것을 네 개의 다리로 버티고 있는 형국이니 그 象이 "평상"인 것이다. 《剝卦와 巽卦에 이런 사례가 나온다.[454]》 '초막'은 담장에만 의지하여 위에 덮개를 얹은 것이다. 《艮은 담장이 된다.》 또한 坎은 등마루 하나가 가운데 우뚝 솟아 있고 양쪽으로 날개처럼 처마가 나뉘어 펼쳐져 있는 모양이니 그 象이 '궁실(宮室)'이 되는데, 艮의 경우는 위에 가로로 '도리'만 하나 놓여 있고 [그 위를 덮은 거적이] 같은 방향으로만 비스듬히 아래로 내려오는 모양이니 그 象이 [임시로 대강 만든] "초막"이 되는 것이다. 《剝卦와 旅卦를 참조할 것[455]》 [艮의] 좁은 길에 앞이 막혀 있으니 혼미함의 象이다. "艮에서 말씀이 이루어진다(成言乎艮)"고 했는데, 艮은 절도가 있고 한계가 있음이니, 그 말이 훈계함이 된다. 둔괘(遯卦)가 은둔을 뜻하게 되는 것은 '陽一'이 艮에 따라 쇠퇴하기 때문이니 《遯卦의 下卦가 艮이다》 艮은 "물러남"이 되는 것이다. 《'退'字는 '간(艮)'에 근거한다.》 震의 나무는 그 줄기가 위로 뻗어 있고 《上部의 2개의 '陰--'을 두고 말함이다》 艮의 나무는 줄기

453) 无妄卦 六三에 "行人得牛, '邑人'之災"라 하는데, 茶山은 "止于城邑, 艮者, 邑人也"라고 함.

454) 剝卦의 初六, 六二, 六四에 모두 "剝牀"이라 하였으며(이는 '☶'과도 연관되는 것이다), 巽卦의 九二와 九五에 "巽在牀下"라 하였다(각각 '艮牀'과 '巽牀'으로 설명된다).

455) 剝卦 上九에 "碩果不食 …… 剝廬"라 했는데, 茶山은 "艮廬旣撤 《艮爲次》"라고 설명한다. 또 旅卦六二에 "旅卽'次'", 九三에 "旅焚其'次'"라 하였다.

가 아래로 뻗어 있으니 ≪下部의 2개의 '陰--'을 두고 말함이다≫ 艮은 "뿌리"인 것이다. ≪'根'字는 "艮"에 의거하고 있다.≫

○學圃云 坎之守國 震之守廟 ≪艮爲守≫ 遯執 革握 隨拘 渙拯 ≪艮爲手≫ 皆用艮象 可易言哉[456]

○學圃가 말하였다. "坎卦의 [「象傳」에] '수국(守國)', 震卦의 [「象傳」에] '수묘(守廟)' ≪이 경우 艮은 '지킴'이 된다≫ 그리고 遯卦 六二의 '집(執)', 革卦 初六의 '악(握)', 隨卦 上六의 '구(拘)', 渙卦 初六의 '증(拯)'은[457] ≪이상에서 艮이 '손'으로 된다≫ 모두 艮의 象을 사용한 것이니, [『易經』의 이치를] 쉽게 論할 수 있겠는가!"

<table>
<tr><td rowspan="5">艮卦</td><td>傳文</td><td>①山, ②徑路, ③小石, ④門闕, ⑤果蓏, ⑥閽寺, ⑦指, ⑧狗(拘), ⑨鼠, ⑩黔喙之屬, ⑪[於木]堅多節.</td></tr>
<tr><td>荀九家</td><td>①鬼, ②冥.</td></tr>
<tr><td>虞翻</td><td>①城, ②宗廟, ③求, ④僮僕.</td></tr>
<tr><td>今補</td><td>①邑, ②牀, ③廬次, ④土, ⑤迷, ⑥守, ⑦誠, ⑧退, ⑨童, ⑩小人, ⑪根.</td></tr>
<tr><td>其他</td><td>①簡, ②開門, ③居, ④戒, ⑤瓜, ⑥冠, ⑦肱, ⑧篤實, ⑨冪, ⑩毛, ⑪木, ⑫尾, ⑬迷途, ⑭小, ⑮承, ⑯尸, ⑰邑人, ⑱墻, ⑲節, ⑳亭毓, ㉑終, ㉒蔽, ㉔限.</td></tr>
</table>

〔原文〕兌爲澤 爲少女 爲巫 爲口舌 爲毁折 爲附決 其於地也 爲剛鹵 爲妾 爲羊

兌는 연못이 되고, 어린 소녀가 되고,[458] 무당이 되고, 입과 혀가 되고,[459] 훼손됨과 꺾임이 되고,[460] 붙어 있던 것이 떨어져 나감이 된

---

456) [校閱] 新朝本에는 "可易言哉"(가이언재)라고 되어 있으나, 奎章本과 國中本에는 "易可易言哉"(역가이언재)라고 나온다. 뜻에는 다름이 없다.

457) 遯卦 六二에 "'執'之用黃牛之革", 革卦 初六에 "一'握'爲笑", 隨卦 上六에 "'拘'係之乃從維之", 渙卦 初六에 "用'拯', 馬壯吉"이라 하였다.

458) '막내 딸'을 뜻하기도 한다.

다.[461] 땅에 있어서는 척박하고 소금기가 있는 개펄이 된다.[462] 그리고 첩(妾)이 되고, 양(羊)이 된다.

周禮 司巫祭祀 則共匰主 ≪又男巫掌望祀 女巫掌祓除≫ 凡祭祀之禮 外事用巫也 ≪兌女之卑者≫ 乾之滿盈 今毁其上 ≪折上剛≫ 是 毁折也 ≪又 巽爲高爲長 兌與巽 相反≫ 決者 缺也 乾之圜滿 今乃缺之 ≪虧上剛≫ 是 附決也

『周禮』「春官」에 "[여러 무당을 통솔하는] 사무(司巫)는 제사가 있으면 神主를 담은 궤와 그 神主를 받든다"고 하였는데 ≪또한 남자 무당은 망사(望祀)[463]를 관장하고, 여자 무당은 액(厄)을 막는 푸닥거리를 주관한다.[464]≫ 대개 祭禮에서 밖에서 하는 일에는 무당을 쓴다.[465] ≪兌는 [少女로] 여자 중에서 비천한 者이다.[466]≫ 乾의 충만함이 현재 兌에서 [그 上部가] 훼손되

459) 앞서 '近取' 항목에서 이미 "兌爲口"라고 하였다. 위에서는 "구설(口舌)"을 나누어 풀었는데, 또한 그 전체로 보면 '언어(言語)', '구설수(口舌數)' 등의 의미도 되는 것이다.

460) 물론 이를 나눠 보지 않고, 말 그대로 "훼절(毁折)" 또는 "훼절(毁節)"이라 할 수 있다.

461) "부결(附決)"은 말 그대로 '附着되어 있던 것이 決裂됨'이니, '붙었다가 떨어짐', '붙었다가 나뉘어짐' 정도로 풀 수도 있겠다. 이는 '부착됨'과 '결렬됨'으로 나누어 보면 이상하다. 아래에서 茶山도 하나로 보았다.

462) 이 "강로(剛鹵)"를 '황무지(剛)'와 '개펄(鹵)'로 나누어 볼 수도 있겠고, 그 전체를 '황무지' 일반을 말하는 것이라 볼 수도 있겠으며, "鹵"를 염전(鹽田)으로 볼 수도 있겠다. 아래 설명이 나온다.

463) 망사(望祀): 멀리 산천을 바라보고 지내는 제사. 『禮記』「王制」편에 "柴而望祀山川, 覲諸侯"라고 함.

464) 이도 역시 『周禮』에 나오는 말로, 위에서 인용된 말 다음에 나온다. "망사(望祀)"는 "망질(望秩)"이라고도 하는데, 섶을 태우며 멀리 山天의 神에게 제사를 지내는 것, 또는 그런 제사이다. "불(祓)"은 '재난을 멀리하고 복을 구하는 일종의 제사' 즉 '푸닥거리'를 말하는데, "불제(祓除)"도 '재액(災厄)을 떨어버리는 것' 또는 '그를 위한 푸닥거리'라는 뜻이다.

465) 兌가 "外事"와 연련되고, 그래서 결국 兌가 '무당'이 된다는 말은 아닌 것으로 보인다. "外事"라는 말에 '부차적인 일', '집안이나 개인적인 것이 아닌 일', '남의 일', '분수에 맞지 않는 일', '외교 업무' 등의 의미가 있지만 여기서는 무관하다.

466) 그래서 兌가 결국 '무당'이 된다는 것이다. 즉 兌의 "少女"는 나이가 어려서 지위가 낮다는 점에서 '卑賤한 것'과 통하며, 따라서 여인네들 중에 비천한 존재인 무당이 된

니 ≪위의 '剛－'이 ['--'이 되어] 절단됨≫ 이것이 "훼절(毁折)"이다. ≪또한 巽은 [「說卦傳」에 따르면] "高"가 되고 "長"이 되는데, 이 兌는 그런 巽과 상반된다.[467]≫ 여기 "결(決)"은 '결여되다'는 뜻이다. 乾의 원만함이[468] 지금 결여되니 ≪['兌'는, 乾에서] 위의 剛을 덜어낸 것이다.≫ 이것이 "붙어 있던 것이 떨어져 나감(附決)"이다.

○周禮 草人云 凡糞種 騂剛用牛 ≪土赤而性剛≫ 鹹潟用貆 ≪潟鹵也≫ 貨殖傳云 齊地潟鹵 是也 剛鹵之地 外柔內剛 兌之象也

○『周禮』「地官」「草人」에, "대저 [곡식의] 種子에 거름을 줄 적에, 붉은 빛깔의 척박한 땅에는 소[의 뼈]를 사용하고[469] ≪'성강(騂剛)'은 흙이 붉고 토질이 거친 것이다.≫ 소금기가 있는 개펄에는 오소리[의 뼈]를 사용한다"고 하였고 ≪"석(潟)"은 "로(鹵)", 즉 '개펄'이다.[470]≫ 『史記』「화식열전

다는 것이다. 위에서는 "兌는 女의 卑者"로 보아 풀었는데, "兌女의 卑者"로 보아 "[무당은] 兌의 여인네들 중에서 卑賤한 者이다"라고 풀 수도 있겠다. 물론 뜻은 다름이 없다. 한편, 古代에 또는 『周易』이 통용되던 시절에 과연 여자 무당이나 무당 일반이 卑賤한 존재였던가 하는 점은 의문이다. 다시 말해 兌가 소녀라는 점에서 卑賤하고 그래서 무당이 된다는 茶山의 설명은 ― 물론 문맥으로 보아 이를 강하게 주장하고 있는 것은 아니다 ― 그 당시 여자 무당이 결코 비천한 존재나 처지가 아니었다고 한다면 틀린 말이 되는 것이다. 茶山의 이런 설명은 분명 後代의 또는 茶山 當代의 가치기준에 따른 것이라는 혐의가 농후하거니와, 周나라 때 무당의 지위가 어땠는지, 그리고 그 사람들이 '兌'를 무당으로 설정한 이유가 무엇인지를 다시 考究해 볼 필요가 있겠다.

467) 그래서 '兌'가 "훼절(毁折 : '훼손됨'과 '꺾임')"이 된다는 것이다. 즉 '毁折된다'는 것은 결국 '낮아진다'는 말이고 '장성하지 못한다'는 뜻이 되니, 이를 巽의 "高"와 "長"에 반대된다는 측면에서 풀이할 수도 있다는 것이다. 그리고 여기서 "相反"된다는 것은 兌와 巽이 이른바 "反易"관계라는 것이다(그 "變易"관계로 보면 물론 艮이 된다). 한편, 이 細注를 "毁折"과는 무관한 것으로, 즉 "高"와 "長"을 뜻하는 巽과 卦畫이 相反되니, 兌가 "低"와 "少"가 됨을 지적한 말로 볼 수도 있겠는데, 易象이란 본시 臨機應變하는 것이니, 이렇게 보아도 결국 큰 뜻에서는 차이가 없다고 하겠다.

468) "圜"은 앞서 '乾卦' 항목에서 언급하였듯이, '두르다', '에워싸다'는 뜻일 때는 '환'으로, '둥글다'는 뜻일 때는 '원'으로 읽는데, 여기서도 後者로 읽어야 한다.

469) 牛骨을 갈아서 거름으로 사용한다는 뜻인데, 일설(一說)에는 牛骨을 삶은 물(汁)을 뿌리는 것이라도 한다. 물론 兩者 모두를 말하는 것으로 볼 수도 있겠다.

470) "潟鹵"를 하나로 보아, 이 細注를 '鹹潟은 潟鹵이다'라고 풀 수도 있겠다. 뜻은 다름

(貨殖列傳)」에 '齊나라 지역의 개펄과 염전' 운운하였으니,471) 바로 이 강로(剛鹵)이다. 거칠고 소금기가 있는 갯벌은 [그 토질이] 외유내강(外柔內剛)한 셈이니 곧 [外柔內剛한] '兌'의 象이다.472)

○鄭玄本 羊作陽 ≪虞翻本 作羔≫ 乃云 陽養 ≪無家女行賃炊爨≫ 賤于妾者 ≪郭璞 引魯詩曰 陽如之何 又曰 巴濮之人 自稱曰 阿陽≫ 仲翔曰473) 羔女使 ≪謂賤妾≫ 皆以複見爲病 欲去此羊字也 漢儒 拘曲之見 本多如此

○鄭玄의 책에는 "羊"이 "陽"으로 되어 있는데 ≪虞翻의 本에는 ['女史'의 뜻인] "羔"로 되어 있다.474)≫ 이에 말하기를 "'양(陽)'은 '양(養)'이니 ≪'양(養)'은 일정한 居處가 없는 여자로, 날품팔이로 불 때고 밥하는 사람≫ 계집종 중에서도 천한 자이다"고 하였다. ≪곽박(郭璞)475)은 [이와 연관하여] 「魯詩」에서 "나(陽)는 어찌 할 것인가?"라고 한 구절을 인용하고 있으며,476) 또한 파복(巴濮)477)

이 없다.

471) 『史記』(卷129) 「貨殖列傳」(第69)에 "太公望封於營丘, 地潟鹵, 人民寡"라고 함. 여기 "석로(潟鹵)"를 나누어 보지 않고 그 전체로 '개펄'이라는 뜻으로 볼 수도 있겠다.

472) '兌'는 上部가(즉 外部) '--'이고 下部가(즉 內部) 두 개의 '—'이니, "外柔內剛"인 것이다. 한편, 『周禮』도 "剛"과 "鹵"를 구분하여 말하고 있는 셈이고, 「貨殖傳」의 "석로(潟鹵)"도 後者의 "鹵"에만 상응하는 것으로 볼 수 있지만, 여기 "강로(剛鹵)"를 '황무지와 개펄', 또는 '황무지와 鹽田'으로 보지 않고, "척박하고 소금기 있는 개펄"이라 본 것은, '황무지'의 경우 外柔內剛이란 말이 어울리지 않기 때문이다(굳이 말하자면 '外剛內剛'이겠다).

473) [校閱] 新朝本과 國中本에는 "云"(운)으로 되어 있으나, 奎章本에는 "曰"(왈)로 되어 있다.

474) "고(羔)"에는 '새끼 양', '흑염소'라는 뜻이 있지만, 여기서는 "女史"라는 뜻으로 말한 것이다.

475) 곽박(郭璞, 276~324)은 東晉시대 사람인데, 『爾雅』나 『山海經』에 注를 달 정도로 訓詁에 뛰어난 학자이면서, 동시에 占術이나 風水 등의 術數에 정통했다.

476) 여기서, 魯詩란 申培公의 魯詩를 가리킨다. 漢나라 초기에는 신배공(申培公)의 노시 魯詩, 원고생(轅固生)의 제시(齊詩), 한영(韓嬰)의 한시(韓詩) 등 今文에 의한 삼가시(三家詩)가 있었는데, 이미 失傳되고 일부만 전해지고 있다. 한편, 古文으로는 모형(毛亨)에 의한 訓傳이 전해지고 있는데, 毛詩는 마융·가규·정현 등에 의해 한말에 권위를 떨쳐, 現存하는 유일한 『詩經』이라고 할 수 있다.

477) 파복(巴濮) : 파(巴)와 월(越), 복(濮)은 모두 남방 민족으로, 처한 지리환경이 비슷하고 수많은 지역에 섞여 혼합되어 거주했다. 巴는 중국 고전에서 파촉(巴蜀) 또는 파초(巴

지방 사람들은 '자신' 또는 '나'라는 말을 '아양(阿陽)'이라 한다[478]고 하였다.[479]≫ 우번(虞翻)은 ["羊"을 "羔"로 보아] "고(羔)"가 '女使'를 말한다고 하였는데 ≪"女使"란 천첩(賤妾)을 말하는 것[480]≫ [鄭玄이나 虞翻의 이런 설은] 모두 어떤 物象이 「說卦傳」에 중복하여 나오는 것을 병통이라 여겨, 억지로 이 '羊'字를 빼고자 하는 의도에 따른 것이다. 漢儒들은 왜곡된 견해가 본래 이와 같이 많다.

[荀九家] 兌爲常 虞氏易 兌爲刑[481] 爲孔穴[482]

[荀九家] 兌는 常이다. 虞氏의 易說에 따르면 [兌는] "刑"이 되고,

楚)라는 이름으로 언급되는 데, 周나라 때 소수민족인 토가족(土家族)들에 의해서 세워진 나라이다. 巴는 현재 巫峽 및 重慶 동쪽 일대를, 그리고 촉(蜀)은 四川성 成都 지역을 가리킨다. 월(越)과 복(濮)의 두 민족도 역시 先秦 시기에 일찍이 토가족(土家族) 지역에서 활동하였다. 복월(濮越)의 거주지는 지금의 호북의 자귀(秭歸)에서 사천(四川)의 봉절(奉節) 일대까지를 중심으로 하는데, 그들은 귀이(歸夷)라 불리기도 하고, 복(濮)이라 불리기도 했다. 월(越), 복(濮)은 일찍이 巴人과 뒤섞여 거주하거나 인접하게 살아, 서주(西周) 초기에 파, 복, 등(鄧), 楚는 주실(周室) 왕기(王畿)의 남쪽에 거주했다. 춘추春秋 前期에 파(巴), 복(濮)은 모두 강한(江漢) 유역에서 활동했다. 후에 복(濮)의 활동 중심지역은 점차 서남쪽으로 이동하였고, 파(巴)의 활동 중심지는 서쪽을 향해 파중(巴中)으로 들어갔다. 이 때문에 상당히 긴 시간 내에 월(越)과 복(濮) 등은 巴와 함께 밀접한 관계를 형성했다.

478) 魯詩와 다음에 巴濮人 운운한 十설은 『康熙字典』(中華書局, 1992, 1355면)에도 동일하게 보이는데, "陽"이 "予(나 여)"의 뜻이라 한다. 『爾雅』「釋詁」에 "陽, 予也"라 하였다(이충구 외역, 『이아주소』 1, 소명출판, 2004, 193면).

479) 自稱曰 阿陽 : (다른 가능한 해석) 스스로를(自稱) '阿陽(阿지방 사람(陽=予)')'이라 한다. 이는 '陽'字가 '사람의 직분'(陽=養) 또는 '사람'(陽=子)으로 쓰인 용례를 보인 것이 된다.

480) 여사(女使) : 국가의 稅役 부담을 지지 않는 가내노동자의 성격을 지닌 노비를 가리킨다. 宋代에 고용관계가 사회적으로 확산되면서, 노비(奴婢)도 실제로 고용(雇傭)을 통해서 성립되었는데, 女使는 이러한 고용화된 奴婢를 가리키는 명칭으로 사용되었다. 宋代의 女使는 古代 奴隸에서 近代 傭工으로 나아가는 하나의 중간적인 단계라고 할 수 있다.

481) [校閱] 新朝本과 國中本에는 "刑人"(형인)으로 되어 있으나, 奎章本에는 "刑"(형)으로 되어 있다.

482) [校閱] 新朝本과 奎章本과 國中本에 모두 "兌爲常"과 "兌爲刑, 爲孔穴"이 細注로 처리되어 있고, 아무 의미도 없는 "虞氏易"만 덩그러니 본문에 나와 있는데, 前例를 따져 볼 것도 없이 이는 잘못된 것이다. 여기서는 모두 본문으로 나타내었다.

"孔穴"이 된다.

○陸德明 引舊註云 常 西方神也 ≪吳幼淸云 常九旂之一≫ 此 緯書之邪說也

○陸德明은 舊註를 인용하여 "常"이 西方의 神이라고 하였는데[483] ≪吳幼淸은 "常"이 "구기(九旂 : 9가지 깃발)"[484] 중의 하나라고 하였다.[485]≫ 이는 『緯書』의 거짓된 억지 소리이다.

○刑者 秋官也 兌金肅殺 似爲用刑之象 然 其在易詞 离則爲刑 ≪豐旅之大象≫ 虞說非也 坎則爲窞 兌爲孔穴 又何據也

○일반적으로 "刑"이란 것은 추관(秋官)을 말하는 것이다.[486] 兌金의 서슬이 푸른 기운이 형벌을 사용하는 象이 될 것 같기도 하지만, 그러나 易詞에서 보면 离가 곧 "刑"이 되니 ≪豐卦와 旅卦의 「大象傳」에 사례가 나온다.[487]≫ 우번(虞翻)의 이런 說은 잘못된 것이다. 坎이 곧 구덩이(窞)이니,[488] 兌가 "孔穴"이 된다는 것은 무슨 근거에서 나온 말인가?

[今補] 兌爲金 爲食 爲袂 爲義 爲幽人 爲脫失 ≪又 爲右 爲晦 爲厲≫

[今補] 兌는 쇠가 되고, 음식[을 먹음]이 되며, 소매(袂)가 되고, 義가

483) 『康熙字典』, 中華書局, 1992, 333면; "常, …… 又神名; 『荀子九家易』, 兌爲常, 西方之神也. …… 又旂名; 『周禮春官』, 司常掌九旂之物, 名日月爲常."

484) 九旂 : 『新完譯 詩經』(金學主 譯, 명문당, 1988, 273면)에서 "옛날에는 9가지 깃발이 있었다"고 한다.

485) 金學主 譯, 『新完譯 詩經』, 명문당, 1988, 274면에 '교룡을 그린 깃발'이라 함. 『康熙字典』, 中華書局, 1992, 482면.

486) 秋官 : 六官의 하나로, 형벌을 담당한다. 또 『周禮』의 編名이기도 하다. 이를테면 「冬官」 「考工記」, 「秋官」 「司寇」 등이다.

487) 豐卦, 「大象傳」에 "君子以, 折獄致'刑'"이라 했는데, 다산은 "離則爲刑 ≪爲戈兵, 爲斷≫"이라 함. 旅卦의 「大象傳」에, "明愼用'刑'"이라 하였는데, "離刑"이 명시되지는 않음.

488) 坎則爲"窞" : 다산의 坎卦의 [其他] 物象을 참조할 것.

되며, 幽人(은둔한 處士)이 되고, 脫失이 된다. ≪또한 오른쪽[489]이 되고, 晦가 되고, 厲가 된다.≫

○乾衣而缺其口 則其象爲袂 ≪如 玉之缺者 爲玦≫ 衣口曰 袂也 震旣爲仁 兌則義也 ≪兌爲宜≫ 兌者 西方幽昧之地 ≪堯典 西爲昧≫ 又 少女之德[490] 貴於幽貞 故其人爲幽人 ≪處士如處女≫ 剛不外防 ≪上一陰≫ 脫則失之 兌爲脫也 ≪字從兌≫

○[兌는] 乾의 衣(윗도리)에서 그 입구(入口)가 트여 있으니(缺), 그 象이 소매(袂)가 된다. ≪옥(玉)의 결(缺)을 "결(玦)"이라고 하는 것과 같다.≫ 윗도리의 소매 입구(衣口)를 "袂"라고 하는 것이다. 震이 仁이니, 兌는 곧 義인 것이다. ≪또 兌는 의(宜)의 뜻이 된다.≫ 兌는 [해가 지는 쪽인] 西方의 幽昧의 地이다. ≪『尙書』「堯典」에 서쪽을 "어둡다"고 하였다.[491]≫ 또한 少女의 德은 조용함과 정절을 높이 산다. 그러므로 兌가 사람에 있어서는 "幽人"이 되는 것이다. ≪"處士"는 "處女"와 같은 셈이다.[492]≫ 兌는 陽剛이 외부를 방비하고 있지 않으니 ≪上의 一陰을 두고 하는 말이다≫ 소홀히 하면 상실하게 되는 격이니, 兌는 "脫"이 되는 것이다. ≪"脫"이라는 글자는 "兌"에 의거한다.≫

○晦者 昧也 ≪隨明夷之大象 皆以兌爲晦≫ 厲者 危也 一陰乘剛 危之至也 然 其在易詞 或有非兌 而言厲者

○"회(晦)"는 어두움을 뜻한다.[493] ≪隨卦와 明夷卦의 「大象傳」에서는 모두 "兌"를 어두움으로 간주하였다.[494]≫ "려(厲)"는 위태함인데 兌를 보면 한 개

---

489) "震爲左 ≪東≫, 兌爲右 ≪西≫."(『四箋』 卷7, 34가)

490) '少'女 : 앞서 말한 심경호 역주, 『주역철학사』, 예문서원, 1994, 384면 이후에 影印된 이'쪽'에는 "'小'女之德"이라 나온다.

491) 「堯典」, "宅西, 曰'昧'谷".

492) 예컨대 "山林處士(은둔한 사람)"라고 칭하는 경우가 그렇다.

493) 荀九家는 坤을 "회(晦)"라고 하였는데, 앞서도 茶山은 이를 부정하며, 역시 "晦"는 '兌의 象'이라 하였다.

494) 隨卦의 「大象傳」에 "君子以, 嚮晦入宴息", 明夷卦의 「大象傳」에 "用晦而明"이라

의 陰이 剛을 올라타고 있으니 위태롭기가 그지없다. 그러나 易詞에 간혹 兌가 아닌데도 "厲"를 말한 경우가 있다.

兌卦	傳文	①澤, ②少女, ③巫, ④口舌, ⑤毁折, ⑥附決, ⑦剛鹵, ⑧妾, ⑨羊.
	荀九家	①常.
	虞翻	②刑, ③孔穴.
	今補	①金, ②食, ③袂, ④義(宜), ⑤幽人, ⑥脫失, ⑦右, ⑧晦(昧), ⑨厲.
	其他	①見, ②祿, ③白, ④甁, ⑤肅, ⑥言, ⑦悅, ⑧壅滯, ⑨利, ⑩虎, ⑪號, ⑫和, ⑬穫, ⑭水.

附見兼互取象之法

附記, 몇 개의 卦를 겸하여 象을 취하는 방법.495)

易詞之取物象 多有兼互二卦 而命之爲物者 ≪或兼互三四卦 以爲象≫ 夫子所云 聖人之情 見于辭者 正當於此乎求之 乃荀虞諸家不知爻變 不求聖旨 每指一物 專屬一卦 後之學者 不考驗於經文 而輕信儒說 則聖人之情 卒無以顯於世矣

易詞에 物象을 취한 것에는 두 개의 卦를496) 같이 겸하여 연관지어 그 겸한 것에 명명하여 하나의 物象으로 삼은 사례가 많이 있다. ≪혹은 서너 개 卦를 같이 묶어서 하나의 象으로 삼기도 한다.≫ 孔子가 이른바 "聖人의 마음은 글에서 드러난다"497)고 했거니와, 당연히 바로 이렇게 두 개 이상의 卦를 같이 묶어 物象을 설정한 것에서 그것을 파악할 수 있는 것이다. 그런데 순상(荀爽)과 우번(虞翻) 등 여러 易學者들은 爻變을 알지 못

하였다.

495) 或者는 "附'見兼互, 取象之法'"으로 보기도 한다. ①"附記 : 兼互를 보고(見; 견) 취상하는 법", 兼互를 보고 取象하는 法을 부기함, ②겸체·호체를 보고 취상하는 법. 여기서 ②의 해석은 옳지 않다.

496) 여기서 卦는 64괘의 卦(大成卦, 重卦)가 아닌, 八卦의 單卦(小成卦)를 말한다. 그리고 여기서 말하는 "兼互"는 兼體로서의 "兼互"와는 무관한 것이다.

497) "聖人之情, 見乎辭"는 「繫辭下傳」에 나오는 부분이지만 『四箋』에서는 생략되어 있다.

하여, 聖人의 趣旨를 파악하지 못하여, 언제나 하나의 物象만을 지목하여, 그것을 오로지 하나의 卦에만 귀속시켰다.[498] 後學들이 [『周易』의] 經文(즉 "聖人之情"이 드러난 곳)에 입각하여 고찰하지는 않고, 그러한 학자들의 설을 경망(輕妄)되게 믿으니, 聖人의 의도(情)가 끝내 세상에 드러나지 않게 되었다.

巽齊离誠 而或坤或艮者 爲祭祀 ≪坤牛而艮廟≫

巽의 齊와 离의 誠이 있고 이에 坤이나 艮이 결부되는 경우에 祭祀를 상징하는 것이 된다. ≪坤은 [제사의 犧牲이 되는] 牛이고, 艮은 [제사를 지내는 곳인] 묘(廟)이다.[499]≫

○艮兌之合 爲婚媾 ≪合少男少女≫

○艮과 兌의 結合은 혼인(婚媾 : 혼인관계를 맺어 화친하는 것)이 된다. ≪少男[인 艮]과 少女[인 兌]의 결합이라 결혼이 된다.[500]≫

○下离上坎 或兌或坤者 爲亨飪 ≪离火坎水 又 兌食坤養≫

○아래에는 离가 있고 위에는 坎이 있는데, 이에 兌나 坤이 연관되는 경우에는 '삶아 요리하는 것'이 된다. ≪이는 '离의 불'과 '坎의 물'이고, 또한 '兌의 食'과 '坤의 養'[501]이 된다.≫

---

498) "不知爻變"과 "每指一物, 專屬一卦"은 관계가 없다. 즉, '爻變'과 '兼互取象法'은 일단 무관한 것으로 볼 수 있다. 따라서 爻變을 수행하지 않아도 "兼互取象"은 가능하다. 그러나 爻變을 고려하지 않는다면 "兼互取象"이 상당히 제한적일 수밖에 없는 것도 사실이다.

499) 困卦 九二의 "利用享祀"와 困卦九五의 "利用祭祀"의 경우를 참조할 것. 이는 "巽齊"와 "离誠"이 동시에 있으면서, "坤牛"를 만난 경우에 해당된다. 한편, 渙卦의 卦辭에서는 "巽齊"와 "坎敬"을 결합하고, 여기에 艮廟를 결부시켜 제사를 설명하고 있다.

500) 「易例比釋下」 '婚媾例' 참조(『四箋』 卷4, 22나).

501) 坤養 : 「說卦傳」에 "坤也者 …… 萬物皆'致養'焉"이라 함(『四箋』 卷8, 30나). 또 『四箋』(卷4, 12가)에서도 "致養"이라 하였고, 『四箋』(卷7, 33가)에서는 "坤以養之 ≪說卦文≫"

○卦有乾天 而或兼离巽者 爲郊 ≪祭天也≫

○卦에 乾의 하늘이 있는데, [정성을 뜻하는] 离나 [제계함을 뜻하는] 巽을 겸하는 경우에는 "郊"(郊祀 또는 郊祀를 지냄)가 된다.[502] ≪"郊"는 하늘을 제사하는 것이다.≫

○坤艮之土 合以坎水者 爲泥 ≪需與震≫

○坤과 艮의 흙이 坎의 물과 결부되는 경우 진흙[503]이 된다. ≪需卦와 震卦에 이런 사례가 나옴[504]≫

○坎之法律 而艮手震足 以當堅木者 爲桎梏 ≪蒙 噬[505]嗑≫

○坎의 법률에 艮의 손과 震의 발이 견고한 나무와 연관되면, 족쇄와 수갑이 된다. ≪蒙卦와 噬嗑卦에 보인다.[506]≫

○坎月之位 ≪四五六≫ 兌猶未盈 而幾乎乾圜者 爲月幾望 ≪見小畜 歸妹 中孚≫

○坎의 달(月)의 자리에 ≪4·5·6位는 陰·陽·陰으로 坎[507]≫ 兌가 아직 가득 차지 않아서, 거의 乾의 원(圜)[508]에 가까운 경우는 월기망(月幾望)[509]이 된다. ≪이런 사례는 小畜, 歸妹, 中孚卦에 보인다.[510]≫

이라고 함. 따라서 이는 補象 또는 逸象이 아니라, 「說卦傳」에 나오는 象이라 하겠다.

502) 需卦 初九의 "需于郊"는 乾天과 巽潔(齊)와 坤牛의 象을 결합시킨 것이다(『四箋』 卷2, 10가 이후). 한편 위의 "亨飪"과 연관되는 鼎卦의 「彖傳」에서는 "乾天"이 언급되지 않는다(『四箋』 卷6, 5나).

503) 물론 泥(진창)으로 풀 수도 있겠다.

504) 需卦 九三의 "需于泥"는 坤土와 坎水의 象을 결합시켜, 兌澤의 象이 형성되고 있는 경우이다(『四箋』 卷2, 10나). 또 震卦 九四의 "震遂泥"는 坤土와 坎水의 象을 결합시킨 象이 형성되고 있는 경우이다(『四箋』 卷2, 11가).

505) [校閱] 新朝本에는 "筮"(서)로 되어 있으나, 奎章本과 國中本에는 "噬"(서)로 되어 있다. 後者가 옳다.

506) 蒙卦 初六에 "用脫桎梏"이라 하였고, 噬嗑卦 初九에 "屨校滅趾"라 하였다.

507) "坎月之位 ≪四五六≫"란 이른바 "伏體"에 해당한다.

508) 圜 : 두를 "환"(huán; 둘러싸다), 둥글 "원"(yuán; =圓 yuán).

○离垣之防 而兼得震竹者 爲藩[511]籬

○离의 담장이 둘러막고 있는데, 震의 대나무를 같이 얻는 경우에 [대나무] 울타리(藩籬)가 된다.

○汎震木於坎川 ≪或兌澤≫ 而上有巽風者 爲舟

○震의 나무가 坎의 하천에 떠 있고 ≪혹은 兌의 연못≫ 그 위에 巽의 바람이 있는 경우에는 배(舟)가 된다.

○凡易詞之物 不在說卦之原經者 皆兼互以取象 以是法而求之 無一字之礙滯不通矣

○대개 역사(易詞)에 나오는 物象이 「說卦傳」의 원래 經文에 없는 경우는[512] 모두 두 개 卦 이상을 겸하여서 象을 취한 것으로, 이런 방법으로서 그 物象을 구하면 막혀 통하지 않는 경우가 한 글자도 없다.

○易例 又有未滿三畫 而取之爲象者 凡⚊爲矢 ⚋爲膚 ⚏爲牀 ⚍爲履 ≪又爲乘≫ 不能悉指

○역례(易例)에는 또한 삼획(三畫)이 되지 않으나, 그것을 취하여 象으로 삼은 경우가 있다. 대개 '⚊'는 '화살'이 되고 '⚋'는 '피부(膚)'가 되며, '⚏'는 평상(牀)이 되고[513] '⚍'는 '신발(履)'이 되는데[514] ≪또한 '올라타는

---

509) 月幾望 : 14일의 달, 혹은 달이 거의 보름에 가까움을 가리킨다. "幾望"은 14일(의 달), "이망(已望)"은 15일의 보름달, "旣望"은 16의 달에 각각 해당된다(金碩鎭 譯, 『周易傳義大全譯解』 上, 대유학당, 1996, 392면).

510) 小畜卦 上九, 歸妹卦 六五, 中孚卦 六四에 "月幾望"이 나온다.

511) [校閱] 新朝本에는 "蕃"으로 나오나, 奎章本과 國中本에 따라 "藩"으로 한다. 大壯卦의 "'藩'決", "羝羊觸'藩'"의 사례를 보아도 이렇게 하는 것이 적절할 듯하다(『四箋』 卷4, 41나).

512) "說卦之'原經'"이라는 말은, 앞서 언급되었듯이 茶山이 현행 「說卦傳」에는 「說卦」와 그 傳이 섞여 있다고 보기 때문에 나온 표현이겠다.

513) 剝卦 初六의 "박상(剝牀)"이 '⚏'으로 설명된다.

것'이 된다.≫ [이런 사례는 매우 많아] 모두 지목할 수 없을 정도이다.[515]

514) 물론 "리(履)"를 '[발로] 밟음'으로 볼 수도 있다.

515) 이외에도 陽畫 "—"이 君主가 된다면, 陰畫 "--"은 民이나 百姓이 되며, 前者가 君子라면 後者는 小人이 되며, 前者가 곧음(直)이라면 後者는 '휘어짐(撓)'이 된다.

『주역사전(周易四箋)』 해제

다산(茶山)의 역경해석 방법론

『주역사전(周易四箋)』은 다산(茶山) 정약용(丁若鏞, 1763~1836)의 저술로서, 일명 『주역심전(周易心箋)』이라고도 한다.[1] 다산은 18년(1801~1818) 간에 걸친 유배생활 중에서도 오로지 학문연구에 전념함으로써, 유교경전과 정치제도에 대한 방대한 저술을 남길 수 있었는데, 특히 신유년(辛酉年, 1801)에 강진 땅에 유배된 이후 1804년에서 1808년 동안에 오로지 『주역(周易)』 한 권을 연구하는데 심혈을 기울임으로써, 역학사상(易學史上) 획기적인 의의(意義)를 지니는 저서(著書)인 『주역사전』을 완성할 수 있었다. 「여윤외심서(與尹畏心書)」에서의 다산의 술회(述懷)에 따르면, 그가 주역(周易)연구에 전념(專念)한 것은 계해년(癸亥年, 1803) 봄 이후였는데, 너무나 몰두한 나머지 "눈으로 보는 것, 손으로 잡는 것, 입으로 읊조리는 것, 마음으로 생각하는 것, 붓으로 기록하는 것으로부터 밥을 먹고, 변소

1) 『周易心箋』이라는 명칭은 茶山의 「自撰墓地銘」에 나온다. '心'字는 '四'字의 誤記라는 견해도 있다.

에 가며, 손가락 놀리고 배 문지르는 것에 이르기까지 어느 것 하나도 『周易』 아닌 것이라고는 없었다."[2] 이처럼 각고(刻苦)의 노력을 거듭한 결과, 마침내 역경(易經) 해석에 새로운 돌파구를 연 『주역사전』을 세상에 내어놓을 수가 있게 된 것이다.

『주역사전』에 대해서는 누구보다도 우선 다산 자신이 강한 자부심을 숨기지 않고 있다. 다산은 『주역사전』이 하늘이 도와서 낸 문자(天助之文字)이지 결코 사람의 힘으로 통할 바가 아니며, 지려(智慮)의 이를 바가 아니라고 말하고 있다.[3] 다산은 자신의 저술에 대해서 "아는 사람은 적고, 비난하는 사람은 많아, 天命이 허락하지 않는다면 불에 태워 버려도 좋다"[4]라고 말한 적도 있었지만, 또 다른 한편으로는 그의 아들에게 보낸 편지 글 속에서 "만일 내가 저술한 책 중에서 『周易四箋』과 『喪禮四箋』만이라도 전승해 간다면 나머지 책들은 비록 그냥 없애 버려도 좋겠다"라고 말하고 있다.[5] 이러한 다산 자신의 언급을 통해, 다산이 『상례사전(喪禮四箋)』과 『주역사전』의 두 저서(著書)에 얼마나 강한 애착을 지녔는지 알 수 있다. 다산의 주변인물 가운데 『주역사전』의 학술적 가치에 대해 극찬(極讚)을 아끼지 않은 사람은 그의 중형(仲兄) 정약전(丁若銓, 1758~1816)이었는데, 그는 말하기를, "처음에는 놀라고, 중간에는 기뻤고, 나중에는 나도 모르게 무릎이 굽어졌다. 著者인 나의 동생을 어떤 사람이라고 해야 좋을지 모르겠다. 美庸도 저 자신 모를 것이다"라고 하였다. 그는 특히 「계사전(繫辭傳)」 중 점법(占法)에 관련된 부분을 별도로 주석한 「시괘전(蓍卦傳)」에 대해서는 다음과 같이 평가하고 있다. "周易四解는 그 어느 것이 장관이 아니리오마는 「蓍卦傳」에 이르면 더욱 絶奇

---

2) 『與猶當全書』 「與尹畏心書」, 第1集 第19卷, 19나.

3) 『與猶堂全書』 「示二子家誡」, "周易四箋 是 吾得天助之文字 萬萬非人力可通智慮所到."(『與猶堂全書』 第1集 『詩文集』 第18卷, 5나)

4) 『與猶堂全書』 「墓地銘」, "知者旣寡 嗔者以衆 若天命不允 一炬以焚之 可也."(『與猶堂全書』 第1集 『詩文集』 第16卷 「墓地銘」, 18가)

5) 『流配地에서 보낸 편지』(박석무 역, 창작과비평사, 1991, 115면)에서 재인용.

한 문자인 것이다."[6] 그밖에 다산의 주변인물 중에서 다산의 역학관(易學觀)에 깊은 감화를 받은 인물로는 혜장선사(惠藏禪師)가 있는데, 그는 다산이 강진(康津)에 와서 제일 먼저 교분을 맺은 인물로서, 불승(佛僧)이면서도 『주역(周易)』을 비롯한 유가(儒家)의 경전(經典)에 대해서도 상당히 해박한 지식을 갖고 있었다. 그러나 이처럼 『주역』에 통달(通達)한 것으로 자부하던 혜장(惠藏)도 다산과의 역학토론에서는 마침내 자신의 한계를 드러낼 수밖에 없었으니, 다산의 역리사법(易理四法)은 그에게는 신천지(新天地)와도 같이 엄청난 충격으로 다가왔던 것이다. 다산이 혜장에게 물은 질문은 '건초구(乾初九)'가 무엇을 뜻하는가라는 지극히 간단한 질문(質問)이었으나, 혜장은 이에 대하여 전혀 대답하지 못하고, "二十年學易, 皆虛泡"임을 토로(吐露)할 수밖에 없었다.[7] 이 사건을 계기로, 혜장은 다산의 충실한 제자가 되었는데, 혜장의 저술인 『아암집(兒庵集)』을 보면, 그 내용이 다산의 역학사상(易學思想)을 그대로 요약(要約)했다고 해도 과언이 아닐 정도로 다산의 영향을 강하게 받고 있음을 알 수 있다. 그러나 이러한 다산의 주변인물들과는 달리, 당대의 지식인들이 『주역사전』에 대해 적극적으로 논평하거나, 언급한 것을 접하기가 쉽지 않다. 그것은 당시의 정치적 상황 때문에, 유배중이던 다산의 저술이 조선 후기의 지식인사회에 수용되기 어려운 측면이 있었을 뿐 아니라, 다산이 『주역사전』에서 제기한 신설(新說)이 전통적 역학에 익숙해 있던 역학자들에게는 이단사설(異端邪說)로밖에는 여겨지지 않았기 때문이 아닌가 추측된다.

그러면, 『주역사전』의 성립과정에 대해 알아보기로 하자. 『주역사전』이 최초로 간행한 것은 1804년인데, 이것을 갑자본(甲子本, 八卷)이라

6) "周易四解 孰非壯觀 而至蓍卦伝 充是絶奇文字."(『易學緒言』 卷4, 30가)
7) "余曰, 乾初九何謂也? 兒庵曰, 九者, 陽數之極也. 余曰, 陰數焉極曰, 極於十. 余曰, 然何不曰 坤初十?"(惠藏禪師, 『兒庵集』 附錄, 2~3면; 丁若鏞 撰, 「東方 第十五祖 蓮坡大師 碑銘」)

고 부른다. 갑자본이 간행된 이후에도 다산은 네 번의 개고(改稿)를 거쳐서 최종적으로 무진본(戊辰本, 1808)을 완성하였다. 즉 갑자본(甲子本) 8권(1804), 을축본(乙丑本) 8권(1805), 병인본(丙寅本) 16권(1806), 정묘본(丁卯本) 24권(1807), 무진본(戊辰本) 24권(1808)의 순서로 5년에 걸쳐 매년(每年)마다 개고(改稿)를 거듭하면서 다섯 차례 간행되기에 이르렀다.[8] 이것은 『주역사전』이 그야말로 각고(刻苦)의 노력 끝에 완성된 다산의 노작(勞作)이라는 것을 말해주고 있다.

『주역사전』이란 저서의 명칭은 주역(周易)에 관한 네 가지 주석(註釋)을 뜻하는데, 이는 다산이 역리사법(易理四法)이라는 네 가지 해석방법론을 통하여 주역을 해석했기 때문에, 유래된 명칭이다. 역리사법은 다산이 그의 『주역사전』에서 역해석을 위해 도입한 방법론으로서 ① 추이(推移), ② 물상(物象), ③ 호체(互体), ④ 효변(爻變)의 네 가지 해석법을 말한다. 다산에 따르면 역리사법의 체계는 갑자본에 이미 갖추어져 있었다고 한다. 그러나 갑자본(八卷)은 그 체제가 조략(粗略)하고 불완전해서 완전히 허물어버리고, 그 다음해에 개찬(改撰)한 것이 을축본(八卷)이라고 한다. 병인본(十六卷)은 보은산방(寶恩山房)[9] 시절의 작품으로서 을축본에 결여된 양호(兩互)와 교역(交易)의 방법론을 보충한 것이다. 병인본(十六卷)과 갑자본(八卷)·을축본(八卷)의 권수를 비교해보면, 병인본은 이전의 것에 비해서 두 배 가량 내용이 증대(增大)되었음을 알 수 있다. 『주역사전』의 저술작업에는 아들인 학연(學淵)·학유(學遊) 형제와 제자 이정(李晴, 字는 鶴來)가 참여하여 조력(助力)하였는데, 『주역사전』에는 특히 학연·학유 형제의 설(說)이 많이 반영되어 있다. 『주역사전』에 나오는 학가(學稼)는 다산의

8) 다산은 「題讀易要旨後」에서 "盖自甲子陽復之後, 至今凡五易稿矣"라고 하여(『全與猶堂全書』 卷2, 531면; 『國譯 茶山詩文集』 卷6, 215면 이후) 병인년(1806)까지 이미 5차례 개정하였다고 하였다. 따라서 여기 「題戊辰本」에서 언급한 것(4차례 개정)은 그 주요한 것만 말한 것이 아닌가 한다. 그리고 『年譜』에는 또한 '5차례 개정'했다고 나온다. 따라서 현재 그 改稿 횟수를 정확히 말할 수는 없다.

9) 大興寺의 末寺인 高聲寺를 말한다.

맏아들인 정학연(丁學淵, 1783~1859)을 가리키며, 학포(學圃)는 둘째아들인 정학유(丁學游, 1786~1855)를 가리킨다. 또 이정(李晴)은 다산의 유배시절에 그 지역 출신으로 제자가 된 사람이다. 정묘본(二十四卷)은 파성(播性)과 유동(留動)의 방법론의 결여나 착오의 부분을 고친 것인데, 아들 학가(學稼)에게 그 미진한 부분을 수정하게 하였으나, 완성하지 못하고 돌아갔으므로, 이청(李晴)으로 하여금 준공(竣工)케 하였다고 말하고 있다. 정묘본(二十四卷)은 병인본(十六卷)보다 8권이 더 많은 것으로 볼 때, 상당한 수정을 거쳐서 완성된 것임을 짐작케 한다. 이 정묘본의 착오를 수정하여 최종적인 완결본을 낸 것이 무진본(二十四卷)인데, 무진본의 완성에는 다산의 차자(次子)인 학포(學圃, 學游)의 조력(助力)이 있었다. 그런데 다산은 정묘본은 사실상 무진본이라고 말할 수 있다고 말한다. 정묘본과 무진본은 권수도 동일하므로 거의 동일한 체제를 유지하고 있는 것으로 보이며, 단지 방법론적 정밀성에 있어 무진본이 보다 완벽에 가까운 것으로 보인다. 다산은 을축본에 대해서는 "此本, 在羅州海中"이라고 하였는데, "羅州海中"이란 '흑산도'를 지칭하는 것으로 보인다. 다산은 『역학서언(易學緒言)』「현산역간(玆山易簡)」의 서두(序頭)에서, 흑산도가 "나주해중(羅州海中)에 있다"고 말한 바 있는데, 흑산도는 그의 중형(仲兄) 정약전(丁若銓)이 유배되어 있던 곳이기도 하다. 또 병인본에 대해서는 "此本, 在廣州"라고 하였으니, 이것은 경기도 광주(廣州)의 고향집을 가리킨 것으로 보인다. 그러나 을축본이나 병인본이나 간에 아직 발견되지 않고 있으며, 현재 일반적으로 유통되고 있는 『주역사전』은 최종본인 무진본(1806)으로서, 규장각에 소장된 필사본이다. 1882년(高宗 19, 光緒 9)에 『여유당전서(與猶堂全書)』가 전사(全寫)되어 내각(內閣)에 수장(收藏)된 바 있는데, 그때의 필사본이 지금 남아 있는지는 확실히 알 수 없다. 규장각 소장(所藏)의 필사본(筆寫本) 이외에도 국립중앙도서관 소장본이 현존하고 있다. 그 밖에도 또 다른 필사본들이 존재할 가능성이 있으나, 이에 대해서는 정밀한 조사연구가 필요하다고 하겠다. 규장각 소장의 필사본을 저본(底本)으로 하여, 1936년 신조선사(新朝鮮社)에서 정인보(鄭寅普, 1892~1950) 등이 중심이 되어 『여유당전서』의 재간행작업이 이루어졌는데, 이 가운데 『주역사전』은 경집(經集) 제37권에서 제44권까지 총8권의 활자본(新朝本)으로 간행된 바 있다.

그러면 신조선사본(新朝鮮社本)을 중심으로 『주역사전』의 체제를 검토해보기로 하자. 『주역사전』의 권두(卷頭)에는 「제무진본(題戊辰本)」과 「사전소인(四箋小引)」이 있는데, 이것은 일종의 서론(序論)에 해당된다고 볼 수 있다. 「제무진본」은 저작(著作)의 과정을 서술한 것이라면, 「사전소인」은 역리사법(易理四法)에 대해서 간략하게 언급한 글이다. 다산은 「사전소인」에서 이들 네 가지 방법론이 모두 주자(朱子)의 방법론과 일치하고 있다고 말한다. 그러나 다산의 이 발언은 오해의 소지가 다분히 있다. 엄밀히 말한다면, 다산의 역리사법과 주자의 방법론 사이에는 커다란 차이가 있다. 특히 효변과 추이의 해석법에 있어서는 양자(兩者)는 결코 동일하지 않다. 추측컨대, 다산이 역리사법이 모두 "주자지의(朱子之義)"라고 말한 것은 당시의 완고한 학계의 분위기를 감안한 자기보호책의 일환이 아닌가 한다.

「사전소인」에 이어서, 「괄례표(括例表)」·「독역요지(讀易要旨)」·「역례비석(易例比釋)」 등이 이어지고 있다.

「괄례표」는 역리사법의 사례(事例)를 총괄하여 표(表)로 도시(圖示)한 것인데, 역의 해석방법을 포괄적으로 설명한 뒤에, 그 세부적 규칙을 상세하게 서술하고 있다.

그 다음으로, 「독역요지」는 주역의 해석함에 있어 적용해야 할 일반적 준칙(準則)을 정립한 것으로서, 전부 19칙(19則)으로 구성되어 있다. 그 18칙(18則)이란 ① 추상(抽象), ② 해사(該事), ③ 존질(存質), ④ 고명(顧名), ⑤ 파성(播性), ⑥ 유동(留動), ⑦ 결본(缺本), ⑧ 용졸(用拙), ⑨ 쌍소(雙溯), ⑩ 첩현(疊現), ⑪ 비덕(比德), ⑫ 영물(詠物), ⑬ 건유(建維), ⑭ 변위(辨位), ⑮ 우의(寓義), ⑯ 고점(考占), ⑰ 인자(認字), ⑱ 찰운(察韻)의 18개의 원칙을 말한다. 「역례비석(易例比釋)」은 주역점사(周易占辭)의 용례(用例)를 비교하여 분석한 것이다. 여기에는 '元亨利貞例'에서 '征凶例'에 이르기까지 모두 28개의 점사(占辭)의 용례를 분석해서, 일반적 원리를 도출한 것이다. 「역례비석」 다음에는 『주역』의 상경(上經)의 30괘(30卦)에 대한 주석(註釋)이 시작되는데, 건곤괘(乾坤卦)와 이괘(頤卦)·대과괘(大過卦)를 제외한 나머지 26괘(26卦)에 대해서는 정괘(正卦)와 반괘(反卦)로 나누고 있다. 상경(上經)의 주석이 끝나고 하경(下經)의 주석이 시작되기 전에 「역론(易論)」과 「괄례표(下)」, 「역례비석(下)」가 중간(中間)에 들어 있다.

「역론(易論)」은 다산이 역학을 파악하는 관점을 엿볼 수 있는 중요한 자료중의 하나이다.[10] 다산은 「역론」의 성립시기를 '奠楹之後, 2285年, 春 洌水 丁鏞撰'이라고 명시하고 있는 바, 이는 공자(孔子) 몰후(歿後) 2285년을 뜻하므로, 1806년 봄에 해당된다. 1806년은 병인년(丙寅年)에 해당되므로, 「역론」이 『주역사전』(丙寅本)과 같은 해에 성립되었음을 말해주고 있다.

「괄례표(下)」에는 소위(所謂) "三易之義"에 대해서 설명하고 있는데, 삼역지의(三易之義)란 교역(交易)·변역(變易)·반역(反易)의 해석방법론을 가리킨다.

교역이란 상괘(上卦)와 하괘(下卦)를 교차시켜서 새롭게 형성된 괘와 본래의 괘의 관계를 가리킨다. 예컨대 태괘(泰卦)와 비괘(否卦)는 교역의 관계에 있다. 또 변역이란 괘를 전부 변화시켜, 음(陰)은 양(陽)으로 변하게 하고, 양(陽)은 음(陰)으로 변하게 해서 형성된 괘와 본래의 괘 사이의 관

10) 「易論」에는 「易論一」과 「易論二」가 있는데, 모두 『與猶堂全書』 第1集 『詩文集』 卷11(景仁文化社 刊, 1982)의 222~223면에 수록되어 있다. 다산의 『周易四箋』의 中間에 삽입되어 있는 것은 「易論二」이다.

계를 가리킨다. 예를 들면, 건괘(乾卦)와 곤괘(坤卦)는 변역(變易)의 관계에 있다. 그리고 반역(反易)이란 괘를 전도(顚倒)시켜서 만든 괘와 본래의 괘 사이의 관계를 가리킨다. 예를 들면, 준괘(屯卦)와 몽괘(蒙卦)는 반역(反易)의 관계에 있다. 다산의 이론체계에서 가장 핵심적인 역할을 하는 것은 역리사법이지만, 삼역지의도 역시 괘사(卦詞)의 원활한 해석을 보조(補助)하는 기능을 담당하고 있다.

「역례비석(下)」에서는 「역례비석(下)」에서 다루지 않았던 점사(占辭)의 용례들을 설명하고 있다. 예를 들면, '利涉大川例', '利有攸往例', '祭祀例', '婚婚例' 등이 그것이다. 「역례비석(下)」에 이어서, 『주역』의 하경(下經)의 34괘(34卦)에 대한 주석(註釋)이 이루어지고 있다. 그 뒤에 이어지는 것은 「춘추관점보주(春秋官占輔註)」인데, 이는 『춘추좌씨전(春秋左氏傳)』과 『국어(國語)』에서 당시의 복인(卜人)이 점(占)을 친 사례(事例)를 다산이 발췌해서 보주(補註)한 것이다. 『춘추좌씨전』의 점례들은 『周易』과 관련된 가장 오래된 자료로서, 춘추시대에 『주역』을 어떻게 해석했는가를 알려주는 중요한 단서를 제공해준다. 다산은 역리사법 중 효변(爻變)해석에 대한 결정적 단서를 춘추관점(春秋官占)의 용례들에서 얻고 있다는 점에서 그 자료적 가치는 실로 중요하다고 말할 수 있다.

그 다음으로 10익(十翼) 중 한 편인 「대상전(大象傳)」에 대한 주석이 이어지고 있다. 일반적 통설에 따르면, 「설괘전(說卦傳)」, 「서괘전(序卦傳)」, 「잡괘전(雜卦傳)」, 「문언전(文言傳)」 4편과, 「계사전(繫辭傳)」(上)(下), 「단전(彖傳)」(上)(下), 「상전(象傳)」(上)(下)의 6편을 합친 10편이 10익을 구성하는 것으로 보거나, 혹은 「상전(象傳)」을 上下가 아닌, 「대상전(大象傳)」과 「소상전(小象傳)」으로 나누기도 한다. 그러나 다산은 기존의 통설(通說)에서 공통적으로 포함시키고 있는 「문언전(文言傳)」을 10익에서 제외시키는 대신에, 별도로 「대상전(大象傳)」을 독립적인 한 편으로 성립시키고, 「소상전(小象傳)」을 上·下의 두 편으로 구분시켰다. 그런데 다산이 「문언(文言)」을 10익에 포함시키지 않은 것은 「문언(文言)」을 『이아(爾雅)』나, 『설문(說文)』처럼 역(易)의 자의(字意)를 설명한 일종의 자서(字書)에 속한다고 보기 때문이다. 따라서 다산에 따르면, 10익(十翼)은 ①「설괘전(說卦傳)」, ②「서괘전(序卦傳)」, ③「잡괘전(雜卦傳)」, ④「계사전상(繫辭傳上)」, ⑤「계사전하(繫辭傳下)」, ⑥「단전상(彖傳上)」, ⑦「단전하(彖傳下)」, ⑧「소상전상(小象傳上)」, ⑨「소상전하(小象傳下)」, ⑩「대상전(大象傳)」의 열 편이 된다.

「대상전(大象傳)」에 이어서, 다산은 「계사전」에 대해 해석하고 있다. 다산은 "계사(繫辭)"란 원래 단전(彖傳)과 상전(象傳)을 가리키는 명칭이므로, 이 편의 이름을 「계사전」이라고 부르는 것은 전승(傳承)과정에서 생긴 오류가 아닌가 추론(推論)하고 있다. 사마천(司馬遷)은 『사기(史記)』에서 이 편을 "易大傳"이라고 불렀고, 한대(漢代)의 유학자(儒學者)들도 "易大傳"이라고 불렀으니, "易大傳"이라고 부르는 것이 타당하다고 주장한다. 다산은 「계사전」을 전부 해석하지 않고, 십이벽괘(十二辟卦) 등의 역리사법에 관련된 부분을 중점적으로 해석하고 있다. 또 한 가지 특징적인 점은 「계사상전(繫辭上傳)」 가운데 점법(占法)에 관한 부분만을 따로 뽑아서, 「시괘전(蓍卦傳)」으로 독립시켜 별도로 주석(註釋)하고 있다는 점이다. 이처럼, 「시괘전」을 별도로 독립시켜 다룬 이유는 고점서(古占筮)의 전통을 원형(原形)대로 복구(復舊)시켜, 주역의 원의(原義)를 밝히고자 하는 배려인 것으로 생각된다.

「시괘전」에 이어 다산은 마지막으로 「설괘전」을 주석(註釋)하고 있다. 주역의 올바른 해석이란 어디까지나 상(象)의 정확한 의미규정에 의존하는 것이므로, 다산의 역(易) 주석(註釋)에서 지극히 중요한 부분이라고 할 수 있다. 다산은 「설괘전」의 해석에서 순구가(荀九家)의 설(說)을 존중하고, 상당 부분 취하였으나, 무조건적으로 추종한 것은 아니다. 상(象)의 의미규정에 있어서도 다산에 의하여 새롭게 개발된 부분이 상당수 있다.

이상에서 『주역사전』의 내용을 그 체제(體制)의 순서에 따라 개괄적으로 살펴보았다. 그러면, 『주역사전』의 가장 핵심이라고 할 수 있는 역리사법의 내용에 대해 간략하게 소개하기로 한다. 다만, 설명의 편의를 위해 「사전소인(四箋小引)」에서 배치한 순서를 바꾸어서 설명하고자 한다.

역리사법의 첫 번째 이론은 추이(推移)이다. 추이(推移)는 전통적으로는 괘변(卦變)이라고 불리던 이론인데, 다산의 추이설(推移說)을 이해하기 위해서는 먼저 벽괘론(辟卦論)에 대한 이해가 선결적(先決的)으로 요구된다. 역사적으로 벽괘론의 이론적 근거는 한유(漢儒)들의 음양소식설(陰陽消息說)에까지 소급되는데, 다산은 한유들의 십이소식괘(十二消息卦)의 이론을 근간(根幹)으로 해서, 자신의 14벽괘론을 전개하고 있는 것이다. 다산의 벽괘론의 골자는 『주역』의 64괘가 14벽괘와 50연괘(衍卦)의 두 부분으로 구성(構成)된다는 데 있다. 그런데 벽괘(辟卦)는 자연의 순환적 세력을 괘상(卦象)으로 표현한 것이며, 연괘(衍卦)는 순환적 자연력에 의해 영향받아 형성되는 인간사(人間事)를 상징적으로 표현한 괘상(卦象)이다. 즉 벽괘는 천도(天道)의 운행(運行)을 상징하며, 연괘는 인사(人事)의 변천(變遷)을 상징한다. 50연괘는 14벽괘로부터 영향을 받아 변해서 펼쳐진(衍) 괘를 뜻하는데, 다산은 연괘의 명칭의 근거를 대연지수(大衍之數) 50에서 찾았다. 또 다산은 14벽괘와 50연괘를 「계사전」에 있는 물이군분(物以羣分)과 방이유취(方以類聚)라는 용어(用語)와 결부시켰다. 즉 14벽괘는 음(陰)과 양(陽)이 분화되지 않은 상태에 있음을 상징하는 방이류취괘(方以類聚卦)를 가리키며, 50연괘는 음(陰)과 양(陽)이 분화(分化)되어 흩어진 상태로 있음을 상징하는 물이군분괘(物以羣分卦)를 가리킨다. 이렇게 해서, 다산은 벽괘와 연괘의 성격을 명확하게 구분하는 동시에, 벽괘에 연괘의 변화를 통솔하는 기능을 부여하였다. 14벽괘는 사시지괘(四時之卦)와 재윤지괘(再閏之卦)로 구성되는데, 사시지괘는 復, 臨, 泰, 大壯, 夬, 乾, 姤, 遯, 否, 觀, 剝, 坤의 12괘를 말하며, 재윤지괘는 소과(小過)와 중부(中孚)의 두 괘를 가리킨다.

復 → 臨 → 泰 →大壯 →夬 → 乾

姤 → 遯 → 否 → 觀 → 剝 → 坤

小過　中孚

다산의 역리사법(易理四法) 중 추이론(推移論)은 크게 ① 벽괘 자체의 추이(推移)과정과 ② 벽괘가 연괘의 변화를 지배하는 과정의 두 부분으로 나누어진다. 전자(前者)는 벽괘 내부의 순환적 변화를 말한다. 이것은 양(陽)이 점차적으로 증가되는 과정(復→臨→泰→大壯→夬→乾)과 음(陰)이 점차적으로 증가되는 과정(姤→遯→否→觀→剝→坤)의 두 부분으로 구성된다. 이것은 자연의 변화가 음양(陰陽)이 소장(消長)하는 과정임을 상징적으로 표현한 것이다. 반면에 후자(後者)는 14벽괘는 50연괘의 변화를 지배하는 것을 가리키는데, 그 세칙(細則)은 다음과 같다.

① 一陽之卦는 6개인데, 復, 剝에서 온다.
② 一陰之卦는 6개인데, 姤, 夬에서 온다.
③ 二陽之卦는 15개인데, 臨, 觀, 小過에서 온다.
④ 二陰之卦는 15개인데, 觀, 遯, 大壯에서 온다.
⑤ 三陽之卦는 10인데, 泰에서 온다.
⑥ 三陰之卦는 10인데, 否에서 온다.

이것을 주자(朱子)의 괘변설(卦變說)과 비교해보면, 다산은 주자가 제외시킨 소과괘(小過卦)와 중부괘(中孚卦)를 벽괘에 편입시키고 있다는 점이 주목된다. 또 주자는 괘변설을 역중지일의(易中之一義)라고 하였지만, 다산은 작역지본지(作易之本旨)라고 본 것은 양자(兩者) 사이의 큰 차이점이라고 말할 수 있다. 이처럼, 다산의 추이설(推移說)은 주자의 괘변설과는 상당한 차이를 보이고 있으며, 주자보다는 오히려 우번(虞翻)의 이론을 모태(母胎)로 발전된 이론이라고 하겠다.

역리사법(易理四法)의 두 번째 이론은 효변(爻變)이다. 효변이란 주역(周易)의 음(陰)과 양(陽)을 표시된 그대로 음(陰)과 양(陽)으로 해석하지 말고, 음(陰)은 양(陽)으로 해석하고, 양(陽)은 음(陰)으로 해석해야 된다는 이론이다. 주역의 효사(爻辭)에는 모두 9 혹은 6이라는 숫자가 붙어 있는데, 구(九)는 노양(老陽)을 상징하므로, 이미 음(陰)으로 변화되는 과정에 있는 것으로 해석하고, 육(六)은 노음(老陰)이므로, 이미 양(陽)으로 변화되는 과정에 있는 것으로 해석해야 된다는 이론이다. 만일 효변(爻變)이 일어나게 되면, 괘(卦)는 본괘(本卦)와 지괘(之卦)로 나누어지게 된다.

준괘(屯卦)의 경우를 예(例)로 들면, 다음과 같다.

屯 ① 屯初九=屯之比=屯卦가 比卦로 변하는 경우
② 屯六二=屯之節=屯卦가 節卦로 변하는 경우
③ 屯六三=屯之旣濟=屯卦가 旣濟卦로 변하는 경우
④ 屯六四=屯之隨=屯卦가 隨卦로 변하는 경우
⑤ 屯九五=屯之復=屯卦가 復卦로 변하는 경우
⑥ 屯上六=屯之益=屯卦가 益卦로 변하는 경우

다산의 효변(爻變)이론은 너무나 이질적(異質的)이어서 전통적 역학에 익숙한 사람들에게는 도저히 수용하기 힘들 정도로 혁신적 이론이다. 일반적 통설로는 구(九)는 양(陽)이요, 육(六)은 음(陰)에 대한 지칭인 줄로만 알았으니, 다산의 효변은 해석방법론(解釋方法論)의 측면에서 정반대(正反對)의 전환(轉換)을 한 셈이다. 따라서 다산의 효변론(爻變論)은 역경해석사(易經解釋史)에 있어 코페르니쿠스(Copernicus)적인 의의(意義)를 갖고 있다.

다산이 이처럼 혁명적 해석을 감히 할 수 있었던 근거는 『춘추좌씨전』에 있었다. 『춘추좌씨전』에는 '乾之姤'처럼 '某卦之某卦'의 서술형식을 여러 곳에서 발견할 수 있거니와, 이것은 'x괘가 y괘로 간다'는 진술형식으로 서술될 수 있다. 이처럼 『춘추좌씨전』에는 효변으로써 해석한 예(例)를 상당수 찾을 수 있거니와, 재래(在來)의 해석가(解釋家)들은 이렇게 명확(明確)하게 제시된 『춘추좌전(春秋左傳)』의 해석법(解釋法)을 간과(看過)하거나 정확(正確)하게 이해(理解)하지 못했기 때문에 해석상(解釋上) 과오를 범할 수밖에 없었던 것이다.

역리사법의 세 번째 이론은 호체(互体)이다. 호체는 상하양괘(上下兩卦)가 결합되어 괘가 형성된 것으로 보지 않고, 상괘(上卦)와 하괘(下卦)와 별도로 대성괘(大成卦)의 중간에서 다시 괘를 취하는 이론을 말한다. 이때 중간에서 취할 때 생기는 괘를 호괘(互卦) 또는 호체(互體)라고 한다. 호괘 중 2·3·4획의 위(位)에서 취(取)하는 호괘를 하호(下互)라 하고, 3·4·5획의 위(位)에서 취(取)하는 호괘를 상호(上互)라고 한다. 예를 들면, 수괘(隨卦)는 상괘인 태(兌)와 하괘인 진(震)이 결합되어 성립된 괘이지만, 호괘로써 관찰하면, 3·4·5위(位)에 손(巽)이 있고, 2·3·4위(位)에는 간(艮)이 있게 된다. 이 경우, 손(巽)을 상호괘(上互卦)라고 하고, 간(艮)을 하호괘(下互卦)라고 한다. 그리고 상호괘와 하호괘를 결합해서 형성된 괘를 양호괘(兩互卦)라고 한다. 수괘(隨卦)의 양호괘는 점괘(漸卦)가 된다.

下互 隨 上互 → 兩互 → 漸

호체(互體)의 해석법이 필요한 이유는 상하양괘(上下兩卦)로만 해석할 경우 너무나 제한된 상(象) 밖에는 적용할 수 없기 때문이다. 실제로 호체가 아니면 해석할 방도가 없는 경우가 많이 있다. 만일 호체를 인정하지 않는다면 이는 성인(聖人)이 상(象)을 허설(虛設)하였다는 것이 된다.

따라서 호체 해석을 통해 그러한 물상(物象)을 해석할 수 있는 수단을 확보하는 것이다. 호체 해석의 전거(典據)는 「계사전」에 "雜物撰德"이라고 한 것에 있으며, 역학사적(易學史的)으로는 『춘추좌씨전』의 진경중지서(陳敬仲之筮)에서 두예(杜預)가 호체로서 해석을 한 것에서 비롯되고 있다. 호체설(互體說)이 배격받은 것은 종회(鍾會)의 「무호체론(無互體論)」과 왕필(王弼)의 호체비판(互體批判) 이후부터이다. 특히, 왕필은 의리학(義理學)의 입장에 서서 상수(象數)에 반드시 합치(合致)되지 않아도 무방하다는 주장을 폈다. 그러나 주자는 『춘추좌씨전』에 분명(分明)히 호체를 썼다고 하여 호체설을 옹호하였다.

역리사법의 네 번째 이론은 물상(物象)이다. 물상이란 상(象)의 의미를 분명히 규정한 뒤에야 괘사(卦詞)의 의미를 정확하게 해석할 수 있다는 원칙을 말한다. 다산은 역사(易詞)에서 상(象)을 언급한 것은 모두 「설괘전」에 근거한 것으로, 「설괘전」을 읽지 않고는 역사(易詞)의 한 글자(字)도 해석할 수가 없다고 주장한다. 「설괘전」을 무시하고, 역사(易詞)를 해석하는 것은 마치 열쇠도 없이 문(門)을 열려고 하는 것처럼 어리석은 짓이다. 물상을 중요시하는 것은 상수학(象數學)의 공통(共通)된 입장이다. 상수학적(象數學的) 입장에서 본다면 주역(周易)은 상(象)의 철학이요, 상(象)은 물(物)의 상(象)을 의미하는 것이다. 다산은 비록 자신이 상수학자(象數學者)라고 명시적으로 밝힌 적은 없으나, 물상을 역리사법(易理四法) 속에 포함시킨 것으로 볼 때, 상수학의 진영에 속한다고 보는 것이 타당할 것이다.

이상으로 다산의 『주역사전』의 체재와 내용에 대해 살펴보았다. 『주역사전』의 의의(意義)는 무엇보다도 역리사법(易理四法)이라는 체계적인 방법론을 적용함으로써, 괘사(卦詞)의 해석에서 발생할 수 있는 애매성과 자의성(恣意性)을 최대한 제거하고, 실증적인 해석에로의 길을 열었다는 점에 있다. 이것은 실로 2000년 이상 시행착오만을 반복해온 역경해석사(易經解釋史)에 새로운 돌파구를 마련한 것이다. 정이천(程伊川)과 주자(朱子)는 中·不中, 正·不正, 혹은 應·不應 등 단지 무미건조하고도 정태적인 해석 방법에서 벗어나지 못하고 있는 반면에, 다산의 변증법적 방법론은 정물화(靜物畵) 속의 정지된 요소처럼 보이던 괘상(卦象)을 활발하게 변화시킴으로써 주역의 생활세계를 재현(再現)시키는데 성공하고 있는 것이다. 그리고 이것은 존재하는 일체의 사물과 사태를 변화와 생성 속에서 파악하려고 하는 역경철학(易經哲學)의 변증법적 정신에 충실한 결과이기도 하다.

참고문헌

1. 다산 원전

정약용, 『國譯 茶山詩文集』(민족문화추진회 편), 솔, 1999.
______, 『國譯 與猶堂全書』 제4권(전주대 호남학연구소 편, 『論語古今注』), 여강출판사, 1989.
______, 『與猶堂全書』, 경인문화사, 1981.
______, 『易學緖言』, 민창문화사, 1995.
______, 『周易四箋』, 민창문화사, 1995.
______, 박석무 역, 『유배지에서 보낸 편지』, 창작과비평사, 1991.
______, 박석무·정해렴 편역, 『다산문학선집』, 현대실학사, 1996.
이윤희, 『자세히 풀어쓴 주역사전』, 민창사, 2004.
涵齋 金在泓 口訣, 『周易四箋口訣』, 이회문화사, 2007.

2. 경전류 원전

(魏)王弼, (晉)韓康伯 注, (唐)孔穎達 疏, 陸德明 音義, 『周易注疏』(四庫易學叢刊), 上海古籍出版社, 1989.
『乾坤鑿度』(『中國古代易學叢書』 第49卷), 中國書店出版社, 1992.
『古詩賞析』(『漢文大系』 第18卷), 富山房, 明治 48年.
『毛詩』(『漢文大系』 第12卷), 富山房, 明治 48年.
『三經集傳 3 周易』, 二以會, 1982.
『尙書』(『漢文大系』 第12卷), 富山房, 明治 48年.
『禮記』(全4冊), 학민문화사, 2000.
『儀禮』, 학민문화사, 2000.
『周禮』(全2冊), 학민문화사, 1997.
『周易集註』, 명문당, 1976.
『春秋左氏會箋』 上·下(『漢文大系』 제10권, 제11권), 富山房, 明治 44年.
『太玄經』, 臺灣中華書局印行, 中華民國 63年.
賈公彦, 『周禮注疏』(十三經注疏本), 上海古籍出版社, 1990.
郭璞 注, 『山海經 外二十六種』(四庫筆記小說叢書), 上海古籍出版社, 1991.

권오돈 역, 『春秋左氏傳』, 홍신문화사, 1976.
金啓華 譯注, 『詩經全釋』, 江蘇 揚中市 : 江蘇古籍出版社, 1995.
김 근 역, 『呂氏春秋』, 민음사, 1993.
金碩鎭 譯, 『周易傳義大全譯解』 上・下, 대유학당, 1996.
金學主 譯, 『荀子』, 을유문화사, 2001.
______ 譯, 『大學』, 명문당, 1972.
______ 譯, 『中庸』, 명문당, 1972.
______ 譯, 『新完譯 詩經』, 명문당, 2002.
金赫濟 校閱, 『原本集註詩傳』, 명문당, 1988.
남기현 역해, 『春秋左傳』, 자유문고, 2003.
______ 역해, 『춘추공양전』, 자유문고, 2005.
陶 潛, 『陶淵明集全譯』, 貴州人民出版社, 1992.
董立章, 『國語譯注辨析』, 暨南大出版社, 1993.
董眞卿, 『周易會通』(四庫易學叢刊), 上海古籍出版社, 1990.
馬子雲, 施安昌, 『碑帖鑒定』, 廣西桂林市 : 廣西師範大學出版社, 1993.
毛奇齡, 『仲氏易』(『中國古代易學叢書』 第36卷), 中國書店出版社, 1992.
______, 『仲氏易』(四庫易學叢刊), 上海古籍出版社, 1990.
______, 『推易始末・春秋占筮書・易小帖』(四庫易學叢刊), 上海古籍出版社, 1990.
文璇奎 譯, 『春秋左氏傳』 上・中・下, 명문당, 1987.
박양숙 편역, 『열녀전』, 자유문고, 1994.
박일봉, 『莊子』, 육문사, 1990.
______ 譯, 『古文眞寶』, 육문사, 2000.
成百曉 譯註, 『大學・中庸集註』, 전통문화연구회, 1991.
______ 譯註, 『書經集傳』 上・下, 전통문화연구회, 1998.
蘇 軾, 『東坡易傳』(『中國古代易學叢書』 第3卷), 中國書店出版社, 1992.
蕭統 編, 李善 注, 『文選』, 文選研究會, 1983.
孫星衍, 『周易集解』 上・下, 上海書店, 1993.
孫希旦, 『禮記集解』 上・下, 中華書局, 1998.
송명호 역, 『禮記集說大全』 上卷, 높은밭, 2002.
신지영・이정재 역, 『國語』, 홍익출판사, 1998.
楊伯峻 編著, 『春秋左傳注』(修訂本), 中華書局, 1993.
楊雄, 李軌 注, 『法言』(諸子集成本), 上海書店, 1989.

楊天宇,『儀禮譯註』, 上海古籍出版社, 1994.
黎庶昌 輯,『廣韻』(『古逸叢書』 下), 楊州 : 江蘇廣陵古籍刻印社, 1994.
______ 輯,『爾雅』(『古逸叢書』 上 · 下), 楊州 : 江蘇廣陵古籍刻印社, 1994.
黎靖德 編,『朱子語類』, 中華書局, 1994.
오강남 역,『莊子』, 현암사, 2003.
吳江原 譯註,『儀禮』 1 · 2 · 3, 청계, 2000.
王守謙 外 譯注,『左傳全譯』, 貴州人民出版社, 1992.
王立文 外,『中國古代易學叢書』, 中國書店出版社, 1992.
王宗石 編著,『詩經分類詮譯』, 湖南教育出版社, 1993.
王 弼, 임채우 역,『周易王弼注』, 길, 1998.
王 弼, 韓康伯 注, 孔穎達 等 正義, 黃侃 經文句讀,『周易正義』(十三經注疏之一), 上海古籍出版社, 1990.
柳星俊 編著,『楚辭』, 문이재, 2002.
______ 編著,『楚辭選注』, 형설출판사, 1989.
劉 向, 이숙인 역,『列女傳』, 예문서원, 1996.
李道平, 潘雨廷 點校,『周易集解纂疏』(十三經淸人注疏), 中華書局, 1994.
______,『周易集解纂疏』 1 · 2, 文史哲出版社, 中華民國 60年.
이민수 역,『孔子家語』, 을유문화사, 2003.
李相玉 譯,『禮記』 上 · 中 · 下, 자유문고, 2000.
李 瀷,『易經疾書』(李佑成 編,『星湖全集』 3), 여강출판사, 1987 .
李鼎祚,『周易集解』, 北京市中國書店, 1990.
李鍾洛 頭註,『春秋』 天 · 地 · 人, 학민문화사, 1990.
李 贄,『易因』(無求備齋 易經集成 54), 臺北 : 成文出版社, 1976.
李學勤 主編,『十三經注疏 整理本 周易正義』, 臺灣古籍出版有限公司, 2001.
이충구 外 3人 역주,『이아주소』(全6권), 소명출판, 2004.
임동석 역주,『韓詩外傳』, 예문서원, 2000.
張繼禹 主編,『中華道藏』 第23冊, 華夏出版社, 2004.
張基槿 譯,『論語』, 명문당, 1973.
張溥 編,『漢魏六朝百三家集(外三種)』(四庫文學總集選刊), 上海古籍出版社, 1994.
朝鮮圖書株式會社 編輯部 編纂,『備旨具解原本周易』, 元貞書舍, 연도 미상.
朱 子, 白殷基 譯註,『譯註 周易本義』, 여강출판사, 1999.
朱自淸, 全寅初 譯,『經典常談』, 을유문화사, 1997.
朱 熹, 김상섭 해설,『易學啓蒙』, 예문서원, 1994.

朱熹 撰, 朱鑑 編, 『原本周易本義・朱文公易說』, 上海古籍出版社, 1990.
池載熙, 李俊寧 解譯, 『周禮』 上・中・下, 자유문고, 2002.
陳鼓應・趙健偉, 『周易今注今譯』, 臺灣 : 商務印書館, 2005.
陳立 撰, 『白虎通 疏證』, 中華書局, 1994.
陳戌國 點校, 『周禮・儀禮・禮記』(古典名著普及文庫), 長沙 : 岳麓書社, 1995.
陳　澔, 『禮記集說』(新刊四書五經), 中國書店, 1994.
車相轅 譯, 『書經』, 명문당, 1973.
차주환 역, 『孟子』 上・下, 명문당, 2002.
최창록 역, 『黃庭經』, 동화문화사, 1993.
崔亨杜・李俊寧 編著, 『爾雅注疏』, 자유문고, 2001.
河正玉 編著, 『屈原』, 태종출판사, 1980.
何　楷, 『古周易訂詁』(景印 文淵閣四庫全書 第三六冊).
許愼 撰, 段玉裁 注, 『說文解字注』, 上海古籍出版社, 1993.
胡方平, 『易學啓蒙通釋』(『中國古代易學叢書』 第15卷), 中國書店出版社, 1992.
胡培翬 撰, 殷熙仲 點校, 『儀禮正義』, 江蘇古籍出版社, 1993.
洪亮吉, 『春秋左傳詁』, 臺灣 : 商務印書館, 1934.
洪業 等 編纂, 『爾雅』(周易等十種引得本), 上海古籍出版社, 1988.
환　관, 김한규・이철호 역, 『염철론』, 소명출판, 2002.

3. 일반서적

高懷民, 곽신한 역, 『中國古代易學史』, 숭실대 출판부, 1990.
______, 신하령・김태완 공역, 『象數易學』, 신지서원, 1998.
김경방, 『易의 철학』, 예문지, 1993.
김경일, 『김경일 교수의 갑골문 이야기』, 바다출판사, 1999.
김구진・김희영 편저, 『이야기 중국사』, 청아출판사, 1990.
김명배, 『한국의 茶書』(탐구신서 268), 탐구당, 1988.
金富軾, 辛鎬烈 譯, 『三國史記』, 동서문화사, 1976.
김석진, 『周易占解』, 대유학당, 1994.
김인철, 『다산의 주역해석체계』, 경인문화사, 2003.
樓宇烈, 『老子周易 王弼注校釋』, 華正書局, 中華民國 72年.
도미야 이따루, 임대희 역, 『유골의 증언－고대 중국의 刑罰』, 서경문화사, 1995.

마명춘 편저, 심경호 역, 『주역철학사』, 예문출판사, 1994.
박석무, 『다산기행』, 한길사, 1993.
박주병, 『周易反正』, 서문당, 2002.
班固 撰, 顔師古 注, 『漢書』, 中華書局, 1983.
范曄 撰, 李賢 等 注, 『後漢書』, 中華書局, 1993.
사라 알란, 오만종 역, 『거북의 비밀－중국인의 우주와 신화』, 예문서원, 2002.
司馬遷 撰, 裴駰 集解, 『史記』, 中華書局, 1992.
사마천, 남만성 역, 『史記列傳』 上・下, 을유문화사, 1995.
徐芹庭, 『兩漢十六家易注闡微』, 五洲出版社, 中華民國 64年.
서정기 譯註, 『새시대를 위한 주역』 上・下, 글, 1999.
蕭統 編, 張啓成・徐達 等 譯注, 『文選全譯』, 貴州人民出版社, 1994.
송재소, 『茶山詩研究』, 창작과비평사, 1986.
슈츠스키, 오진탁 역, 『주역연구』, 한겨레, 1987.
신용하, 『조선 후기 실학파의 사회사상연구사』, 지식산업사, 1997.
심재훈 편, 『갑골문』, 민음사, 1990.
안대회 역주, 『漢書列傳』, 까치, 1999.
鈴木由次郎, 『太玄易の研究』, 明德出版社, 昭和 39年.
永瑢 等 撰, 『四庫全書總目』(全二冊), 中華書局, 1992.
吳浩坤・潘悠, 梁東淑 譯, 『중국갑골학사』, 동문선, 2002.
유홍준, 『나의 문화유산 답사기』 1, 창작과비평사, 1993.
陸 璣, 『毛詩草木鳥獸蟲魚疏』, 臺灣新文豊出版公司.
陸德明, 『經典釋文』, 上海古籍出版社, 1985.
윤내현, 『商周史』, 민음사, 1990.
李軌 注, 『法言』, 上海書店.
이영주 외 譯解, 『杜甫初期詩譯解』, 솔, 1999.
이을호, 『茶山의 易學』, 민음사, 1993.
＿＿＿, 『茶山學提要』, 대양서적, 1975.
張溥 編, 『漢魏六朝百三家集』, 上海古籍出版社, 1994.
鄭萬耕 校釋, 『太玄校釋』, 北京師範大出版社, 1989.
정범진 역, 『史記列傳』 上・中・下, 까치, 1994.
丁壽昌, 『讀易會通』, 臺南市 : 大孚出版社, 2001.
＿＿＿, 『讀易會通』, 鄭州 : 中州古籍出版社, 1992.
주대박, 정명수 역, 『훈고학의 이해』, 동과서출판사, 1997.

차상원 · 차주환 · 장기근, 『中國文學史』, 명문당, 1990.
皮錫瑞, 이홍진 역, 『中國經學史』, 형설출판사, 1995.
許進雄, 홍희 역, 『중국 고대사회－문자와 인류학의 투시』, 동문선, 1991.
玄燁 編著, 『御纂性理精義』(古典善本精義叢書 一), 北京 : 學苑出版社, 1993.
홍석보 역, 『사기열전』, 삼성출판사, 1992.
黃暉 撰, 『論衡校釋』, 中華書局, 1990.

4. 논문

김언종, 「『玆山漁譜』 名稱攷」, 『한문교육연구』 제21호, 한국한문교육학회, 2003.
김인철, 「다산의 주역 해석 체계에 대한 연구」, 고려대 박사논문, 1999.
南潤秀, 「杜甫八哀詩探討」, 『漢文學論集』 卷1, 근역한문학회, 1983.
신원봉, 「다산의 역학관 정립에 미친 청대사상의 영향－모기령을 중심으로」, 『다산학』 3집, 다산학술문화재단, 2002.
심경호, 「茶山 尙書論에 관하여」, 『韓國漢文學研究』 14집, 韓國漢文學研究會, 1991.
______, 「茶山尙書論 연구의 방향」, 『정신문화연구』 40호, 정신문화연구원, 1990.
______, 「조선 후기의 경학연구법 분화와 毛奇齡 비판」, 『東洋學』 제29집, 단국대 동양학연구소, 1999.
王明欽, 「王家台秦簡歸藏管窺」, 『簡帛研究』, 2000.
______, 『王家台秦墓竹簡概述』, 2000.
李成珪, 「史記와 易學」(제7회 인문강좌), 서강대학교 인문과학연구소, 2001.
이세동, 「朱子 周易本義연구」, 서울대 박사논문, 1986.
정애란, 「先秦시대 婦女의 종교생활－巫俗신앙을 중심으로」, 『중국사연구』 제25집, 중국사학회, 2003.
황병기, 「茶山 丁若鏞의 易象學」, 연세대 박사논문, 2004.

5. 사전류

『康熙字典』, 中華書局, 1992.
『東亞漢韓中辭典』, 동아출판사, 1987.
『漢韓大辭典』, 단국대, 1999.
『漢韓最新大玉篇』, 瑞音出版社, 1983.

고려대 민족문화연구소 中國語大辭典編纂室 編, 『中韓辭典』, 고려대 민족문화연구소, 1989.
谷 方, 『中國哲學人物事典』, 太原 : 書海出版社, 1990.
金勝東, 『易思想辭典』, 부산대 출판부, 1998.
김원중 편저, 공재석 감수, 『虛詞辭典』, 현암사, 1989.
方克立 主編, 『中國哲學大辭典』, 北京 : 中國社會科學出版社, 1994.
楊伯峻・徐提 編著, 『春秋左傳詞典』, 中華書局, 1985.
伍華 主編, 盧叔度 審訂, 『周易大辭典』, 廣州 : 中山大學出版社, 1993.
王光漢・徐成志, 『常用典故詞典』, 上海辭書出版社, 1985.
李相殷 監修, 『漢韓大字典』, 민중서림, 1990.
李正浩, 『周易字句索引』, 국제대학 인문사회과학연구소, 1978.
諸橋轍次, 『大漢和辭典』(全13卷), 大修館書店, 昭和 55년.
최석기, 『中國經學家事典』, 경인문화사, 2002.
한국철학사상연구회 편, 『철학대사전』, 동녘, 1989.
胡汝章 主編, 『成語辭海』(第1版) 上・下, 中國卓越出版公社, 1990.
洪業 等 編纂, 『周易等十種引得』, 上海古籍出版社, 1988.

6. 다산 역학 관련 학위논문 목록

박사학위논문

黃昞起, 「茶山 丁若鏞의 易象學」, 연세대, 2004.
趙壯衍, 「茶山 丁若鏞의 易理思想 연구」, 성균관대, 2002.
劉文相, 「茶山 易學의 특성과 윤리적 함의」, 한국교원대, 2002.
金永友, 「丁若鏞의 易學사상 연구」, 서울대, 2000.
朴壽丙, 「周易의 卦에 대한 연구 : 정약용 역학을 중심으로」, 영남대, 2000.
金麟哲, 「茶山의 주역 해석체계에 대한 연구」, 고려대, 1999.
柳初夏, 「정약용의 우주관」, 고려대, 1990.
丁海王, 「주역의 해석방법에 관한 연구—정약용의 역학을 중심으로」, 부산대, 1990.
金王淵, 「다산 역학의 연구」, 고려대, 1989.

석사학위논문

徐根植, 「다산 정약용의 시괘법 연구』, 성균관대, 2001.
박주병, 「정다산 역학에 있어서 역리사법에 대한 연구」, 영남대, 1998.
임재규, 「다산 역학의 점서적 성격에 관한 연구」, 서울대, 1998.
백영빈, 「정약용의 주역 해석방법의 특징」, 한국학중앙연구원 부설 한국학대학원, 1995.
방 인, 「다산 역학사상에 대한 연구」, 한국학중앙연구원 부설 한국학대학원, 1983.

爻變表

1.乾	2.坤	3.屯	4.蒙	5.需	6.訟	7.師	8.比
初九=乾之姤	初六=坤之復	初九=屯之比	初六=蒙之損	初九=需之井	初六=訟之履	初六=師之臨	初六=比之屯
九二=乾之同人	六二=坤之師	六二=屯之節	九二=蒙之剝	九二=需之旣濟	九二=訟之否	九二=師之坤	六二=比之坎
九三=乾之履	六三=坤之謙	六三=屯之旣濟	六三=蒙之蠱	九三=需之節	六三=訟之姤	六三=師之升	六三=比之蹇
九四=乾之小畜	六四=坤之豫	六四=屯之隨	六四=蒙之未濟	六四=需之夬	九四=訟之渙	六四=師之解	六四=比之萃
九五=乾之大有	六五=坤之比	九五=屯之復	六五=蒙之渙	九五=需之泰	九五=訟之未濟	六五=師之坎	九五=比之坤
上九=乾之夬	上六=坤之剝	上六=屯之益	上九=蒙之師	上六=需之小畜	上九=訟之困	上六=師之蒙	上六=比之觀
用九=乾之坤	用六=坤之乾						

9.小畜	10.履	11.泰	12.否	13.同人	14.大有	15.謙	16.豫
初九=小畜之巽	初九=履之訟	初九=泰之升	初六=否之无妄	初九=同人之遯	初九=大有之鼎	初六=謙之明夷	初六=豫之震
九二=小畜之家人	九二=履之无妄	九二=泰之明夷	六二=否之訟	六二=同人之乾	九二=大有之離	六二=謙之升	六二=豫之解
九三=小畜之中孚	六三=履之乾	九三=泰之臨	六三=否之遯	九三=同人之无妄	九三=大有之睽	九三=謙之坤	六三=豫之小過
六四=小畜之乾	九四=履之中孚	六四=泰之大壯	九四=否之觀	九四=同人之家人	九四=大有之大畜	六四=謙之小過	九四=豫之坤
九五=小畜之大畜	九五=履之睽	六五=泰之需	九五=否之晉	九五=同人之離	六五=大有之乾	六五=謙之蹇	六五=豫之萃
上九=小畜之需	上九=履之兌	上六=泰之大畜	上九=否之萃	上九=同人之革	上九=大有之大壯	上六=謙之艮	上六=豫之晉

17.隨	18.蠱	19.臨	20.觀	21.噬嗑	22.賁	23.剝	24.復
初九=隨之萃	初六=蠱之大畜	初九=臨之師	初六=觀之益	初九=噬嗑之晉	初九=賁之艮	初六=剝之頤	初九=復之坤
六二=隨之兌	九二=蠱之艮	九二=臨之復	六二=觀之渙	六二=噬嗑之睽	六二=賁之大畜	六二=剝之蒙	六二=復之臨
六三=隨之革	九三=蠱之蒙	六三=臨之泰	六三=觀之漸	六三=噬嗑之離	九三=賁之頤	六三=剝之艮	六三=復之明夷
九四=隨之屯	六四=蠱之鼎	六四=臨之歸妹	六四=觀之否	九四=噬嗑之頤	六四=賁之離	六四=剝之晉	六四=復之震
九五=隨之震	六五=蠱之巽	六五=臨之節	九五=觀之剝	六五=噬嗑之无妄	六五=賁之家人	六五=剝之觀	六五=復之屯
上六=隨之无妄	上九=蠱之升	上六=臨之損	上九=觀之比	上九=噬嗑之震	上九=賁之明夷	上九=剝之坤	上六=復之頤

25.无妄	26.大畜	27.頤	28.大過	29.坎	30.離	31.咸	32.恒
初九=无妄之否	初九=大畜之蠱	初九=頤之剝	初六=大過之夬	初六=坎之節	初九=離之旅	初六=咸之革	初六=恒之大壯
六二=无妄之履	九二=大畜之賁	六二=頤之損	九二=大過之咸	九二=坎之比	六二=離之大有	六二=咸之大過	九二=恒之小過
六三=无妄之同人	九三=大畜之損	六三=頤之賁	九三=大過之困	六三=坎之井	九三=離之噬嗑	九三=咸之萃	九三=恒之解
九四=无妄之益	六四=大畜之大有	六四=頤之噬嗑	九四=大過之井	六四=坎之困	九四=離之賁	九四=咸之蹇	九四=恒之升
九五=无妄之噬嗑	六五=大畜之小畜	六五=頤之益	九五=大過之恒	九五=坎之師	六五=離之同人	九五=咸之小過	六五=恒之大過
上九=无妄之隨	上九=大畜之泰	上九=頤之復	上六=大過之姤	上六=坎之渙	上九=離之豊	上六=咸之遯	上六=恒之鼎